THE COMMON LAW

普通法

THE COMMON LAW

〔美〕奥利弗·温德尔·霍姆斯 著

明 辉 译

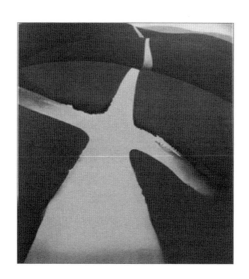

北京大学出版社
PEKING UNIVERSITY PRESS

目 录

序 言

第01讲 责任的早期形式 001

第02讲 刑法 038

第03讲 侵权法——侵害与过失 073

第04讲 欺诈、恶意与故意——侵权法理论 120

第05讲 普通法上的受托人 149

第06讲 占有 187

第07讲 合同——(1)历史 222

第08讲 合同——(2)构成要素 257

第09讲 合同——(3)无效与可撤销 273

第10讲 继承——(1)死后,(2)生前 299

第11讲 继承——生前 327

译后记 361

序　言

　　本书是依循长久以来萦绕在我脑海中的一项计划而撰写的。我已经迈出了第一步,在《美国法律评论》上发表了一些文章,但如果不是因为应邀在波士顿的洛厄尔学院做一系列讲座的话,我此刻几乎不可能再尝试去撰写一篇与之相关的论文。此一邀请激励我尽己所能去完成我的夙愿。为此次讲座所做的必要准备,使得后续的工作、准备刊印更加容易,所以,我做了。我按照自认为适合的方式使用了我在《美国法律评论》上发表的文章,但是,我对从中选出的诸多篇章,又重新予以编排、撰写,有所扩充,因而本书的绝大部分内容是全新的。实际上已经发表过的内容也被大幅简化,原本有十二讲。不过,第十二讲是对前十一讲的一个总结,没必要与本书一起呈现在读者面前,故已被省略。

　　仅就目前这样的一项任务而言,其界限必然或多或少是有些随意的。由于据以撰写讲稿的讲座所限,我对选定的内容又进行了部分编排。故而,我并不打算讨论衡平法的问题,甚至也排除了那些显然需要专门探讨并且无须阐明一般理论的主题,诸如票据与债券,或者合伙关系等。如果在我为自己设定的范围内,有读者因为没能读到更多的细节内容,想要责备我的话,我只好引用勒于儒(Lehuërou)的话,作为答复,"我们创作的是一种理论,而不是一本汇编"。*

奥利弗·温德尔·霍姆斯
波士顿,1881 年 2 月 8 日

---

*　原文为"Nous faisons une théorie et non un spicilège"。——译者注

第01讲

责任的早期形式

本书的目的

　　——在替代复仇的和解中,法律程序的起源

　　——本次讲座的主题,仆人、动物等的间接责任

一、摩西律法

二、希腊法

三、罗马法

　　(一)损害投偿

　　(二)个人责任

四、早期日耳曼法

五、盎格鲁—撒克逊法

六、普通法

　　(一)主人(雇主)与仆人(雇员)

　　(二)动物

　　(三)无生命物

七、结论

01-01. 本书的目的旨在呈现一个普通法的概观。为了完成此一任务，除了逻辑，还需要借助其他工具。某一制度体系的连贯一致性需要特定的结果，说明这一点，虽然至关重要，但并非全部。法律的生命不在于逻辑，而在于经验。感受到的时代需求、流行的道德与政治理论、(不论是公认的，还是无意识的)对公共政策的直觉，甚至法官及其同僚所共有的偏见，在决定人们应当服从的规则方面，比演绎推理影响更大。法律蕴涵了一个民族诸多世纪以来的发展历程，我们不能如此对待它，就好像法律仅仅包含了一本数学教科书中的公理和推论。为了了解法律现在是什么，我们必须了解它过去是什么，以及它将来可能成为什么。我们必须交替参考历史与现有的立法理论。但是，最为困难的工作却在于，如何理解每一时期两者结合而成的全新产物。就此而言，在任何特定时期，法律的本质基本上符合彼时人们所理解的恰当实用之物；但是，法律的形式与机制及其能够实现预期结果的多少，则在很大程度上依赖于它的过去。

01-02. 在今天的马萨诸塞州，一方面，有大量的规则凭借自身明显的强判断力而得到了充分解释；另一方面，还有一些规则只能经由参考日耳曼部落早期的诉讼程序，或者十人执政官统治下的罗马的社会状况来加以理解。

01-03. 只要有必要去解释一个概念或者阐明一项规则，我就会诉诸普通法的历史，但不会过多地诉诸历史。在这样做时，作者和读者都要同样避免犯两个错误。一个是想当然的错误，因为当我们对某一观念很熟悉，觉得非常自然时，就会认为它一直以来都是如此。事实上，许多我们认为理所当然的事情，在过去都是要经过艰苦斗争或者深思熟虑的。另一个错误恰好与之相反，就是过多地诉诸历史。我们讨论的起点是完全进化成熟的人。我们可以假定，其习俗有待考察的最早的野蛮人,拥有许多与我们同样的感受与激情。

01-04. 我们要讨论的第一个主题是民事责任与刑事责任的一般理论。自我们的系列判例汇编开始出现以来,普通法已经发生了诸多变化,而对于当前可谓主流理论的探索,在很大程度上属于一种对诸般发展趋势的研究。我认为,追溯责任的早期形式,并从那里开始探究,将是有启发意义的。

01-05. 众所周知,法律程序的早期形式是以复仇为基础建构起来的。现代学者认为罗马法源于血亲复仇,并且,所有的权威学者都承认日耳曼法的起源也是如此。世仇导致了和解补偿的产生,起初是可选择的,后来变成强制性的,由此,复仇可得以赎买。和解逐渐浸入的痕迹,可以追溯至盎格鲁—撒克逊法(Anglo-Saxon laws)①,及至征服者威廉时期,世仇虽然仍未完全消失,却也几近冰消瓦解了。早期的杀人与放火焚屋演变成了重伤之诉与纵火之诉。故意侵害之诉与重伤之诉演变成了——或者,更确切地说,本质上构成了——为当前法律人所熟知的侵害之诉。② 但是,经由诉讼而获得的赔偿成为复仇的另一种选择时,我们可能会期待发现,赔偿的适用范围仅限于复仇的范围之内。复仇蕴含着一种谴责的情绪,以及一种已经实施了不当行为的看法,而无论此一看法如何为激情所扭曲。复仇决不可能远远超出故意施加伤害的情境:即使是一条狗,也能区分是被绊倒的,还是被踢倒的。

---

① E.g. Ine, c. 74;Alfred, c. 42;Ethelred, IV. 4, § 1.
② Bract., fol. 144, 145;Fleta, I. c. 40, 41; Co. Lit. 126 *b*; Hawkins, P. C., Bk. 2, ch. 23, § 15.

征服者威廉

01-06. 无论是基于此一原因,还是其他原因,早期英格兰对于暴力性人身伤害行为的控诉,看起来仅限于故意的不当行为。格兰维尔①提到了群殴、殴击与伤害——所有形式的暴力性故意侵害行为。在更为详尽地描述此类诉讼时,布雷克顿②清晰地解释到,它们都属于故意侵犯人身的行为。此类故意侵害之诉主张发生了一个故意侵犯

---

① Lib. I. c. 2, *ad fin*.【雷纳夫·德·格兰维尔(Ranulf de Glanvill,公元1112~1190年),在英王亨利二世统治期间担任英格兰首席司法官(Chief Justiciar,1180-1189),代表作品有《论英格兰王国的法律与习俗》(*Tractatus de Legibus et Consuetudinibus Regni Angliae*, 1188)。——译者注】

② Bract., fol. 144 a, "*assultu præmeditato*."【亨利·德·布雷克顿(Henry de Bracton,公元1210—1268年),英格兰法学家,代表作品有《论英格兰的法律与习俗》(*De Legibus et Consuetudinibus Angliae*, 1235)。——译者注】

人身的行为,并且描述了使用武器的性质以及伤口的长度和深度。控诉人还不得不证明,他即时呼喊追捕。① 因此,当布雷克顿谈及那些不会以控诉方式而起诉的轻微违法行为时,他也仅仅例举了一些故意的不当行为,诸如拳击、鞭打、伤害、侮辱,等等。② 在编录于早期《年鉴》与《判例集》里的侵害案例中,诉讼理由始终都是故意的不当行为。仅仅是在后来,经过论争之后,才扩展了侵害之诉的范围,从而包括了可以预见的损害,但该损害并非被告行为意图达到的后果。③ 之后,侵害之诉又扩展到了无法预见的侵害。④

布雷克顿的《论英格兰的法律与习俗》

---

① 呼喊追捕(hue and cry),是早期英格兰刑法中的一条重要原则,即当抢劫或者其他重罪发生时,犯罪发生地的百户邑居民有义务大声呼喊众人抓捕罪犯,并且要在 40 日内将罪犯抓获;否则,他们应负责赔偿受害者的损失或者被处以罚金。参见薛波主编:《元照英美法词典》,北京大学出版社 2013 年版,第 652 页。——译者注
② Fol. 155; c. f. 103 b.
③ Y. B. 6 Ed. IV. 7, pl. 18.
④ Ibid., and 21 H. VII. 27, pl. 5.

01-07. 由此可见,此一发展次序并不完全符合已经为人们所认可的一种观点,该观点认为,早期法律的一个典型特征就是未能洞悉此一外部的明显事实,即某人对他人身体造成的损害。有人认为,对于被告人的心理状况、有罪或者无罪的调查,意味着愈益精炼的法律概念,而这样的概念在《阿奎利亚法》(Lex Aquilia)之前的古罗马和侵害之诉初具规模时的英格兰都是找不到的。我找不到任何可以令人完全信服的证据来证明,无论在古罗马①,还是在英格兰,一个人通常会因其自身行为的意外后果而承担责任。但是,无论早期法律如何,前述评论设定了我们不得不面对的此一法律体系的起点。我们关于某人应对自身行为的后果(也就是,因自身的侵害行为)承担个人责任的法律体系,源于有关真实的故意与真实的个人应受惩罚性的观念。②

01-08. 迄今为止,相对于统辖侵害之诉的规则而言,涉及他人或物所致损害的初始责任规则很少得到过认真的考量,因此,我会在本讲的后续部分讨论那些规则。我会尝试说明,此一责任同样也根植于复仇的激情之中,并且尝试指明,此一责任发展到当前的形式所经历的变迁过程。但是,我并不打算严格局限于对该目的而言所必需的范围之内,原因在于,追溯此一变迁的整个过程不仅兴味盎然,而且这样的叙事还会提供一个关于法律不间断地从野蛮到文明的成长模式的启发性范例。此外,它还会澄清一些以后不可能再讨论的重要而特别的学说。

01-09. 这是一个非常普遍的现象,同时,对于研习历史的学生而言,这也是一个非常熟悉的现象。远古时代的习俗、信仰或者需求确立下来一项规则或者一个惯例。在几个世纪的进程中,习俗、信仰或

---

① D. 47. 9. 9.
② 从上文语境来看,此处"真实的"(actual),是相对于"仅仅可能的"、"推定的"或者"假设的"情形而言的,因此,将"actual intent"译为"真实的故意",而不是"直接故意"或者其他。——译者注

者需求逐渐消失了,但规则却得以保留。形成规则的理由已被遗忘,而敏锐的思想仍会继续探寻究竟如何解释规则。人们会考虑某种政策理由,似乎可以解释那些规则,并且使那些规则符合当前的情况;随后,规则本身适应了人们为其找出的新的理由,并且开始进入一个全新的领域。古老的形式接受了全新的内容,甚至古老的形式会及时自我修改,从而适应已被人们接受了的全新意义。本讲讨论的主题就非常清晰地阐明了由诸多事件构成的此一进程。

01-10. 下面,我将列举一些例子,来解释诸多明确的规则,其中每一项规则都具有看似合理和充分的政策理由。

01-11. 某人饲养了一只众所周知习性凶猛的动物,该动物逃了出来,并且给邻人造成了损害。主人可以证明该动物的逃脱并非出于自己的过失,但是,他仍然要承担责任。为什么呢?根据分析法学家的解释,原因在于,尽管主人在动物逃脱时不存在过失,但是,无论如何,他在饲养如此凶猛的动物时,就已经犯有间接的疏忽、过失或者过错。故而,一个人应当对因自己的过错而造成的损害予以赔偿。

01-12. 有一位面包师,在早晨驾驶其雇主的车送热面包卷时,撞倒了另一个人。雇主不得不为之赔偿。如果雇主质问,为什么他必须为一个独立的且有能力承担责任的人的违法行为做出赔偿,那么,从乌尔比安(Ulpian)时代到奥斯丁(Austin)时代,他都会得到这样的答复,即原因在于,雇主应当为雇用一个不适当的人而负责。如果他回答说,在选择驾车人时他已经尽了最大可能的注意,那么,他会被告知,那不构成免责事由;后来,或许免责事由发生了变化,据说,应当存在一种补偿可能遭受损害之人的方法,或者,按照一般的人法(human laws),如果这样的不当行为有可能发生在服务过程之中,那么,此类不当行为就可归责于该服务。

01-13. 接下来,再举一个案例,在该案中,对以前不受限制的责任设定某一种限制。1851年,国会通过了一部现在依然生效的法律,按照该法律之规定,在所有比较常见的海损案件中,船舶所有者可以将彼时尚未处置的船舶及运货交付给受损者;该法律规定,据此,针对船舶所有者进一步的诉讼就应当终止。我们将这样的法律归功于立法者,他们认为,如果一个商人将部分财产投资于一项有风险的事业,那么,他的风险就应当仅限于其投入的财产范围,这就是合理的——根据一项与之类似的原则,过去五十年间,在美国大规模创立了许多公司。

01-14. 对于杀人罪的指控,必须说明致人死亡的工具的价值,旨在使国王或者其受让人可以主张没收此一赎罪奉献物①,借布莱克斯通(Blackstone)的话来说,"作为受诅咒之物"。这是在英格兰一直延续至本世纪的一项刑事诉讼规则。

01-15. 我还可以继续举出更多的例子;但是,上述这些例子足以说明将要集中讨论的观点有多么久远了——作为迈向概括的第一步,考虑在那些古老而独立的法律制度中会发现些什么,应该是有必要的。

01-16. 在《出埃及记》②中,有这样一段我们今后必须铭记的、众所周知的文字:"如果一头牛牴死了一个男人或者一个女人,那么,定要用石头砸死那头牛,且不得食用其肉;但牛的主人应当免责。"在从犹太人转向希腊人时,我们就会发现,刚才引用的这段文字所包含的基本原则被正式创设为一种制度。普卢塔克(Plutarch)③在《梭伦传》中告诉我们,一条狗咬了人之后应当被交出,缚于一根四腕尺长的圆

---

① 赎罪奉献物(deodand),根据古代英格兰法,对直接致人或其他生灵死亡的私人动产依法予以没收,归于国王,并用于宗教、慈善事业。至1862年,该制度被废除。参见薛波主编:《元照英美法词典》,北京大学出版社2013年版,第399页。——译者注
② 《出埃及记》(Exodus)第21章第28节。
③ 普卢塔克(约公元46年—120年),古希腊哲学家和传记作家。——译者注

木之上。柏拉图在《法律篇》中也对诸多此类案件进行了详细阐释。如果一个奴隶杀死了一个人,就应当将其交给死者的亲属。① 如果一个奴隶伤害了一个人,就应当将其交给受害方,任凭受害方随意役使。② 因此,如果一个奴隶对他人造成了某种损害,而受害人对造成的损害不具有共同诉因,那么,也应准此处理。在上述任何一种情况下,如果奴隶的主人未能交出该奴隶,那么,他就一定要赔偿此一损失。③ 如果一头牲畜致人死亡,就应当将该牲畜处死并抛出域界。如果一个无生命之物致人死亡,也应当以同样方式将其抛出域界,并进行补偿。④ 所有这一切并非仅仅是想象中的法律的观念创造,因为埃斯基涅斯⑤在一次演讲中曾经说道,"如果诸如树干、石头和铁器之类的无声、无念之物,偶然致人死亡,我们就会将之驱逐出境;如果一个人自杀了,我们就会将实施自杀的那只手远埋在他的身体之外"。显然,这一切只是作为某种日常事务而被提及,并没有给予特别的考量,而仅仅是为加于德摩斯梯尼⑥名下的诸多荣誉提供一个对照而已。⑦ 晚至公元二世纪,旅行者帕萨尼亚斯(Pausanias)才惊奇地发现,希腊人仍然在城市公共大厅内审判无生命之物。⑧ 普卢塔克则将此一制度归功于德拉古。⑨

---

① θ', ix., Jowett's Tr., Bk. IX. p. 437; Bohn's Tr., pp. 378, 379.
② θ', xv., Jowett, 449; Bohn, 397.
③ ια', xiv., Jowett, 509; Bohn, 495.
④ θ', xii., Jowett, 443, 444; Bohn, 388.
⑤ 埃斯基涅斯(Æschines,前390—前314),古希腊著名演说家,曾经作为外交使节与马其顿国王腓力二世谈判,最终促成雅典与马其顿签订了和平协议。在当时雅典的外交政策上,他是政治家德摩斯梯尼的政治对手。公元前330年,在与克特西芬(Ctesiphon)的诉讼中败诉后,离开雅典前往罗得岛,据说在那里讲授雄辩术。——译者注
⑥ 德摩斯梯尼(Demosthenes,前384—前332),古希腊著名演说家,曾经发表一系列抨击时政的演讲(Philippics),旨在鼓励雅典市民起来反抗马其顿国王腓力二世。——译者注
⑦ Καγά Κγησιφ. 244, 245.
⑧ 1. 28(11).
⑨ Solon.【此注当指普卢塔克的《梭伦传》。德拉古(Draco,约公元前7世纪),与梭伦(Solon,前638—前559)一样,均为古希腊著名的政治家与立法者。——译者注】

柏拉图

01-17. 在罗马法中,我们发现了逐渐导致更多后果的关于损害投偿①的类似规则。《十二表法》(前451)规定,如果动物造成了损害,[该动物的主人]要么交出该动物,要么赔偿损失。② 我们从盖尤斯(Gaius)那里了解到,同样的规则也适用于家子或者奴隶的侵

---

① 在古代罗马法中,当家子或奴隶对他人造成损害时,家父或主人应当承担相应的损害赔偿责任,他们可以通过将实施了侵害行为的家子或奴隶移交给受害人或其所属共同体的方式,避免遭受报复,并且摆脱进一步的赔偿责任。在古代罗马社会中,此种移交侵害人的做法被称为"损害投偿"(noxœ deditio)。——译者注

② "如果动物造成了损害,诉讼权利来自于《十二表法》,该法要求该动物的主人交付致害的动物,或者进行赔偿。"D. 9. 1. 1, pr.; Just. Inst. 4. 9; XII Tab., VIII. 6。

权行为①,并且,在涉及无生命之物的案件中,也可以看到此项规则的些许痕迹。

01-18. 罗马的法律人,无法超越他们自己的法律体系或者他们自己所处的时代而展望未来,却会将他们的智慧用于解释——正如他们所发现的——法律是理性的。盖尤斯认为,如果家子或者奴隶的过错构成家父或者主人在自身之外承担损失的原因,这是不公平的,而乌尔比安则推断,这样的设定更有理由适用于无生命之物,因无生命而不可能有过错。②

01-19. 此一处理问题的方式,看起来涉及放弃的权利,就好像这是一种对于由家父或者主人所承担的责任的限制,而此类责任原本理所当然是不受限制的。然而,如果这样理解的话,未免有些本末倒置。同样在罗马和希腊,不是引入放弃权利并将其作为一种对责任的限制,而是引入给付并将其作为无法放弃交还时的一种替代责任方式。③

01-20. 与现在的做法不同,彼时这样的诉讼并非基于家父或者主人的过错。因为假如是这样的话,那么,就会一直用此类诉讼指控在诉求的损害发生时实际控制着奴隶或者动物的人,以及(如果存在的话)因未能阻止伤害的发生而应当承担责任的人。非但并非如此,被起诉的人反而恰恰是起诉时[奴隶或者动物]的主人。无论怎样,此类

---

① Gaii Inst. IV. § 75, 76; D. 9. 4. 2, § 1。"如果家子或奴隶因私犯而造成损害,那么,家父就应将其交给受害人,或者承担赔偿责任。" XII Tab., XII. 2。比较 Just. Inst. 4. 8, § 7。

② D. 39. 2. 7, § § 1, 2; Gaii Inst. IV. § 75。

③ 放弃(surrender),在普通法中,是指放弃自己所享有的地产权,使之归还给剩余地产权人或者回复地产权人,从而使此种较小的权利并入后一种较大的权利之中。在不动产租赁关系中,当承租人在租期未满之时自愿提出放弃对不动产的占有,而出租人也以终止租约之意接受不动产的重新占有时,"放弃"就发生了。这是一种双方的合意,既可以经过双方协议,也可以由法律推定确认。参见薛波主编:《元照英美法词典》,北京大学出版社2013年版,第1318页。而给付(payment),是指金钱或者其等同物由一方(payor)向另一方(payee)的移转。如果是针对合同债务或者其他义务的,此种给付有时又被称为"清偿给付"。给付的金钱等物为对方接受的,则相应的债务消灭。同上书,第1037页。——译者注

诉讼都会将有罪责之物归咎于实际控制该物之人。① 与此一被转化为满足更为现代的公共政策观点的原则形成奇特对比的是，如果[致人损害]动物是野生的，也就是说，正是在极为凶猛的动物[致人损害]的案件中，主人在动物逃脱时责任终止，因为那一刻他已不再是该动物的主人。② 按照此一古老的法律，即便是当奴隶在主人知道的情况下犯了罪时，似乎也不存在其他或者更宽泛的责任了，除非他或许仅仅是在主人控制之下的一个工具。③ 盖尤斯和乌尔比安阐明了这样一种倾向，即在主人不知道的情况下而实施的违法行为案件中，将损害投偿减化为该主人的一项特权；但是，乌尔比安也不得不承认，据塞尔苏斯（Celsus）④的说法，按照此一古老法律之规定，即便是奴隶在其主人知悉的情况下实施了违法行为，该行为也具有损害投偿性。⑤

01-21. 所有这一切都清晰地表明，所有者的责任仅仅是一种针对作为侵犯行为之直接原因的奴隶或者动物的责罚方式。换句话说，古希腊与早期罗马诉讼程序的目的，就是对于直接侵害人的复仇，而非来自主人或者所有者的补偿。所有者的责任仅仅是一种对于致害物的责任。在希腊的原始习俗中，经由专门针对有生命之物或者无生命之物的司法程序而强制实施所有者责任。罗马《十二表法》规定，由所有者代替致害物本身而成为被告，但是，无论怎样，也不会改变责任的

---

① "意图损害他人生命"（Noxα caput sequitur）。D. 9. 1. 1, § 12; Inst. 4. 8, § 5。
② "因为在该动物逃脱的情况下，主人[对该动物]的所有便终止了"（Quia desinit dominus esse ubi fera evasit）。D. 9. 1. 1, § 10; Inst. 4. 9, pr. 比较 May v. Burdect, 9 Q. B. 101, 113。
③ D. 19. 5. 14, § 3; Plin. Nat. Hist., XVIII. 3.
④ 塞尔苏斯（Aulus Cornelius Celsus, 前25—50），是公元1世纪古罗马的伟大医学家、古罗马百科全书的编纂者，代表作品为《论医学》（De Medicina），其所编纂的百科全书的佚失部分可能包括农业、法律、修辞学及战争艺术等方面内容。——译者注
⑤ "在古代法律中，如果一个奴隶偷了东西，而主人又知道这件事，或者如果奴隶造成了其他损害，则不能以奴隶之名起诉，也不能以主人之名提出要求"（In lege antiqua si servus sciente domino furtum fecit, vel aliam noxiam commisit, servi nominee action est noxalis, nec dominus suo nomine tenetur）。D. 9. 4. 2。

理由,或者影响责任的限度。此一变化仅仅是一种允许所有者保护自身利益的策略。①

01-22. 但是,或许有人会问,如果古希腊与早期罗马诉讼程序的目的是为了满足复仇的激情,那么,将如何以这样的方式追诉无生命之物。博学之人已经准备好从野蛮人和家子共有的无生命属性的人格化中寻找追诉的理由,并且有大量证据可以证实此一观点。如果没有这样的人格化,那么,对于无生命之物的愤怒情绪顶多也只是昙花一现。值得注意的是,在最原始的习俗与法律中,有一个司空见惯例子,即一棵树折断后砸到了一个人,或者一个人从树上掉下来摔死了。我们比较容易设想,一棵树可能被归咎与动物一样的理由。这棵树当然得到了与动物同样的对待,被移交给死者的亲属,或者被斫成碎片,以满足一种真实的或者拟制的复仇激情。②

01-23. 在雅典的诉讼程序中,无疑,可以追溯一种截然不同的思想。抵赎是柏拉图极力推崇的诸般目的之一,并且似乎也应该是埃斯基涅斯所提及的那种诉讼程序的目的。从会再提及的罗马历史学家书写的一些段落来看,似乎也指向了同一方向。③

01-24. 另外一个值得注意的特点是,在某种近乎物理学的意义上,责任似乎应被视为附着于造成损害的身体之上。未经过训练的头脑只能不完美地进行分析,而法学家则可以通过分析,将责任追溯至因果关系链条的最初环节。对任何给我们造成痛苦的事物的憎恶情

---

① 盖尤斯(Gaius, Inst. IV. §77)认为,某一项投偿行为可以转化为一项直接行为,相反,一项直接行为也可以转化为一项投偿行为。如果某一位家父实施了一项侵权行为,接着又被收养或者变成了奴隶,那么,现在一项投偿行为将在直接针对作为违法行为人的本人之处指向他的主人。Just. Inst. 4. 8, § 5。

② LL. Alfred, c. 13; 1 Tylor, Primitive Culture, Am. ed., p. 285 *et seq.*; Bain, Mental and Moral Science, Bk. III. ch. 8, p. 261.

③ Florus, Epitome, II. 18. cf. Livy, IX. 1, 8, VIII. 39; Zonaras, VII. 26, ed. Niebuhr, vol. 43, pp. 98, 99.

绪,不仅体现在显而易见的诉因之上,甚至导致文明人在被门夹痛手指时也会踢门,而且还体现在早期罗马法的损害投偿以及其他类似学说之中。盖尤斯留下了一段残篇,好像是说,有时可以通过交出侵害人的尸体而免于承担责任。① 李维(Livy)这样叙述道,布鲁图卢斯·帕比乌斯(Brutulus Papius)曾经撕毁了与罗马人之间的停战协议,萨姆尼特人(Samnites)决定将他交出去,他为了免受耻辱和惩罚而自杀了,于是,他们就将他的尸体交了出去。值得注意的是,交出[不当行为人]似乎被视为对于违背协议的理所当然的抵赎②,如果不当行为人死了,那么,将他的尸体交出去也是一样的。③

01-25. 此类甚为奇特的例子发生在今天我们应称之为"契约"的领域之中。事实上,如果所举的前一个例子未能说明问题的话,李维又举出了另外一个例子。古罗马执政官波斯图米乌斯(Postumius)签订了耻辱的考迪峡谷之约(正如李维所言,是基于庄严承诺,而否定了它是基于条约的一般说法),于是,他被送往罗马接受人民的制裁。然而,就是在那里,他提出,曾经签订契约的那些人,包括他自己,都应被

---

① Gaii, Inst. IV. § 81。我提到了胡施克(Huschke)的看法:"如果一个人注定要死,恰当的做法就是将死者献给他人。虽然我们说过,死人不允许献给他人,但如果一人献出某一将死之人,就等于是他的解救者。"(Licere enim etiam, si fato is fuerit mortuus, mortuum dare; nam quamquam diximus, non etiam permissum reis esse, et mortuos homines dedere, tamen et si quis eum dederit, qui fato suo vita excesserit, æque liberator.)乌尔比安(D. 9. 1. 1, § 13)认为,如果该动物在经检验证明无病之前死亡,那么,移交行为即完成,这仅仅是针对下述观点,即责任应当以对物的占有为基础。

② "根据协议而爆发战争"(Bello contra fœdus suscepto)。

③ Livy, VIII. 39:"毫无疑问,这个人是最近协议的破坏者。因此,总督们发布了这样的命令,'将布鲁图卢斯·帕比乌斯交给罗马人'……他们派遣一些谈判者来到罗马,又将布鲁图卢斯的尸体送至罗马:他通过自杀以逃避惩罚。他愿意交出完整的身体。"(Vir…haud dubie proximarum induciarum ruptor. De eo coacti referre prætores deeretum fecerunt 'Ut Brutulus Papius Romanis dederetur.' … Fetiales Romam, ut censuerunt, missi, et corpus Brutuli exanime: ipse morte voluntaria ignominiæ se ac supplicio subtraxit. Placuit cum corpore bona quoque ejus dedi.)比较 Zonaras, VII. 26, ed. Niebuhr, vol. 43, p. 97:Ἣν αἰτίαν του πολέμου 'Ρουτούλῳ ἀνδρὶ δυνατῷ παρ' αὐτοῖς ἐπιγράφοντες οὐ τάδ στα, ἐπεὶ φθάσας διεχειρίσατο ἑαυτόν, διέρριψαν。亦可参见 Livy, V. 36,"要求他们交出法比乌斯,因为他违犯了万民法"(postulatumque ut pro jure gentium violato Fabii dederentur),以及 Ib. I. 32。

交出以清偿该行为。他说,对于那些不承认该契约的罗马人来说,有谁会对[专司宣战与缔约的]祭祀团法(jus fetialium)一无所知,并且还不知道把我们交出会使他们免于责任呢?此种交出不当行为人的模式似乎将该事例纳入损害投偿的范围之内。① 西塞罗(Cicero)讲述了一个类似事例,即由家父将曼奇努斯(Mancinus)交给努曼廷人(Numantines)——如同前一事例中的萨姆尼特人——然而,他们却拒绝接收他。②

01-26. 或许,有人会问,在违反契约和那些激起复仇欲望的不当行为之间,有什么相似之处。但是,必须记住的是,侵权行为与违约行为之间的区别,尤其是针对这两种行为的救济之间的区别,并非预先定制好的。可以想像,当其他案件发生时,也可以将某种用于矫正暴力行为的程序延伸适用于那些案件。一个奴隶因实施盗窃和威胁实施殴击行为,会被主人交出③;据说,一个未履行债务的债务人,或者一个已收到价款、却没能交付物品的卖主,会基于同样事由得到与盗

---

① Livy, IX. 5, 8, 9, 10. "但是,他们因我们的投降而拒绝用宗教感情来释放人民,这些就不能予以移交,情况就是如此,所以,应当认为,一个了解谈判规则的人不能忽视这些"(Nam quod deditione nostra negant exsolvi religione populum, id istos magis ne dedantur, quam quia ita se res habeat, dicere, quis adeo juris fetialium expers est, qui ignoret?)。移交的程式如下:"当时,那些人违反命令,并且认为,罗马公民的盟约已经被破坏了,因而也侵犯了我们。因此,我将这些人交给你们,罗马人民不会违背天命之罪"(Quandoque hisce homines injussu populi Romani Quiritium fœdus ictum iri spoponerunt, atque ob eam rem noxam nocuerunt; ob eam rem, quo populus Romanus scelere impio sit solutus, hoce homines vobis dedo)。比较 Zonaras, VII. 26, ed. Niebuhr, vol. 43, pp. 98, 99。

② De Orator. I. 40, and elsewhere。值得注意的是,弗洛鲁斯(Florus)在解释中指出,他已经补偿了有缺陷的移交。Epitome, II. 18。人们已经发现,李维所提及的那些案件似乎暗示出,交付的目的在于补偿,类似于他们那样做是为了满足某项契约。佐纳拉斯(Zonaras)认为,Postumius and Calvinus εἰς ἑαυτοὺς αἰτίαν ἀναδχομένων (VII. 26, ed. Niebuhr, Vol. 43, pp. 98, 99)。比较同上,第97页。比较 Serv. ad Virg. Eclog. IV. 43:"根据努玛法典之规定,如果某个人不明智地杀死一个人,他就要为死者向其亲属公开奉献一头羊" (In legibus Numæ cautum est, ut si quis imprudens occidisset hominem pro capite occisi et natis [agnatis? Huschke] ejus in concione offerret arietem)。同上 Geor. III. 387, 以及 Festus, Subici, Subigere。但是,亦可比较 Wordsworth's Fragments and Specimens of Early Latin, note to XII Tab., XII. 2, p. 538。

③ D. 9. 4. 2.

窃犯同样的对待。① 此一思路,与刚才提及的、比较重要的旨在约束侵害人的法律责任概念结合在一起,或许可以解释众所周知的《十二表法》中关于无力偿债的债务人的法律规定。根据此一法律规定,如果一个人对几个债权人负有债务且无力偿还,那么,在经过某些特定程序之后,债权人就可以切断债务人的身体并在彼此之间予以分割。如果仅有一个债权人,那么,他就可以处死该债务人,或者将其作为奴隶出售。②

01-27. 如果除了将债务人减等为奴隶之外再没有其他任何权利的话,那么,或许只能寄望于法律所规定的赔偿,以及自我矫正的自然运作来加以规范。③ 即便债务人没有被拘禁一个小时,也可以通过对其身体处刑以清偿债务,此一普通法原则似乎也可以用前述方式来加以解释。然而,处以死刑的权利看起来像是复仇,而对于债务人身体的分割则说明,债务确实被视为附着于债务人的身体之上,或者是法锁(*vinculum juris*)对债务人身体的约束。

01-28. 无论对于有关契约之放弃(移交)的确切解释可能是什么,就当前目的而言,我们无须舍弃针对不当行为而施予损害投偿的此一普通判例,而求诸其他。从表面上看,两者似乎都没有将责任附着于造成首要损害的行为人的身体之上。罗马法主要涉及有生命之物——即动物和奴隶。如果某人被碾压,则不能移交碾过他的车,而只能移交拉车的牛。④ 此时,就很容易理解此一观念了。或许可以感受到,对于奴隶的复仇愿望,和对于自由人的一样强烈,今天,并非没

---

① 2 Tissot, Droit Penal, 615;1 Ihering, Geist d. Rom. R., § 14;4 id. § 63.
② Aul. Gell. Noctes Attici, 20. 1;Quintil. Inst. Orat. 3. 6. 84;Tertull. Apol., c. 4.
③ 比较 Varro, De Lingua Latina, VI.:"一个自由人欠了他人的债务并以自己的劳役还债,这样的人被称为 Nexus。"(Liber, qui suas operas in servitute pro pecunia, quam debeat, dum solveret Nexus vocatur.)
④ D. 9. 1. 1,§ 9。但是,可以比较 1 Hale, P. C. 420。

有这样的例子,例如,对于动物也会有类似的情感。交出奴隶或者动物,就意味着授权给受害方可以随意处置它们。奴隶或者动物所有者的偿付,仅仅是所有者在打算赎买复仇时所享有的一种特权。

01-29. 不难想像,当文明发展到任何一个相当高度时,前述这样的法律制度将无以为系。以前通过协议赎买复仇、以损害赔偿替代移交侵害人身体的特权,无疑,形成了一种普遍习俗。大约比《十二表法》晚几个世纪制定的《阿奎利亚法》,扩大了身体损害的赔偿范围。通过解释,又进一步扩大了《阿奎利亚法》的适用范围。在知情的情况下,主人应当对自己的奴隶实施的特定不当行为承担个人责任,而此前在这样的情况下,主人只需要交出奴隶即可。① 如果有一头负重的骡子因不堪重负而将担子抖落,砸到了一位路人,或者有一条本该被拴住的狗从主人处逃脱,咬伤了人,那么,所谓的古老损害之诉就会让位于根据强制实施一般个人责任的新法而提起的诉讼。②

01-30. 随后,船主和旅店老板要对那些受雇于船舶或者旅店的人所实施的不当行为承担责任,就好像他们是不当行为人一样,尽管那些行为实际上是在他们不知情的情况下实施的。承担此一特殊责任的真正原因在于对承运人和旅店老板必然的特殊信赖。③ 但是,有些法学家却将家子和奴隶的移交视为一种旨在限制责任的特权,并且据以解释此一新的责任的理由是,旅店老板或者船主因雇用坏人提供服务而在一定程度上犯有过失。④ 这是关于雇主应当为雇员的不当行为无条件承担责任的第一个例证。为之论证的理由是普遍适用的,并且,该项原则已经扩展到了此一理由的适用范围。

01-31. 此一关于船主和旅店老板的法律引入了另外一项颇为令

---

① D. 9. 4. 2, § 1.
② D. 9. 1. 1, § § 4, 5.
③ D. 4. 9. 1, § 1; ib. 7, § 4.
④ Gaius in D. 44. 7. 5, § 6; Just. Inst. 4. 5, § 3.

人吃惊的创新。无论被雇用的是自由人还是奴隶,法律规定船主和旅店老板都要承担责任。① 第一次,某人要对他人的不当行为承担责任,而那个人自己也要承担责任,并且也具有法律上的资格。这是不同于作为一项特权仅仅允许赎回奴隶的一个巨大变化。然而,在这里,我们看清了关于主人(雇主)与仆人(雇员)、本人与代理人的这一完整现代法律学说的形成历史。② 现在,所有的主人(雇主)与仆人(雇员)一样是自由的,也可能一样会被起诉。然而,在特殊案件中,例如当仆人是奴隶时,基于特殊原因而引入的此项原则,现在就是美利坚和英格兰的一般法律。依据这样的法律,人们经常不得不为他人的行为偿付大笔的费用,即便他们没有参与那些行为,并且也不应该因那些行为而受到谴责。时至今日,罗马法学家曾经为某一特别规则提供的理由,竟然被用来证明此种普遍且无限的责任是合理的。③

01-32. 关于普通法两大起源之一的讨论,到此为止。现在,让我们暂时转向日耳曼这一方面。《萨利克法典》④体现了一些习惯,那些习惯很可能因为过于古老,而没有受到过罗马法或者《旧约》的影响。这部古老法典的第 36 章规定,如果一个人被家畜杀死,那么,家畜的所有者应当给予一半的抵偿金(就像他自己杀了人,不得不赎买血亲复仇的费用),而将家畜交给原告当作另外一半抵偿金。⑤ 然后,根据第 35 章之规定,如果一个奴隶杀死了一个自由人,那么,就应该将该

---

① D. 4. 9. 7, pr.
② 雇主与雇员(master and servant),是指雇主以支付报酬方式雇佣他人在约定期限内为其服务、工作。雇主有权指定雇员从事何种工作以及完成工作的方式。此一法律关系类似于本人与代理人(principal and agent),两者的区别在于代理人具有一定的自由裁量权,而雇员则完全处于雇主的控制之下;代理人通常是代理本人与第三人从事交易,雇员则不是。参见薛波主编:《元照英美法词典》,北京大学出版社 2013 年版,第 899 页。——译者注
③ 参见 Austin, Jurisp.(3d ed.) 513;Doctor and Student, Dial. 2, ch. 42。
④ 《萨利克法典》(Salic Law),是欧洲最早的蛮族法典,大约形成于公元 6—9 世纪,是法兰克人的基本法典。——译者注
⑤ 比较 L. Burgund. XVIII.;L. Rip. XLVI.(al. 48)。

奴隶交给死者亲属当作一半抵偿金,而该奴隶的主人则需要支付另外一半抵偿金。但是,根据法典之注释,如果该奴隶或者奴隶的主人曾经遭到被害者或者其亲属的虐待,那么,主人只需要交出该奴隶即可。① 值得注意的是,日耳曼法的北方渊源将动物的责任仅仅限于移交,威尔达(Wilda)认为那些北方渊源代表了一个更为原始阶段的日耳曼法。② 还有一种迹象表明,后来,在某些情况下,主人可以通过说明该奴隶不再归其占有而使自己免责。③ 后来有法律规定,要求主人要对奴隶在他的命令之下实施的不当行为承担责任。④ 在这些由图林根人(Thuringians)从早期渊源那里改编而成的法律中,有条文规定,主人应当对奴隶造成的全部损害承担赔偿责任。⑤

01-33. 简言之,就我所能追溯到的日耳曼部落习俗的发展阶序而言,似乎与我们在罗马法的成长中已经遵循的次序极为相似。早期日耳曼部落习俗对奴隶和动物的责任主要仅限于移交;后来,就像在罗马法中一样,变成了个人责任。

---

① 参见"法"(*Lege*)这个词,Merkel, Lex Salica, p. 103。比较 Wilda, Strafrecht der Germanen, 660, n. 1。进一步参见 Lex Salica, XL.; Pactus pro tenore pacis Child. Et Chloth., c. 5; Decretio Chlotharii, c. 5; Edictus Hilperichi, cc. 5, 7;以及索姆(Sohm)在其关于萨利克法诉讼程序(Procedure of the Salic Law)的论文中的评论, § § 20, 22, 27, French Tr.(Thevevin), pp. 83 n., 93, 94, 101–103, 130。

② Wilda, Strafrecht, 590.

③ 比较 Wilda, Strafrecht, 660, n. 1; Merkel, Lex Salica, Gloss. *Lege*, p. 103. Lex Salica. XI. § 3: "如果某个奴隶实施了侵害行为,然后逃走,而其主人无法再找到他,那么,就不构成主人的债务。"(Si servus perpetrato facinore fugerit, ita ut a domino ulterius inveniri non possit, nihil solvat.)比较 Id. II. § 5. Capp. Rip. c. 5: "如果主人的奴隶给他人造成了损失,任何人都不可以释放其奴隶;但是,主人必须根据损失的大小做出回应,还要完整地交出他的奴隶,以使请求者去惩罚该奴隶。如果奴隶犯罪后逃走,以至于主人无法找回该奴隶,那么,主人则必须通过宣誓声明,他在良心上并不知道该奴隶要实施此一侵害行为。"(Nemini liceat servum suum, propter damnum ab illo cuilibet inlatum, dimittere; sed juxta qualitatem damni dominus pro illo respondeat vel eum in compositione aut ad pœnam petitori offeret. Si autem servus perpetrato scelere fugerit, ita ut a domino pænitus inveniri non possit, sacramento se dominus ejus excusare studeat, quod nec suæ voluntatis nec conscienciæ fuisset, quod servus ejus tale facinus commisit.)

④ L. Saxon. XI. § 1.

⑤ Lex Angl. Et Wer. XVI.: "奴隶所造成的一切损失,必须由主人予以赔偿。"(Omne damnum quod servus fecerit dominus emendet.)

01-34. 或许，读者要开始追问，有什么证据可以证明所有这一切对我们今天的法律产生了影响。就罗马法——特别是关于主人（雇主）与仆人（雇员）的法律——对普通法的影响而言，可以从近五百年间撰写的每一部书中找到相关证据。有人曾经说过，时至今日，我们仍然在重复着罗马法律人的推理，尽管是空洞乏味的。我们将会紧接着看到，是否也可以循着日耳曼民间法的路径走进英格兰。

01-35. 在洛西尔（Hlothhære）和埃德里克（Eadric）（公元 680 年）统治时期肯特人的法律中，据称，"如果任何人的奴隶杀死了一个自由人，无论他是谁，均由主人偿付 100 先令，交出杀人者"，等等。① 还有其他几条类似的规定。在几乎同时期的[威塞克斯国王]伊尼（公元 688 年—726 年）的法律中，移交[杀人者]和支付[赔偿]只能两选一。"如果一个威塞克斯奴隶杀死了一个英格兰人，那么，拥有该奴隶的人应当将该奴隶交给领主和族人，或者偿付 60 先令以赎回该奴隶的生命。"②阿尔弗雷德③的法律（公元 871—901 年）对于家畜也有类似的规定。"如果家牛伤害了一个人，那么，[主人]就应当交出该头家牛，或者达成和解。"④尽管比曾经被引用的第一批英格兰立法者晚了两百年，但阿尔弗雷德似乎已经追溯到比我们在他那一时代之前能够发现的更为原始的观念了。因为同样的原则也可以延伸适用于某人被木梁砸死的案件。"如果在共同工作中，某人无意中导致另外一个人死亡，那么，应当将那根木梁交给族人，并且令他们在 30 日内将之抛离所在的土地。或者令拥有该木料之人占有该木料。"⑤

---

① C. 3；1 Thorpe, Anc. Laws, pp. 27, 29.
② C. 74；1 Thorpe, p. 149；cf. p. 118, n. a。参见 LL. Hen. I., LXX. § 5。
③ 阿尔弗雷德（Alfred，公元 849—899 年），英格兰西南部西撒克逊（West Saxons）王国的国王，在位期间（公元 871—899 年）曾经率军击败了丹麦入侵者，并且使英格兰成为统一的王国。阿尔弗雷德还曾经下令编纂法典和《盎格鲁—撒克逊编年史》。——译者注
④ C. 24；1 Thorpe, p. 79。比较 Ine, c. 42；1 Thorpe, p. 129。
⑤ C. 13；1 Thorpe, p. 71.

01-36. 参照泰勒(Tylor)先生对于南亚野蛮的库基人①的记述,并没有什么不妥。"如果一只老虎咬死了一个库基人,那么,他的家人就会蒙上耻辱,直至他们杀死并吃掉这只或者另一只老虎,以实施报复;但是,更有甚者,如果一个人从树上坠落而死,那么,他的亲属就会砍倒那棵树,将之劈成碎片以实施报复。"②

01-37. 重新回到英格兰法,那些稍晚一点的法律——从大约阿尔弗雷德之后一百年至诺曼征服之后很久才编纂而成的被视为亨利一世的法律集成——增加了领主对于家族的责任,并且要求领主为自己臣民的善行提供担保。如果他们本应向国王交纳一笔罚金而又逃跑,那么,领主就不得不偿付该笔罚金,除非他能证明自己不是同谋。然而,直到更为晚近的时期,我才敢说,我发现了主人对仆人承担的无限责任,此类责任是在欧洲大陆——经由日耳曼部落,并且在罗马——创设形成的。该项原则在创立之初是否属于本土的生长,或者是否因受(布雷克顿充分利用的)罗马法的影响而迈出了最后一步,我不敢确定。当然,有孕育的土壤,并且它很早就已生根了。③ 在此,关于主人对仆人的违法行为所要承担的责任问题,需要说的就这么多了。

01-38. 接下来将要说明的是,此项同样可适用于动物的原则会变成什么样子。如今,如果一个人注意到在家畜的兽性中存在着可能造成招致控诉的损害的倾向,那么,他就必定要自担风险,阻止自己的家畜实施侵害,并且还要对自己的狗或者任何凶猛的动物所造成的损害

---

① 库基人(Kukis),系由中亚经缅甸迁徙至印度的一支多种族群体,他们广泛分布于今天印度东北部的曼尼普尔邦(Manipur)。——译者注
② 1 Tylor, Primitive Culture, Am. ed., p. 286.
③ 比较 Record in Molloy, Book 2, ch. 3, §16, 24 Ed. III.:"每位船长都必须对他的船员在船上犯下的任何违法行为承担责任。"在此一情况下,应该依据《奥莱隆法》(Laws of Oleron)。比较 Stat. Of the Staple, 27 Ed. III., Stat. 2, c. 19。此后,罗马法的影响就很清晰了。

承担责任。问题在于,在这些显而易见且易于理解的现代法律规则与由阿尔弗雷德国王诏令要求的移交[致害物]之间,能否建立起任何一种联系。

01-39. 让我们来看一看苏格兰法的诸多古典文献之一,在那里,该项古老原则仍然完全有效,并且与彼时所理解的诸般理由一并阐明如下:①

> 如果一匹野马或者不听驯服的马违背某人的意愿,驮其涉过溪水或者河水,碰巧该人溺水而亡,那么,该马就应当归国王所有。
>
> 但是,对于一匹驯服的马而言,却并非如此;假如某人愚笨地驾驭马匹,猛烈鞭打,强迫该马涉水而过,[在此种情况下,]如果此人溺水而亡,就不得将该马归于国王,因为这是基于人的——而非马的——过错或者侵害行为,并且该人已经得到了惩罚,因为他死了;由于该马并没有过错,故而也就不应当归于国王。
>
> 如果其他动物杀人,也应同理对待,[在稍后的一部著作中,补充到,"它们应当为残杀行为而承担罪责,"]因为所有此类动物均应归于国王。②

01-40. "领主法院的结构与形式"继续阐释如下:

> 也就是说,从法律上还可以提出这一问题,即如果某一领主拥有一架水磨,有人落入水库之中,被水冲至水磨旁,而被磨轮绞死;应不应当将水磨归于国王呢?法律规定不应归于国王,原因在于,水磨是一个无生命之物,而无生命之物不可能实施犯罪,也就不能归于国王。在本案中,水磨不应当受到惩罚,而根据法律

---

① Quon. Attach., c. 48, pl. 10 *et seq*。比较 The Forme and Maner of Baron Courts, c. 62 *et seq*。
② Forme and Maner of Baron Courts, c. 63.

之规定,领主在自己的水域内随意使用水磨,是合法的。①

01-41. 在此一段落中,正如对罗马法的评论一样,读者会看到,在能够承担罪责之物与不能承担罪责之物之间——在有生命物与无生命物之间,进行了区分;但是,读者也会发现,在让动物承担罪责时,并没有感受到什么困难。

01-42. 接下来看一看早期英格兰法的一个段落,彼时的英格兰法是一种由某一位英格兰法官编撰的法律文献汇编。1333 年,法律规定,"如果我的狗杀死了你的羊,就在该事实刚刚发生后,我会将那狗交给你,你无须向我追索"。② 三个多世纪后,在 1676 年,据特威斯登(Twisden)法官所称,"如果某人以前养了一只驯服的狐狸,现在这只狐狸逃脱并且开始野生,那么,此前饲养该狐狸之人,无须对该狐狸在逃脱且恢复野性后所造成的损害承担责任"。③ 所有者承担责任的原因在于所有者对致害物的所有以及其无法交出致害物,假如没有此一观念挥之不去的影响,法官是否还能撰写出该份判决,至少是值得怀疑的。依据另外一项法律原则,当狐狸逃脱时,[所有者对狐狸的]所有即告终止。实际上,在英格兰,甚至晚至 1846 年,有一只猴子逃脱并且咬伤了原告,在该案中,对此一问题也给予了非常认真的考量。④ 正是这样的思维方式,导致霍尔特爵士在 18 世纪初期宣称,一个人应该自担风险防止家畜造成侵害,原因在于,他在此类动物上享有价值昂贵的财产权利,相反,他在狗身上则没有这样的财产权

---

① C. 64. 这实际上是在《法律原理》(Quoniam Attachiamenta, c. 48, pl. 13)之后,但稍微清晰一些【此处的《法律原理》是一部大致编写于 14 世纪的苏格兰法律著述,全书以苏格兰语撰写,主要介绍彼时封建法院的诉讼程序。——译者注】。比较 Fitzh. Abr. *Corone*, pl. 389, 8 Ed. II。

② Fitzh. Abr. *Barre*, pl. 290.

③ *Mitchil v. Alestree*, 1 Vent. 295; s. c. 2 Lev. 172; s. c. 3 Keb. 650。比较 *May v. Burdett*, 9 Q. B. 101, 113。

④ *May v. Burdett*, 9 Q. B. 101.

利,因而他承担的责任也相对较小①,如此看来,这似乎是一个合理的推测。事实上,迄今为止,谨慎的法官依然会将有关家畜的法律表述为:"如果依据法律规定在一个动物身上存有财产权利,而我是该动物的所有者,那么,我就有义务注意不让它跑进邻人的土地。"②

01-43. 我的意思并不是说,关于此一对象的现代法律仅仅是一种残存之遗迹,也不是说,与原始观念相比,唯一变化是由动物的所有者替代致害动物承担责任。原因在于,尽管早期法律可能是导致形成现代法律学说的原因之一,但是,在普通法历史上的每一个阶段,都有诸多良好的判断力,以至于无法采用从假定的大规模责任变迁中得出的任何如此笼统的推论。所有者不必自担风险阻止自己的家畜给邻人造成伤害。在一些涉及个人责任的早期案例中,即便是家畜侵入邻人土地,原因似乎也仅仅在于家畜所有者存在过失。③

01-44. 普通法将动物视为所有权的对象,那些动物的本性就是四处游荡,并且在游荡时因踩踏和吞食庄稼,而给邻人造成损害。与此同时,约束那些动物又是很普通、也很容易的事。另一方面,如果一只尚未成为财产权对象的狗,仅仅是穿过他人而非其所有者的土地,就不构成损害。因此,从这个意义上讲,新法可能沿袭了旧法。在致害动物之上的财产权利,是构成责任的古老根由,或许已经被确定

---

① *Mason v. Keeling*, 12 Mod. 332, 335; s. c. 1 Ld. Raym. 606, 608.

② Williams, J. in *Cox v. Burbidge*, 13 C. B. N. S. 430, 438。比较 Willes, J. in *Read v. Edwards*, 17 C. B. N. S. 245, 261。

③ 在伊尼人的法律第 42 章 (1 Thorpe, Anc. Laws, 129) 中,似乎在未设栅栏的情况下,才强制实施个人责任 (personal liability)。但是,如果某牲畜冲破了树篱,那么,所提及的唯一救济方式就是杀死它,所有者只能取得该牲畜的皮肉,其余部分则被没收。之所以判决被告承担责任,是"因为可以发现这是由于缺乏对它们的看护……缺乏有效的看护"(27 Ass., pl. 56, fol. 141,公元 1353 年或者 1354 年)。直到很晚,才以绝对的方式表述此一理由,"因为我一定会依法阻止我的牲畜侵害任何人"(Mich. 12 Henry VII., Keilway, 3 *b*, pl. 7)。可以进一步参见《国王之尊》中关于一匹马导致一个人死亡的诸般区分 (Regiam Majestatem, IV. c. 24)【此处的《国王之尊》是一部苏格兰早期的法律汇编,据说是戴维一世 (David I) 统治期间 (1124—1153) 下令编纂而成,但关于该书的起源及成书年代尚无定论。——译者注】。

采纳为衡量基于所有者过错的责任标准。但是,并未预期由此类动物造成的损害赔偿责任,取决于较少受到传统干扰的政策原因。在罗马,因凶猛的野生动物[造成的损害]而承担的个人责任的演化,已经得到了解释。看起来,普通法一直在效仿罗马法。

01-45. 现在,我们要追寻在古老的原始观念中最不可能遗留下来的一个分支——无生命物的责任——的历史。

01-46. 人们会记得,阿尔弗雷德国王曾经诏令交出[造成损害的]木梁,而稍晚的苏格兰法却拒绝予以适用,原因在于无生命物不能承担罪责。人们还会记得,依据苏格兰法没收的动物应当交给国王。在英格兰,即便涉及无生命物,同样的做法也依然保留,直到完全进入19世纪。早在布雷克顿时期①,如果某人被杀死,验尸官应当对导致死亡之物进行检验评估,并且将该物作为"对国王的"赎罪奉献物予以没收。应当将该物交给上帝,更确切地说,是交给教会,对于国王而言,则是为了他的灵魂之善而奉献该物。在蛮族的民间法时期,某人的死亡已经不再属于友朋之间的私事。现在,国王通过设置法院,提出控诉以实施惩罚。在对应当承担罪责之物提出索赔时,国王取代了家庭,而教会又取代了国王。

01-47. 爱德华一世时期的一些案例让我们想起了原始时代的蛮族法律。如果某人从树上坠落,那么,这棵树就成为赎罪奉献物。② 如果某人溺死井中,那么,这口井就应当被填平。③ 至于被没收的器物究竟属于哪一个无辜之人,则无关紧要。"如果某人用斯泰尔的约翰(John at Stile)的剑杀死另外一个人,那么,这柄剑就应当作为赎罪奉

---

① Fol. 128.
② 比较 Britton(Nich.), 6 a, b, 16(top paging 15, 39); Bract., fol. 136 b; LL. Alfred, c. 13(1 Thorpe, Anc. Laws, p. 71); Lex Saxon., Tit. XIII.; Leg. Alamann., Tit. CIII. 24。
③ Fleta, I. 26, §10; Fitzh. Abr. Corone, pl. 416。通常参见 Staundforde, P. C., I. c. 2, fol. 20 et seq.; 1 Hale, P. C. 419 et seq。

献物而被没收,即使剑的主人毫无过错。"① 此一原则源自一部撰写于亨利八世统治时期(约 1530 年)的著作。如果我的马撞到了一个人,之后我将该马卖掉,而被撞的那个人死了,那么,该马也应当被没收。自伊丽莎白女王时期②以来,一百年间③不断重复提及此一观点。因此,直到晚近,在所有涉及杀人的起诉书中,均有必要说明致人死亡的工具及其价值,以便保全该没收物,比如,用以实施攻击的是一把价值六便士的特定袖珍折刀。据称,还曾经以这样的方式没收了一台蒸汽机。

01-48. 现在要开始讨论的内容,在我看来,是该项法律原则最引人注目的变化,也是今天普通法的一个至关重要的因素。我必须暂时搁下普通法,转而讨论海事法学说。在刚才提及的早期书籍中,以及在很久以后,"移动"的事实被认为具有至关重要的意义。根据判例汇编记载,有一位爱德华一世时期的法官亨利·斯皮格内尔(Henry Spigurnel)说过一句格言,"如果一个人因被一辆货车冲撞,或者房屋倒塌,或者以其他类似方式而导致死亡,并且移动之物即是导致死亡的原因,那么,该物就应成为赎罪奉献物"。④ 据称,在接下来的一个统治时期,"凡是与曾经导致他人死亡之物一起移动的物,均要被当作赎罪奉献物而交给国王领主或者神职人员"。⑤ 读者已经看到了"移动"是如何赋予被没收之物以生命的。

01-49. 此类最引人注目的例子是船舶。根据古籍记载,如果一个人从船上坠落溺死,那么,必定是该船的移动导致了死亡,因而该船即

---

① Doctor and Student, Dial. 2, c. 51.
② Plowd. 260.
③ Jacob, Law Dict. *Deodand*.
④ Y. B. 30 & 31 Ed. I., pp. 524, 525; 比较 Bract., fol. 136 *b*。
⑤ Fitzh. Abr. *Corone*, pl. 403.【在英格兰国王谱系中,紧接着爱德华一世之后的是爱德华二世统治时期(1307—1327)。——译者注】

被没收——然而,前提是假定此一情况发生在内水范围之内。① 因为,如果死亡发生在公海上,那就超出了普通管辖的范围。此项但书规定意指,不应没收海上的船舶②;但是,议会向国王提出了一系列请愿书,请求废除此类没收之规定,这讲述了一个截然不同的故事。③ 实际情况似乎是,依然发生了没收,却出现在不同的法院。一份只是最近才发表的亨利六世统治时期的手稿披露了这样一个事实:如果一个人在海上因船舶的移动而致死或者溺死,那么,将会依据海事法院的诉讼程序没收该船,交给海军将军,同时亦可经由海军将军或者国王之特许予以释放。④

01-50. 船舶是无生命之物中最富有生命力的一类。仆人有时称时钟为"她",而每个人都会赋予船舶以某种性别。因此,当发现某种在刑法中显示出特别生命力的处理方式,甚至完全可以适用于海事法领域时,我们无须为之感到惊奇。只有假定船舶被赋予了人格,才能使海事法中那些表面看似不合情理的特征变得可以理解,也正是基于这样的假定,那些特征才即刻具有了连贯性和逻辑性。

01-51. 为了弄清那些特征究竟是什么,先看一个关于海上碰撞的案例。有两艘船——"提康德罗加号"(Ticonderoga)和"梅拉姆帕斯号"(Melampus)——发生了碰撞,导致碰撞的原因仅仅是"提康德罗加号"的过错。碰撞发生时,"提康德罗加号"正处于租赁期,承租人有自己负责掌管船舶的船长,而该船所有者则完全无法控制该船。因

---

① Bract. 122;1 Britton(Nich.), top p. 16;Fleta, I. c. 25, § 9, fol. 37.
② 1 Hale, P. C. 423.
③ 1 Rot. Parl. 372;2 Rot. Parl. 345, 372 *a*, *b*;3 Rot. Parl. 94 *a*, 120 *a*, 121;4 Rot. Parl. 12 *a*, *b*, 492 *b*, 493。也可参见 1 Hale, P. C. 423。
④ 1 Black Book of the Admiralty, 242.【英国《海军部黑皮书》(Black Book of the Admiralty),历史上曾是英国海事法律事务方面具有最高效力的法律文件。该书是在羊皮纸上以古法语书写的古代海事法律,据说开始编纂于爱德华三世时期,成书于亨利六世时期,主要内容涉及薪金、灯塔、奖励、临检、船舶碰撞赔偿以及与海事有关的犯罪等;此外,记录表明海事法院(Admiralty Court)采用了民事诉讼程序。——译者注】

此,该船所有者不应受到谴责,并且也无须因其雇员造成的损害而承担责任。根据基本原则,船舶所有者免予承担个人责任。然而,完全可以确定的是,在他的船上形成一项针对该船所造成的损害程度的留置权①,这就意味着,在任何一个海事法院,只要将传票送达"她",便可以扣押并且出售该船,以偿付其造成的损失。如果车马出租处的老板将一匹马和一辆四轮马车出租给一位顾客,后者因疏忽大意而驾车撞倒了一个人,那么,没有人会想要主张一项扣押该马和车的权利。人们会发现,唯一可供出售以代为不当行为偿付的财产,就是不当行为人的财产。

01-52. 但是,另一方面,假设该船并未处于租赁期,而是由一位领航员负责管理,并且,依据"她"所驶入的港口的法律规定,该领航员的职责即属于强制性的。同样,在此一情况下,美国联邦最高法院判决该船舶也应当承担责任。② 英格兰法院或许会做出不同的判决,并且,此一问题在英格兰是通过立法解决的。但是,英格兰的上诉法院(即枢密院),主要是由普通法律师组成的,并且显示出了一种吸纳普通法学说的显著倾向。在普通法中,如果某人不能对所有者强制实施个人责任,那么,他也无法强制用某一特定动产对某一不当行为承担责任,即使该项动产曾经作为实施该不当行为的工具。然而,美国联邦最高法院长久以来一直都承认,即便一个人不能亲自约束船舶所有者,但他却可以约束船舶,因为他不是船舶所有者的代理人。

01-53. 或许,可以承认,如果没有得到良好判断力的外在支持的话,此一学说将无以为系。船舶恰恰可以适用于与外国人交易活动中的担保,而不是让本国公民到海外的异国法院去寻求救济,在国内很容易扣押船舶并满足赔偿请求,让外国所有者得到他们尽可能得到的

---

① 比较 *Ticonderoga*, Swabey, 215, 217。
② *China*, 7 Wall. 53.

赔偿。我敢说,这样的想法有助于维持此一习惯鲜活的生命力,但我相信,真正的历史基础在别处。毫无疑问,与剑一样①,无论处于谁的控制之下,船舶也会因致人死亡而被没收。因此,如果某一艘船的船长和船员在获得报复许可时,对国王的朋友实施了海盗行为,那么,依据海事法之规定,船舶所有者,尽管对此种犯罪行为的实施并不知情,或者并不赞成,仍会失去他的船舶。② 从表面上看,该船因致人死亡或者海盗行为而被没收,交给国王,其中所依据的原则极有可能与下述情况所依据的原则一样,即在造成损害时,无论是谁正在控制着船,该船都必定会因其他损害而交给个人受害者。

01-54. 如果我们今天对一个没有受过教育的人说"她造成了损害,应当予以赔偿",那么,或许会怀疑他是否能理解这一谬论,或者准备解释该船仅仅属于财产,并且说"该船不得不予以赔偿"③仅仅是下列说法的一种戏剧性表达,即某人的财产应当被出售,所得收益用于偿付因他人实施的不当行为而造成的损害。

01-55. 有一种类似的语词形式,似乎足以澄清伟大法律人的思想。接下来是一段来自首席大法官马歇尔(Marshall)判决中的文字,斯托里(Story)大法官在撰写美国联邦最高法院的法律意见书时表示赞许并加以引用:

> 这并非一场针对所有者的诉讼;这是一场因通过船舶实施的侵害行为而针对船舶的诉讼;它仅仅是一种侵害行为,并且会导致"她"被没收,因为该行为是未经授权且违背所有者意志而实施的。确实,无生命之物不可能实施侵害行为。但是,该船体是有生命的,并且是由受船长支配的全体船员启动的。该船通过船长

---

① Doctor & Student, Dial. 2, c. 51.
② 1 Roll. Abr. 530(C)1.
③ 3 Black Book of Adm. 103.

进行活动和表达意见。"她"通过船长记录自己的活动。因此,该船会受到此项记录的影响,并非是不合理的。

此外,斯托里大法官又从另外一个案例中引用:"在此,该物首先被视为侵害人,甚或,侵害行为主要被附于该物之上。"①

马歇尔大法官(左)和斯托里大法官

01-56. 换句话说,那些伟大的法官们,当然意识到船舶和磨坊水轮一样都是无生命的,但仍然认为,不仅法律实际上将它们当作有生命之物予以对待,而且法律那样做也是合理的。读者会发现,他们并没有简单地说,基于政策原因,牺牲对船舶所有者的正义而为他人提供担保是合理的,而是认为,将船舶当作致害物予以对待,是合理的。无论隐含的政策理由可能是什么,他们在赋予语言人格化的同时,依然掩盖了思想本身。

01-57. 现在,让我们沿着其他方向继续梳理海事法的特征。因为

---

① *Malek Adhel*, 2 How. 210, 234.

前面刚才提到的那些案例,仅仅是一个宏大整体的一些组成部分而已。

01-58. 依据中世纪的海商法,船舶不仅是责任的来源,也是责任的限度。① 此一规则已经得到普遍接受,英国制定法和美国1851年国会法案均已借鉴并采纳,依据该项规则,船舶所有者在放弃该船舶上的利益及其应得运费后,即可免于对自己任命的船长的不当行为承担责任。依据诸般代理学说,船舶所有者应当对全部损害承担个人责任。如果将被认为对于现代商业活动必不可少的有限责任制度的起源,归因于现今赖以维系的有关公共政策的那些考量因素,那么,该项制度与有关船舶碰撞的法律就毫无关系了。然而,如果这里的责任限度所依据的是与损害投偿一样的理由,那么,它就证实了关于船舶因在不受所有者控制的情况下实施的不当行为而承担责任的既有解释,反之,该项责任的存在也证实了此处的这一论证。

01-59. 现在,让我们再看一看另外一项规则,关于该项规则,通常而言,有一种似是而非的政策性解释。据称,运费是工资之母;因为,我们被告知,"在船舶湮灭的情况下,如果船员们还能拿到他们的工资的话,他们就不会为了船舶的安全而竭尽全力,也不会甘冒生命的危险"。② 对于此一推理最好的评述是,近来,制定法已经使普通法有所改变。但是,即使依据旧法,仍然存在与此一假定理由相矛盾的例外。船舶失事是导致无法挣得运费的常见情况,在此种情况下,只要船舶的任一部分获救,船员即可对之行使留置权。我猜想人们会这样认为,因为鼓励船员尽可能地挽救船舶,是合理的政策。如果我们将海员视为受雇于船舶,那么,我们就会很容易理解此项规则及其例

---

① 3 Kent, 218;Customs of the Sea, cap. 27, 141, 182, in 3 Black Book of the Admiralty, 103, 243, 345.
② 3 Kent's Comm. 188.

外。正如在讨论一个威廉三世时期裁决的案件时所言,"船舶即债务人"。① 如果债务人消失,问题就结束了。如果部分船舶抵达岸边,就可能会被起诉。

01-60. 运费是工资之母,即使是此项具有现代形式的规则,也可以根据对船舶是下落不明还是安全抵达这一问题的一般解释来予以说明。在与之紧密相关的现存海商法的古老渊源中,就我所能查明者而言,与之相关的表述是,如果船舶下落不明,船员就拿不到工资。② 通过类似方式,从特拉弗·特威斯(Traver Twiss)爵士——《海洋领事》(The Consulate of the Sea)一书的英文编辑者——所称该书最古老的部分中③,我们可以读到,"无论承运人是逃逸,还是死亡,该船均须向船员支付工资"。④ 我认为,可以假定,船舶应当受到与船员签订契约的约束,在很大程度上,船舶因契约而受约束的方式与因其应为之承担责任的不当行为而受约束的方式是一样的,恰如——依据古罗马法之规定——债务人的身体应当为自己的债务和犯罪行为承担责任。

01-61. 无论是通过契约还是其他方式,该项规则同样也适用于涉及船舶的其他海事活动。如果对某一艘船舶实施了海上救助,那么,海事法院就会扣留该船,不过,如果该船所有者依法被起诉,是否存在违约之诉,也是值得怀疑的。⑤ 于是,正如在发生碰撞的案例中,尽管船舶正处于租赁期,但基于船长的契约,该船仍须履行运货义

---

① *Clay* v. *Snelgrave*, 1 Ld. Raym. 576, 577; s. c. 1 Salk. 33。比较 Molloy, p. 355, Book II. ch. 3, § 8。
② "Ans perdront lurs loers quant la nef est perdue." 2 Black Book, 213。此一规则源于《海洋判决》(Judgments of the Sea),据编者所言(II., pp. Xliv., xlvii.),除特兰尼判决(decisions of Trani)之外,此书是现代海商法现存最古老的渊源。So Molloy, Book II. ch. 3, § 7, p. 354;"如果船舶湮灭海中,他们便拿不到工资。"So 1 Siderfin, 236, pl. 2。
③ 3 Black Book, pp. lix., lxxiv。
④ 3 Black Book, 263。然而,应该补充一点,在同一部书中还规定,如果船舶被地方当局扣留在港口,船长就无须给船员发放工资,"因为他没有赚到任何运费"。
⑤ *Lipson* v. *Harrison*, 2 Weekly Rep. 10。比较 *Louisa Jane*, 2 Lowell, 295。

务。同样,在此类案件中,依据美国最高法院之判决,船长在无法约束一般所有者的情况下,仍然可以约束船舶。① "依照习惯,船舶对运货负责,同时运货也对船舶负责。"② "依据海商法之规定,船长的每一份契约均包含一项财产抵押。"③ 无疑,或许有人会极力主张,就常见的海事契约而言,在许多情况下,交易必须以船舶或者运货为担保,因而,在任何情况下,提供担保均属明智之举;这会使船舶所有者可能遭受的风险成为可以估量的,因此,船舶所有者必须考虑何时出租他们的船舶。此外,在许多情况下,如果一方当事人依据契约主张船舶留置权,那么,他就要证明赖以主张留置权的物的状况,在某些法律制度中,这应当被视为据以主张此类留置权的一个理由。④ 然而,无论是在通常情况下,还是在至关重要的案件中,都并非如此。必须交由读者来判定,是否有理由表明可以相信,此种对于船舶不当行为自然产生的形而上学的混淆影响了关于船舶契约的思考方式。此处处理船舶问题的整体方式显然采取了在最初提及的那些案例中普遍存在的形式。作为一位重要的权威人士,帕德苏斯(Pardessus)认为,对于运货的留置权甚至优于被盗货物的所有者,"因为船长更多关照的是物,而不是人"。⑤ 因而,在论证一起英格兰的著名案例时,有一种观点认为,"船舶替代了所有者,因而应当承担责任"。⑥ 在许多涉及合同和侵权的案件中,船舶不仅是债务的担保,也是船主责任的限度。

---

① 3 Kent's Comm.(12th ed.), 218; ib. 138, n. 1.

② 3 Kent, 218.

③ *Justin v. Ballam*, 1 Salk. 34; s. c. 2 Ld. Raym. 805.【财产抵押(hypothecation),是一种不转移占有的抵押,通常指为担保债务清偿和义务履行,以特定财产作为抵押,但抵押物并不转移于债权人。参见薛波主编:《元照英美法词典》,北京大学出版社2013年版,第655页。——译者注】

④ D. 20. 4. 5 & 6;比较 Livy, XXX. 38。

⑤ Pardessus, Droit. Comm., n. 961.【帕德苏斯(Jean Marie Pardessus, 1772 – 1853),法国法学家。——译者注】

⑥ 3 Keb. 112, 114, citing 1 Roll. Abr. 530.

01-62. 海事法①的基本原则体现在它的诉讼形式之中。在海事法院,可以以船舶之名对一艘船舶提起诉讼,任何与之有利害关系的人都可以参与诉讼并进行驳辩,但是,如果原告赢得胜诉,那么,诉讼的结果就是出售该船舶以及从收益中偿付原告的索赔。早在詹姆斯一世时期,就有人主张,"原告提出的诉状②应该仅仅针对船舶和货物,而不应该针对当事人"。③ 这一引述的权威性来自亨利六世统治时期,与此同时,正如我们所看到的,海军将军则宣称因致人死亡而没收船舶。然而,不得不说,我无法找到那一时期的此类权威性著述。

01-63. 现在,我们正沿着现代法律中的主要责任形式的发展脉络,寻找不同于一个人自身行为的直接且明显的后果的任何事物。我们已经发现,在两个渊源——罗马法和日耳曼习俗——以及这两个渊源在英格兰土地上的衍生物中,关于雇员、动物和无生命之物的责任形式具有类似的进程。我们已经发现单一细胞繁殖、裂变为诸多彼此异类的产物,就像花与根的差异。现在几乎不需要再追问那曾经是什么细胞了。我们已经发现,那是一种想要对致害物本身实施报复的欲求。毫无疑问,人们或许会认为,许多述及的规则源于将致害物扣押作为赔偿的担保,起初或许是在法律之外的。④ 与这里提供的解释一样,该种解释表明仍未触及现代的责任观点,因为物的所有者很有可能不是犯有过错之人。然而,这并不是那些最有能力判断之人的观点。正如所预期的那样,关于早期实例的考察说明,责任的初始目的是复仇,是对致害物的复仇,而不是赔偿。在《出埃及记》中,应当用石块砸死那头牛。在雅典法律中,应当放逐那柄斧子。在泰勒先生的例

---

① 海事法(admiralty),是海事法院审理海上民事纠纷与刑事犯罪案件所适用的法律。参见薛波主编:《元照英美法词典》,北京大学出版社2013年版,第37页。——译者注
② 诉状(libel),在这里是指原告依据海事法提出的书面诉求。——译者注
③ Godbolt, 260.
④ 3 Colquhoun, Roman Civil Law, § 2196.

证中,应当将那棵树砍成碎片。依据所有这些法律制度,应当将奴隶交给死者的亲属,他们可以随意处置该奴隶。① 赎罪奉献物即被诅咒之物。当所有者站在法庭上时,如果是属于他自己的责任,而不是争议中他的财产的责任,那么,就不会考虑移交[致害物]的初始责任限度。正如在某些案件中一样,如果从表面上看,责任的目的旨在补偿而非复仇的话,那么,该目的同样会远离司法程序之外的扣押。

01-64. 除了那些既定目的,上述历史也充分表明了法律发展过程中形式与内容之间的矛盾。从形式而言,法律的成长是逻辑性的。官方的理论是,每一项新的裁决都是根据演绎推理从既存先例中推导出来的。然而,正如猫的锁骨只能说明存在某种锁骨对其有益的早期生物一样,先例曾经发挥的效用早已终止,证明先例的原因也已经遗忘,但长久以来,先例却依然在法律中得以保留。如果从纯粹逻辑的视角来看,遵循先例的结果往往是失败和混淆不清的。

01-65. 另一方面,从内容而言,法律的成长是与立法有关的。法院宣布的东西总会变成法律,而在更深层的意义上,这实际上也是全新的。在法律的适用范围内,法院宣布的裁判是立法性的。法官极少提及并总是伴随着歉意的那些考量因素,正是法律从中汲取生命乳汁的隐秘根源。当然,我所意指的是那些便于相关共同体考量的因素。实际上,通过诉讼而逐渐形成的每一项重要原则,均是或多或少得到明确理解的有关公共政策的诸多观点的产物;当然,就最一般情况而言,根据我们的习惯与传统,那些原则是出于本能的偏好和无以言表的信念的无意识的结果,但归根结底,依然源于有关公共政策的诸多观点。因为有些人学识渊博,因而不愿牺牲对演绎推理的良好判断力,他们精明能干且经验丰富,而法律正是由这些人来执行的,所

---

① Lex Salica(Merkel), LXXVII.; Ed. Hilperich., § 5.

以,人们会发现,如果古老的规则按照本书已经以及将要阐明的方式自我维系,就会看到那些古老的规则更适合于时代的新的理由,并且至少以一种新的形式,逐渐从其已被移植扎根的土壤中汲取新的意涵。

01-66. 但是,迄今为止,此一过程在很大程度上是无意识的。有鉴于此,重要的是,要记住那些事件的实际进程是怎样的的。如果仅仅是坚持更有意识地认可法院的造法功能,就像刚才所解释的,那将是有益的,我们会进一步更清楚地看到这一点。①

01-67. 上述内容将会解释仅从形式方面考虑法律的所有理论的失败,无论他们是试图从先验的假设中推导出法律大全,还是陷入假定法律科学处于法律的优雅(elegantia juris)或者部分与部分之间的逻辑连贯之中的低级错误。事实是,法律永远接近,但决不会达成一致。一方面,法律不断地从生活中吸纳新的原则,另一方面,法律又始终从历史中保留那些尚未被吸收或者被抛弃的旧的原则。只有在停止生长时,法律才会达到完全一致。

01-68. 无论对于法律的知识,还是对于法律的修正,此项我们已经从事的研究都是必不可少的。

01-69. 无论我们如何将法律编纂成一系列形式上自洽的命题,那些命题也仅仅是持续成长过程的一个片段而已。为了充分理解法律的适用范围,为了了解法律所体现出来的曾经受过训练的法官们将如何运用它们,我们自己必须对法律的过往有所了解。要想了解法律是什么,就必须了解法律曾经的历史。

01-70. 此外,我所描述的此一过程涉及遵循先例以及为之提供适当理由的尝试。在法律的诸多重大且主要的分支中,据以证实各种规

---

① See Lecture III., *ad fin*.

则的各种政策理由都是后来的发明创造,旨在阐明实际上从更原始的时代流传至今的遗迹,当发现这一点时,我们就有权重新考虑那些被普遍接受的理由,并且从一个更宏阔的视角审视这一领域,重新判断那些理由是否令人满意。尽管那些理由的外在形式未必令人满意,但理由本身或许是令人满意的。如果真相不是经常被错误地表达,如果旧的工具不能适应新的用途,那么,人类的进步就会非常缓慢。然而,却证明了审查与修正是正当合理的。

01-71. 但是,上述考量以及展示蕴含在法律史中的人类学材料的意旨,在这里,均非直接目的所在。我的目的和意旨是要阐明,为现代法律所熟知的各种责任形式都源于共同的复仇根由。在合同领域,如果超出本讲所述及的情况之外,此一事实就几乎没有任何意义。但是,在刑法和侵权法中,此一事实却具有首屈一指的重要意义。该事实表明,诸多责任形式始于一个道德基础,源自总应有人受到谴责这一观念。

01-72. 依然有待证明的是,虽然道德术语依然保留,虽然法律依然并且始终——在某种特定意义上——根据道德标准来衡量法律责任,但正是依据其本性的需求,法律依然持续不断地将那些道德标准转变为外部的或者客观的标准,而有关当事人的实际罪责却被完全排除在那些标准之外。

第02讲
刑 法

一、复仇
二、惩罚理论
三、预防理论
四、谋杀罪
五、非预谋杀人罪
六、恶意伤害
七、纵火罪
八、犯罪未遂
九、盗窃罪
十、夜盗罪
十一、结论

02-01. 第一讲开篇即已表明,在早期的法律中,起诉所针对的仅仅是故意不当行为。此一起诉是一种比控诉更为古老的诉讼形式,或许可以说,此一诉讼形式兼具刑事和民事两个方面。起诉具有双重目的:一是补偿当事人个人受到的损失,二是恢复遭到破坏的国王之和平。就民事方面而言,起诉根植于复仇。起诉是一种旨在追回和解抵偿的诉讼程序,起初是选择性的,后来变成强制性的,经由此一程序,不当行为人可以向对方当事人赎买长矛。① 就国王而言,无论是具有同样的复仇目的,还是专门针对国家的财政收入,此种起诉均无关紧要,因为国王的诉求并没有扩大诉讼的范围。

02-02. 可诉的违法行为起初仅限于那些引致起诉的行为方式,看起来,这像是一个合理的推论。无论是因与起诉的分离,还是经由其他方式,导致了控诉的产生,就此而言,两者之间存在紧密联系。

02-03. 一方面,基于案情是非曲直宣告被告无罪即终止控诉;另一方面,当起诉得以公正启动时,尽管控告人可能无法进行指控,或者经答辩而被击败,但此一诉讼可能仍将以国王的名义继续进行。②

02-04. 呈诉③是普通法刑事诉讼的另一个渊源,它的起源不同于起诉。就像人们已经公认的那样,如果呈诉仅仅是即时追诉与私刑的继替者④,那么,它也是复仇的产物,甚至比其他诉讼更明显。

---

① 此一隐喻可能源于盎格鲁—撒克逊人的一则古谚——"如果你不想让长矛对准你胸膛,就要交钱使它离开你的胸膛",它反映了一种通过交纳赔偿金来实现和解的古老习俗。参见[法]马克·布洛赫:《封建社会》(上卷),张绪山译,郭守田、徐家玲校,商务印书馆2004年版,第224页。——译者注

② 比较 2 Hawk. P. C. 303 *et seq* .;27 Ass. 25。

③ 呈诉(presentment),在普通法中,是指大陪审团在没有申请公诉书的情况下根据自己对案件的调查和了解主动提出的书面报告,大致相当于申请公诉书。参见薛波主编:《元照英美法词典》,北京大学出版社2013年版,第1083页。——译者注

④ 2 Palgrave, *Commonwealth*, cxxx., cxxxi.【即时追诉(fresh suit),在早期英格兰法中,意指财物被盗、被抢者对盗贼从抢劫起即时进行不间断的追捕,直到发现或者将其捕获为止,是早期返还动产的方式之一。私刑(lynch law),意指私人组织、团伙或者暴民在既未经合法审判、又未得到法律授权的情况下,将被指控的犯罪人或者犯罪嫌疑人抓获,并且施以肉体上的折磨或者处死。(转下页)

02-05. 复仇的欲求蕴涵着这样一种观点,即就个人而言,实际上,复仇的目的在于谴责。此一观点采取了一种内在的标准,而非一种客观的或者外在的标准,从而据以惩罚复仇的受害者。问题在于,人们究竟是以此一原始方式,还是以某种更为精致的发达形式,接受这样一种标准;通常认为这仅仅是一种假定,但考虑到刑法演进相对缓慢的程度,似乎也并非没有可能。

02-06. 无疑,有人或许会颇具影响力地主张,为了满足复仇的欲望,谴责始终都是惩罚的目的之一。在一些实例中,出于这样或者那样的原因,因不当行为而给予赔偿,是完全不可能的,通过考察那些实例,将会澄清此一论据。

02-07. 因此,由于终结了初始受害者的生命,例如,在谋杀或者非预谋杀人的案件中,某一行为也可能成为这种使赔偿成为不可能的行为。

02-08. 另外,这些犯罪及其他犯罪,例如,伪造文书罪,尽管直接针对个人,但仍然会使其他人感到不安全,并且,这种普遍的不安全感也无法获得赔偿。

02-09. 此外,在有些案件中,无法强制执行赔偿。在麦考利(Macaulay)起草的《印度刑法典》(Indian Penal Code)的草案中,违反旅客运输合同的行为被视为犯罪。印度的轿夫太穷,以至于无力支付损害赔偿,然而又不得不接受委托去运送没有任何保护的妇女和儿童穿越蛮荒之地,在那些地方,他们的遗弃行为会将那些他们本应为之负责的妇女和儿童置于重大危险之中。

02-10. 在所有这样的案件中,惩罚作为一种替代责任方式得以保

(接上页)据称,在美国独立战争时期,查尔斯·林奇(Charles Lynch)是弗吉尼亚州的治安法官,为了镇压不法之徒的破坏活动,维持地方治安,使用了私刑的方式惩罚罪犯。参见薛波主编:《元照英美法词典》,北京大学出版社2013年版,第585页和第877页。——译者注】

留下来。可以对不当行为人施予某种痛苦,此种惩罚无法使受害方恢复至原有状态或者其他同样完满的状态,而仅仅是出于[对不当行为人]造成痛苦的目的予以实施。只要此种惩罚替代了赔偿,无论是由于被施以不当行为之人的死亡,遭受损害之人的不确定数量,以金钱权衡遭受痛苦之价值的不可能性,还是由于犯罪者的贫困,可以说,惩罚的目的之一就在于满足复仇的欲望。违法犯罪之人则以自己的身体偿付。

02-11. 或许,更具有说服力的是这样的表述,可以说,法律使得——而且也应当使得——复仇的满足成为惩罚的目的之一。无论如何,这是两位权威人士巴特勒主教(Bishop Butler)①和杰里米·边沁(Jeremy Bentham)的观点,尽管他们都非常伟大,但在其他观点上却又彼此对立。② 詹姆斯·斯蒂芬(James Stephen)爵士③曾经说过:"刑法遵循着复仇的激情,在很大程度上,刑法与复仇的关系,恰如婚姻之于

---

① 约瑟夫·巴特勒(Joseph Butler,1692-1752),英国圣公会主教、神学家、哲学家,1718 年获得文学士,1726 年在罗尔斯教堂发表了关于"自然人性"的十五篇布道——后编辑而成《布道集》(*Sermons*)——主要针对霍布斯的利己主义哲学思想展开辩驳。1733 年,获得罗马法博士学位。1736 年,巴特勒发表了 *The Analogy of Religion, Natural and Revealed, to the Constitution and Course of Nature*,主要批判了洛克的个人身份认同(personal identity)理论。巴特勒的宗教哲学思想对 19 世纪英国的道德哲学产生了伟大而深远的影响。——译者注

② Butler, *Sermons*, VIII. Bentham, *Theory of Legislation* (Principles of Penal Code, Part 2, ch. 16), Hildreth's tr., p.309.

③ 詹姆斯·斯蒂芬(James Fitzjames Stephen,1829-1894),英国律师、法官和作家,他的父亲与法学家戴雪(Albert Venn Dicey, 1835-1922)是表兄弟。斯蒂芬早就读埃顿公学和伦敦国王学院,1847 年就读剑桥三一学院,其间,他与梅因爵士(Sir Henry Maine)熟识,后者刚被任命为剑桥大学罗马法讲席教授,两人维系了持久的友谊,直至梅因 1888 年辞世。离开剑桥后,1854 年在内殿学院取得律师资格。1863 年,发表了《英格兰刑法通论》(*General View of the Criminal Law of England*),这是自布莱克斯通(William Blackstone)以来试图以文字形式阐释英格兰法律原理与司法的第一次尝试,获得了巨大成功。1869—1872 年,就任印度殖民地委员会法律委员,其间撰写了一系列文章,后来编辑而成《自由、平等与博爱》(*Liberty, Equality, Fraternity*, 1873-1874),明确反对密尔(John Stuart Mill)的新功利主义,主张法律的强制与克制应当符合道德与宗教的利益。1879 年,被任命为高等法院法官。1883 年,出版了《英格兰刑法史》(*A History of the Criminal Law of England*)。1894 年病逝。——译者注

性欲。"①

巴特勒主教(左)与斯蒂芬爵士

02-12. 构建一个健全法律体系的首要条件在于,无论对错与否,它都应当符合社会的真实情感与需求。如果人们愿意在法律之外满足复仇的激情,如果法律于他们无所助益,那么,法律就无从选择而只能满足对于复仇的渴求,从而避免私人报偿的更大罪恶。与此同时,无论作为个人,还是作为立法者,这种激情都不是我们所鼓励的。然而,这并没有涵盖全部理由。由于还存在一些并未激起复仇的犯罪行为,我们自然应当预期,惩罚的主要目的应当与适用惩罚的全部范围保持一致。此类一般目的是否存在,以及如果存在的话,此类目的又是什么,尚有待查明。关于这一主题,不同的理论仍然秉持不同的观点。

---

① *General View of the Criminal Law of England*, p.99.

02-13. 可以这样认为,惩罚的目的是为了改造罪犯;它是为了防止罪犯和其他人再实施类似的犯罪行为;此外,它也是为了报偿。现在几乎没有人认为,其中的第一个目的是惩罚的唯一目的。如果是这样的话,只要可以清楚地表明罪犯将不再重复实施犯罪行为,那么,就应当将其释放,而如果他是不可救药的,那么,他也根本不应当受到惩罚。当然,要想使死刑与这一理论相适应,是十分困难的。

02-14. 主要的争论在于另外两个目的之间。一方的观点认为,在不当行为与惩罚之间存在一种神秘的联系;另一方则认为,痛苦的施加仅仅是一种实现目的的手段。作为前一种观点的伟大阐释者之一,黑格尔(Hegel)通过准数学的形式指出,不当行为是对于权利的否定,而惩罚则是对此一否定的否定,或是报偿。从应当与犯罪相称的意义上讲,惩罚必须是相当的,因为惩罚的唯一功能就在于消灭犯罪。如果没有此一逻辑工具,其他人就会满足于对某种痛苦应是不当行为之后果的感知必然性的依赖。

黑格尔(左)与康德

02-15. 有人提出反对意见,认为这一预防性理论是不道德的,因为它忽视了不当行为的非报应性,除了立法者对于预防痛苦之充分程度的主观看法之外,并没有为惩罚的程度提供据以权衡的其他标准。① 用康德的话来讲,此一理论将人看成一件事物,而非一个人;将人看成一种工具,而不是对于自身的目的。众所周知,这是与正义感相冲突的,并且违反了所有自由社会的基本原则,而此类社会的成员皆享有生命、自由与个人安全的平等权利。②

02-16. 尽管存在所有这些不同的观点,但大多数说英语的法律人,或许仍然会毫不犹豫地接受这一预防性理论。就将会受到指控的对平等权利的侵犯而言,或许可以得到这样的回答,即平等法则仅仅在于保持个人之间的平衡,而非个人与社会之间的平衡。从来没有哪个社会承诺,不会为了社会自身的存在而牺牲个体的福利。如果应征士兵对于军队而言是必需的,那么,军队就会控制士兵,在他们后面架上刺刀,然后将他们推向死亡。尽管存在土地所有者的抗议,社会还是会让公路和铁路穿过那些古老家族的土地,当然,由于没有哪个文明政府会牺牲公民而不给予其助益,所以,在这种情况下,政府会补偿其相应的市场价值,但是,为了其他人的意志和福利,仍然会牺牲某一公民的意志与福利。③

02-17. 如果必须进一步深入至道德领域,那么,有人可能会指出,平等学说仅仅是在一般事务运作中的普通行为限度内适用于个人。你无法与自己的邻人进行争论,除非你暂时承认他与你是一样明智,尽管你可能绝不会相信这一点。同样,在双方均可以自由选择的情况下,你也无法应付他,除非是基于平等待遇以及适用于双方的

---

① Wharton, *Crim. Law,* (8th ed.) § 8, n. 1.
② Ibid., § 7.
③ 即使法律认识到,这是一种牺牲。*Commonwealth v. Sawin*, 2 Pick.(Mass.) 547, 549。

同样规则。人们对安宁和社会关系日益增长的重视往往会使社会存在法则呈现出一切存在法则的表征。然而,在我看来,显然,不仅是国王的,也是私人的,最后的手段就是强力,并且,无论怎样受同情心以及所有社会情感的调和,处于所有私人关系底端的手段,均属于无可厚非的自我选择。如果一个人在深海中身处一块只能承载一个人的木板之上,同时有一个陌生人抓住了那块木板,那么,他会尽可能将那个人推开。如果国家发现自己身陷类似情境之时,也会做出同样的事情。

02-18. 上述思考回答了关于平等权利的主张,也回答了对于将人以物待之的异议以及类似问题。如果一个人生活在社会中,那么,他就很容易发现自己遭到如此对待。无疑,人类达到文明程度的标志是己之所欲,施之于人。人的社会本能会逐渐增强,以致完全控制自己的行为,即使是在反社会的情况下,或许,这正是人类的命运。但是,他们还没有那样做,并且,当法律规则是或者应当是以某种被普遍接受的道德为基础时,如果法律与实用信仰之间没有断裂,就不会制定出以某种绝对无私理论为基础的规则。

02-19. 正如我试图说明的那样,关于刑事与民事责任的基本原理是一样的,如果这是真的,那么,根据这一观点便可得出以下结论,即在经常惩罚那些并非因道德上的不当行为而承担罪责的犯罪人和并非依据任何未公然轻视所涉个体之个性特征的标准而被判刑的犯罪人时,理论与事实可以保持一致。如果惩罚是基于为其提出的道德依据而得以维持的,那么,首要考虑之事就是对于公正选择能力的诸多限制,那些限制源于异常的本能、教育的缺失、知识的匮乏以及所有其他在罪犯阶层中最为突出的缺陷。我并不是说他们不应当去做,至少我不需要为了我的观点去做。我并不是说,刑法所带来的益处大于其所造成的损害。我仅仅是说,刑法并不是根据那一理论而得以制定或执行的。

02-20. 在此，还要提及支持报偿理论的肯定性主张，其大意是，由不当行为引起的适度惩罚是不证自明的，并且此种适度惩罚已经为正常思维所本能地予以承认。我认为，仅仅在关涉我们邻人的情况下，此种适度感才是绝对的和无条件的，通过自我省视，这是显而易见的。在我看来，任何一个确信自己的行为有过错并且将不会再犯的人，仅仅在他自己与世俗惩罚力量之间，似乎根本意识不到不得不因其所作所为而遭受痛苦的必要性或适当性，尽管当第三人介入时，他或许会像哲学家一样承认杀鸡儆猴的必要性。但是，当我们的邻人实施不当行为时，我们有时会意识到令其为之遭受惩罚的适当限度，而不论他们悔改与否。对我而言，此种适度感似乎仅仅是一种伪装的复仇，并且，我已经承认，复仇是惩罚的一个因素，尽管并非首要因素。

02-21. 然而，除此之外，在我看来，此一假定的适度直觉与将要解决的问题具有同样的限度。轻罪适用轻罚，重罪适用重罚。因此，犯罪应受惩罚，此一要求对于两方面而言应是平等的、绝对的。此外，违法不当行为与事实不当行为①一样均属犯罪。如果存在某种适用惩罚的一般性理由的话，那么，它就必定同样适用于某一案件和其他案件。但是，很难说，如果只是假定案件中的不当行为由一个违反税法的行为构成，并且政府已经得到了损失赔偿的话，那么，除了基于该行为已为他人所知的理由，我们还应该意识到一个对自己的不当行为幡然悔过之人应受惩罚的某种内在必要性。如果不当行为已为人所知，那么，法律就不得不证实其所具有的威慑力，以使其他人能够相信且不寒而栗。但是，如果此一事实是主权者与国民之间的秘密，那么，若全

---

① 违法不当行为（malum prohibitum），意指某种因其违法而属不当之行为，但若仅因其不当，却并不必然违法；事实不当行为（malum in se），意指某种本质上固有的不当行为，而不论其是否为法律所禁止，例如通奸、盗窃和谋杀行为。参见 United States v. Bajakajian, 524 U.S. 321 (1998)。——译者注

然不受激情左右的话,无疑,呈现在主权者面前的将会是,在此种情况下,惩罚完全没有正当理由。

02-22. 另一方面,根本不可能存在这样的情况,即立法者将特定行为规定为犯罪,却并未因而表现出预防此类犯罪行为的意愿与目的。因此,预防似乎成了首要且唯一普遍的惩罚目的。如果你做了特定的事,法律就会施以特定的痛苦,旨在为你提供一个不做那些事的全新动机。如果你仍然坚持去做的话,法律就不得不施以那样的痛苦,从而使法律的威慑力得以继续为人信服。

02-23. 如果这是一个对于法律名副其实的评价的话,那么,法律无疑会将个人视为一种达到目的的手段,并将其作为一种工具,以其自身的代价来增加普遍的福利。如前所示,此一路线是完全适当的;然而,即使它是错误的,我们的刑法也应遵循它,因而也当据以塑造普通法的刑法理论。

02-24. 进一步的证据显示,普通法超出了报偿的界线,从而使得对个人的考量服从于对公共福利的关注,我们会在一些无法根据任何其他理由予以满意解释的法律原则中发现这样的证据。

02-25. 其中,第一项原则是,故意剥夺他人生命,如果是作为保全自己生命的唯一方法时,是不应当受到惩罚的。此项原则虽然并不像下述原则那样得以清晰确立,但却得到了颇具影响力的权威的支持。① 如果这就是法律,那么,它必定基于以下两个理由之一:(1)自我选择在此一假定情况下是适当的,或者(2)即使自我选择并不适当,法律也不得通过惩罚来阻止它,因为将来的死亡威胁绝不能成为现在让人选择死亡,以避免死亡威胁的一个足够有力的动机。如果前一理由被采纳,那就是承认某个人可以为了自己而牺牲另一个人,也

---

① 比较 1 East, P. C. 294; *United States v. Holmes*, 1 Wall. Jr. 1; 1 Bishop, *Crim. Law*, §§ 347-349, 845(6th ed.);4 Bl. *Comm*. 31。

就更有理由认为,某一群体也可以如此作为。如果后一观点被采纳,那么,由于无法再期待通过惩罚来阻止某一行为而放弃惩罚,于是,法律就会放弃报偿理论,转而采纳预防理论。

02-26. 下面一项原则会导向更清晰的结论。对于法律的无知并不是违犯法律的理由。此一实体性原则有时也会以证据规则——假定每一个人都知晓法律——的形式呈现出来。于是,奥斯丁(Austin)和其他人以举证困难为由对此进行了辩解。如果正义要求事实必须得以查明的话,那么,那样做的困难就不能成为拒绝审理的理由。但是,每一个人肯定都会觉得,绝不能允许将对于法律的无知作为违犯法律的理由,即使在每一起案件中,通过观察与聆听均可证实此一情况的存在。此外,即使当事人可以提供证据,那么,一个人对于法律的了解程度是否比众多有待查明的问题更难于调查清楚,是值得怀疑的。尽管很困难,但通过将证明对于法律的无知的负担放在违法者身上,这一难题就迎刃而解了。

02-27. 即使说,法律原则不仅命令我们禁止行使特定行为,还命令我们弄清是否受到了命令,但该项原则依然无法得以解释。因为,如果存在此类次要命令的话,那么,显而易见,未能服从此类命令的罪过,与在知道首要命令的情况下而不予服从的罪过没有什么区别,因而,未能获知[首要法律]将会得到与未能服从首要法律同样的惩罚。

02-28. 对于此一规则的确切解释与那种说明法律并不关注某人的个体性格、能力以及其他因素的解释是一样的。公共政策为了普遍利益而牺牲个人利益。人们渴求的是,所有人的负担一律平等,但更令人渴求的是,消灭抢劫和谋杀。在大量案件中,罪犯可能并不知道自己正在触犯法律,无疑,这是真实的,但在立法者已经决定让人们知晓并服从法律的情况下,承认此一理由从根本上会鼓励对于法律的无知,而对于个人的正义恰恰被天平另一端的更大利益超越了。

02-29. 如果前述主张是合理的,那么,很显然,惩罚责任无法通过权衡实际个人与单个犯罪是否相称来最终彻底确定。只要公共福利允许或者需要,此种衡量就会占据主导地位。如果我们考虑到刑法所意图达到的这一普遍结果,那么,我们就会看到,伴随某一犯罪行为的真实心理状态会起到一种与通常想象的截然不同的作用。

02-30. 总体而言,刑法的目的仅仅在于引导人们从外部来遵守规则。所有的法律均被导向易于感知的事物状态。无论法律是运用强力直接引致此样状态——例如,借助士兵的保护而使房屋免受暴徒的滋扰,或者出于公共用途而征用私人财产,或者依据司法判决而绞死某人,还是利用人们的恐惧而间接引致此样状态,其目的同样均为一种外部结果。例如,当针对抢劫或者谋杀时,法律的目的在于终止对他人财物实际的暴力与占有,或者终止现实中的投毒、射击、刺伤和以其他方式致人死亡的行为。如果这些行为未予实施,那么,无论动机是什么,禁止此类行为的法律的目的同样都可得以实现。

02-31. 考虑到法律的此一纯粹外部目的以及这样的事实,即只要有必要,法律就准备牺牲个人以实现该目的,我们就能比以前更容易看到,涉及任何特定侵害行为的个人罪行的实际轻重程度——如果从根本上可以构成一个因素的话——不可能是承担责任的唯一因素。在判定刑事责任而非民事责任时,更应当慎重考虑的是一个人的内心或者良知的状况,正如人们通常所认为的,真实情况远非如此,甚至可以说,恰恰与之相反。因为民事责任,就其直接效果而言,仅仅是既有损失在两个个体之间的重新分配;我们将在下一次讲座中讨论,合理的政策会让损失止于发生之处,除非能在损失发生之处提出某种特别阻却事由。此类事由中最为常见的是,被指控的当事人应当承担责任。

02-32. 我无意于否认,与民事责任一样,刑事责任也同样基于行为的应受谴责性。此种否认会动摇任何一个文明社会的道德感;或者,换句话说,对社会普通成员不应受谴责的行为也施予惩罚,对于文明社会而言,此类法律便过于严厉而难以承受了。我仅仅是想指出,当我们在研究法律中直接地而非以其他方式确立行为标准的那一部分内容时,我们应当期望,更多的是在这里而不是其他地方,能够发现检验责任的标准是外部的,并且与特定人的动机或意图中的罪恶程度无关。此一结论直接源自要求人们遵守的标准的性质。如前所述,这些标准不仅是外部的,而且也是普遍适用的。它们不仅要求每一个人应当尽其所能地接近对其而言可能的最好行为。它们还要求每一个人自担风险以达到相当高的标准。它们根本不考虑能力缺乏的问题,除非是缺陷相当明显以致众所周知的例外,诸如未成年或者精神异常。它们假定,每一个人都能像其他人一样,有能力按照标准的要求行事。如果它们无法适用于不同的群体,那会是最为糟糕的情况。因此,对于那些极有可能因急躁、无知或愚蠢而犯罪的人而言,法律的威慑恰恰是最有压迫性的。

02-33. 责任应当建立在应受谴责之上,而在当事人不应受谴责的情况下,也有可能存在责任,在下一讲中,我会更充分地解释该理论的一致性问题。此种一致性可以在"普通人"这一概念中找到,即具有正常智力与合理谨慎之人。据说,责任源于对普通人而言应受谴责的行为。但是,普通人是一个想象中的人,当要求有陪审团审判时,由陪审团代表"他",并且在适用于任何特定个人时,"他"的行为即是一种外部的或者客观的标准。该人可能在道德上是没有瑕疵的,而仅仅是因为他具有比普通人更低的智力或者较少的谨慎。但是,他本应具备那些素质,否则就要自担风险。作为一项普通规则,如果某人具备那些素质,且不具有行为上的应受谴责性的话,那么,他就无须承担责任。

02-34. 接下来,将要详细讨论一些犯罪行为,探究对这些犯罪行为的分析可以提供怎样的教益。

02-35. 我将从谋杀开始展开讨论。詹姆斯·斯蒂芬爵士在《刑法纲要》①中将"谋杀"界定为"恶意预谋的非法杀人行为"。在其更早的一部著作中②,他曾经解释到,恶意意味着邪恶,并且,法律应当确定何种心理状态必然是邪恶的。他在《刑法纲要》中并未进行类似的初步论证,而继续阐述如下:

> 恶意预谋意味着下述任何一种或者几种心理状态……
>
> (1)意欲导致任何人死亡或者严重身体伤害的意图,而不论该[受害]人事实上是否被杀死;
>
> (2)明知致人死亡的行为可能会导致某人死亡或者严重身体伤害,无论该[受害]人事实上是否被杀死,尽管此一明知并不关心是否会致人死亡或者严重身体伤害,或者希望可能不会导致[死亡或严重身体伤害];
>
> (3)实施任何一种重罪的故意;
>
> (4)使用武力抗拒任一司法官执行职责的意图,依据该职责,司法官可以执行逮捕、拘留或者监禁任何法律上其有权逮捕、拘留、监禁之人,或者维持和平或遣散非法集会——假定该违法者已经注意到,被杀之人即受到如此雇用的官员。

02-36. 正如在日常交谈中所表达的那样,恶意包括故意以及更多的内容。当我们说某一将欲实施的行为具有伤害的故意时,这就意味着,造成伤害的意愿即该行为的动机。然而,故意完全符合该种伤害,人们同样会为之感到懊悔,并且仅欲将之视为达致其他目的之手

---

① *Digest of Criminal Law*, Art. 223.
② *General View of the Criminal Law of England*, p.116.

段。但是,当[我们说]某一行为要被恶意实施时,这不仅意味着,造成伤害结果的意愿即是动机,并且还意味着,出于自身原因,或者,正如奥斯丁更为准确指出的,出于那种对行为造成的痛苦的明知所激起的愉悦感,而意欲造成此一伤害。于是,显而易见,根据詹姆斯·斯蒂芬爵士的列举,在恶意的这两个要素中,故意对于谋杀具有决定性影响。为了解救一位朋友而射杀一名警卫,与因你憎恨该警卫而射杀他一样,同样构成谋杀。在谋杀的定义中,恶意与日常生活中的意思并不一致,并且,基于刚才提及的那些考量,一般认为,恶意就意味着犯罪意图。①

02-37. 然而,人们还发现故意可以分解为两个部分:对某一行为导致特定结果的预测,以及作为诱发该行为之动机的对那些实际结果的欲求。接着,问题就在于,按其次序,故意能否被简化为一个较低层级的术语。詹姆斯·斯蒂芬爵士的陈述则表明,故意可以[被简化为一个术语],并且,对该行为可能会导致死亡的明知,也即对该行为结果的预测,足以构成谋杀和侵权行为。

02-38. 例如,一个刚出生的婴儿被赤身裸体地置于户外,如果一直在那里,他/她必定会死。尽管犯罪人可能非常希望有一个陌生人发现并挽救这个婴儿,但这依然构成谋杀。②

02-39. 但是,什么是对结果的预测呢?它描绘了一幅由对当前事物状态的认知所引发的未来事物状态的图景,此一未来状态可被视作对因果关系中当前状态的保持。此外,我们必须寻求一种导向较低层级术语的简化。如果此一已知的当前事物状态恰好是,所为行为会极为确定地导致死亡,并且此种可能性是一个常识问题,那么,明知当前事物状态并实施该行为的人就构成了谋杀罪,而且法律不会查究他是

---

① Harris, *Criminal Law*, p.13.
② Steph. *Dig. Crim. Law*, Art. 223, Illustration(6), and n.1.

否真正预测到此一结果。衡量预测的标准并非该罪犯已经预测到什么,而是一个合理谨慎之人应当预测到什么。

02-40. 另一方面,必须存在对于导致危险行为的当前事实的实际认知。仅仅是行为本身是不够的。实际上,一个行为在某种特定意义上表明了意图。这不仅是一次肌肉收缩,还包含了更多的意思。一次痉挛不构成一个行为。肌肉的收缩必定受到意志的控制。如果一个能够控制自己的成年人,以不可思议的准确性预测到因其内心活动而引起的身体调节,那么,就可以认为此种身体调节是故意的。但是,该行为必定具备的故意也将在此终结。如果不包括环境的话,仅仅依据此一行为,将会一无所获。一切行为,若脱离了周围环境,那么,就法律而言,都将是毫无意义的。例如,用一定力量弯曲食指,均属于同一行为,而不论接下来是否会导致手枪的击发。总是存在这样一些周围的环境条件,即一把实弹待发的手枪,一个与该枪有关且显然可能被击中的人,而恰恰是这些环境条件使该行为成为不当行为。因此,按照任何一项完美的原则,损失的近因仅仅是一个行为,不足以成为承担责任的依据。

02-41. 需要某一行为的理由是,一个行为意指一种选择,并且,可以感受到,除非某人可以有其他选择,否则令其对损害负责就是不谨慎且不公正的。然而,此一选择必须是基于对可能受到指控的行为后果的考虑而做出的,否则就无须对该结果承担责任。如果不是这样的话,那么,一个人就可能会对若不是因其过去某时的选择就不会发生的任何事情承担责任。例如,就突然攻击某人而言,如果没有选择来到此一将其引向邪恶的城市的话,他本来是不会突然攻击他人的。

02-42. 所有对于未来的预测,所有关于行为的任何可能结果的选择,均取决于做出选择时为人所知的状况。某一行为,即使是在将会造成伤害的情况下得以实施,也不可能是不正当的,除非那些情况是或者应当是为人所知的。对于因造成伤害而受到惩罚的恐惧,无法与动机一样发挥作用,除非可以预测到损害的可能性。因此,只要刑事责任是以任何意义上的不当行为为基础的,并且,只要法律的威慑与惩罚意在阻止人们造成各种伤害结果,那么,刑事责任以及威慑与惩罚的施予必定仅仅局限于下述情况,即导致行为具有危险性的那些环境条件是为人所知的。

02-43. 此外,在一个更为有限的程度上,适用于预测的此一原则同样也适用于认知。诸如此类实际上众所周知的环境,将会引导具有普通智力之人从中推断出构成当前事物状态的此类环境中的其他情况,这就足够了。例如,如果一位中午在屋顶上施工的工人知道在他下面是一条位于大城市中的街道的话,那么,他就应该知道一些事实,从这些事实中,一个具有普通智力之人可以推断出,有人群从下面经过。因此,他就应当得出此一推论,或者,换句话说,也有责任认识到那一事实,而无论他是否得出了该推论。此时,如果他向街道中抛下一根重梁,那么,他就是在实施一个具备普通谨慎之人都可以预测到的行为,该行为有可能导致死亡或者严重的身体伤害,并且推定他已经预测到此一后果,而无论他实际上是否预测到。如果该行为造成了死亡,那么他就犯了谋杀罪。① 但是,如果这位工人有合理理由相信,下面是一个拒绝任何人进入的私人院落,并且该院落被用作垃圾场,那么,他的行为是不应受到谴责的,而此一杀人行为则仅仅属于一起意外事件而已。

02-44. 因此,若使某一造成死亡的行为构成谋杀,该行为人原则上应当知道或者注意到那些使该行为具有危险性的事实。对于稍后将要论述的此一原则而言,存在一些特别例外,但是,相对于谋杀罪而

---

① 4 Bl. Comm. 192.

言,这些例外则更多地适用于一些较轻的法定犯罪。此项一般规则在很大程度上适用于谋杀罪。

02-45. 然而,根据同一原则,此种实际上存在于众所周知的环境之下的危险,应当属于一个具备合理谨慎之人可以预测的一种危险。对于事实的无知与无力预测结果,会对应受谴责性产生同样的影响。如果无法预测到某一结果,那么,也就无法避免该结果的发生。但是,却存在此种实际上的区别,在多数案件中,尽管认知问题是一种涉及被告人意识的真实状况的问题,但是,关于他本来应当预测到什么的问题,则是根据谨慎人的标准所决定的,也就是根据一般经验所决定的。因此,应当记住的是,法律的目的在于防止危及或者剥夺人的生命;而且,尽管只要考虑到惩罚中的应受谴责性,就不会令某人为这样的结果承担责任,即没有人或者仅有某些特别专家可以预测到的结果,但此一限制的理由仅仅在于制定一项对社会普通成员而言不难理解的规则而已。由于法律的目的在于强迫人们禁止实施危险行为,而不仅仅在于抑制人们的罪恶倾向,因此,正如要求人们知晓法律一样,法律要求他们必须领会一般的经验教训。基于前述解释,可以说,衡量是否构成谋杀的标准就在于,在已知的案件情况下,伴随着该行为的对生命所造成的危险程度。①

02-46. 无须更进一步的解释来加以说明,当特定被告人无论基于何种原因预测到一个具备合理谨慎的普通人也无法预测的结果时,免责事由即不再适用了。当事人既无法预测到,也无法根据适当注意而预测到损害结果,只有基于这一理由,某一损害行为的责任才可能予以免除。

02-47. 乍一看,上面的分析似乎已经穷尽了关于谋杀的全部主

---

① 比较 4 Bl. *Comm*. 197。

题。但是,如果没有更进一步的解释的话,就无法真正完成对此一问题的讨论。如果一个人强行抗拒某一公务人员合法执行逮捕,并且在知道他是公务人员的情况下杀死了他,这就可能构成了谋杀,尽管要不是其[履行]公务职能,根本不会发生任何可能构成犯罪的行为。因此,如果一个人带着实施重罪的故意而实施某一行为,从而意外杀死了另外一个人;例如,如果他向鸡群开枪,并试图盗窃它们,却意外杀死了他并没有看见的鸡群的所有者。类似后者的比例案件似乎均无法符合那些已经制定的一般规则。在某种程度上,或许可以提出如下主张:唯一应受谴责的行为是,在明知鸡群属于他人所有的情况下而向鸡群开枪。情况之所以恰恰如此,完全是因为之后发生了一起意外事件;并且,射中一个无法想到其会出现的人,纯属意外事件。如果此项规则的目的在于防止此类意外事件的发生,那么,该规则就应当将意外枪杀确定为谋杀行为,而不应将试图盗窃时的意外杀人确定为谋杀行为;然而,如果此项规则的目的在于防止盗窃,那么,它最好还是通过抽签的方式在每一千人中绞死一个小偷。

02-48. 尽管如此,就当前情况而言,法律还是易于理解的。对于谋杀的一般衡量标准就是在已知的事实情况下该行为所导致的危险程度。如果在特定环境之下,特定行为被认为是特别危险的,那么,此类行为一旦在如此环境下予以实施,立法者即可使这些行为具有应受惩罚性,尽管此种危险并未得到普遍认知。法律经常会采取如此措施,尽管现今在此类案件中,法律很少会适用死刑。法律有时甚至走得更远,要求某人去查明当前的事实和预测将来的损害,令其自担风险,尽管那些事实并不像必然能从已知事实中推断出来的那样。

02-49. 因此,在英格兰,从具有法定监护责任之人的控制下,诱拐一名未满16岁的女孩,属于一种法定犯罪行为。如果一个人实施了从其父母身边引诱一名未满16岁女孩的行为,只要他没有理由知道该女孩在父母的法定监护之下,那么,他就不会受到指控①,并且,还可以推定,如果他有合理的理由相信她是一个男孩的话,那么,他也不会受到指控。但是,如果他故意从其父母身边诱拐一个女孩的话,那么,他就必须对于查明该女孩的年龄自担风险。他可能有各种理由认为该女孩已经超过了 16 岁,但这不能构成辩护理由。② 因此,根据禁酒法之规定,人们始终认为,如果一个人贩卖"朗姆苦酒"的话,那么,即便他不知道那些酒是含酒精的,也不能构成辩护理由。③ 此外,还有其他一些这样的例子。

02-50. 现在,如果经验表明,或者立法者认为经验足以表明,有证据证明不知何因导致的意外死亡,总是不成比例地与其他重罪或抗拒公务人员有关,或者,如果基于任何其他政策理由,认为为防止此类死亡而付出特别努力是值得的,那么,立法者便可以认为在已知环境下属于重罪或构成抗拒公务人员的行为具有足够危险的倾向,因而被置于某一特别禁令之下。据此,法律不仅可以使行为人承担其所预见到的后果的风险,而且还可以使行为人承担立法者根据一般经验无法预测但却可以理解的后果的风险。然而,我并不打算认为,正在讨论的那些规则更多地是基于上述推理而得出的,甚至也不打算认为,那些规则是正确的,或者会在美国普遍适用。

02-51. 重新回到思考的主线,考察非预谋杀人与谋杀之间的关系,会是富有教益的。我们会发现,两者之间的一个很大区别在于,在既定事实状态下,所涉行为具备的危险程度不同。如果一个人用一根不可能致命的小木棍击打另一个人,并且,他也根本没有理由假定这根木棍会带来比轻微身体伤害更为严重的伤害,但这根木棍却导致他

---

① *Reg. v. Hibbert*, L. R. 1 C. C. 184.
② *Reg. v. Prince*, L. R. 2 C. C. 154.
③ *Commonwealth v. Hallett*, 103 Mass. 452.

人死亡,那么,他就犯了非预谋杀人罪,而非谋杀罪。① 但是,如果施予的打击有可能与使用一英寸粗的铁棒击打一样重的话,那就构成谋杀罪了。② 同样,如果在用一根细棒进行击打时,基于当事人知晓的事实,他可以预测到一次轻微的击打会导致死亡的结果,例如,另外一个人患有心脏疾病,那么,此一侵犯行为同样构成谋杀罪。③ 在一条繁华街道上引爆一桶炸药并致人死亡,即构成谋杀罪,尽管该行为人并不希望造成这样的损害。④ 但是,在同样一条街道上,由于骑马疏忽而导致一人死亡,通常情况下,仅仅构成非预谋杀人罪。⑤ 然而,有人或许会提出这样一种情形,在该情形下,骑马的危险性相当明显,因而应当构成谋杀罪。

02-52. 重提一个已为另一目的而使用过的例子:"假如有一名工人将一块石头或者一根木头扔至街道上,并且导致一人死亡;根据实施起因行为时的环境,此一行为既可以构成意外事件、非预谋杀人,也可以构成谋杀:如果该行为发生在一个很少有行人经过的乡村,并且行为人已经大声提醒所有人要小心的话,那就纯属意外事件;但如果该行为发生在伦敦或者其他人口密集的城镇,不断有人经过那里,尽管行为人已经大声警告过,该行为仍然属于非预谋杀人;如果行为人明知有人经过,而根本未予警告,那就属于谋杀了。"⑥

02-53. 为了完善对一般刑法原理的理解,应当指出有关非预谋杀人的法律还包括另外一项原则。该项原则就是,挑衅可以将一种在其他情况下被视为谋杀的侵犯行为转化为非预谋杀人。根据当前的道

---

① Stephen, *Dig. Cr. Law*, Art. 223, Illustr.(5);Foster, 294, 295.
② 比较 *Gray's case*, cited 2 Strange, 774。
③ Steph. *Dig*., Art. 223, Illustr.(1).
④ Steph. *Dig*., Art. 223, Illustr.(8).
⑤ *Rex v. Mastin*, 6 C. & P.396. 比较 *Reg. v. Swindall*, 2 C. & K. 230。
⑥ 4 Bl. *Comm*. 192.

德观念,对一个人实施不当行为,都可能会对其产生巨大的刺激,相对于处在平静状态下而言,此人不应因其在此类刺激的干扰下所为之行为而遭受[与没有在此类刺激的干扰下所为之行为]同样的谴责。制定法律的目的在于利用人们的行为动机来规范他们的行为,因此,法律必须考虑人们的心理构成。

02-54. 另一方面,或许有人会极力主张,如果惩罚的目的在于预防,那么,当需要对极其强烈的动机予以抑制时,就应当给予最为严厉的惩罚;并且,有时,初民立法看起来也已经遵循了此一原则。然而,如果有一种威慑可以抑制一个处于激情之中的人,那么,一种比死亡更轻微的威慑就已经足够了,因而,可以认为死刑过于严厉了。

02-55. 与此同时,甚至在这里,也可以显示出法律标准的客观性。减轻惩罚并非源于此一事实——被告人处于狂怒之中。如果说前述事实会对具有同等身份与教育程度的人产生同样的影响,那么,仅仅举出这样的理由,是不充分的。极端侮辱性的言词并不构成挑衅,尽管时至今日,甚至将来,在已经制定法律的情况下,仍然会有许多人宁死也不愿面对那些侮辱性言词而无动于衷。[若想减轻惩罚,就]必须存在足以证实那种激情的挑衅,而法律应当基于一般考量来确定何种挑衅是充分的。

02-56. 有人认为,即使是法律承认属于"挑衅"的行为,也不能减轻杀人的罪行,除非遭受挑衅之人,在实施该行为时,已经因其所遭受的挑衅而丧失了自控能力"。① 在这个意义上,我们有明显理由来考察被告意识的真实状态。唯一不适用此项准则的理由是,被告处于此一状态之中,以至于无法指望他能想起对惩罚的恐惧或者受到惩罚恐惧的影响;如果他能想起或者受到影响的话,此项例外事由便不存在了。

---

① Steph. *Dig. Cr. Law*, Art. 225.

因此,即使在这里,无论对或错,法律在采用外部检验标准的方向上已经走了很远。法官似乎始终是根据被告人使用的工具的性质①,或者挑衅与犯罪行为之间的时间长短②,而在谋杀和非预谋杀人之间做出判定。但是,在其他一些案件中,犯罪人是否因激情而丧失了自我控制这一问题,则应当交由陪审团认定。③

02-57. 此次演讲的目的并非概述刑法,而是解释刑法的一般理论,因此,我将仅仅考察那些能够对此一主题给予特别启示的犯罪行为,并以看起来最适合该目的的顺序来论及那些行为。现在,开始讨论恶意毁损[他人财产的行为],并且将构成该犯罪行为的恶意与谋杀的恶意预谋进行比较,将会是有益的。

02-58. 指控谋杀的起诉书已经表明,对恶意预谋的指控并不像人们通常所认为的那样,意指被告的心理状态,除非在某种意义上,他已经意识到事实上使其行为具有危险性的环境状况。事实上,这是一个类似于针对过失的指控,即被告在其认为自己所处的环境之下并不符合构成侵犯行为的法律标准,同样也不存在使该案不适用一般规则的既存的例外事实或理由。正是此一关于法律结论的确证,可以删简其所依据的(肯定的和否定的)事实。

02-59. 如果一部制定法规定了对"故意且恶意地"损害他人财产行为的惩罚,那么,该术语就意味着更多的内涵,即便不甚清晰,也是可以论证的。如果没有某些意指的话,是不会添加第二个词的,此一假定得到了下述观点的支持,即将任何一种故意侵害行为都规定为犯罪,是不合理的。④ 如果此一推理成立的话,那么,"恶意地"在此就是在一般意义上使用的,并且意味着,被告行为的动机就是意图损害

---

① *Rex v. Shaw*, 6 C. & P. 372.
② *Rex v. Oneby*, 2 Strange, 766, 773.
③ *Rex v. Hayward*, 6 C. & P. 157.
④ *Commonwealth v. Walden*, 3 Cush.(Mass.) 558。比较 Steph. *Gen. View of the Crim. Law*, 84。

财产所有人或者财物本身(如果是有生命的),并且将其当成一种目的,为了损害而损害。此一意义上的"恶意"与谋杀中的"恶意"截然不同。

02-60. 制定法无须公开宣称与其自身或者被司法裁决采用的理论相符合。因此,从严格意义上讲,并没有要求此类制定法与已经解释过的那些原则保持一致。但是,实际上并不存在任何矛盾。尽管惩罚必须被限定于强制人们对行为规则的外部遵守,迄今为止,无论带有何种意图或者出于何种动机,均可以通过根据要求避免或者实施某些行为而避免惩罚,此外,违禁行为或许也不具有伤害性,除非该行为伴随着某种特定的情绪状态。

02-61. 关于财产的一般争议可以通过赔偿得到满意的解决。但是,每个人都知道,有时出于纯粹的恶意与泄愤,邻人之间也会施予隐秘的损害。损害可以获得赔偿,但是,此种极端的恶意则须予以报复,而查找此类通常隐秘的不当行为施予者时所面临的困难,为惩罚提供了一个理由,即便复仇被认为是不恰当的。

02-62. 很难说,法律将会沿着此一方向走多远。纵火罪被界定为具有恶意且故意点燃他人房屋的行为,通常与恶意毁损[他人财物的行为]放在一起加以讨论。有人认为,一名犯人在点燃监狱时,并非想要毁灭该建筑,而仅仅是为了达到脱逃的目的,此种放火行为并不具有恶意。但是,更恰当的观点似乎是,这已经构成纵火行为①,在此种情况下,一个故意放火行为在该项规则的意义范围内是具有恶意的。如果我们回想起,纵火行为正是带我们追溯早期法律之中的某一古老诉讼方式的缘由②,我们就会很容易理解,只有故意放火行为才会经由

---

① 2 Bishop, *Crim. Law*, §14(6th ed.).
② Glanv., *Lib*. XIV. c.4.

上述方式获得救济。① 纵火行为之诉与故意侵害之诉非常相似。与后者基于某一具有故意的侵犯行为一样,前者假定了一个为了抢劫或复仇的放火焚屋的行为②,例如,在冰岛的神话故事中,恩迦尔(Njal)便因此而毁灭了。然而,此种犯罪似乎与其他犯罪具有同样的演变过程。只要确认故意是充分的,法律就会直接生成一项外部标准。一个人故意放火焚烧自己的房屋,而他的房屋又与其他房屋毗邻,以至于大火很容易危及那些房屋,如果其中有一间房屋因而被点燃,那么,他就构成了纵火罪。③ 在此一案件中,一个本不应构成纵火的行为,如果仅仅基于对其直接结果的考虑,因为更远的结果显然有可能随之发生,该行为就构成纵火,而不论那些结果是否属于[行为人意欲的]真实意图。如果这或许会成为点燃他人有权点燃之物的结果,仅就这些行为而言,为什么原则上它不应成为在此类环境下同样可能造成同一损害的任何其他行为的结果呢?我们可能很容易想象到这样的情形,即开枪射击,或者制造化学混合物,或者堆积浸油的碎布,诸如此类的其他事情,均有可能在很大程度上具有显著的危险性,并且会实际上导致火灾。在此类案件中,如果我们认为该犯罪行为已经实施,那么,就达到了一个外部标准,并且也可以将前述关于谋杀的分析适用于此。

02-63. 此外,还存在另外一种类型的案件,在此类案件中,基于与那些为解释有关恶意毁损[他人财物的行为]的法律所提供的理由截然不同的原因,"故意"发挥了关键作用。此类案件中最明显的例证就是犯罪未遂。当然,未遂与故意是两个截然不同的问题。实施犯罪的故意本身并不构成犯罪。没有任何法律禁止某人意图后天实施某

---

① Bract., fol. 146 b.
② Ibid.
③ 2 East, P. C., c.21, §§ 7, 8, pp.1027, 1031.

一谋杀行为。法律只关注行为。犯罪未遂则是一种公开行为。在这个意义上,犯罪未遂不同于既遂犯罪,即该行为未能导致本应赋予其首要犯罪特征的那一结果。如果一项谋杀的未遂在一年内导致死亡,那么就构成谋杀。如果一项偷盗的未遂导致所有者财物的丢失,那么就构成盗窃。

02-64. 如果某一行为得以实施,在其所处情境之下,该行为的正常和可能的结果就是一个实体性犯罪行为得以完成,那么,无论基于任何理论,刑法也绝不可能完全放弃对该犯罪行为的惩罚,尽管如果该行为在特定情况下并没有导致那种结果,刑法可以适当减轻惩罚的严厉程度。有人主张,一个真实的故意就足以赋予该行为在此类情形之下的犯罪特征。① 但是,如果我提出的那些关于谋杀与非预谋杀人的观点是合理的,那么,在逻辑上,同样的规则也可以大体上确定行为的犯罪性质。在已知的情境下,我们应当依据行为的趋势,而不是与之相关的实际故意,来判定行为。

02-65. 在涉及犯罪未遂的领域内,与其他领域一样,法律均以与实际故意有关的案件作为开始,因为那些案件是最为显而易见的,这或许是正确的。但是,法律却不能仅限于此类案件,除非相对于一般惩罚原则而言,法律更重视"未遂"这个词在语源学上的意义。据此,假定某一行为导致了其正常和可能的结果,如果该行为等同于某种实体性犯罪的话,那么,行为与未遂一样,也具有应受惩罚性,对于此一主张,至少存在着权威的观点。②

02-66. 但是,此类行为并非唯一应受惩罚的犯罪未遂。还有另外一类行为,其中,实际故意显然是不可或缺的,而且,与此一称谓(未

---

① 1 Bishop, *Crim. Law*, §735(6th ed.).
② *Reg. v. Dilworth*, 2 Moo. & Rob. 531; *Reg. v. Jones*, 9 C. & P. 258。假定某人具有实现其行为之正常结果的故意,那么,此一表述仅仅是一种旨在掩盖真实理论的虚构。See *Lecture* IV。

遂)一样,该类行为的存在无疑将会影响整个法律原则。

02-67. 有一些行为可以构成未遂或者是轻罪,但此类行为不会实现犯罪的结果,除非之后紧接着违法行为人的其他行为。例如,人们始终认为,带着打算点燃一堆干草的故意而擦着一根火柴,就等同于一项点燃干草垛的犯罪未遂,尽管被告因发现自己被人看到而吹灭了火柴。① 所以,购买伪造铸币的模具就属于一项轻罪,尽管如果不使用该模具,当然就不会伪造出铸币。②

02-68. 在此类案件中,法律依据一项不同于规制大多数实体性犯罪的新规则而得以适用。一般而言,惩罚任何行为的理由必定是为了防止某种损害,可以预测的是,此种损害在实施该损害行为的情况下很可能就是该行为所导致的结果。在大多数实体性犯罪中,此种可能性据以存在的理由就是由经验显示出来的一般原因的正常运作。但是,如果对于某一在[行为实施时所处的特定]情境下通常不会造成损害结果的行为,仅仅有这一个理由是不充分的。只有在下述情况下,此种可能性才会存在,即我们有理由期待,在所实施的行为之后紧跟有其他行为,而与之具有因果关系的行为结果将会造成损害,尽管如果没有其他行为的话,就不会造成损害。然而,由于实际上并没有此类行为紧随其后,一般而言,基于仅仅是实施了本应实施的行为,我们并不能假定,如果行为人的行为没有被中止,那么,后续行为就会随之发生。那些行为不会随之发生,除非行为人决定那样做,并且,通常可适用于证明行为人会选择实施那些行为的唯一方法,就在于证明在实施其所为行为时行为人意图实施那些行为。在如此情况下,与之相伴的"故意"会使另一无辜行为具有危害性,因为该"故意"导致了一种可能性,即在该"故意"之后会紧跟其他行为与事件,而[所有这样

---

① *Reg. v. Taylor*, 1 F. & F. 511.
② *Reg. v. Roberts*, 25 L. J. M. C. 17; s. c. Dearsly, C. C. 539.

的行为和事件]会一起导致损害。"故意"的重要性不在于说明该行为是邪恶的,而在于说明该行为之后有可能紧跟着损害结果。

02-69. 显而易见,存在着对此类责任的限制。法律并不惩罚每一个带有导致犯罪的故意而实施的行为。如果一个人从波士顿出发去坎布里奇,为了到那里去实施一个谋杀行为,但却偶然被阻止并且返回家中,那么,与他坐在车上决定去射杀某人,但经再三考虑后放弃该念头一样,他也是不应受惩罚的。另一方面,一个奴隶跟踪一位白人女性,在袭击她之前克制住了,但该奴隶却被判定为强奸的犯罪未遂。① 我们已经理解了等同于点燃一堆干草垛的未遂行为;但是,有人认为,在同一案件中,如果被告为了该目的而仅仅是去买了一盒火柴,那么,他就不应当承担责任。

02-70. 在这两类案件之间,要想划出一条界线,甚或阐明据以划定界线的标准,即使是杰出的法官,也会对此感到困惑。但是,可以认为,此一标准类似于法律据以划出所有其他界线的标准。公共政策——也就是,立法考量——即为这一问题的根本所在;在此一案件中,应当考虑的内容包括危险的临近程度、损害的严重程度以及可感受到的理解程度。当一个人为点燃一堆干草垛而购买火柴,或者为了在目的地实施谋杀而开启行程时,在实现目的之前,他仍然有相当大的机会改变自己的想法。但是,当他划燃火柴或者举枪瞄准时,他就几乎没有可能不继续实现该目的了,因而形成了如此巨大的危险,以至于法律将会介入。由于存在某一不能被合法使用的实物,正如在购买铸币模具案中一样,可能会将法律的介入点向后推延。

02-71. 与完成犯罪行为的可能性程度一样,对犯罪行为的理解程度也可以影响判决。无疑,蓄奴地区所特有的恐惧感会支持刚才提及

---

① *Lewis v. The State*, 35 Ala. 380.

的那些有罪判决。①

02-72. 在此,还有一个不应被忽略的疑点。有人认为,射击一块被当作一个人的木头,并不构成谋杀未遂②,并且,意图扒窃而将手伸入一个空衣袋,也不构成盗窃未遂,尽管对于后一个问题存在着意见上的分歧。③[秉持此一观点的人]提出的理由是,即使允许行为人继续实施该行为,以达到根据事物性质该行为可能导致的所有后果,该行为也不会产生犯罪结果,那么,在此种情况下,该行为中止时,就不可能构成犯罪未遂。当然,在某些情况下,法律必须采纳此一结论,除非法律所依据的是罪行报偿理论,而非预防损害理论。

02-73. 然而,即使是为了有效预防损害,法律也不可能规定得过于精确。我并不认为,仅仅因为子弹偏离了目标,带着杀人的故意而向其开枪,就不构成谋杀未遂。但在这里,该行为已经产生了依循事物性质可能发生的全部结果。在此种情况下,子弹击中那个人,正如扒窃一个空衣袋一样,都是不可能的。但是,不难理解,在如此环境下,就人类洞察力的可能性而言,此类行为如此危险,以至于应当对其施予惩罚。尽管有许多人会非常确信,但没有人能绝对认识到子弹会击中的准确位置;如果造成损害,将会是相当严重的损害。如果一个人开枪射击一块木头,那就不可能造成任何损害,在一个空衣袋中也不可能实施任何偷窃行为,除此之外,成功偷窃造成的损害也小于谋杀造成的损害。此外,有人或许会认为,为了使阻止的范围足够宽泛,并且易于理解,即使是类似于那样的行为,也应当受到惩罚。

02-74. 还有一些特定的实体性犯罪值得考察,在某些非常重要的

---

① 此处意指上文提及的一项有罪判决,即一个奴隶跟踪一位白人女性,在袭击她之前克制住了,却被判定强奸的犯罪未遂。——译者注
② 参见 *M'Pherson's case*, Dearsly & Bell, 197, 201, Bramwell, B.
③ 比较 1 Bishop, *Crim. Law*, §§741-745(6th ed.)。

方面,此类犯罪行为不同于谋杀以及类似行为,为了解释此类犯罪行为,我们会发现,前面关于犯罪未遂与类似轻罪中的"故意"的分析,是有益的。

02-75. 此类犯罪行为就是盗窃罪。根据此一罪名,该类行为应当受到惩罚,尽管该类行为本身并不足以完成法律试图预防的恶行,此一恶行仍然同样被视为犯罪行为,而无论该恶行是否已经完成。另一方面,除非该恶行已经完成,否则就不算构成谋杀罪、非预谋杀人罪与纵火罪,而这些犯罪均由此类行为构成,即在行为实施时的周围环境下,仅仅依循自然法则的运作,此类行为的发展趋势就会造成人身伤害或者财物毁损。

02-76. 在盗窃罪中,那些由该类行为直接造成的后果,在通常情况下,均以给所有者造成较少损害或者没有造成损害为由而予以排除。当该犯罪行为得以完成时,财物因侵害行为而脱离所有者的占有,仅此而已。然而,在造成法律所要预防的损害之前,那些物品须为永久性地脱离所有者的占有。占有的暂时性损失并不属于此类严厉惩罚所要预防的损害。法律所要预防的是占有的完全且永久性丧失,正如下述事实所显示出来的,即如果并非意图剥夺所有者的财物,而仅仅是为了暂时使用而占有其财物,那么,这就不构成盗窃罪。如果法律仅仅是惩罚占有行为的话,那么,法律就是在惩罚一种本身并不会产生法律所试图预防的罪恶后果的行为,并且是在该后果无论以何种方式发生之前惩罚这样的行为。

02-77. 理由已经足够清晰了。为了证实已经造成了法律所要预防的损害,法律不可能等到财物在其他人而非所有者手中被用完或毁损,或者所有者死亡。基于同一理由,法律也不可能将自身的适用范围仅仅局限于那些有可能造成损害的行为。因为导致财物永久性丧失的损害并非源于占有行为,而是仅仅源于占有财物之后构成转移和持有该财物的一系列行为。在完成这些预先讨论之后,才容易看清楚"故意"之于犯罪行为的意义。

02-78. 根据主教[巴特勒]先生所言,盗窃罪就是"通过侵害行为而占有和转移个人财物的行为,侵害人知道该财物一般或者特别属于另外一人,并且在此故意剥夺该所有者的所有权;此外,基于某种有利于侵害人的原因,或许应该补充一点——依据某一命题做出的诸多裁决无法达成一致"。①

02-79. 据称,在这里,必定存在一种剥夺此类所有者所有权的故意。然而,为什么呢? 相对于法律希望不因某人杀人而将其绞死而言,如果他实际上不是邪恶的,难道这仅仅是因为法律更希望不因他偷窃而将其送进监狱吗? 那绝不可能。正确的答案是,故意是一个衡量可能会发生的外部事件的指标,并且,如果法律要从根本上对犯罪行为人进行惩罚的话,在此种情况下,法律所依据的肯定是行为发生的可能性,而不是业已完成的事实。此种对处理未遂犯罪的方式的分析是清晰的。偷窃可以被称为一种永久剥夺他人财物的未遂犯罪,无论成功与否,都应当受到同样严厉的惩罚。如果可以如此恰当地考量偷窃,那么,故意也必定会对其他未遂犯罪产生同样的影响。某一行为并未完全实现违禁后果,此时,通过证实,如果没有某种干预的话,在该行为之后将会发生与之共同导致该违禁后果的其他行为,那就可以裁决该行为是不正当的。这只有通过证明故意而得以证实。在偷窃行为中,剥夺所有者财物的故意可以证实,小偷会持有被窃财物,或者不会采取措施归还被窃财物。至于小偷后来改变想法并归还了被窃财物,则无关紧要。从此一有关犯罪未遂的观点来看,当财物被取走时,犯罪就已经完成了。

---

① 2 Bishop, *Crim. Law,* §758(6th ed.).

02-80. 人们或许会反对此一观点,即如果故意仅仅是一种从实际需要出发替代实际剥夺他人财物行为的权宜之计,那么,在实际剥夺他人财物的行为得以完全实施的情况下——假定同一犯罪行为产生了全部后果,就不应当再要求具有故意了。例如,假定一个人用同样的动作在悬崖边上勒住并拖回了另一个人的马。法律所要预防的全部恶行,就是该行为在已知环境下正常且明确无疑的后果。在此类案件中,如果有关盗窃罪的法律在此与所坚持的那些理论保持一致的话,那么,就应当根据其趋势来判定该行为,而不应当考虑该不当行为的实际故意,无论是以何种方式。然而,至少可以说,即使在此类案件中,故意也可能大相径庭。我认为,该行为是没有理由的,并且是不正当的,而如果以剥夺所有者的马为目的而实施该行为,那么,这就相当于盗窃了。但是,如果以实验为由而实施该行为,并且没有对于毁损后果的实际洞察或者不利于所有者的恶意,那么,或许就不应将侵害人认定为盗窃犯。

02-81. 如果存在某种矛盾的话,那么,似乎可以通过法律赖以成长的方式来对此种矛盾加以解释。普通法中关于盗窃的特点并非广义立法理论中的那些特点;那些特点是高度专业性的,并且在相当大的程度上有赖于历史加以解释。①

02-82. 此类偷窃就是为了据为己用而占有他人财物。② 过去通常,并且现在仍然有人认为,为了某种对盗窃犯的利益,占有必须有利可图。在此类案件中,对所有者财物的剥夺是基于盗窃犯的持有,而非其财物的毁损,并且财物丧失的永久性只能依据持有财物的故意而预先进行判定。因此,故意始终是必要的,并且自然以一种利己主义的故意形式表达出来。当法院裁定剥夺所有者财物的故意足够充分

---

① Cf. Stephen, *General View of Criminal Law of England*, 49 et seq.
② Cf. Stephen, *General View*, 49-52; 2 East, P. C. 553.

时,这就是建立在古老先例之上的一个进展。直到1815年,英格兰法官仍以6∶5的比例支持此一主张,即仅仅出于毁灭不利于朋友的证据的目的,而占有并意图杀死一匹马,构成盗窃罪。① 然而,由于毁灭是在占有之后发生的,即使是那一案件,也并未取消作为一种检验标准的故意的普遍性,此外,行为的有罪性必须依据占有之时而非之后的事物状态予以确定,这是一条古老的规则。此种关于盗窃罪的法律,究竟是应当遵循似乎属于刑法一般原则的内容,还是应当受到传统的遏抑[而停滞不前],则只能根据类似于上述假定的案件来予以确定,在此类案件中,同一行为既实现了占有,也完成了毁灭。正如已经指出的,传统极有可能获得胜利。

02-83. 另外一种犯罪是夜盗罪,在此类犯罪中,那些在盗窃罪中提及的特点更为显而易见,同时也更容易解释。可以将夜盗罪界定为,在夜晚强行侵入任何一所住宅,并且具有在那里实施一项重罪的故意。② 惩罚此类强行侵入行为的目的,不在于防止非法侵入——即使该行为是在夜晚实施的,而在于防止此类非法侵入行为成为迈向更严重的不当行为(例如,绑架或者谋杀)的第一步。③ 在该案中,已被证实的故意的功用似乎比在偷窃中的更清晰,但这的确很相似。故意是衡量法律所要预防的某些特定的将来行为之可能性的一个指标。在此,法律可以证实,这是真实的解释。因为如果此一可认识到的行为随之发生,那就没有必要再主张此类强行侵入行为具有该故意了。就夜盗罪而言,就是一项关于被告强行闯入一所住宅并盗窃特定财物的指控,实际上相当于一项声称该被告强行侵入住宅并且具有盗窃故

---

① *Rex v. Cabbage*, Russ. & Ry. 292.
② 比较 4 Bl. *Comm*. 224; Steph. *Dig. Crim. Law*, Arts. 316, 319。
③ 比较 4 Bl. *Comm*. 227, 228。

意的指控。①

02-84. 可以认为,就普通法的现状而言,前面已经讨论过的内容足以解释关于刑事责任的一般理论了。结论可以概括如下:

02-85. 就本质而言,一切行为都是无关紧要的。

02-86. 在此类典型的实体性犯罪中,那些行为之所以构成犯罪,是因为它们是在其可能会造成法律所要预防的某种损害的情况下予以实施的。

02-87. 在此类案件中,检验是否构成犯罪的标准,就是根据经验所揭示出来的在那些环境下伴随该行为而生的危险的程度。

02-88. 在此类案件中,当事人的犯罪意图或者实际邪恶,是完全不必要的,并且,如果它更多地意味着,与判断其行为趋势相关的环境是为该当事人所明知的环境,那么,所有对其意识状态的提及都是引人误入歧途的。甚至对于认知的要求也要受到特定的限制。一个人必须自担风险,以证实一个理性且谨慎之人可以从实际已知的事物状态中推导出来的情况。在一些案件中,特别是有关法定犯罪的案件中,他甚至必须走得更远,并且,当知道某些特定事实时,他还必须自担风险,以证实使该行为构成犯罪的其他事实是否存在。在英格兰,一个从其父母那里诱拐一名女孩的人,必须自担风险,以证实该女孩是否不满16周岁。

02-89. 在一些案件中,或许是这样的,即如果这是一个谨慎人所无法预测的后果,那么,在行为实施时的环境之下,必须实际上可以预测该行为的后果。对于作为一种标准的谨慎人的提及是唯一的形式,正是通过此一形式,应受谴责同样成为犯罪的一个构成要素。并

---

① 1 Starkie, Cr. Pl. 177。此一规则甚至比我的主张所要求的走得更远。因为如果夜盗罪只是基于某种犯罪未遂而予以对待的话,那么,整个犯罪行为都将不得不在强行闯入住宅时得以完成。比较 *Rex v. Furnival*, Russ. & Ry. 445。

且，以此类人的视角来看，具备应受谴责性的行为也成为犯罪的一个构成要素：首先，这是一种真正道德标准的残留物；其次，因为惩罚以一个普通共同体成员的视角看来本不应受到谴责的行为，将会强制推行一种标准，而此种标准在理论上是不合理的，在实践中对于该共同体而言也过高了。

02-90. 在一些案件中，就这些语词的普通意义而言，实际恶意或者故意成为犯罪的一个构成要素。但是，我们会发现，情况之所以如此，或者是因为恶意实施的行为造成了损害，但仅有该行为是不会造成损害的，或者是因为该故意引出了一种极大的可能性，即一个本身并不违法的行为会引起其他一些行为或者事件，而与这些行为或者事件一起，该行为又会导致法律所要预防的结果。

第03讲

侵权法——侵害与过失

一、引言
    (一)问题
    (二)两种理论:限于道德缺陷的责任;自担风险
二、自担风险理论
    (一)支持的论证
    (二)反对的论证
三、过失:并非依据个人或者道德的标准判定
四、非故意伤害责任:依据普通人的应受谴责性判定
    (一)规范程序
    (二)寄托
    (三)证明过失的证据
    (四)陪审团的功能

03-01. 接下来两讲的主题,旨在探究是否存在一种共同的理论依据,作为整个侵权责任的根基,以及如果有的话,此一根基是什么。假如此一尝试获得成功,将会揭示普通法上民事责任的一般原理。契约责任或多或少是由相关当事人的合意确定的,而侵权责任则与不当行为人事先是否同意承担因其行为而造成的损失无关。如果 A 在做出一项具有约束力的承诺后,却在特定某日无力支付特定款项,或者在特定某晚无法发表演讲,并且他还同意因无法履行承诺而造成的部分或全部损害均由自己承担,那么,他就不得不依据自己的同意而支付损害赔偿。但是,如果 A 殴击或诽谤邻人,或者侵占邻人的财物,那么,他就是在实施一项自己从未同意承担责任的损害,并且,一般认为,每个人都可以公平地期待且要求其他任何人为某一行为,而无论其是否同意那样做,如果法律要求 A 支付损害赔偿,那么,就必须从上述一般观点中寻找那样做的理由。

03-02. 如果想探寻这样的一般观点,是极其困难的。法律并非始于理论。法律也从不创造理论。法律的起点与我尝试阐明的法律应抵达的终点,截然不同。在由起点至终点的演变过程中,可以预期的是,法律的演变过程不应是直线的,演变方向也并不总是显而易见的。我们所能做的仅仅是指明一种趋势,然后证实它。我们主要关注的法律演变趋势,是一个可以从诸多案例中推断出来的事实问题。然而,直到晚近,仍然只能经由诸多种类的诉讼形式触及实体法,如此境况在很大程度上增加了阐明前述趋势的难度。诸多关于侵害之诉与间接侵害之诉①之间界限或者一般问题之范围的争论,已经模糊了关

---

① 侵害之诉(trespass),是英格兰中世纪时期的一种诉讼形式,意指因自己的身体、财产、权利、名誉或者人际关系被侵害而请求赔偿的诉讼。在巡回审判制度建立之后,此一诉讼形式在 14 世纪逐渐普遍适用英格兰地区。后来,在普通法的司法实践中,逐渐形成另外一种与之相关的侵权诉讼形式,具体而言,一方的侵害行为与另一方的损害结果之间存在间接的因果关系,即所谓的"间接侵害之诉"(trespass on the case,亦称"case"或"action on the case")。参见薛波主编:《元照英美法词典》,北京大学出版社 2013 年版,第 1356—1357 页。——译者注

于立法原理的讨论。取侵权理论而代之的,是普通法上的一种关于侵害之诉的理论。甚至在此一狭小范围内,即便未能考虑到它们与一个久被遗忘的程序之间的关联,也应该关注巡回审判和陪审团审判时期的先例。

03-03. 自古老的诉讼形式渐次消失以来,在更宽泛的意义上探讨此一主题理应成为可能。无知是最好的法律改革者。世人都乐于讨论一般原理问题,此时,他们已经遗忘了法律推理所必需的专门知识。但是,当下乐于概括归纳的意愿,不仅限于负面消极的理由。当今的哲思习惯、频繁的法律制定,以及法律不断变化以满足公众想法和意愿的随意程度,所有这一切都使下述情况变得自然而然且不可避免,即法官和其他人一样公开讨论他们的判断最终必定要依据的立法原则,并且将他们的判断建立在宽泛的政策考量之上,若放在半个世纪前,法官的传统习惯几乎无法容忍对此类政策考量的参酌。

03-04.侵权法的要旨在于划定界线,据以区分某人应对自己造成的损害承担责任的案件和某人无须为自己造成的损害承担责任的案件。但是,这并不能让行为人准确地预测某一特定行为在特定环境下是否会令其承担责任,因为行为很少导致那样的效果,除非造成了损害,并且在很大程度上,即便不是总是的话,人们无法确知而只能是或多或少地猜测行为的结果。法律可以预先制定的所有此类规则,恰恰旨在判定若造成损害(即承担责任)的行为——也就是,某人冒险犯难的行为。在侵权诉讼中,从不利于被告的判决中抽绎出来的唯一的未来行为指南就是,在那些(除非根据结果)无法与被告行为相区别的环境下,行为人冒险实施类似行为;如果行为人可以避免承担责任的话,那仅仅是因为在特定事件中他的行为幸好没有造成损害。

03-05. 因此,如果全部侵权责任均有共同的理由,那么,我们就最好应该通过消除实际造成的事件后果,以及仅仅考虑据以将行为的风险后果归咎于行为人的基本原则,来找到这样的共同理由。我们应该追问,就被告一方而言,在认定责任之前,必须呈示什么样的构成因素,并且,如果行为造成了损害,那么,此类因素的呈示通常会令被告承担责任。

03-06. 侵权法中充溢着道德语词。就不当行为、恶意、欺诈、故意及过失而言,还有很多值得讨论的地方。据此,可以合理地推测,行为的风险会作为道德缺陷的结果而施加于行为人身上。但是,在抱有此一观点的同时,就会发现极端相反的看法已经变成一种更流行的观念——我的意思是,一个人应当对自己行为的全部后果承担责任,或者换句话说,他总是要自担风险,并且,完全无须考虑行为人对该事项的意识状态。

03-07. 为了检验前一观点,自然地就会连续琢磨这样几个词,诸如"过失"与"故意",在道德语言中,这些词足以表明各种可以充分理解的心理状态,并说明它们在法律上的意义。为了检验后一观点,依据几项诉讼形式的标题,或许更便于思考。在我们的权威依据中,有许多都是根据这样或那样的诉讼形式而做出的判决,因而(至少从一开始)忽视这些诉讼形式,是不稳妥的;从研究侵害之诉和过失概念——将被界定为故意的不当行为留待下一讲——开始,有可能在接近此一主题的两种模式之间达成妥协。

03-08. 侵害之诉,既可以因无意不当行为而起,也可以因有意不当行为而起。对任何不当的、直接的强力运用,均可依侵害之诉予以纠正。因此,侵害之诉为普通法上无意不当行为责任一般原理的探讨提供了一个恰当的场域。因为不可能假定,一个人据其行为后果而承担的责任,会因恰好取决于半影(使侵害之诉区别于间接侵害之诉)的一面或另一面的救济而有所不同。在这两个标题之下,无论是依据侵害之诉,还是依据间接侵害之诉,都可以寻得侵权法的绝大部分内容。

03-09. 或许,有人可以轻率假定,间接侵害之诉源于被告的过失。但是,如果是这样的话,那么,同一法律原则就必定盛行于侵害之诉中。或许,人们可以假定,无须考虑过失,侵害之诉源于被告因其行为而造成的损害。但是,如果这是真实的话,那么,法律就必须将同样的标准适用于只是在某个法律要点上不同于侵害的其他不当行为;例如,遭受侵害的财产正由被告占有。然而,上述任何一项假定都不可能轻易获准。或许,可以有充分理由主张,间接侵害之诉采用的恰恰是适于侵害之诉的严格规则,除非该诉讼建立在合同之上。或许有人认为,过失与普通法上的妨害责任无关;或许还有人认为,如果过失构成一项责任理由,那就不得不在被告的承诺或者公共职业①中创设一项特殊义务。② 另一方面,我们应该看到据说足以支撑该命题的理由,即便在侵害之诉中,至少也必须存在过失。但是,盛行于一种诉讼形式中的论点,必定盛行于另一种诉讼形式之中。因而,如果不排除从普通法的其他部分获得启发,只要切实可行,就可以将讨论限定于侵害之诉,从而在法律层面上缩减讨论的范围。

03-10. 恰如刚才所暗示的,存在两种关于无意损害的普通法责任理论。看起来,这两种理论都得到了流行教科书的默许,并且都不缺少可信度和权威的表象。

03-11. 第一个是奥斯丁的理论,实际上就是犯罪学家的理论。在他看来,法律的典型特征,恰当地说,是由主权者因某人不服从主权者的命令而威慑和强制实施的制裁或者损抑。如果法律的绝大部分内容只是让一个人因违法而承担公民责任的话,那么,奥斯丁就不得不

---

① 公共职业(common calling),是指在普通法上具有特定身份而负有特殊法律义务的职业,诸如承运人、旅店老板以及兽医等,他们对其从事的职业中可以产生的损害负有法定责任;此种责任后来逐渐演变为无过失责任,即严格责任(strict liability)。参见薛波主编:《元照英美法词典》,北京大学出版社2013年版,第260页——译者注

② See Lecture VII.

将违法行为的责任看作一种制裁,或者,质言之,当作一种对不服从法律之行为的惩罚。紧接着,根据主流刑法观念,此类责任应当只能基于个人过错;奥斯丁接受此一结论及其推论,其中一个推论即过失是指当事人的一种心理状态。① 如果需要的话,以后还会论及这些原理。

03-12. 另外一个理论则是与前述理论直接相反的。有一些伟大的普通法权威,看起来已经采纳了这一理论,而且,在将该理论搁置一旁,选择任何可以坚持的第三种观点之前,需要对其加以认真的讨论。根据此一观点,宽泛地讲,在普通法之下,每个人都该对自己的行为承担责任。任何人都不该为不作为承担责任,除非基于某种自愿负担之义务,这或许会被当成一种抵消。但是,在最后一类责任范围之外,任何人引发此类责任的全部且充分的理由,应该是他自愿负担,且损害随之发生。如果行动是自愿的,那么,由此造成的损害究竟是故意的,还是由于行为人的过失,就完全无关紧要了。

03-13. 为了公平对待此一主题的研究方法,我们必须记住,普通法诉讼形式的废除并没有改变实体法的规则。因此,尽管诉讼当事人现在通常都会诉称故意或者过失,但先前足以指控被告人实施侵害行为的任何证据,现在依然是充分的,尽管事实上古老的诉讼与诉状的形式早已不复存在。

03-14. 首先,据称,无论是在最终确定的诉讼范围之内,还是之外,通常考虑的都是给予财产的法律保护。无论是因为一个多么无辜的过错,只要有人穿过邻人土地的边界,或者他的牲畜逃进邻人的土地,那么,他就要承担侵入他人土地的责任。假设有一个完全善意的拍卖商,正在他的常规业务中,拍卖那些以出售为目的而被送至他房间的物品,那么,如果有第三人证明自己是该物品的所有者,拍卖商就

---

① Austin, *Jurisprudence* (3d ed.), 440 et seq., 474, 484, Lect. XX., XXIV., XXV.

不得不偿付该物品的全部价值,尽管他已偿付了相关收益,而且还无法获得赔偿。

03-15. 现在假定,案件不涉及原告的财产,而是被告身体直接触及原告身体,此处提出的主张是,因为法律对人的关注不可能低于对法律主体之财产的关注,唯一可行的辩护理由就类似那些可以用于所谓的侵入他人土地之诉的理由。你们可以通过阐明被告没有采取行动来证明不存在侵害;例如,被告从马上坠落砸到原告,或者,是第三人拿着被告的手,击打原告。在此类案件中,被告的身体仅仅是一个外部力量的被动工具,而原告赖以控诉的身体移动根本不是被告的行为。于是,你们就可以借原告本身的行为阐明一个正当理由或者抗辩事由。但是,如果无法阐明这样的理由,而被告又是自愿采取行动的话,那么,他就必须为后果承担责任,无论是多么不小心,还是多么无法预见。例如,如果在受到第三人的殴击时,被告举起木棍,意外击中站在他身后的原告,那么,根据此一观点,无论对受害人存在怎样的过失,被告都应当承担责任。

03-16. 就正在讨论的此一原理而言,诸多支持的论证多数来自先例,但有时又因为理论上是可靠的,故而应被视为正当合理的。据说,每个人都对自己的人身等享有一种绝对权利,故而免受来自邻人之手的侵害。在前述案件中,原告什么也没做;而被告却自愿采取行动。就双方当事人而言,应该承担责任的,是自愿行为导致损害的一方,而不是与造成损害无关的一方。

03-17. 当转而讨论侵害之诉的程序和先例时,我们还有更麻烦的问题亟待解决。诉状不涉及过失,显然,损害无须存在故意。强力侵害与破坏安宁,这些语词看起来似乎包含着故意,应该仅仅意在将司法管辖权赋予国王法院。格兰维尔认为该管辖权应属于治安官,如果暂不考虑享有特许权的领主的话,应由治安官受理审判涉及群殴、殴击、甚至伤害的案件,除非原告附加一项违背国王和平的指控。① 里夫斯(Reeves)评论道,"在治安官管辖与国王管辖的区分中,我们可以看到现代诉状与令状中陈述的理由,武力侵害'国王的权位与尊严'、'国王的安宁'以及'治安'——在治安官的治安不再被当成一种独立管辖之后,最后一种表达就足够了"。②

03-18. 此外,还可以说,如果被告的故意或者过失对其应承担的责任是不可或缺的,那么,故意与过失之缺失,就会使被告的行为丧失侵害的特征,因而,在此一普遍问题之下,应该予以采纳。但是,"无罪"只是对行为的否认,这在普通法中已经得到了很好的解决。③

03-19. 接下来,就是来自权威的论证。我先从一个早期的重要案例谈起。④ 这是一起侵入私人领地的案件。被告辩称,自己拥有与原告毗邻的土地,上面有一道棘丛篱笆;被告在砍伐棘丛时,棘丛——违背他的意愿——落在原告的土地上,被告即刻跑过去,把棘丛拿回来,这就是遭到指控的侵害行为。法院做出有利于原告的判决,被告提出异议。原告的律师提出了一些经常被重复援引的判例。其中一位律师,费尔法克斯(Fairfax)说道:

> 在导致重罪的行为与引发侵害的行为之间,存在一定的差异。如果有人正在砍树,树枝落下,砸伤一个人,那么,在这种情况下,他就实施了一个侵害行为。还有,法官先生,如果有人正在射箭,他的弓在手中抖动了一下,射中了一个人,他是无意的,那

---

① Lib. I. c. 2, *ad fin*.
② Hist. English Law, I. 113(bis), n. a;Id., ed. Finlason, I. 178, n. 7。菲茨伯特(Fitzherbert, N. B. 85, F.)认为,在不属于国王法院管辖的侵害诉讼令状中,就不应该说强力侵害(quare vi et armis)。比较 Ib. 86, H。
③ Milman v. Dolwell, 2 Camp. 378; Knapp v. Salsbury, 2 Camp. 500; Pearcy v. Walter, 6 C. & P. 232; Hall v. Fearnley, 3 Q. B. 919.
④ Y. B. 6 Ed. IV. 7, pl. 18, A.D. 1466; cf. Ames, Cases in Tort, 69, 就移转而言,该案大部分意见都得到了遵循。

么,如前所述,这就不构成重罪;但是,如果他射伤一个人,那么,受害人就有理由提起一个针对行为人的侵害之诉,但射击本身是合法的,受害人遭受的不当行为是违背行为人意愿的;就是这样。

另外一位律师,布赖恩(Brian)陈述了整个原理,并且引用了同样众所周知的例证:

> 当一个人做一件事情时,他就一定要以某一种方式去做,从而使他的行为不会造成任何侵害或者损害。如果我在建造一座房子,当木料被举起时,有一块木料落下来,砸坏了邻人的房屋,那么,他就有理由提起诉讼;但是,房屋的建造是合法的,木料落下,也并非出于我的意愿。因此,假如有人殴击我,我又无法逃跑,我为了自卫举起木棒打他,却在举起木棒时,击中了我身后的一个人,在这种情况下,他就有理由对我提起诉讼,而我为了自卫举起木棒是合法的,我击中他,也并非出于的意愿;就是这样的。

> 利特尔顿(Littleton)大法官,基于同样的初衷,认为如果一个人受到损害,他就应该获得赔偿……如果你的牛群跑进我的地里,吃了我的草,尽管你立刻来把它们赶走,那么,你也应该因你的牛群之所作所为进行赔偿,无论多少……此外,先生,如果这就是他进来拿走棘丛时面对的法律,基于同样的理由,如果他砍倒一棵大树,他可能会来用他的马车搬走那棵树,这不是理由,因为他或许还有谷物或者其他正在生长的庄稼,等等,不再赘述,因为无论事情大小,法律都是同一的……首席大法官乔克(Choke),基于同样的初衷,认为如果主物是不合法的,那么,依附于主物的从物也就不合法;如果他砍伐棘丛,棘丛落在我的土地上,那么,棘丛坠落就是不合法的,因而他过来拿走棘丛也就不合法。至于棘

丛坠落违背他的意愿,这算不上答辩,但他应该证明,他无法以任何其他方式阻止棘丛坠落,或者他已经尽其所能地防止棘丛坠落。

03-20. 四十年后①,《年鉴》记录了里德(Rede)大法官采纳了费尔法克斯在前述案件中的论证。就后者而言,在侵害之诉中,

> 无法解释故意;但在重罪案件中,应该可以解释。如果一个人射靶,却杀死了另外一个人,但他不是故意要杀死那个人,那么,这就不构成重罪;以此类推,一个站在房顶上的瓦匠,无意间用一块石头砸死了一个人,这也不构成重罪。② 但是,如果一个人射靶,射伤了一个人,尽管这违背他的意愿,但他仍会被视为一个无意的侵害者。

03-21. 以后,还有一系列涉及射击的案件——"韦弗诉沃德案"(*Weaver v. Ward*)③、"迪肯森诉沃森案"(*Dickenson v. Watson*)④以及"安德伍德诉休森案"(*Underwood v. Hewson*)⑤,纽约上诉法院在审理"卡斯尔诉杜里埃案"(*Castle v. Duryee*)⑥时遵循了前述这些案例,在该案中,被告提出辩护意见,大意是说,损害是意外且不幸发生的,并且也是违背被告意愿的,但法院裁决被告的辩护意见是不充分的。

03-22. 伊丽莎白女王(Queen Elizabeth)在位时期,一般认为,如果一个人在自家门口用枪打鸟,以致引燃了自己的房屋,又波及邻人的

---

① Y. B. 21 Hen. VII. 27, pl. 5, A.D. 1506.
② 比较 Bract., fol. 136 b。但可比较 Stat. of Gloucester, 6 Ed. I. c. 9;Y. B. 2 Hen. IV. 18, pl. 8, by Thirning;Essays in Ang. Sax. Law, 276。
③ Hobart, 134, A.D. 1616.
④ Sir T. Jones, 205, A.D. 1682.
⑤ 1 Strange, 596, A.D. 1723.
⑥ 2 Keyes, 169, A.D. 1865.

房屋,那么,他通常都要在此一间接侵害之诉中承担责任,此处的诉状并没有依赖于英格兰王国的习俗,"因为这是疏忽大意造成的火灾","因为损害是同样的,尽管火灾不是因共同过失,而是因意外而导致的"。①

03-23. 前述关于木棍和射靶的例子,已经成为标准的例证;它们不断被托马斯·雷蒙德(Thomas Raymond)爵士在"贝西诉奥利奥特案"(Bessey v. Olliot)②中、威廉·布莱克斯通(William Blackstone)爵士在那个著名的爆竹案③中以及其他法官重复提及,并且经由法律教科书而变得众所周知。雷蒙德爵士,在前述案件中,也重复了这样的思想以及几乎是利特尔顿法官的全部语词(已经有所引用),并且进一步论及:"在所有的民事行为中,对于行为人的故意,法律并没有给予与受害人的损失和损害同样的重视。"威廉·布莱克斯通爵士也采用了刚才引用的"迪肯森诉沃森案"中的一段话:"只有不可避免的必需"才能成为正当理由。同样地,埃伦伯勒(Ellenborough)爵士在"利姆诉布雷案"(Leame v. Bray)中指出,"如果伤害是由另外一个人的个人行为造成的,那么,认定该行为构成侵害,就被视为是充分的";或者,根据被更频繁引用的格罗斯(Grose)大法官在同一案件中的语言,"经过查阅与该主题相关的从亨利七世时期的《年鉴》至晚近判决的全部判例,我发现的原则是,如果伤害是由当事人在当时的个人行为造成的,或者他就是伤害的直接原因,那么,即便伤害是意外或者不幸发生的,该当事人也要在侵害之诉中承担责任"。再多的引用,似乎没有必要了。

03-24. 然而,尽管所有论证或许都支持此一规则——即每个人都

---

① *Anonymous*, Cro. Eliz. 10, A.D. 1582.
② Sir T. Raym. 467, A.D. 1682.
③ *Scott v. Shepherd*, 2 Wm. Bl. 892, A.D. 1773.

要对自己的行为负责,但还是有一些非常著名的法院,甚至依据古老的诉讼形式,拒绝接受此一规则。就此一事实以及更多的环境情况来看,由于古老的诉讼形式已被废除,关于过失的指控,只要不涉及故意,其适用范围可以从间接侵害之诉到侵权领域的全部一般诉状,因而任何人都应该承认进入当前的讨论是值得的,或许有许多法律人会对此感到惊讶。这恰恰是源于日常生活习惯的自然感受。但是,即便正在讨论的此一原则不再有任何信奉者(实则不然),除了日常生活习惯,总还是应该有一些更重要的理由,以维系我们关于此一根本问题的观点;至少在我看来,对于此一真正的原则,所有那些对其感兴趣的人远未清晰掌握,只有经过认真分析迄今为止形成的那些对该原则的认知,才能真正掌握它。或许,有人会有充分理由主张,可以援引那些与绝对责任规则相反的判决,来证明此一规则并不符合公认的教义与合理的政策。但是,我们可以更进一步来探究,是否根本不存在强有力的理由支持如下这样的看法,即普通法从未真正理解此一规则,除非是在禁酒先例时期,经常会在具有创造性的时期与具有哲学上的消解作用的时期之间,将此一规则作为一条解决问题的中间道路。与大多数现代法律执业者不同,他们仍旧坚守严格责任原则,于是,为了矫正他们的注意力,我只好再一次提醒他们还有可引用的有份量的裁决,足以反对该原则的适用,并且,在这个问题上,诸如首席大法官肖(Shaw)等法官已经完成了创新,如果那些坚守严格原则的人也愿意创新的话,此一事实就足以证明这样的变化是政治性的,我认为,我可以宣称,即便经过少许反思,也足以表明要求法律发生变化的不仅仅是政策,还有法律内部的连贯一致性。我先从后者开始谈起。

03-25. 同样的推理,既可以使一个人在侵害之诉中对因自身行为而给另一个人造成的全部损害——无论是过失还是故意——承担责任,也可以使一个人在间接侵害之诉中对因其仆人(雇员)行为而造成的类似损害——在后者的雇用期间内——承担责任。因此,在许多涉及铁路公司的案件①中,关于公司过失的讨论,是完全不合时宜的,因为,可以确信,即便有一份契约足以使该公司因过失而承担责任,但也无法依据该契约削减因雇员的侵害行为而以其他方式存在的任何一种责任。

03-26. 此外,如果被告行为被认定为造成损害的原因——即便是间接原因②,那么,依据同样的推理,也会让该被告承担全部损害赔偿责任。无论怎样,只要是有形的或者无须负责的力量,即便是不可预见的,与被诉行为共同造成了损害后果,那么,在这样的案件中(例如,被告在必要的自我防卫中举起一根木棒,不小心击中了原告),旨在解决此类案件的论证,都是不利于被告的,只要被告行为构成导致涉诉损害结果发生的一个因素,上述论证都会要求法院做出不利于被告的判决。在直接使用强力与间接造成损害或者某人行为造成的较远后果之间,是有区别的,这样的区别,虽然可据以判定诉讼形式是属于侵害之诉,还是间接侵害之诉,但却仍未触及所谓自担风险的责任理论。就像一开始所说的,如果要从根本上遵守严格责任的话,那就必须自始至终适用严格责任。在规定一项法律原则时,不可能在侵害之诉中保留严格责任,而在间接侵害之诉中放弃严格责任。不能说侵害之诉只适用于行为,而间接侵害之诉适用于行为的后果。所有的侵害之诉都适用于行为的后果,而不是行为本身。相对于某些适用间接侵害之诉的案件来说,有些侵害之诉甚至适用于距

---

① Ex. gr. Metropolitan Railway Co. v. Jackson, 3 App. Cas. 193。参见 M' Manus v. Crickett, 1 East, 106, 108。

② "间接原因"或者"远因"(remote cause),是英美侵权法上的一个特定概念。与"直接原因"或者"近因"(proximate cause)相对,指并不必然或者直接造成事故或伤害的原因,例如:按照一般人的经验并非造成伤害或意外事故的原因;后果不确定或不一定产生后果的原因;通过其他原因才产生后果的原因;不大可能的原因,等等。参见薛波主编:《元照英美法词典》,北京大学出版社2013年版,第1178页。——译者注

离被告行为更遥远的损害后果。

03-27. 一个行为通常是一次有意为之的肌肉收缩,而不是其他。一连串的身体动作,虽然引起或者造成了原告[事实上]的伤害,但并不构成[法律上]损害,通常情况下,总会有一长串的此类动作介入其中。举一两个例子,便可澄清此一问题。

03-28. 如果有人用手枪实施了一个威胁与攻击行为,那么,他唯一的动作就是以某种特定方式收缩手臂和手指的肌肉,但是,指明在造成损害之前必定发生了一系列怎样的身体变化,仅仅是初级作家乐享之事。假设不是用手枪射击,他只是从人行道上捡起了一截喷水软管,指向原告,甚至都没有激发必须与其行为共同构成攻击的身体动因。不仅是自然原因,还有活着的人,都有可能介入行为与后果之间。在"吉本斯诉佩珀案"(*Gibbons v. Pepper*)①中,法院判定,如果一个人的马,因受到意外事件或者第三人的惊吓,而驮着他狂奔,然后撞倒了原告,这就不构成攻击;该案判决对此做出了区分,如果骑者策马狂奔,是造成该意外事件的原因,那么,他就负有罪责。在"斯科特诉谢泼德案"(*Scott v. Shepherd*)②中,前已述及,如果某个人将雷管扔进人群,人们出于自我保护而将雷管连续抛给他人,直到最后将原告炸伤,那就会判定扔雷管者构成侵害。在这种情况下,为了达到最终的判决,人的力量就构成了被告行为与结果之间关系链条的一个组成部分,尽管那些人的力量或多或少是近乎无意识的。

03-29. 现在,我再重申一下,例如,某个人用强力实施了一个行为,经过一个由诸多介入因素构成的比较简短的因果链,尽管他已尽到了所有可能的注意,仍然对另外一个人造成了影响,如果我们根据法律原则可以指控其侵害他人的话,那么,无论在该行为与结果之间

---

① 1 Ld. Raym. 38; s. c. Salk. 637; 4 Mod. 404; A. D. 1695.
② 2 Wm. Bl. 892. Cf. *Clark v. Chambers*, 3 Q. B. D. 327, 330, 338.

介入的事件有多少,多么意外,都要追究同样的责任。在可能是因骑者的策马而行所致侵害事件的情况下,如果将一个人撞倒构成侵害的话,那么,在每一个案件中,就像在"文森特诉斯坦奥尔案"(*Vincent v. Stinehour*)①中所论证的,确定侵害可能总是因其作为远因的策马而出的行为所导致的,为什么这不构成一个侵权行为呢?

03-30. 如果有一个行为,导致了诸多后果,在直接且明显的效果上,是无辜的,但要不是中间介入了一系列尽管自然而然的、却很特别的事件,就不会发生那些后果,那么,行为人为什么不用对那些后果承担责任?理由是,如果那些作为介入因素的事件无法预见,进而加以提防,那么,被告就不应因其无法做到而受到谴责。假如在炎热的季节里,将干燥的材料放在铁路旁边,然后驾驶火车机车经过该段轨道,那么,前述这一系列行为是否具有过失——也就是说,是否构成一项责任事由,就此一问题而言,从表面上看,英格兰法官都会承认,可以合理预见的后果,是具有决定意义的。② 因而,如果从自然而然且显而易见的后果来看,在上述特定情况下,这些行为很难被认为是无辜的。同样的原则也应该适用于那些违反制定法的行为,因为人们在通常情况下无法合理地预见此类行为会导致被诉的结果。③

03-31. 但是,在下述两种情况之间,却没有什么原则上的区别:第一种情况是,在行为发生后,有某种自然原因或者物质因素以某种无法预见的方式介入,从而导致了某种看起来对伤害没有过责的后果;

---

① 7 Vt. 62.

② *Smith v. London & London-Western Railway Co.*, L. R. 6 C. P. 14, 21。比较 S. C., 5 id. 98, 103, 106。

③ *Sharp v. Powell*, L. R. 7 C. P. 253。比较 *Clark v. Chambers*, 3 Q. B. D. 327, 336-338。有许多美国案例可以援引,进一步证明此一法律原则。但是,可以欲求的是,不得制定依然存在争议的命题,并且就当下的目的而言,下列说法已经足够了,即若某人实施了一项正当行为,在变成不当行为之前,仅造成伤害而不构成损害。Latch, 13。我故意省略了对真实的损害赔偿规则的讨论,根据该项规则,即可确定某人是否实施了一项不当行为。该规则文本只是涉及一些标准,根据这些标准,可以判定某人是否实施了一项不当行为。

第二种情况是,介入了这样的自然原因或者物质因素,在当时却不为人所知;就此一问题而言,诚如英格兰法官在此前引述的案件中所做的一样。如果一个人在第一种情况下因不应归责而免责,那么,他必定也会在第二种情况下免责。在此前引述的"吉本斯诉佩珀案"中,区别不在于是否为被告行为所导致的后果,而在于是否为被告作为一个理性人经过深思熟虑而导致的后果。相对于仅仅在街道上骑马而言,猛烈的鞭策更有可能造成伤害,因而,法院认为,被告有义务提防发生在第一情况下的诸多后果,同时法院不会判定被告对第二种情况下造成的后果承担责任,因为在安静骑乘、熟门熟路的情况下,马匹逃脱的可能性是微乎其微的。然而,如果马匹难以驾驭,并且基于驯服的目的而被带到一个人来人往的地方,那么,马匹的所有者或许要承担责任,因为"将一匹野马带到一个可能会造成损害的地方,他就是有过错的"。①

03-32. 接下来,转向另外一个事例,即在正当防卫中,行为人举起一根木棍,导致发生了意外的殴击,一种情况是打到了站在其身后的某个人,另一种情况是就在木棍举起时,一匹马急驰而过,恰好在木棍挥动的范围内击中了骑马的人,在这两种情况之间,是没有什么区别的,根据当时的条件,在前一种情况下不可能知道背后有人,在后一种情况下无法预见会有人冲过来。在这两种情况下,需要的唯一要素就是可以区分自愿行为与痉挛性肌肉收缩的要素,从而将其作为判定责任的一个理由。也就是说,在这两种情况下,就可被诉求的后果而言,还有一个选择的机会——一个可以避免发生被诉后果的机会。如果一个选择必然引发某一潜在的后果,那就意味着对该后果的发生而言没有什么选择。

---

① *Mitchil v. Alestree*, 1 Ventris, 295; S. C., 3 Keb. 650; 2 Lev. 172. Compare *Hammack v. White*, 11 C. B. N. S. 588; infra, p.158.

内尔森

03-33. 我们法律的一般原则是,因意外事故造成的损失必须发生在事故发生之处,而此一原则并不受下述事实的影响,即人是厄运的工具。但是,相对于特定某人而言,只要是其完全无法预见到有可能经过深思熟虑而予以避免的事情,就属于意外事故。用已故的纽约州法院首席大法官内尔森①的话来说,

---

① 萨缪尔·内尔森(Samuel Nelson,1792–1873),美国19世纪大法官和法学家,1792年出生于纽约州希伯伦的一个农民家庭;后来在佛蒙特州的米德尔伯里学院(Middlebury College)攻读法律,1813年毕业后回到纽约从事法律职业,并于1817年取得律师执业资格;法律执业的成功激发了内尔森的政治热情,遂被选为代表出席1821年纽约州制宪会议,并在会议上主张废除对男性选举权的财产限定;1823年,被任命为纽约州第六巡回法院法官,1831年转任纽约州最高法院大法官(1837年任首席大法官);1845年,经泰勒(John Tyler)总统提名,参议院批准,内尔森接替汤普森(Smith Thompson)就任美国联邦最高法院大法官。(转下页)

95　　我们不可能找到——即便是坚持寻找——有哪一个案例或者原则,能够让某人因其在无过错的情况下实施的行为而承担责任……所有的案例都会承认,因不可避免的意外事故,或者——在法律或者理性上,是一回事——因普通人的注意和预见无法避免的行为而造成的伤害,仅仅是受害人的厄运,并不能构成法律责任的基础。①

如果情况并非如此,那么,任何一个行为都是充分的,无论多么遥远,都会触发或者开启一个连续的因果链,直到损害发生;例如,在骑马那个事例中,马脱缰而逃,甚或跑到某个地方,突然发作,无意识地伤到原告。除此之外,为什么被告必需有所行动,为什么被告的生存不得以原告为代价?采取一项行动的必要条件,就是被告应该做出一个选择。但是,引入此一道德要素的唯一可能目的,就是使避免被控诉的恶行的权力成为一项责任条件。在无法预见恶行的情况下,就不存在这样的权力。② 在这里,我们可以根据政策加以论证,因而,我会稍后再讨论非法侵入土地和侵占,下面将个别探讨家畜侵害责任。

03-34. 实际上,一个人不需要一定做这个或者那个——"行动"这一术语意味着选择——但是,他行动时必须通过某种形式。此外,公

(接上页)

实践中,内尔森逐渐成为了国际法、海事法、海商法及专利法方面的权威专家;但却不太关注宪法问题,也不愿意将司法政治化,在著名的"斯科特案"(Dred Scott case,1857)的法院磋商会上,内尔森因投票反对发布调卷令,而成为唯一一位拒绝考虑该案判决中的政治与宪法问题的大法官;在司法意见中,他独自写到,奴隶斯科特(Dred Scott)不是密苏里州公民——因为密苏里州最高法院拒绝承认奴隶仅凭跟随主人旅行至某一自由的州而获得自由身份的原则,因而无权在联邦法院提起诉讼。1871 年,格兰特(Ulysses S. Grant)总统委任内尔森至日内瓦的联合高级委员会,参与解决英美两国之间的"阿拉巴马号赔偿诉求"纠纷,该委员会最终为美国赢得了 1500 万美元的损害赔偿。1873 年,从法院退休后的第二年,内尔森去世。

上述简介参见《不列颠百科全书》,资料来源:https://www.britannica.com/biography/Samuel-Nelson,最后访问时间:2023 年 5 月 4 日。——译者注

① *Harvey v. Dunlop*, Hill & Denio,(Lalor,)193.
② See Lecture II. pp.54, 55.

众通常会因个人行动而获益。当个人的行动无法避免,并且指向公共利益时,显然,没有任何政策性理由,可以将即刻发生且无法避免的风险交由行为人负担。

03-35. 可以想象,国家或许会将自己变成一个防范意外事故的保险公司,将其公民的事故负担在全体成员之间进行分配。或许会有残疾人津贴,以及为那些因暴风雨或野兽的侵袭而遭受人身或财产损害的人提供的国家援助。假如损害发生在个人之间,可以在一定限度内采用互助保险原则,如果是在海事简易裁判中,双方当事人都有过错的,则可以分担损失;或者,也可以不考虑过错,让行为人负担全部损失。然而,国家不会这样做,主流的观点是,除非可以从对现状的搅扰中获得某些明显的收益,否则就不应该发动国家那笨重而昂贵的机器。国家干预是一种恶行,无法被证明是一种善行。万能险,如果是可欲的,就可以更好地、更便宜地由私人企业完成。仅仅基于损失来自被告行为这一理由而重新分配损失的负担,不仅会遭到这样的反对,而且,还有可能像先前讨论所表明的那样,因触犯正义感而遭到甚至更严重的反对。除非我的行为天然地对其他人构成威胁,除非一个审慎的人在特定情况下就会预测到造成伤害的可能性,否则,让我赔偿邻人遭受损害的后果,就和让我因突然坠落砸在他身上而给予赔偿,或者强迫我给他提供免受雷击的保险一样,都是不合理的。

03-36. 我现在必须从无害侵入土地、侵占以及那些侵害人身案件的假定类比中重申这样的结论,以免关于后者的法律深陷两种相互矛盾的论点之中,其中,每一种论点都会带着同等的说服力要求获得一个与另一种论点相反的结论。

03-37. 先举一个侵入土地造成实际损害的案例。如果一个人踏上邻人的土地,并且认为那片土地是属于自己的,那就意味着他的这一行为或者后果定会遭到控诉。如果他意图以某种特定方式干涉特定某事,那么,这一行为就属于他会因而遭到控诉的故意干涉。① 然而,如果他是在为了自卫而举起手杖时不小心打到了一个陌生人,那么,作为该行为之关节的事实——也就是,他的手杖和邻人的头之间的触碰——既非有意为之,亦属无法预测。当然,或许也可以这样回答,该行为不是一般地干涉财产,而是干涉了原告的财产,并且行为人被起诉;在这样的假定案例中,就像意外击打的案例一样,被告并不知道构成整体环境的其中某一个事实,而该事实会使其行为具有过错。也就是说,被告不知道真正的财产所有者对争议财产是享有还是主张任何利益,故而他并不打算实施某一过错行为,因为他没想要处置邻人的财产。但是,对此一解释的回应是,被告意图造成被诉的损害。某人明知某项财产属于他人,仍以故意损害而减少该财产的价值。如果他认为该财产属于自己,他还会期待为自己的损害而自掏腰包吗?如果他因发现该财产属于邻人而摆脱负担,就会显得很奇怪了。既可以说,某人故意造成了损害,就要承担损失;也可以说,某人的行为意外造成了损害——无法预见的后果,也要承担责任,但这毕竟是两个不同的问题。

03-38. 接下来,假定被诉行为是对原告财产的统制,例如仅仅是法律上的侵害或者侵占。如果被告认为该项财产属于自己,那么,要求他知晓自身权利的限度,或者,如果被告知道该项财产属于他人,那么,裁定他必须在采取行动前证明自己享有权利,似乎就没有什么抽象意义上的不公正。此外,还要考虑一下被告应当承担什么样的责任,如果被告的行为——无论是侵入土地,还是侵占动产——并非意在对他人的财产造成损害,并且该物已经归还到真正的所有者手中。返还的金额仅仅是象征性的,而实际的支付恰恰意味着对所有者权利

---

① 比较 Hobart v. Hagget, 3 Fairf.(Me.)67。

的正式承认;考虑到有关诉讼时效的法律、法规对可以反复实施的统制行为的影响,这也是正当的。① 如果允许被告以偿还或者其他方式避免诉讼的费用,那么,所有表面看到的不正义就消失了。

03-39. 但是,假如该项财产没有归还到真正的所有者手中。如果该项财产仍保留在被告手中,那么,被告应该交还该项财产,显然是正当的。如果被告持有的不是该项财产本身,而是一项出卖的收益,那么,在动产侵占之诉或者违约索赔之诉②中,要求被告交付该项财产之价值与要求其交还该项财产,就同样是合理的。然而,被告接下来是否应该向第三人交付出卖动产之收益,这一问题并不影响该动产的真正所有者享有的诸项权利。在一起假定的涉及拍卖人的案件中,例如,如果拍卖人已向真正所有人付款,那么,这就构成对寄托人索赔的一个答复。③ 相反,如果拍卖人已经向寄托人付款,那么,他就是向其本无义务付款的一方付款,根据任何一般原则之规定,都不得据此剥夺原告的权利。

03-40. 关于侵占财产的法律确立了一般原则,对于此一论点,还有另外一个有影响的考虑因素,就是被告对原告权利的认知或者无

---

① 参见 *Bonomi v. Backhouse*, El. Bl. & El. 622, Coleridge, J., at p.640。
② 动产侵占之诉(trover),是普通法上的一种诉讼,起初是对发现他人动产并非法据为己有之人提起的要求给予损害赔偿的诉讼。后来,原告遗失其动产及被告拾得该动产的主张成为一种法律上的拟制,该诉讼实际上是对任何非法占有或者使用他人动产之行为的一种救济方式。在该诉讼中,原告请求损害赔偿的数额通常根据该动产的价值来确定。参见薛波主编:《元照英美法词典》,北京大学出版社2013年版,第1360页。
违约索赔之诉(assumpsit),是普通法上的古老诉讼程式之一,主要针对违反简式合约的损失而请求赔偿,是从间接侵害之诉(trespass on the case)衍生而来的。起初仅适用于存在明示合约的情况,后来扩展至默示合约或者推定合约的情况。违约索赔之诉与动产侵占之诉的区别在于,前者基于合同,后者基于侵权行为。参见薛波主编:《元照英美法词典》,北京大学出版社2013年版,第111页。——译者注
③ 拍卖人(auctioneer),是受委托或者为获得劳酬而执行拍卖的人,主要被视为财产卖方的代理人,但在特定情况下,也可被为买方的代理人。寄托人(bailor),是根据寄托合同将动产交付他人占有的人。参见薛波主编:《元照英美法词典》,北京大学出版社2013年版,第118页、第128页。——译者注

知,可能完全取决于被告自己的内心,因而几乎不可能成为令人满意的证据。实际上,许多案件中,在有明确法律规定的情况下,如果当事人未能举证,那就根本无法得到证据的证明。据此,在"贝斯利诉克拉克森案"(Basely v. Clarkson)①中,面对侵入他人土地之诉,被告提出的抗辩事由是,在修整自家土地时,被告无意中错误地剪到了原告的一部分草坪,而原告得到了基于诉求不充分抗辩的判决。② "因为表面看来这一事实是有意的,并且被告的意图和认知是不可抗辩的;[但实际上,]被告的意图和认知却是无法获知的。"

03-41. 这样的判词意味着,如果不能设法证实的话,那么,就要从历史上对侵害财产的法律给予充分的解释。因为看似众所周的是,如果可以证实的话,那么,原告的错误就是真实存在的。③ 进而,人们会注意到,无论是根据侵入土地的法律,还是根据侵害人身的法律,任何一般性论证显然都被关于家畜侵害的法律引入了歧途。尽管家畜的所有人对于限制家畜进入邻人的房屋土地要自担风险,但并不是在所有情况下对于阻止家畜伤及邻人人身都要承担责任。

03-42. 对于涉及拍卖人的那个假定判决而言,反对判决的理由并不是根据一般责任理论,而是源于急迫的特定商业需求。判决某人对未经授权而干涉他人财产承担责任,并非不公,除非出现了急需迅速处置财产的现实紧急状态。但是,如果存在这样的现实紧急状态,那么,找到——并且我们已经找到——一种法律上的不同趋向,也就不足为奇了。财产的绝对保护,无论对于一个生产比交换更占主导地位

---

① 3 Levinz, 37, A. D. 1681.
② 诉求不充分抗辩(demurrer),是指诉讼一方当事人承认对方主张的事实是真实的,但认为它在法律上不足以支持其救济请求,或者认为其诉状表面上仍存在某些缺陷,使得本方在法律上无义务继续推进诉讼的一种抗辩。现在美国联邦民事诉讼及刑事诉讼中均已不再使用这样的抗辩形式,但在某些州仍有保留。参见薛波主编:《元照英美法词典》,北京大学出版社2013年版,第397页。——译者注
③ 比较关于家畜侵害的规则,in Y. B. 22 Edw. IV. 8, pl. 24, stated below, p.118。

的原始社会而言多么自然而然,都几乎无法满足现代商业的诸多需求。即使我们始终关注的那些规则得以确立,也要依据更加自由的原则来规范公共市场的交易活动。在欧洲大陆,很久以前便已确定,保护权利的政策必须服从保护交易的政策。卡萨雷吉斯(Casaregis)认为,在商业交易活动中,"没有人可以将超越自身权限范围的权利转让给他人"作为一般规则,必须让位于"依占有而所有"。① 之后,随着公开市场逐渐失去其重要性,代销商法案②及其后续修正案越来越倾向于采用欧洲大陆的法律原则。

03-43. 在从先例出发展开论证之前,我必须先提一下在第一次讲座中已经讨论过的关于责任的早期形式、特别是关于诉讼的内容。在该次讲座中,我们已经了解到,故意侵害之诉与重伤害之诉演变成了侵害行为之诉,而那些诉讼与早期的侵害行为之诉,就目前来看,始终针对的是故意的不当行为。③

03-44. 在侵害令状中加入"破坏安宁",无疑是为了给国王令状奠定一个基础;但是,似乎没有理由——像时常提及的那样——将类似目的归之于"使用武力和武器"或者"使用强力"。格兰维尔曾经说过,伤害属于治安官的司法管辖权范围,除非起诉者附带了一项破坏国王安宁的指控。④ 然而,在此类案件与彼类案件中,同样都将"强力与武力"赋予伤害之上。布雷克顿曾经说过,他所描述的轻微不当行为之所以属于国王的司法管辖权范围,是"因为那些行为有时也会侵

---

① Disc. 123, pr.;124, § § 2, 3。关于后一规则(依占有而所有)的历史起源,可以比较参照第五讲。
② 该"代销商法案"(the Factors' Acts),是英美法领域规范代销业的立法。根据这些法案,代销商有权占有和出售委托人的货物,并且有权以委托人的全部或者部分货物设定抵押,从而保护善意第三人的权利。历史上,该法案是英格兰法中的"没有人能给予其未享有者"原则在制定法上的例外。参见薛波主编:《元照英美法词典》,北京大学出版社2013年版,第525页;以及[英]约翰·格雷:《法律人拉丁语手册》,张利宾译,法律出版社2009年版,第131页。——译者注
③ Lecture I, pp.3, 4.
④ Lib. I. c. 2, *ad fin*.

犯我们的领主国王的安宁"①,恰如世人所见,那些行为通常都被视为故意实施的。甚至可以推定,"破坏安宁"的指控原本就是实质性的,并且我们还会记得,早期的侵害行为还涉及向国王缴纳罚金的责任。②

03-45. 如果侵害起初确实仅限于故意的不当行为,那么,就几乎没有必要考虑从一般问题的视角而展开的论证。从形式上看,这是对古代诉讼程序从字面上逐字严格否认的一种缓解,而依据国王令状对此展开的调查审问则是不为人知的。③ 在涉及确认问题的审判被引入之后,看起来,此种严格的诉讼形式在英格兰持续了一段时间。④ 如果确认获得授权,那么,如上所述,调查审问当然只能是陈述事实。⑤ 如果提出的是一般问题,那么,侵害就依然仅限于故意的不当行为。

03-46. 现在,我们可以探讨一下权威团体了。要记得,早期的先例是在巡回审判与陪审团审判还没有让位给现代陪审团审判时出现的。这些团体可以根据自身的知识对由令状限定的问题,或者那些在裁断某一诉因时提出的熟悉的特定事实问题发表意见,却不得根据举出的证据听审整个案件。他们的职能比现代陪审团被授予的职能更为有限,自然而然,当他们宣布被告的所作所为后,法官就会在无须他们帮助的情况下制定据以衡量那些行为的标准。因此,记载在《年鉴》中的问题,不是一个旨在对陪审团是否认为被指控的侵害人对于那些他们可能查明的事实存在过失的松散或一般性的调查,而是一个当由法院裁决的明确界定的法律问题,即记录中列举的特定行为是否构成

---

① Fol. 155.
② Bro. Trespass, pl. 199;Finch, 198;3 Bl. Comm. 118, 119.
③ 参见 Brunner, Schwurgerichte, p.171。
④ 可以从比奇洛(Bigelow)先生那趣味盎然又极具价值的著作(Placita Anglo-Normannica, p. 285, citing Rot. Cur. Regis, 38;s.c.？Abbr. Plac., fol. 2, Ebor. rot.5.)中找到一个1195年的例证。该诉讼通过起诉方式提出;诉因是一项恶意侵害(felonious trespass)。比较 Bract., fol. 144 α。
⑤ 可以从《年鉴》(the Year Book, 30 & 31 Edward I.[Horwood], p.106)中找到一个例证。

承担责任的事由。法官很有可能会非常严格地对待被告,并且很容易根据被告因诸多行为而被认定为侵害人的前提,甚至无须提及过失,便可以推导出任何损害他人的行为都会使行为人受到指控的结论。然而,如果对早期书册进行更细致的考察,就会发现,一般来说——当时,甚至后来——责任的判定都是依据法庭的意见,即被告应当以其他方式行事,质言之,被告应当受到谴责。

03-47. 先回到《年鉴》中记载的那起荆棘案①,可以看到,荆棘落到了原告身边,尽管被告不希望看到这样的结果,但并不违背他的意愿。假如是他砍掉了那些荆棘,那么,他就是在实施一个明显且必然会造成该结果的行为,并且必须认定他应该预见到且没有阻止该结果的发生。首席大法官乔克(Choke)认为,"有人说棘丛坠落违背他的意愿,这算不上答辩,但被告应该证明他无法以任何其他方式阻止棘丛坠落,或者他已经尽其所能防止棘丛坠落";并且两位法官都将侵入原告土地之违法性作为使荆棘坠落原告土地之违法性的结果。乔克承认,如果那些荆棘或者一棵树被吹倒在原告土地上,那么,被告也可能会进去挪走它们。首席大法官克鲁(Crew)在"米伦诉福德里案"(*Millen v. Fawdry*)②中论及荆棘案,并且认为该司法意见之所以认定"构成侵害,是因为被告未能辩称他已经尽其所能地阻止荆棘落在原告土地上;然而,这是一起疑难案件"。虽然在"斯科特诉谢泼德案"中,威廉·布莱克斯通爵士引用了布莱恩(Brian)的观点并且误认为他是主审法官之一,但律师在辩论中的法律陈述,或许可以暂置一旁。

03-48. 首要的法律依据是枪击案件,由于枪击是一种特别危险行为,因而如果判定某人在公共场所实施枪击要自担风险,不会令人感到意外。然而,无论将必要的警戒线划在哪里,都要以过错作为判定

---

① 6 Ed. IV. 7, pl. 18.
② Popham, 151; Latch, 13, 119, A.D. 1605.

责任的一般依据。在"韦弗诉沃德案"(Weaver v. Ward)①中,被告声称,原告和他在一个民兵团队里发生争执,当他开枪时,意外且不幸地伤及原告,并非自己所愿。对于被告的抗辩,法院认为,"任何人均不得因侵害行为而免责……除非可以完全判定其无过错。就像有一个人强行用我的手打你,或者正如被告此处所称,正当被告开枪时,原告撞上了枪口,或者详细阐明案情,使法院相信伤害无法避免,并且被告对于造成的伤害没有过失"。后来的案件只是因袭遵循了"韦弗诉沃德案"而已。

03-49. 前文援引雷蒙德爵士在"贝西诉奥略特案"中以及威廉·布莱克斯通爵士在"斯科特诉谢泼德案"中支持严格学说的观点,均来自反对意见。在后一起案件中,显而易见,法院多数方认为,因即时扔掉他人扔在自己货摊上的爆竹来排除人身危险,并不属于一种侵害行为,尽管爆竹因此被赋予一个新的运动轨迹,结果弄瞎了原告的一只眼睛。在陈述支持绝对责任的论点时,上文援引的最近一起案例是"利姆诉布雷案"(Leame v. Bray)。②讨论的问题是,该行为(撞倒原告)究竟应该算是事实还是侵害,被告据以反对[该行为属于]侵害的理由是伤害是因过失造成的,而不是故意为之。因此,在法庭上,根本不存在因某人行为而承担绝对责任的问题,因为过失是供认的;此处使用的语言仅仅是针对损害无须故意为之的主张。

03-50. 在"韦克曼诉罗宾逊案"(Wakeman v. Robinson)③——另外一起脱缰之马案中,有证据表明被告拉错了缰绳,他本应该直行的。陪审团得到的指令是,如果伤害是由被告的直接行为造成的,那么,该行为是故意的还是意外的,都无关紧要。对于重新审判的动议,首席大法官达拉斯(Dallas)说,"如果事故的发生完全不是基于被告的违

---

① Hobart, 134, A.D. 1616.
② 3 East, 593.
③ 1 Bing. 213, A. D. 1823.

约,或者可归咎于被告的责任,那么,侵害行为就不存在……显然,事故是因被告的违约行为而引起的。对证据的权衡全在于此。现在要求我批准重新审判,有悖于诉讼的公正,理由是没有要求陪审团考量事故的发生是不可避免的,还是因被告的过错而导致的。毫无疑问,如果陪审团要求法官这样做的话,那么,博学的主审法官应该会基于该理由而采纳陪审团的意见"。根据被告的答辩(一般问题),此种语言或许并不恰当,但[陪审团]没有提出这样的诉求,并且认为该学说是合理的。

03-51. 在美国,已经有了几个关于此一问题的判决。在"布朗诉肯德尔案"(*Brown v. Kendall*)①中,首席大法官肖为马萨诸塞州解决了此一问题。该案涉及因殴击②而造成的侵害,案件显示,被告当时正在试图隔开两只撕斗的狗,在挥舞时将木棍举过肩膀,不小心击中原告的眼睛,并且造成严重的伤害。即便被告行为构成自我防卫,该案支持原告的理由也比被告更充分;但是,法院判决,尽管被告不负有隔开那两只狗的义务,但如果是在实施一个合法行为,他就没有责任,除非被告未能尽到普通审慎人在该案情况下应有的注意,而且由原告负担证明被告缺乏此种注意。

03-52. 在此类问题上,再没有哪一个权威能比首席大法官肖的权威更值得尊重了,因为这位伟大法官的影响力就在于就任其中的[法律]官员共同体的需求有准确的理解。在精准的专业知识方面,或许可以列举出一些(实际上有许多)超过他的英格兰法官,但是在对所有法律最终必须参考适用的公共政策理由的理解方面,就几乎很难有人能与他比肩了。借用已故的柯蒂斯(Curtis)法官的话来说,恰恰是这

---

① 6 Cush. 292.
② 殴击(assault and battery),通常指对他人非法使用暴力的行为,例如,殴打、人身攻击等。具体而言,威胁或者恐吓(assault),指威胁或使用暴力,使他人合理地认为伤害性或侵犯性的身体接触即将发生,或者通过威胁实施殴打使他人合理地认为殴打即将发生;殴击(battery),指对前述威胁的实施。因而,在普通法中,两者时常连用而构成一种侵权行为。参见薛波主编:《元照英美法词典》,北京大学出版社2013年版,第104页及第139页。——译者注

一点使肖成为这个国家所培养的最伟大的司法官。

03-53. 康涅狄格州即遵循了"布朗诉肯德尔案"①,在一起案件中,一名男子用手枪——声称在合法的自我防卫下——击中了一名旁观者。法院强烈认为,根据一般侵害原则,被告无须承担责任,除非在案发情况下被告未能尽到实际可行的注意。通常认为侵害以及间接侵害的责任基础是过失。美国最高法院认可并采纳了此一学说。②"哈维诉邓洛普案"(Harvey v. Dunlop)③的判词得以援引,而佛蒙特州的一起案件也选择了同一方向。④

03-54. 假设现在我们承认行为责任所依据的一般观念是某种意义上的过失或者应受谴责性,那么,紧接着出现的问题,正如奥斯丁的学说实际上带来的问题一样,即在个人道德缺陷的意义上是否也应如此。从《年鉴》中援引的里德(Rede)法官的语言,给出了一个充分的答案。"在侵害之诉中,故意"(我们也可以在更宽泛的意义上说,被告的心理状态)"无法得以解释"。假设允许被告作证,证明在行动之前,他认真仔细地考量了在案发情况下一个审慎人的行为,并且在形成尽其所能的最优判断后,据以采取了行动。如果我们相信这样的叙事,那么,根据一个考虑到被告个人特征的道德标准来判断,被告存在过失,将是确凿无疑的。但是,假设任何一项这样的证据摆在陪审团面前,显然,法庭会说,先生们,问题不在于被告当时是否认为他的行为构成一个审慎人的行为,而在于你们现在是否认为他的行为构成

---

① *Morris v. Platt*, 32 Conn. 75, 84 *et seq*., A. D. 1864.
② *Nitro-glycerine Case* (*Parrot v. Wells*), 15 Wall. 524, 538.
③ Hill & Denio,(Lalor,) 193; *Losee v. Buchanan*, 51 N. Y. 476, 489.
④ *Vincent v. Stinehour*, 7 Vt. 62. See, further, Clayton, 22, pl. 38; Holt, C. J., in *Cole v. Turner*, 6 Mod. 149; Lord Hardwicke, in *Williams v. Jones*, Cas. temp. Hardw. 298; *Hall v. Fearnley*, 3 Q. B. 919; Martin, B., in *Coward v. Baddeley*, 4 H. & N. 478; *Holmes v. Mather*, L. R. 10 Ex. 261; *Bizzell v. Booker*, 16 Ark. 308; *Brown v. Collins*, 53 N. H. 442.

一个审慎人的行为。①

03-55. 我们必须在此一困境的两极之间找到一个中间点。

03-56. 法律的标准是普遍适用的标准。法律不考虑种类繁多的性格、智力以及教育状况,而这些因素会对某一特定行为在不同的人身上塑造出迥然相异的内部特征。法律并不试图像上帝那样审视人类,充分理由不一而足。首先,一般认为根据某人知法可以推导出每个人都知晓法律的假定,而要查明某个人对法律的理解程度是不可能的,较之更显见的是,恰当地估量某个人的能力与局限也是不可能的。但更令人满意的解释是,当人们在社会中生活时,特定的均值行为——超过特定节点的个性牺牲——对于普遍福利而言,是势所必然的。假如,举例来说,有一个人生性鲁莽笨拙,总是发生意外,伤害到自己或者邻人,无疑他的先天缺陷在天堂上会得到宽谅,但他的差错给邻人造成的麻烦并不比因有罪过的疏忽而产生的麻烦少。因此,他的邻人要求他自担适当的风险,达到他们的行为标准,而他们组建的法庭也会拒绝考量他的个人因素。

03-57. 一般而言,法律根据应受谴责性来判定责任,此项规则也有限制,即不允许存在细微的性格差异。质言之,法律所关注的是,就普通人——具有普通智力与审慎的人——而言,什么是应受谴责的,然后据以判定责任。如果我们在那些天赋方面低于一般标准,那是我们的不幸;基于刚才提及的理由,我们必须承担相应的风险。但是,在法律理论上,智慧且审慎的人不会冒险行事。相反,只有在他没有进行力所能及的预测,或者出于邪恶的意图而进行预测时,他才会对后果负责。

03-58. 假定每个人都拥有足以避免伤害邻人的普通能力,此项原则既证明了上述规则,也阐明了一般责任的道德基础,但该项原则也

---

① *Blyth v. Birmingham Waterworks Co.*, 11 Exch. 781, 784; *Smith v. London & South-Western Ry. Co.*, L. R. 5 C. P. 98, 102;就奥斯丁的观点而言,比较 Campbell, Negligence, §1(2d ed.)。

有一些例外。如果某人有一个明显的缺陷,缺陷的性质使其即便采取特别防范措施也无法阻止所有人识别出来,那么,他就不会因没有采取那些措施而被追究责任。一个盲人不需要为看东西而自担风险;尽管他在控制自己的行为时,无疑必须考虑到自己的缺陷,但如果他确实知道自己身处某种境况之下,那么,疏于采取需要视力的防范措施,并不妨碍他从对自己的伤害中赢得诉讼,而且,还可以推测,也不会使其因伤害他人而承担责任。据此可以判定,一个年幼的婴儿,在作为原告的情况下,仅仅需要采取婴儿力所能及的防范措施;在其作为被告的情况下,也可以谨慎地适用同样的原则。① 精神疾病则是一个更难处置的问题,无法为之制定任何一般规则。无疑,在许多情况下,一个人即使患有精神疾病,也完全有能力采取防范措施,并且能受到环境所要求的动机的影响。但是,如果患有某种显著的精神疾病,并且显然使患者没有能力遵守其违反的规则,那么,健全的理智就会要求承认精神疾病构成一项免责事由。

03-59. 如果将最后确立的限制条件与先前拟定的一般命题联系起来,那么,我们现在就可以主张,一方面,法律推定或者要求一个人拥有避免伤害邻人的一般能力,除非可以表明其具有清晰且明显的能力缺陷;但是,另一方面,法律通常不会判定一个人对无意的伤害承担责任,除非他有能力可以并且应该预见到危险结果,或者,质言之,一个具有普通智力和预见能力的人应该对自己实施的行为承担责任。接下来的问题是,此一含混疏略的权衡标准是否构成法律对此一主题的全部评判,并且同样的问题还以另外一种形式呈现出来,即此一标准应该由谁来适用。

03-60. 尽管事实上法律责任的理由在上文所释的范畴内是道德

---

① 比较 Bro. *Corone*, pl. 6; *Neal v. Gillett*, 23 Conn. 437, 442; D. 9. 2. 5, § 2; D. 48. 8. 12。

性的,但必须铭记的是,法律仅仅在理性的范围内发挥作用。如果外部现象——明显的作为与不作为——即是法律所要求的,那么,法律就完全不会关注良知的内部现象。如果一个人的行为在规则的范围之内,那么,他或许可以选择一颗邪恶的内心。质言之,法律的标准是外部标准,并且,无论怎样考量道德因素,法律那样做仅仅是为了在其允许的身体动作和静止与不允许的身体动作和静止之间划出一条界线。法律真正禁止的,也是法律唯一禁止的,是界线另一侧的过错行为,无论该行为是否应受谴责。

03-61. 其次,任何一项法律标准,在理论上,都必须在相同情况下适用于所有人,没有特别例外。法律标准的目的不是为了使公共力量意外地落在个人身上,或者随时落在任何群体之上。也就是说,法律标准必须固定不变。在实践中,毫无疑问,根据不同陪审团成员的不同感知,一个人可能不得不遭受惩罚,而另一个人则有可能逍遥法外。但这只能表明,法律没能完美地实现自己的目的。法律的理论或者意图,并不是要以特定十二个人可能持有的认可或者谴责的态度作为标准。陪审团成员应该将他们的个性偏好暂置一旁,从而得以代表整个社会的态度。理想的普通审慎人——在许多情况下被当作陪审团成员,并且他的有罪或者无罪就是假定的检验标准——是一个恒定值,他在特定情况下的行为在理论上始终是相同的。

03-62. 最后,任何一项法律标准,在理论上,都必须能够被人所知晓。如果一个人不得不支付损害赔偿,那么,就可以推定他违反了法律,甚至还可以进一步推定他知道法律是什么。

03-63. 现在,如果一般侵权责任源于没有遵守——假定并且要求每个人都应该知道的——固定且统一的外部行为标准,那么,显而易见,迟早都应该有可能至少在某种程度上制定这样的标准,而且这样做最终必然成为法院的职责。同样清晰的是,被告有义务保持一个审慎人在该情况下应有的注意,此一平淡无奇的笼统说法应该持续地让位于下述具体说法,即被告有义务在这样或者那样的情况下采取这种或者那种防范措施。被告必得达到的标准,是参考其自身所处的具体情况衡量具体的作为或者不作为的标准。如果在涉及无意不当行为的整个职责范围内,除了过失问题,法院没有再多说任何一句话,而是将每一起案件均交由陪审团裁决,既没有方向舵,也没有罗盘仪,那么,法院只是承认自己没有能力阐明其要求被告知晓的绝大部分法律,并且经由暗示断言,仅凭经验可能会一无所知。但是,无论是法院,还是立法机构,均未止步于此。

03-64. 从阿尔弗雷德时代至今,制定法与判决始终致力于界定在某些常见案件中所采取的防范措施;也就是说,用一个衡量具体作为或者不作为的严格标准来替代一个审慎人采用的含混疏略的注意标准。根本思想依然是相同的,即规定的方式就是审慎人习惯的行事方式,要不然就是审慎人可能在其他方面值得怀疑的案件中判定的方式。

03-65. 人们会注意到,即将提及的外部责任标准的存在,虽然表明了侵权法经由司法判决和制定法逐渐变得更加具体细化的趋势,但并不妨碍在责任理由方面所维系的通说。本次讲座的论点,尽管有悖于一个人因自身行事或者施行武力而自担风险的学说,但决不是反对一个人因实施某些特定行为而自担风险的学说。我们反对的是标准的粗疏,而不是标准的质性。如果在被告的过失问题交由陪审团裁判时,过失并不意味着被告的真实心理状态,而是没能像一个拥有普通智力的审慎人的做法行事,那么,即便是那样的话,他也必须遵守某一客观标准,否则就要自担风险。当已经达成一项更为准确而具体的规则时,他就必须在同样的范围内遵守规则,并自担风险。但是,再进一步说,如果法律完全是一个外部行为标准,那么,人们就必须始终遵守此一标准,并自担风险。

03-66. 接下来举几个关于规范程序的实例。根据《阿尔弗雷德法典》第 36 条①记载,有一个人自己将赌注投在另一个人携带的矛枪上,其中,我们可以读到,"如果矛尖比矛杆尾部高出三指,那就要承担责任;如果矛尖与矛尾处于同一水平线上……那就无须承担责任"。

03-67. 国会从英格兰借鉴通过的道路规则与航行规则,正是此类制定法的现代例证。根据前项规则,衡量标准已经从含混疏略的问题(当事人是否有过失?)精细到清晰明确的问题(当事人在道路的右侧还是左侧?)。为了避免可能造成的误解,或许值得注意的是,当然,这样的问题不一定在所有情况下都能判定责任问题;原告可能在道路的错误一侧,也可能存在过失,但被告的行为却无法证明是正当的,因而构成一项责任事由。② 因此,毫无疑问,被告在某些情况下可以为自己身处错误一侧进行辩解或者请求免责。声称被告身处道路的错误一侧与声称被告存在过失之间的区别在于,一个是通过对衍生事实的抗辩诉求阻止原有事实构成责任事由来请求免责的事实陈述,另一个则是涉及法律结论③并且事先否认存在免责事由的陈述。前一种陈述是否不够充分,以及事实的认定是否不应转移举证责任,这些问题均属于诉讼程序与证据理论,并且都可以始终一贯地用类推方式加以解答。事实陈述通常构成一项责任事由,并且如果没有免责事由的话,本该如此,我原本应该说,这样的事实陈述应该是足够充分的。但是,法律的形式,特别是诉状形式,并不随着实质内容的变化而变

---

① 1 Thorpe, p.85; cf. LL. Hen. I., c. 88, § 3.
② *Spofford v. Harlow*, 3 Allen, 176.
③ 法律结论(conclusion of law),(1)指法律上的推断,或者根据事实迹象得出的法律推断,不需要其他证据;(2)指法庭基于陪审团查明的事实而提出适用的法律,从而构成判决的基础。亦可称"法律上的结论"(legal conclusion),该结论只说明当事人负有某一法律义务或者承担某种法律结果,但不陈述产生这一义务或者支持这一结果的事实。参见薛波主编:《元照英美法词典》,北京大学出版社 2013 年版,第 276 页及第 814 页。——译者注

化,而审慎的律师会使用更为宽泛且更为缓和的语辞。

03-68. 在制定法全书中显示出来同样的具体细化过程,也应该发生在司法判决的成长过程中。此一情况的发生是与普通法的历史相吻合的。有人已经指出,在巡回审判与陪审团审判时代,是由法院来判定事实是否构成所有普通案件中的责任理由。无疑,过失问题可能会交由陪审团裁定。常识以及众所周知之事,往往足以判定是否对某一只动物给予了适当的照看,就像它们足以确认是 A 还是 B 拥有该动物一样。对于最早出现的该类案例,不建议进行分析,因为在感受到有进行案例分析的需求或者可能性之前,有很长一段时期,过失被当成了近乎唯一的[责任]构成要素。然而,当发现此类案件时,争议的焦点更多地集中在被告的行为或者不作为,而不在于行为的标准。①法院与陪审团之间在功能上的区别不存在问题,除非当事人对行为标准的认识存在分歧。过失,就像"所有"一样,是一个复杂的概念。诚如后者意味着某些事实的存在,以及法律赋予那些事实的后果(免受一切人侵害的保护)一样,前者也意味着某些事实的存在(行为),以及法律赋予那些事实的后果(责任)。在多数案件中,问题关涉事实,只是偶尔才会出现涉及后果的问题。

03-69. 值得注意的是,在荆棘案中,法官如何(依据过错与公共政策)判定被告的行为,以及,据说在"韦弗诉沃德案"②中有些事实构成一项免责事由,并且表明被告不存在过失,因而那些事实应该列举在记录中,以便法院可以做出判决。在恶意指控的诉讼中③,关于可成立

---

① 参见 27 Ass., pl. 56, fol. 141; Y. B. 43 Edw. III. 33, pl. 38。后一案例的答辩声称,被告尽其所能地进行了治疗,并且如果不是这样的话,那匹马就会因其疏于照看而死亡。至少,此一答辩的动机似乎是想将过失当成当事人真实的心理状态。

② Hobart, 134.

③ 参见 Knight v. Jermin, Cro. Eliz. 134; Chambers v. Taylor, Cro. Eliz. 900。

的理由①的辩护也制定了一项类似规定。迄今为止,关于可成立的理由的问题一直是交由法院裁定的。接下来将会看到后来的证据。

03-70. 然而,还有一个重要的考量因素,尚未论及。毫无疑问,那些制定法律的人有可能认为,在某些案件中,将标记线划得比通常惯例所确定的应受谴责的基准线更高,是明智的。例如"莫里斯诉普拉特案"(Morris v. Platt)②,法院尽管以极其强烈的措辞宣称,一般而言,过失是构成意外侵害的责任基础,但却依然暗示,如果对此一要点的裁判是必要的,那么,考虑到日益增长的携带致命武器的习惯给公众造成的危险,法院可能会在手枪造成的损害案件中判决对被告适用更严格的责任。同样,为了带一份礼物而进入一个人的房间,或者在一个人生病时询问其健康状况,尽管是故意越过主人的界线,但看起来很有可能是一种无害的、甚至值得称道的行为。今天,除非禁止被告进入房间,否则不应该因此类事由而提起诉讼。然而,在亨利八世时期,如果未经许可,"因面露窘色,我的敌人可能会在我的房间里杀死我"③,据称是可以起诉的。有一起明显的案件,公共政策制定了一个公开行为的标准,绝不涉及任何意义上的过错。同样,政策也规定了一般禁止进入他人房屋的例外情况,正如在首席大法官乔克引述《年鉴》中的案例,一棵树被吹倒在房屋上,或者公路无法通行,或者为了维持治安。④

03-71. 或许,从现代赋予动物责任的形式中发现另外一个例

---

① 可成立的理由(probable cause),指极有可能是确实的根据,其可信程度大于"怀疑",但小于"确切无误"。从合理调查所获知的明白无误的事实,足以使明智而谨慎的人相信刑事案件的被控人犯有被指控的罪名。参见薛波主编:《元照英美法词典》,北京大学出版社2013年版,第1097页。——译者注
② 32 Conn. 75, 89, 90.
③ Y. B. 12 Hen. VIII. 2 b, pl. 2.
④ Keilway, 46 b.

子，可以适用"赖兰兹诉弗莱彻案"（*Rylands v. Fletcher*）①的衍生原则，当一个人将如果逃脱就可能造成危害的任何动物放置、圈控并饲养在自己的土地上时，他就必须自担风险饲养该动物；并且，如果他不这样做，就必须对因动物逃脱自然导致的所有损害承担初始责任。此类案件并不支持下述观念，即饲养牲畜或者拥有水库是不正当的，而只有在涉及凶猛且无用的动物时，人们才有可能认为此一观念似乎更合理。② 危险的增加可能会严重影响公众利益（在某些情况下，以及在不同的司法辖区，这样的考量因素可能会对判决造成不同的影响）；但是，由于审判中可能进行的调查的细密程度是有限的，人们可能认为，确保注意的最安全方式是将风险留给决定应该采取何种防范措施的人。看起来，动物侵害的责任位于以过错无涉的政策为基础的规则与旨在制定审慎人行为的条件之间的边界线上。

03-72. 在第一讲中，已经阐明了早期法律中出现的动物责任，以及可以从现代法律中追溯的早期观念的影响程度。就第一讲所言，显而易见，早期的讨论是围绕着主人是否应该承担责任此一一般考量因素展开的。③ 但是，讨论并没有止步于此：根据普遍的经验，继续讨论前述责任的实际区分。因此，如果被告用狗把羊赶出自己的土地，羊一跑出来，被告就招呼自己的狗，但狗却把羊撵到邻人的土地上，那么，把羊撵过被告土地的界线，就会被判定为不构成侵害，因为"狗的天性决定了它不可能骤然之间受到控制"。④

---

① L. R. 3 H. L. 330, 339; L. R. 1 Ex. 265, 279-282; 4 H. & C. 263; 3 id. 774.
② 参见 *Card v. Case*, 5 C. B. 622, 633, 634。
③ 参见 Lecture I. p. 23 and n. 3。
④ *Mitten v. Fandrye*, Popham, 161; s. c., 1 Sir W. Jones, 136; s. c., nom. *Millen v. Hawery*, Latch, 13; id. 119。在后一份判例汇编（第120页）中，在依循汇编文本详述了法院的司法意见之后，据称，做出的判决尽管有利于原告；该判决与同一汇编中先前的说法以及波帕姆（Popham）和琼斯（Jones）的说法相悖；但是，无论怎样，此一原则已经确认无疑。就此一界线而言，参见 *Read v. Edwards*, 17 C. B. N. S. 245。

03-73. 犁地时在邻人的土地上掉转耕马,是合法的,并且,如果违背驾辕人的意愿,牲口在掉头时吃了一口草,或者用犁翻了地,那么,牲口的主人就具备了正当理由,因为法律承认,一个人不可能在每时每刻都按照自己的意愿来管理自己的牲畜。① 因此,据称,如果一个人赶着牛群经过一个市镇,其中一头牛进入一家房屋,他跟在牛后面,那么,这就不构成侵害。② 因此,多德里奇(Doderidge)法官在同一案件中认为,如果鹿从森林中进入我的土地,而我用狗撵那些鹿,那么,我就有正当理由招呼狗,因为这样的话,守林人就会注意到有鹿被撵。③

03-74. 第一讲中提及的"梅森诉基林案"(*Mason v. Keeling*)④正是对原始观念的映现,该案表明,实际发挥作用的法律规则始终建立在健全的理智之上。对于那时不被当作财产的动物——主要是野生动物,法律规定,"如果动物在本性上是温顺的,就必须注意它们的不良品质;法律警示,狗的本性并不凶猛,而是相反"。⑤ 如果动物"是那种天生有害的,他就应该为其所造成的伤害承担责任,无须任何警示"。⑥ 后一项原则已经适用于一起棘手的案件⑦,并且充分说明了诸如马牛等牲畜的主人在[牲畜]侵入他人土地方面的责任⑧,尽管——

---

① Y. B. 22 Edw. IV. 8, pl. 24.

② Popham, at p.162;s. c., Latch, at p.120;比较 *Mason v. Keeling*, 1 Ld. Raym. 606, 608。但可以比较 Y. B. 20 Edw. IV. 10, 11, pl. 10。

③ Latch, at p.120。这进一步说明了侵害法(the law of trespass)是依据实用的理由来制定的。

④ 12 Mod. 332, 335;s. c., 1 Ld. Raym. 606, 608.

⑤ 12 Mod. 335;Dyer, 25 b, pl.162, and cas. in marg.;4 Co. Rep. 18 b;Buxendin v. Sharp, 2 Salk. 662;s. c., 3 Salk. 169;s. c., nom. *Bayntine v. Sharp*, 1 Lutw. 90;*Smith v. Pelah*, 2 Strange, 264;*May v. Burdett*, 9 Q. B. 101;*Card v. Case*, 5 C. B. 622.

⑥ 12 Mod. 335。参见 *Andrew Baker's case*, 1 Hale, P. C. 430。

⑦ *Besozzi v. Harris*, 1 F. & F. 92.

⑧ 侵入他人土地(trespasses upon land),根据普通法,任何未经授权、直接侵入他人地界的行为都可以被起诉。此种不法行为所侵犯的对象是享有实际占有权的人,而并不一定是享有土地所有权但没有直接占有权的人。构成此种不法行为不要求行为人有侵入之故意,也不一定要有实际损害结果,但要求行为人行为时志自由,侵权行为与结果之间有直接的联系。参见薛波主编:《元照英美法词典》,北京大学出版社 2013 年版,第 1357 页。——译者注

如前所见——该侵害责任一度被认为是建立在主人的所有权之上的。有人说,走失迷路是牛的普遍天性,并且在耕地上迷路时,牛会因践踏和吃掉庄稼而造成损害,但狗却不会给他人造成损害。也有人说,勒束牲畜是常见且容易的。① 如果——正像有人所言——该项规则的历史起源是截然不同的,那也无关紧要。

03-75. 沿着同样的思路,主人对牲畜可能给人造成的全部损害不应该负绝对责任。根据霍尔特(Holt)爵士在前述司法意见中所言,这些动物不像狗那样"为人所熟悉","主人应该将它们关起来,并且采取一切合理措施,防止它们造成损害……但是……如果主人将马或者牛放在与公路毗邻的自家土地里吃草,而马或牛冲破围篱,跑到公路上,踢伤或者咬伤一些过路人,就不得对主人提起诉讼;此外,如果主人已经对马牛踢伤或者咬伤人做出了警示,也不得对主人提起诉讼"。

03-76. 在解决了过失问题后,法官的职责并没有终止,或许,关于此一观点最令人注目的权威影响,体现在有关寄托法②的探讨之中。就此一主题而言,可以参考一下"科格斯诉伯纳德案"(*Coggs v. Bernard*)③、威廉·琼斯(William Jones)爵士与斯托里大法官的论述以及肯特(Kent)著述的相关章节。这些都是根据寄托以及寄托物的性质来具体阐明受托人责任的诸多尝试。不可否认,这些尝试并不成功,部分原因在于他们试图将罗马法的一个分枝嫁接到本土的[普通

---

① 参见 *Fletcher v. Rylands*, L. R. 1 Ex. 265, 281, 282; *Cox v. Burbridge*, 13 C. B. N. S. 430, 441; *Read v. Edwards*, 17 C. B. N. S. 245, 260; *Lee v. Riley*, 18 C. B. N. S. 722; *Ellis v. Loftus Iron Co.*, L. R. 10 C. P. 10;27 Ass., pl. 56, fol. 141;Y. B. 20 Ed. IV. 11, pl.10;13 Hen. VII. 15, pl. 10;Keilway, 3 *b*, pl. 7. Cf. 4 Kent(12th ed.), 110, n. 1, *ad fin*。

② 寄托(bailment),在普通法中,是指动产所有人——寄托人(bailor)——为了诸如贮存、租赁等特定目的,按照合同规定的方式将其动产交予受托人(bailee)保管,待特定目的实现后,受托人将财产交还寄托人或者按寄托所规定的方式处置该财产。在寄托期间,受托人应尽一定的管理寄托财产之责任,故而须承担合理注意义务。参见薛波主编:《元照英美法词典》,北京大学出版社 2013 年版,第 128 页。——译者注

③ 2 Ld. Raym. 909;13 Am. L. R. 609。

法]主干上,而此一分枝过于庞大,无法在嫁接过程中生存下来,但更特别的原因在于那些尝试的区别对待是纯粹定性式的,因而在涉及陪审团时便毫无用处。① 如果法官指示陪审团必须先认定被告犯有严重过失,才能对其提出指控,那就很容易受到指责,因为对这样的团体而言,"严重"一词仅仅是一个带有辱骂意味的语词。但是,在没有陪审团的情况下,海事法院的法官就不会这么做。罗马法以及美国最高法院一致认为这个词意味深长。② 无论成功与否,已经进行了这样的尝试,这就足以支持当前的论证了。

约瑟夫·斯托里

---

① 参见 *Grill v. General Iron Screw Collier Co.*, L. R. 1 C. P. 600, 612, 614。
② *Railroad Co. v. Lockwood*, 17 Wall. 357, 383.

第03讲 侵权法——侵害与过失

03-77. 人们认为,法院创设的实体法原则,因其自身经常以基于充分证据做出的判决形式呈现出来,而在一定程度上被遮掩住了。在判定不存在涉及过失的证据时,法官的所作所为实际上远远超出了一个判定不存在事实证据的普通判决。法官可以判决已被证实的或者存在争议的行为或者不作为不构成一项据以承担法律责任的理由,通过这样的方式,就像原本应该的那样,法律持续不断地从日常生活中充实自我。"克拉夫顿诉大都会铁路公司案"(*Crafton v. Metropolitan Railway Co.*)①的原告在被告的楼梯上滑倒,受到严重伤害。原告滑倒的原因是,楼梯台阶的铜质包边因行走而被磨得很光滑,并且有一名建筑工人证称,在他看来,因为存在这种情况以及没有手扶栏杆,那个楼梯是不安全的。只可惜有许多人从那个楼梯上经过,也没有发生任何意外,对此,没有什么可据以反驳的事由,陪审团已经对原告做出裁定。法院撤销了裁定,判令驳回起诉。从形式上看,法院的判决是,没有可以提交给陪审团足以证明存在过失的证据;但是,这显然相当于说,并且事实上也意味着,该铁路公司在维护原告指证的那个楼梯时已经尽其所能。从教科书中,还可以找到另外一百个同样具体的事例。

03-78. 另一方面,如果法院判定某些行为或者不作为加上损害就构成了足以证明过失的确凿证据,除非能够说明理由,那么,根据案情,无论从本质上,还是在实际上,法院都会判定此类行为或者不作为足以构成责任的理由②,或者阻碍获得赔偿。因此,明知一间房屋感染了对健康有害的天花,还隐瞒此一情况,将该房屋供他人居住,一般认为,这应该构成可以起诉的过失。③ 解释此类案件中的那些行为或者

---

① 1 L. R. 1 C. P. 300.
② 参见 *Gorham v. Gross*, 125 Mass. 232, 239, bottom。
③ *Minor v. Sharon*, 112 Mass. 477, 487.

不作为，就是为了证明不同于法院判定的行为，或者是为了说明那些行为——从法律上讲——并不构成据以诉求损害赔偿的理由。为了做出这样的裁决，该裁决假定那些显而易见的事实即是全部事实。

03-79. 正是在那些引起困难亟需解释的案件中，法院判定有足以证明存在过失的初始证据①或者应交由陪审团裁定的足以证明存在过失的某种证据。

03-80. 许多人已经注意到，在讨论诸如此类法律与事实问题纠葛在一起的案件时，都隐含着思想的混乱。无疑，如上所述，被告犯有过失是一个复杂的诉状陈述②：首先，被告已经做了或者没做某些事；其次，被告被指控的行为没有达到法律标准。如果争议仅仅集中在前半部分，那么，即便没有特别指示，整个复杂的诉状陈述对陪审团而言就还是一个简明的问题，就像所有权问题一样，唯一的争议就是法律结论所依据的事实。③ 但是，当争议出现在后半部分时，应该是由法院还是应该由陪审团对被告的行为做出判定，此一问题完全不受意外事件的影响，无论就行为究竟算什么是否存在争议。如果存在这样的争议，那就完全可以针对交由陪审团裁定的每一种事实状态，做出一系列假设性指示。如果不存在这样的争议，法院仍然可以听取陪审团关于标准问题的意见。问题在于要如何解释法院和陪审团针对后一种情况的相关职能。

---

① 初始证据（prima facie evidence），指表面上充分有效的证据，在法律上足以证明当事人的请求或者答辩所依据的事实。但对方当事人可以提出反证加以反驳，在此情况下，审判人员应对各种证据进行综合比较与权衡。参见薛波主编：《元照英美法词典》，北京大学出版社 2013 年版，第 1088 页。——译者注

② 诉状陈述（averment），根据美国《联邦民事诉讼规则》之规定，所有诉答书状中的陈述或者主张都应当简明、直接。在古代诉讼中，该词指诉答书状的结论部分，包含提出新的肯定性事项，据此当事人宣称自己已经"准备好予以证明"。参见薛波主编：《元照英美法词典》，北京大学出版社 2013 年版，第 122 页。——译者注

③ 参见 *Winsmore v. Greenbank*, Willes, 577, 583；*Rex v. Oneby*, 2 Strange, 766, 773；*Lampleigh v. Brathwait*, Hobart, 105, 107；Wigram, Disc., pl. 249；Evans on Pleading, 49, 138, 143 *et seq*.；Id., Miller's ed., pp.147, 149。

03-81. 如果出现一起案件,便将纯粹而简单的行为标准交由陪审团裁定,那么,解释就会简明清晰。也就是,法院不会考虑可能适用于该问题的任何明确的公共政策观点,而是从日常生活经验中寻得亟待适用的规则,众所周知,宏大的侵权法体系也是这样形成的。但是,法院进一步认为,法院自身并不具备足够充分的实践经验,故而无法智慧地设定该项规则。法院设想,可以从社区的实务群体中选出十二个人,来帮助法院做出判断。① 因此,法院可以通过听取陪审团的意见来促进自己的良知。

03-82. 但是,假设在实践中经常出现一种事实状态,能否想象法院永远都将行为标准交由陪审团裁定?相反,如果陪审团从总体上看像其所代表的是一个公平的法庭,那么,从此一方面能得到的教训就是后天习得的,难道不是显而易见吗?要么法院就会发现,公平的经验教义是,被诉求的行为通常是或者不是应受谴责的,因而除非有所解释,否则就是构成或者不构成一个责任理由;要么法院就会发现陪审团摇摆不定,并且认为有必要由法院自己做决定。没有理由不解决其他此类问题,也没有理由不解决磨光的铜质台阶包边的楼梯责任问题。例外情况主要出现在行为标准迅速变化的地方,例如,在一些医疗问题领域。②

03-83. 如果这是在普通案件中的恰当结论,那么,更进一步的后

---

① 参见 *Detroit & Milwaukee R. R. Co. v. Van Steinburg*, 17 Mich. 99, 120。

② 在"天花案"(*Minor v. Sharon*, 112 Mass. 477)中,虽然法院就前面提及的被告行为做出了裁决,但却认为原告没有为自己的孩子接种疫苗是否犯有混合过失(contributory negligence)是"一个事实问题,应该交由陪审团裁定"。

混合过失(contributory negligence),亦译称"与有过失",指原告本身的疏忽,并且在原告诉称因被告过错而导致的损害中,原告的过失也构成导致损害的部分或者全部原因。在美国的相关判例中,是指原告自身的作为或者不作为所构成一般注意的缺乏,它与被告的过失同时发生,从而成为造成原告损害的主要原因。原告对之承担责任,是因为其违反了法律所设定的保护自身免受伤害的义务。参见薛波主编:《元照英美法词典》,北京大学出版社2013年版,第316—317页及第488页。——译者注

果就会随之而来。在实践中,事实往往不会完全重复;但也会出现彼此相对差异较小的案件。一位长期主持初审①的法官,应该会逐渐积累丰富的经验,使他在普通案件中能够比普通陪审团更好地代表共同体的常识。该法官应该能够引领并且详细指导陪审团成员,甚至是在他认为总体上应该听取陪审团意见的地方。此外,在完全不听取陪审团意见的情况下,法官依然能在职权范围内做出裁决,这样的范围应该持续不断地扩大。

03-84. 我们经常说,过失是一个纯粹的事实问题,或者说,在法院宣称有可据以推定过失的证据后,陪审团总是要对是否应该进行推定做出裁定。② 但是,我们相信,在设定此一宽泛命题时,法院考虑的是那些本该判定的行为无法得到直接证实的案件,主要或者唯一的问题是行为是什么,而不是行为在得到证实后应该适用什么标准。

03-85. 法院判定案件中存在陪审团可据以认定过失的证据,大多数依据此类判定交由陪审团裁定的案件,主要不是因为对标准的怀疑,而是基于对行为的怀疑。以证据显示的事实构成一个事件为例,例如,一块砖从跨越公路的铁路桥上掉落在原告身上,在可能对行为标准提出任何问题之前,必须推定的事实是,那块砖的掉落不是由于突然的天气作用,而是实际上被告有可能防止的因修理而导致的渐次掉落。③

03-86. 此外,在一起木桶从仓库窗口坠落的案件中,必须先查明

---

① 初审(*nisi prius*),在普通法中,通常是指由一个法官主持并有陪审团参与的审判。1215 年《大宪章》(*Magna Carta*)规定一些诸如驱逐原占有人而自行占有其土地等诉讼以后不再由威斯敏斯特高级法院的合议庭审判,而改由每年派至该郡的一名法官会同陪审团进行审判。后来的法律逐渐将其扩大到包括一切民事诉讼和一些刑事诉讼。据此,此类案件不再由威斯敏斯特高级法院的合议庭负责审理,而是由一名法官会同陪审团进行审判,也就是后来意义上的"初审"。参见薛波主编:《元照英美法词典》,北京大学出版社 2013 年版,第 965 页。——译者注
② *Metropolitan Railway Co. v. Jackson*, 3 App. Cas. 193, 197.
③ 参见 *Kearney v. London, Brighton, & Coast Ry. Co.*, L. R. 5 Q. B. 411, 414, 417; s. c., 6 id. 759.

是被告或者被告的仆人负责照看木桶,然后才能提出任何与标准有关的问题。① 可以看出,在这些众所周知的案件中,法院都假定了一项规则,即如果证据倾向于证实被告的行为,就会判令被告承担责任。如果对已被证据确认的行为没有任何疑问,例如,在同属一家公司的两列火车发生碰撞的案件中,实际上,陪审团有时至少会被告知,如果他们相信证据,那么被告就应承担责任。②

03-87. 有人认为应该将一种更宽泛的功能赋权给陪审团,强烈支持此一观点的首要论据是,亟需使我们的标准符合经验。无疑,为了使间或制定的此类具体规则符合日常生活,就应该始终铭记我们应当根据共同体既有的普通标准来判定应受谴责的法律责任的一般基础。无疑,此种符合是要求人们知晓民法的实际正当理由,就像犯罪一般也是罪孽这一事实是要求人们知晓刑法的实际正当理由之一。但是,这些考量仅仅能推导出这样的结论,即当先例与当前状况不相符时,就应该推翻先例;而这样的情况通常都会发生,除非涉及对契据与遗嘱的解释。另一方面,我们也非常想尽可能地知晓在某个特定时刻我们据以做出判决的标准,与此同时,在世纪流转之间,绝大部分人类行为的标准没有发生变化。

03-88. 本次讲座强烈要求的那些考量因素,在美国,或者至少像法律在马萨诸塞州那样的各个州,具有特别的重要意义。在英格兰,初审法官可以自由表达自己对证据的价值与权重的看法,而高等法院的全席法官只有在当事人的同意下不断地对事实进行推论。因此,对法院与陪审团的权限进行细致区分,并不是首要需求。但是,当制定法禁止法官就事实问题对陪审团做出指示时,当高等法院的全席

---

① *Byrne v. Boadle*, 2 H. & C. 722.

② 参见 *Skinner v. London, Brighton, & S. Coast Ry. Co.*, 5 Exch. 787。但可以比较 *Hammack v. White*, 11 C. B. N. S. 588, 594。

法官永远不会审判要求对事实进行推论的案件时,理解下一点就变得至关重要:当行为标准交由陪审团裁定时,这是暂时对司法职能的放弃,而当法院认为有能力那样做时,无论怎样,都可以在任何时候恢复司法职能。即便不是这样,人们几乎也普遍接受了本次讲座提出的第一个命题——即无意不当行为的一般责任基础是那种不同于审慎人在此类情况下所采取的行为,这就会将我们贯穿绝大部分法律之间所有的权利与义务交由陪审团凭借其必然或多或少的偶然情感来加以评判。

03-89. 与本次讲座所坚持的观点完全一致的是,法院将过失问题从陪审团手中收回时始终非常缓慢,没有很好地区分怀疑所指向的究竟是事实,还是将要适用的行为标准。就像大自然的划分一样,法律的划分,无论总体轮廓多么清晰,人们都会在精确的审查中发现这样的划分会终结在一片半影的或者有争议的土地上。这属于陪审团的权限领域,并且只有落在此一悬而未决的边界上的案件,才有可能在法庭上走得更远。不过,法律的趋势必定是不断缩小此种不确定性的范围。正是关于此一主题的类推及判决,使我们有所期待。

03-90. 法律的成长往往会以这样的方式发生。两个迥然不同的案例显示了一般区别,从广义上讲是一个清晰的区别。但是,随着新的案件汇集在相反的两极,开始相互接近,原有的区别就变得更加难以追查;无论怎样,只能依据稍占优势的感情而不是清晰的理性来做出决定;最终,经由相反判决的相互碰撞,划出了一条精确的界线,尽管太过武断,以至于同样有理由将这条线划在距离一方或者另一方更远的位置,但必定会划在其所属范畴附近的某个地方。①

03-91. 通过这样的方式,在几乎没有亟待考量的因素的情况

---

① 7 American Law Review, 654 *et seq.*, July, 1873.

下,对问题进行了准确的区分。例如,什么是提交可转让票据的合理时间,或者种类上的差异是什么,或者性质上的差别是什么,或者什么是禁止永续权规则。①

03-92. 在马萨诸塞州的判决中,可以找到一个例子,说明有一些判决从相反的两极彼此相互接近,以及陪审团在中间的平衡功能,即如果一个两岁四个月的孩子被不必要地放在一个大城市的街道上无人照看,那么,他就不能因过失伤害而获得赔偿②;允许一个八岁的男孩独自外出,不一定属于过失③;允许一个十岁的男孩在天黑后外出的法律后果,由陪审团决定④;再多一句未经允许的冒昧之言,对于一个具有普通智力的二十岁的年轻人来说,无论怎样,这样的允许都不会产生任何后果。

03-93. 再以英格兰古老的采光法为例。一个可起诉的障碍物必须是实质性的。一般情况下,在一百码外、离地面一英尺建造一个建筑物,不应该被起诉。如果在这些事实之外,陪审团再没有其他任何发现,那么,对包括窗户在内、距离窗户一英尺范围内的建筑物,都是可以起诉的。在中间悬而未决的案件中,妨碍是否属于实质性的问题,应该交由陪审团裁定。⑤ 但是,由于这样的构成要素很少并且是固定的,因而表明人们更倾向于制定一项明确的规则,即在一般案件中,被诉求的建筑物不得高于从正位明窗到基座的距离。尽管意图划定一条准确界线的尝试需要非常谨慎,但它在精神层面完全是哲学

---

① 禁止永续权规则(rule against perpetuities),作为一项普通法规则,是指为使一项未来权益合法有效,则在设立该未来权益或者立遗嘱人死亡后,必须于受益人终身加上 21 年之内,使该未来权益生效。薛波主编:《元照英美法辞典》,北京大学出版社 2013 年版,第 1211 页。——译者注

② *Callahan v. Bean*, 9 Allen, 401.

③ *Carter v. Towne*, 98 Mass. 567.

④ *Lovett v. Salem & South Danvers R. R. Co.*, 9 Allen, 557.

⑤ *Back v. Stacey*, 2 C. & P. 465.

性的。①

03-94. 同一原则也适用于过失。如果案件的全部证据是,一个完全可以控制自己的意识和理智的当事人,站在铁轨上,看着一个正在驶近的火车,直到火车将他撞倒,那么,没有任何法官会将该行为是否审慎的问题交给陪审团裁定。如果全部证据是,他试图穿过一段平坦的铁轨,双向都可以看清半英里远,并且在铁轨上看不到任何火车,那么,法院不会允许陪审团裁定构成过失。在这两个极端之间,有一些案件会提交给陪审团裁定。但是,显而易见,在此类案件中,假设不存在其他任何构成要素,那么,安全的限度几乎可以通过精确计算划定在一英尺范围内。

03-95. 许多过失案件的麻烦之处在于,那些案件不经常发生,以至于任何一位法官都能从陪审团的长期经验中获益,制定规则,而那些构成要素很复杂,以至于法院很乐意将整个问题一并交由陪审团裁定。

03-96. 我将过失与其他侵权行为之间的关系留到下一次讲座。

---

① 比较 *Beadel v. Perry*, L. R. 3 Eq. 465; *City of London Brewery Co. v. Tennant*, L. R. 9 Ch. 212, 220; *Hackett v. Baiss*, L. R. 20 Eq. 494; *Theed v. Debenham*, 2 Ch. D. 165。

第 04 讲

欺诈、恶意与故意——侵权法理论

初步探究

一、被视为故意不当行为中的道德因素

  (一)欺诈

  (二)诽谤

  (三)恶意指控

  (四)合谋

  (五)动产侵占之诉

二、道德标准

  (一)可能造成的伤害

  (二)侵权责任的一般事由

  (三)环境条件的判定

  (四)陪审团的功能

三、例证

四、行为选择造成伤害的可能性

五、侵权法综述

04-01. 接下来要探讨的主题是欺诈、恶意与故意。在讨论无意的不当行为时，人们发现需要克服的最大困难是每个人总要为自己的行为承担责任的学说。另一方面，在接下来的讨论中，困难之处在于要证明前述语词所描述的实际邪恶并不属于用那些语词来指示的民事不当行为的一个构成要素。

04-02. 在讨论刑法问题时，早已表明，当我们在日常谈话中称一种行为属于恶意时，我们的意思是，对另一个人的伤害是由该行为有意造成的，并且这样的伤害本身即是行为人意欲追求的目的。然而，就刑法的目的而言，人们认为只有故意是至关重要的，并且与附加恶意的故意具有同样的后果。根据分析，故意被认为是由对伤害结果的预测加上造成伤害的意愿构成的，后者被视为正在讨论的行为的动机。在这些构成要素中，预测看起来是唯一至关重要的。作为最后一步，预测被限缩到最低限度的意义，并且得出结论认为，除非业经解释的例外情况，刑事责任的一般基础是行为人在采取行动时知晓某些事实，根据那些事实，一般经验表明有可能会随后产生某些特定的损害后果。

04-03. 在民事法律方面，是否有可能进行类似的限缩，以及是否因而将欺诈、恶意、故意与过失的不当行为归入一个哲学上的连续系列之中，仍然有待审视。

04-04. 初步解释一下将会是有益的。前述讲座已经表明，尽管行为总是意味着故意，但本身却与法律无涉。这是一种包含意志的行为，因而也是一种有意的肌肉收缩的协调运动。但是，行为必然包含的故意到此为止。除了伴随的环境状况以外，所有的肌肉动作或者动作的协调运动都是无害的，而行为本身并不必然暗含着这些环境状况的存在。无论是在沙漠里，还是在人群中，用拳头打人都是同样的行为。

04-05. 这些为人们迫切要求的同样的考量表明,仅仅是一个孤立的行为,并不而且也不应该强制施予民事或者刑事责任,并不而且也不应该——至少频繁地——适用于一系列行为或者举止,尽管这一系列行为表明存在着更进一步的协调运动以及更进一步的故意。例如,正是由同样的一系列行为说出了一句话,无论那句话是在贮藏室里秘密说的,还是在讨价还价过程中对另一个人说的,都错误地表述某一特定木桶里装着 1 号鲭鱼。可以确定的是,无论在哪一种情况下,更进一步的故意,超过了只为一个声音的肌肉协调运动,声称某一特定木桶里装着特定物品——这样的语词排序必然表明某一种故意。① 但是,这一系列的行为和故意本身都是与法律无涉的。在单独来说时,那些行为和故意都是无辜的,而一旦证明存在特定伴随的环境状况,它们就构成了仅有的责任事由。

04-06. 在谈论作为一个法律责任的构成要素时所意味的故意,是一种直接指向所诉求的伤害或者至少是直接指向伤害的故意。并不需要在每一个案件中都回溯分析那些构成行为过程的简单肌肉收缩。要使一个人承担责任,需要的不仅仅是一个造成损害的行为,基于同样的原则,在考虑必须要有怎样更进一步的环境状况或者事实,才能判定争议行为应由行为人自担风险时,我们经常会发现自己随意将一系列相互协调的行为假定为一个近似简单的构成要素,本身与法律无涉。如果在接下来的讨论中能牢记这一点,那就可以避免混淆和不必要的重复。

04-07. 将欺诈、恶意与故意当成必要的构成要素的主要责任形式,包括欺诈、口头诽谤与书面诽谤、恶意指控以及合谋,或许还可以

---

① 对此,法国哲学家帕斯卡尔(Blaise Pascal,1623-1662)也有类似的表达,"文字的不同排列便形成了不同的意义,而意义的不同排列便形成了不同的效果"。参见【法】帕斯卡尔:《思想录——论宗教和其他主题的思想》,何兆武译,商务印书馆 1985 年版,第 14 页。——译者注

加上动产侵占之诉①。

04-08. 欺诈是一个源于道德世界的概念,在世俗的意义上,显然包含了邪恶。在表述关于欺诈的普通法学说时,通常使用一些与真实的犯罪及真实的犯罪故意相协洽的术语。据称,如果一个人明知是虚假的,而向他人做出虚假陈述,却意图使对方相信并据以行事,如果聆听者相信该虚假陈述,因而被劝说采取行动并对自己造成损害,那么,此人就会因欺诈而被起诉。无疑,这是一个典型案例,涉及道德上的故意不当行为。然后,当事人在这里实施的是什么行为。行为就蕴含在特定语词的表述中,那些语词编排有序,以至于在表述时,只要听到那些语词,就能知晓它们要传达的意思。但是,那种仅仅得易知晓的行为,既不是道德的,也不是不道德的。再往前走一步,即便知道在聆听过程中还有另外一个人在场,该行为仍然不具备任何明确特征。赋予行为不道德性的构成要素,是行为人明知该陈述是虚假的,却故意使聆听者遵照而行。

04-09. 接下来,首要的问题是,此种故意是否可以被限缩为与其他情况下同样适用的诸般术语。回答此一问题,没有什么困难。显而易见,如果有证据足以证明被告明知对方当事人意图依据虚假陈述采取行动,那么,这样的证据就可以确证[被告具有使对方当事人]依据虚假陈述采取行动的故意。如果被告已经预见到自己行为的后果,那么,无论他的动机是想要诱使对方当事人采取行动,还是仅仅出于个人原因不愿陈述实情,他都可能会受到指控。如果被告明知当下的事实(对方当事人的故意)——根据一般经验——有可能使自己的行为

---

① 动产侵占之诉(trover),是普通法上的一种诉讼形式,最初指对发现他人动产并且非法将其转由自己使用的人提起的请求给予损害赔偿的诉讼。后来,原告丢失其动产及被告捡到该动产的主张成为一种拟制,该诉讼实质上成为对任何非法占有或者使用他人动产行为的救济方式。请求损害赔偿的数额通常根据该动产的价值来确定。参见薛波主编:《元照英美法词典》,北京大学出版社2013年版,第1360页。——译者注

造成损害后果,那么,无论他实际上是否预见到该后果,他都可能会受到指控。

04-10. 在此一问题上,可以从一个简单实例中得出一般结论。因为一旦承认在一起案件中,对于当下事实——诸如对方当事人故意依据虚假陈述采取行动——的明知,可以免除对故意诱使对方当事人依据虚假陈述采取行动的证明,那么,也就承认了此一较小的构成要素在较大的混合要素中是必不可少的。诚如早已表明的,因为故意包含了足以预测的明知。因此,只要证明了故意,你就证明了明知,而故意往往是这两者中比较容易证明的。但是,仅仅证明了明知,你还证明不了故意。

04-11. 然而,可以说,在诸如前述假定的案件中,故意是隐含的或者推定的。但是,这仅仅是用拟制来修补一个虚假理论。就好比说,封印文契需假定存在对价;这仅仅是将所有契约必须具备对价的正式理论与封印文契无须对价的明显事实相调和的一种方式。每逢有人说某一特定事物是构成责任的基本要素,但却是从其他事物中不容置疑地推定出来时,人们总是有理由怀疑,该基本要素是在其他事物中找到的,而不是在所谓的特定事物中推定出来的。

04-12. 关于构成欺诈所需的故意,我们无须停留在刚才举出的此一简单实例上。法律仅仅是要求要么有证据证明具有欺诈的故意,要么有证据证明对方当事人有理由推断出具有欺诈的意图。因此,该项要求的全部含义在于,在已知境况下,虚假陈述的自然且明显的趋势必定会诱使人们认为该陈述是为了采取行动而做出的,从而诱使人们基于对该陈述的信赖而采取行动。因而,所谓故意的标准实际上是一种在已知境况下的外部行为标准,并且刑法分析在这里也可以适用。

04-13. 这也并非全部意义所在。诚如上一讲所解释的,普通法遵循着自身详细阐释的过程,决定着陈述在某些特定案件中的倾向性——例如,一匹马在售卖时是健全的;或者,一般而言,任何已知对方当事人意图依赖的事实陈述。在这些具体规则之外,就属于由陪审团裁定的含混领域。

04-14. 欺诈中的另外一个道德因素,是明知陈述是虚假的。对此,我并没有给予完全关注,因为当自担风险的诸多要素被限缩为行动与明知时,所有不可或缺的条件均已完备。但是,如果此种对虚假的明知可以转化为一种不必然包含罪过的程式——尽管(当然)实际上通常伴随着罪过,然后,就一般目标而言,这就有助于表明无论在什么情况下法律都倾向于超越道德,而触及外部标准。我们一旦以批判的眼光审视法律,就会发现道德一面的阴影渐次消褪了。

04-15. 问题是,如果某人做出一个陈述,诱使另一个人采取行动,而结果证明该陈述是不真实的,那么,什么样的已知境况才足以使该陈述者承担陈述的风险。然后,很显然,一个人可以通过明示同意或者(法律从他的讨价还价中解读出来的)默示同意来自己承担陈述的风险。他可以用法律语言来证明陈述的真实性,如果陈述是不真实的,法律就会视之为欺诈;就像他陈述时完全相信一样,如果他明知该陈述是不真实的,法律就会认为其构成欺诈。如果在售卖一匹马时,卖马人保证该马只有五岁,而实际上该马已经十三岁,那么,尽管卖马人认为该马只有五岁,他还是会被指控构成普通法上的欺诈。[①] 因此,就陈述的真实性而应承担的普通法责任,比实际的道德欺诈的范围更宽泛。

04-16. 但是,再说一遍,在不知道陈述是真实还是虚假的情况下,只要是粗心大意做出了陈述,一般而言,那就足够了。那么,"粗心

[①] 1 *Williamson v. Allison*, 2 East, 446.

大意"是什么意思。它并不意味着个人实际上对陈述的真实性漠不关心。它仅仅是指该陈述资料还远不足以证明一个审慎人不可能在不会引出他[对陈述的真实性]漠不关心这一推论的情况下做出陈述。也就是说,在重复之前已经做过的分析时,这意味着,法律在适用一般客观标准时会判定,如果一个人基于那些资料做出陈述,无论他的心理状态如何,甚至尽管他本人在做出陈述时可能完全没有邪恶的意念,他都要承担责任。

04-17. 因此,已经适用于故意的类似推理,也可以适用于对虚假的明知。实际的明知或许往往比用不充分的证据证实陈述更容易证明,而一旦得到证实,该陈述就包含了此一较小的构成要素(实际上对虚假的明知)。但是,只要证明了此一较小的构成要素是足够充分的,就表明法律也将在这里适用外部的或者客观的标准。

04-18. 衡平法院已经确定了正在讨论中的此一法律原则,完全不考虑被告实际的道德状况,以至于走向了一个相反的极端。据称,"当一个人向另一个人做出一个涉及商业问题的陈述,意在诱使对方遵照该陈述采取行动时,如果陈述(实际上)是不真实的,那么,无论该陈述是在明知其不真实的情况下做出的,还是在相信它是真实的情况下做出的,都无关紧要"。①

04-19. 或许,可以根据一项更严格限定的原则调和实际的判决,但是前述规则仅仅是说,在商业问题上,一个人对做出的每一种(有可能据以采取行动的)陈述都要自担风险。这看起来在政策上很难讲得通。一般而言,不应该忘记责任的道德起点,如果不考虑此一起点,法律就无法判决一个人对基于事实——那些事实会让一个明智而审慎的人相信陈述的真实性——的陈述承担责任。传递信息的

---

① *Leather v. Simpson*, L. R. 11 Eq. 398, 406。另一方面,在韦尔诉贝尔案(*Weir v. Bell*, 3 Ex. D. 238, 243)中,也详细陈述了此一极端的道德观点。

自由所蕴含的公共利益与不可或缺之特性,甚至都对第三人口头诽谤赋予了特权,在我看来,就应该更有理由赋权于在提出诉求一方的请求下做出的陈述。

04-20. 无论怎样,普通法通过将欺诈作为法律出场的理由,保留了对道德的引证。普通法并没有判定一个人总是要对自己的言说自担风险。但是,从道德的理由出发,普通法制定了一个外部标准,据以在共同体的普通审慎成员中判定什么属于欺诈,并且要求每一位成员要自担风险避免欺诈。就像在其他情况下一样,普通法逐渐积累了一些先例,从而判定某些特定陈述在特定境况下要由做出陈述的当事人自担风险。

04-21. 欺诈的构成要素使行为的风险由当事人承担,这些要素包括以下几点:第一,做出声称是认真的事实陈述;第二,明知在可以听闻的范围内有另外一个人在场;第三,已知事实足以使人预期或者暗示对方当事人有可能会根据该陈述采取行动(在某些情况下,法院已经明确判定哪些事实是足够充分的;在其他情况下,无疑,这一问题将交由陪审团根据之前解释的那些原则裁定);第四,该陈述的虚假性。这一点必须是众所周知的,否则,关涉陈述问题的已知证据,根据人类经验的一般规律,必定会变得不值得信任(在这一点上,人们也可以发现法院会在某些案件中制定具体规则)。①

04-22. 接下来,我要讨论的是关于口头诽谤的法律。人们常说,恶意是责任的构成要素之一,此一学说通常是这样的方式加以表述:必须存在恶意,但是依据法律,仅从那些说的话即可推定为恶意;你也可以通过证明那些话是在特别授权交流——例如,律师在必要程序中展开辩论,或者一个人真诚地回答关于先前仆人性格的询问——

---

① 关于实际的明知与故意,参见第二篇演讲,第57页。

的境况下说的,来推翻这种对恶意的推定;然后,据说,在某些案件中,原告可以通过证明被告说那些话时带着真实的恶意来应对这样的辩护。

04-23. 所有这一切听起来好像至少有造成诉求损害的真实故意,即便不是恶意,也是此类不当行为的根源。然而,事实并非如此。因为尽管"恶意"一词的使用,像往常一样,指向一个原初的道德标准,但是,根据证明说了某些话的证据推定存在恶意,此一规则相当于说,无论是否有意给原告造成损害后果,都有可能对说那些话的公开行为提起诉讼。这也符合一般理论,因为诽谤性语言的明显倾向是伤害那些语言触及的人。此外,辩护的真正本质不是说损害不是故意造成的——那根本就不是辩护。但是,无论损害是否有意造成的——也就是说,即便被告预见到损害后果,并且也乐于预见到损害后果——他据以言说的明显事实和境况是,法律认为对原告的损害不如自由言说的益处更重要。

04-24. 将同样的分析适用于该过程的最后阶段,更为困难,但也许并不是不可能的。据说,原告可以通过证明被告具有真实的恶意——也就是,造成原告诉求的损害的故意——来应对被告提出的涉及特别授权的理由。但是,此种恶意如何呈现出来呢?是通过证明被告明知其做出的陈述是虚假的,或者证明被告不真实的陈述严重超出了特定场合的要求而呈现出来的。那么,法律此刻所关注的是一个完全不同于被告的故意的问题,这难道不是很明显吗?被告预见到并且也乐于预见到对原告的损害,此一事实,在该案中与在涉及特别授权交流的案件中一样,都无关紧要。这又完全是一个关于明知或者其他外部标准的问题。那么,究竟是什么使明知变得至关重要呢?那就是,缺少一个允许某人在其他情况下对邻人进行虚假指控的理由。为了公共利益,人们应该自由地提供他们能在特定境况下毫无顾虑地提供的最优信息,但无论何时只要说谎话就不存在公共利益;当明知是一项虚假指控,或者该指控超出了特定场合的要求时,就没有必要再为了自由言说而提起该项指控了,这应该属于普通规则,即如果某些指控一旦被证明是虚假的,那么,无论是否有意造成邪恶的后果,都要由提起指控的当事人自担风险。被告之所以要承担责任,不是因为他的故意是邪恶的,而是因为他无故提起虚假指控。

04-25. 可以看到,这里讨论的行为风险的起源远比欺诈更早,因为口头诽谤在更普遍的情况下可能是伤害性的。必须要有一些伴随的环境状况。必须至少要有一个人在场,作为陈述的对象。还必须要有另外一个能理解陈述的人,身处可以听到陈述的范围内,并且该陈述必须是虚假的。但是,可以争辩的是,对于这些事实中的后者,不需要明知,就像对指控的虚假性当然也不需要明知一样,而且即便被人听到的是一个毫无意义的陈述,一个人也必须承担风险,除非他是在已知涉及特别授权的境况下做出的陈述。如果一个人将对犯罪的指控附于邻人的姓名上,即便当时他认为只有自己一个人,那么,拒绝授予其豁免权,也不会对自由造成很大的限制。但是,法律能否抵达此一境地,似乎还不是很明确。

04-26. 相对来说,接下来的一种责任形式则显得无关紧要。我所指的是恶意指控之诉。如果一个人在没有合理依据的情况下对另一个人恶意提起刑事指控,或者,在某些案件中,根据虚假指控对另一个人恶意提起民事诉讼,那么,后者便可因而获得损害赔偿。当然,缺乏合理依据所意指的仅仅是被告明知的状态,而不是被告的故意。这意味着被告起诉时在其明知的诸般事实中缺少合理依据。但是,对于被告的主观意识而言,予以适用的标准是外部的。问题并不在于被告是否认为那些事实构成合理依据,而在于法院是否认为那些事实构成合理依据。

04-27. 接下来,就是恶意。被告的行为包括根据一项事实上是虚假的、并且尚未占据优势的指控而提起诉讼。这就是整个问题的根源。如果指控是真实的,或者如果原告已被判有罪,即便原告现在能够证明自己是被误判有罪的,那么,无论被告的恶意有多深,无论被告据以指控的依据有多弱,他也是安全的。

04-28. 然而,假设指控是虚假的,并且也没有占据优势。那就很容易确认,恶意原本是指一个邪恶的动机,一个旨在通过虚假指控伤害原告的真实故意。此外,这里的法律救济措施也源于道德基础,个中缘由无疑与产生古老的合谋法的原因相似,即一个人的敌人有时会寻求通过启动刑法来毁灭他。为此种目的而联合起来,是应受惩罚的,故而在片刻犹豫之后,我们便可以得出结论认为,当一个人邪恶地试图做同样的事情时,他就应该基于类似的理由而承担责任。[①] 我必须完全承认,有极具份量的权威资料表明,迄今为止,普通意义上的恶意依然是一个有待证明且需由陪审团认定的明显事实。

04-29. 但是,我们不能毫不犹豫地接受此种观点。一般认为,一方面,尽管有恶意,但当事人依赖的合理依据的存在,也是一种正当理由[②];另一方面,"仅仅表明该案对该特定当事人而言是充分的,是不足够的,但对诱使一个清醒、理智且谨慎的人据以采取行动而言,却必须是充分的,否则,它就肯定不能作为基于一般理由提起的诉讼的正当理由"。[③] 一方面,仅凭恶意不会使一个人对提起毫无根据的指控而承担责任;另一方面,他的正当理由并不取决于他对事实的看法,而是取决于法院对事实的看法。如果他的实际道德状况被忽视至此,那么,就会有些难以相信不当动机的存在应该是至关重要的。然而,这

---

① 比较 Knight v. German, Cro. Eliz. 70; s. c., ib. 134。
② Mitchell v. Jenkins, 5 B. & Ad. 588, 594; Turner v. Ambler, 10 Q. B. 252, 257, 261.
③ Redfield, C. J. in Barron v. Mason, 31 Vt. 189, 197.

就是说,恶意在此种情况下如果确有所指的话,必定意味着什么。① 因为成功起诉的诸般恶果,当然是由导致他人被起诉的人有意为之。我不得不认为,陪审团会被告知,如果在提出指控时明知或者相信指控是虚假的,那就是证明恶意的确凿证据。如果是这样的话,根据无须重复强调的理由,重要的并不是恶意,而是被告明知的事实。

04-30. 然而,因为使启动法律的常规程序成为可起诉的行为,显然是一种基于微妙理由的做法,当然,完全可以说,该诉讼应该仅限于那些出于不正当动机——至少是在被告认为有合理依据的情况下——而提起指控的案件。此种限制几乎仅存在于民事责任法中。但是,此种不当行为的性质是特殊的,并且,与此处提及的责任理论保持相当一致的是,在任何特定情况下,该行为应该仅限于道德意义上的实际不当行为。

04-31. 在被告意识的道德状况看似至关重要的诉讼中,另外一种诉讼理由就是合谋。以此之名命名的古老诉讼很像恶意指控,毫无疑问,最初仅限于几个人出于邪恶动机而合谋起诉另一个人的案件。但是,在指控合谋的现代间接侵害诉讼中,作为一项规则,该指控仅仅意味着两个或者更多的人在采取行动时如此合作,以至于其中任何一个人的行为都代表所有人的行为。一般而言,责任并不取决于合作或者合谋,而是取决于所做行为的性质,假设那些行为都是由一个人实施的,或者暂不考虑那些行为是由一个人还是几个人实施的问题。当然,或许在有些情况下,如果没有几个人的联合,后果是无法实现的,或者通常无法证明存在罪行;例如,学校董事会开除一名教师。合谋除了通过实践的方式之外,不会对案件产生影响,尽管学校董事会有开除教师的权利,但即便能够证明他们出于恶意,也不会使开除具

---

① *Mitchell v. Jenkins*, 5 B. & Ad. 588, 595.

有可诉性。可以说,虽然政策禁止深究他们的判断,但实际的邪恶动机附带缺失正当理由,却足以终止这样的保护,因为政策尽管不要求他们承担正确与否的风险,但确实要求他们诚实裁判是非曲直。①

04-32. 或许,可以从法律的不同组成部分中找到与上一个案例类似的其他个案,在那些个案中,实际的恶意会影响一个人对自己行为的责任。同样,在对他人动产的侵占诉讼中,如果对该动产行使的支配权在性质上是微不足道且含混不清的,那么,据说构成对该动产的抢占必须是"带有对该动产行使所有权的故意,并且有悖于该动产的真正所有者的占有权"。② 但是,看起来,这不过是据以解释盗窃(罪)的学说的一个微弱暗淡的影子,不需要再展开进一步或者特别的探讨。像盗窃(罪)一样,侵占动产通常被视为以剥夺原告财产为依据,尽管在实践中每一个占有人都施有该种行为,通常而言,对占有最简单直接的不当阻却就是侵占。③

04-33. 无论有多少例外情况,侵权法的一般目的均在于,确保一个人在遭受邻人对自己的人身、名誉或者财产造成的特定形式损害时获得赔偿,不是因为那些行为是不正当的,而是因为它们造成了损害。在经过解释的意义上,对于责任参照道德标准的真正解释,不是为了净化人们的心灵,而是为了给人们提供一个在被判决承担责任之前避免造成损害的公平的机会。此种解释的目的就在于,调和导致事故发生的政策及他人的合理自由与保护个人免受伤害之间的关系。

04-34. 但是,法律甚至并不追求保护某个人免受一切损害。如果

---

① 参见 *Burton v. Fulton*, 49 Penn. St. 151。
② Rolfe, B. in *Fouldes v. Willoughby*, 8 Meeson & Welsby, 540.
③ 侵占(conversion),应用于侵权行为法与刑法领域,(1)指非法将他人财产当作自己的财产进行占有或者处分;或者(2)指没有合法依据而侵犯他人的动产权利,导致剥夺了财产权利人对动产之占有和使用的行为。参见薛波主编:《元照英美法词典》,北京大学出版社 2013 年版,第 319 页。——译者注

不受限制地享有一切最大的权力,那就会妨碍邻人对那些权力同等重要的享有。有那么一些事情,法律允许一个人去做,尽管事实上他预见到那些事情会对他人造成损害。如果控告属实,他就可以指控某个人犯罪。他可以开店经商,此时,他就已经预见到,参与竞争的后果将会减少另一个店主的顾客,或者使自己破产。他可以建造一座建筑,遮挡另一座建筑的优美景观,或者他也可以排干地下水,因而泻尽另一个人的水井;还可以举出许多其他的案例。

04-35. 由于在这些事情中,任何一件都有可能是在预见到其恶果的情况下所做的,因而看起来,它们都可能是有意为之,甚至是带着恶意,制造恶果。这一讲与前一讲的整体论证都旨在得出这一结论。如果责任的目的仅仅是为了预防或者保护免受损害,只要始终避免让人承担事故责任的极端做法,那么,当法律允许在明知的情况下施加损害时,只要恶意的存在会对判决产生影响,这都将是一件至关重要的事情。可以确信,只要不影响这里所坚持的整体观点,那就会发生,但这是无法预期的,而且权威的力量是反对的。

04-36. 一方面,法律允许施加一些特定损害,无须考虑施加损害者的道德状况,那么,另一方面,法律又可以依据政策将特定事务的绝对风险强加给从事那些事务的人,无须考虑任何意义上的应受谴责性。这样的事例在上一讲中已经讲过[①],并且以后还会提及。

04-37. 大多数侵权责任介于这两种极端情况之间,基于被告在实施构成责任之近因的作为或者不作为时有合理机会避免施加的损害之上。但是,只要尽快制定出具体规则,来替代那种对普通人行为的模糊参照,这些规则就可以和以公共政策为依据的其他具体规则相提并论,而这些规则所源出的理由就不再显而易见了。因此,就像我们

---

① 前文,第115页及以下。

会直接看到的那样,那些看起来不属于任何意义上的应受谴责性的规则,有时也指间接过错,而源于过失的一般概念的其他规则,也可以同样轻易地指向某种政策的外部理由。

04-38. 除刚才提到的那些极端情况之外,现在很容易看到,一个人自担风险的起点通常是如何确定下来的。在理解了侵权法据以确定风险起点的基本原理后,我们就拥有了一个共同的分类依据,以及一把解锁整个学科的钥匙,只要传统没有使法律偏离连贯自洽的理论。前面的内容已经讲得很清楚了,我认为,在明知环境状况连带着某一行动或者行为时,如果不考虑那些环境状况的话,该理由就是无关紧要的。

04-39. 然而,值得注意的是,在探讨此一标准之前,在从恶意到故意和预见的递继过程中,在先前的环节中已经达成了一个可能的共同理由。预见是介于恶意与过失这两个极端之间诸多不当行为可能的共同点。法律的目的旨在预防或者保护一个人免受邻人造成的损害,只要符合已经提到的其他考量因素,当然,不包括法律允许故意施加的损害。如果一个人预见到他的行为会造成损害,那么,据以免除其事故责任的原则不再适用,他就要承担责任。但是,恰如已经表明的那样,他有义务预见到一个审慎而聪明的人所能预见的一切,故而,他要对这样的人所能预见到的可能会造成损害的行为承担责任。

04-40. 因此,有可能根据推断的或者假定的预见来说明所有的过失案件。甚至有可能进一步强调这样的假定,也可以适用极不准确的格言,即推定每个人都想要自己行为造成的自然后果;事实上,人们将发现偶尔会使用这样的表达方式①,特别是在刑法领域——在该领域

---

① 参见,例如,Cooley, Torts, 164。

里,故意的概念有更坚实的立足之处。① 相较于过失而言,故意的拟制显得更疏远,也更少哲学色彩;但是,归根结底,两者同样都是拟制。过失不是预见,而恰恰是缺乏预见;如果预见是假定的,那么,该假定的依据——因而也是基本构成要素——就是明知那些使预见成为可能的事实。

04-41. 由于将明知作为真正的起点,那么,接下来的问题就是,为了让一个人对其行为的后果承担责任,如何查明在任何特定情况下必须知晓的环境状况。必须这样认为,那些环境状况会让一个审慎的人意识到危险,尽管不一定预见到特定的损害。但这是一个模糊的检验标准。如何判定那些环境状况是什么?回答必须是,根据经验。

04-42. 但是,还有一点,在上一讲和这一讲中都是含混不清的,必须有所论及。应该假定,具有普通智力的人都会意识到那一行为在特定环境状况下是有危险的,如果由他去做的话,该行为就是应受谴责的。然而,事实可能并非如此。假设在十二名武装人员足以使其对生命感到恐惧的威胁下采取行动,一个人进入另一个人的地盘,抢走一匹马。在这样的案件中,他实际上考虑并且选择将对他人的损害当作其行为的后果。然而,这样的行为既不是应受谴责的,也不是应受惩罚的。但该案也可能是可诉的,并且首席大法官罗尔(Rolle)在"吉尔伯特诉斯通案"(*Gilbert v. Stone*)②中裁定它是可诉的。如果这就是法律,那么,它就完全可以决定,若被告有机会避免造成被诉求的损害,那就足够了。或许,可以有充分理由认为,尽管他很明智地尽力赎回自己的生命,但没有理由允许他故意把自己的不幸永久地转移到邻人的肩上。

---

① *Rex v. Dixon*, 3 Maule & Selwyn, 11, 15; *Reg. v. Hicklin*, L. R. 3 Q. B. 360;5 C. & P. 266, n.
② Aleyn, 35;Style, 72; A. D. 1648.

04-43. 仅仅依据使特定行为具有可诉性的环境状况,无法推论认为,因而法律会认定该行为是不当的,或者试图预防该行为。根据我们的工厂法令,一个人必须为引流淹没邻人的土地而予以赔付,就像他必须在侵占之诉中因侵占邻人的货物而予以赔付。然而,为了建造磨坊,法律允许并且鼓励引流淹没土地。

04-44. 在判定法律上的差别时,决不能让道德偏好影响我们的思维。如果我们仅仅接受此一责任标准,那么,我们如何区分侵占之诉与工厂法案呢?又如何区分被禁止的行为与纯粹的征税?我能看到的唯一区别在于与这两类行为相关联的附带后果。一方面,"双方有过错时被告占优"的准则以及对该行为有所预期的合同无效,表明该行为已经超出了法律的保护范围。另一方面,则不尽然。① 涉及此类准则之适用的,几乎都是那些呈现禁止与征税之间区别的案件。此一事实证明了上述观点。

04-45. 但是,如果这是真的,那么,针对某一行为的责任并不一定意味着不当行为。如果上一讲的证明力丝毫没有被削弱的话,那么,此一观点就可以得到承认,而上一讲的论点仅仅是要求人们不应该为他们无法避免的事故承担责任。

04-46. 然而,值得怀疑的是,首席大法官罗尔的判决现今是否会被遵循。爆竹案——"斯科特诉谢泼德案"(*Scott v. Shepherd*)——以及一些教科书的语言,都或多或少与之相反。② 如果后者的观点是法律,那么,一个行为通常不仅必须是危险的,而且就普通人而言,还是应受谴责的,只有如此才能使行为人承担责任。但是,除了"吉尔伯特诉斯通案"(*Gilbert v. Stone*)这样的特别案件以外,这两种检验标准

---

① 1 Kent(12th ed.) ,467,n. 1;6 Am. Law Rev. 723-725;7 id. 652.

② 2 Wm. Bl. 892, A.D. 1773;supra, p.92;Addison on Torts(4th ed.), 264, citing Y. B. 37 Hen. VI. 37, pl.26,几乎很难维系文本的概括性语言。

是一致的,并且在下文中无须考虑两者之间的差异。

04-47. 因此,我再次强调,经验即标准,据此可以判定在某些已知环境状况下特定行为附带的危险程度是否足以使追求实施该行为的一方当事人承担风险。

04-48. 例如,经验表明,许多本应退出子弹的枪支都会走火伤人。具有普通智力与审慎的社会成员都会预见到,将一把未经检查的枪指向人群并扣动扳机,可能是有危险的,尽管据说这把枪应该是退出子弹的。因此,可以非常恰当地判定,实施此种行为的人要自担风险,并且,如果造成了损害,他还要为此承担责任。枪支指向与扣动扳机的必需协同行为,以及那些行为的协同所显示的故意与明知,都要与整体无罪保持一致。如果没有进一步的事实,那些行为就不可能损害任何人。但是,有一个例外情况,即有一个人站在队列中,并且在枪支的射程范围内,这就使得该行为对任何一个知晓该事实的人来说都显然是有危险的。这就不再需要参考审慎的人或者一般经验。事实已经教导世人引以为戒,并且创设了一项具体的、外部的责任规则。如果他明知有人在那里,还击发一把指向那个人的枪,那么,他就要对后果承担责任。

04-49. 那么,一个审慎的人在特定情况下会做什么,此一问题就相当于针对在这些或者那些情况下这样或者那样的行为的危险性的经验之谈;由于这些经验之谈关涉事实问题,所以就很容易理解为什么要就这些问题征询陪审团的意见。然而,这些都是具有专门且特殊功能的事实。它们唯一涉及的问题,是在与案件有关的环境状况下应该做什么或者不做什么,而不是已经做了什么。这些事实的功能旨在表明一项行为规则。

04-50. 有时,法院会因为一些具有更具体属性的事实而制定规则;例如,立法机构通过了一项制定法,并且正在审理的案件恰好包

151 含在该制定法的合理语义范围内；或者，某一具有特别利害关系的阶层或者普通公众的习惯创造了一项法律之外的行为规则，那么，值得欲求的是，法院应该承认并执行该项规则。这些都是事实问题，有时本身也被当成诉辩的对象。但是，由于它们唯一的重要意义在于，如果得到确信的话，此类事实问题会促使法官——根据它们的意示——制定行为规则，或者换句话说，制定法律规则，因而，在多数情况下，一旦它们所意示的规则得以制定，这些事实问题可能就迅速消失了。① 虽然这些事实是不确定的，但由于它们恰恰是依法判决的动机——也可以说，是立法的理由——法官可以通过满足其良知的任何方式确认这些事实。因此，法院通过司法过程承认涉及该项司法权限的制定法，尽管将涉及其他司法权限的法律——带着难以预料的智慧——留给了陪审团。② 法院可以对商人的习惯做出司法认定。③ 以前，至少，他们可以在当事人提出抗辩后就该问题在法庭之外展开调查。④ 他们可以根据一个特别陪审团的声明采取行动，就像在曼斯菲尔德爵士(Lord Mansfield)及其继任者的时代，或者可以根据普通陪审团基于证人证言所做的裁定而采取行动一样，这也是这个国家当前的惯例。但是，从教科书中可以找到许多事例，足以表明，那些事实一旦被查明确认，很快就不再被提及，而代之以法律规则。

---

① 比较 Crouch v. London & N. W. R. Co., 14 C. B. 255, 283；Calye's Case, 8 Co. Rep. 32；Co. Lit. 89 a, n. 7；1 Ch. Pl.(1st ed.), 219, (6th ed.), 216, 217；7 Am. Law Rev. 656 et seq。

② 但可以比较 The Pawashick, 2 Lowell, 142。

③ Gibson v. Stevens, 8 How. 384, 389, 399；Barnett v. Brandāo, 6 Man. & Gr. 630, 665；Hawkins v. Cardy, 1 Ld. Raym. 360.

④ Pickering v. Barkley, Style, 132；Wegerstoffe v. Keene, 1 Strange, 214, 216, 223；Smith v. Kendall, 6 T. R. 123, 124.

曼斯菲尔德爵士

04-51.值得注意的是,那些经验之谈也发生了同样的转变。毫无疑问,在许多案件中,法院会依赖陪审团的帮助;但也有许多案件,其中的经验之谈被制定成明确的规则。我们会发现,有一些附带的环境状况必定会使行为人承担在其他方面无关紧要的行为风险,而这些规则会因此类境况的数量不同而有所变化。随着此类境况变得越来越多,越来越复杂,倾向于斩断与陪审团纠葛的可能性也越来越大。为了说明这一点,遵循一条由简单到复杂的案件线索,将会是有益的。应该特别注意的是,使基于其他政策理由的规则区别于那些在过失领域制定的规则,是很困难的。

04-52. 在所有这样的案件中,都会发现被指控者有自愿行为。在上一讲中,已经讲明了此项条件的理由。就被告而言,尽管意图实现或者预见到由其所造成的恶果是不必要的,但其对造成恶果的行为的选择却是必要的。但是,也可表明,仅有自愿行为是不充分的,即便是一系列协同行动或者行为本身通常也是不充分的。但是,一系列协同行为显示了比任何单一行为必然呈现出来的更进一步的故意,而且有时几乎同样肯定地证明了被告明知有一个或者多个附带环境状况。在有些案件中,仅有具备该故意以及必然隐含的明知的行为,才足以让行为人承担风险。

04-53. 例如,当一个人实施了一系列被称为"行走"的行为时,就所有的责任目的而言,可以假定他明知地球就在脚下。可以确信的是,行为本身是无关紧要的。如果一个人选择在私人跑步机上练习,那么,他就可以完成那些行走的动作,而无须承担法律风险;但如果他在地表完成同样的动作,那就不能怀疑他知道地球在这里。因为具有那样的明知,他就要在某些方面自担风险。如果他越过了邻人土地的边界,他就是侵入者。此一严格规则的理由在上一讲中已有部分探讨。在上一讲的解释中,可能更多涉及的是历史或者过去或现在的政策观念,而不是规则所隐含的意义,无论如何,我确实不在意对该项规则的论证。但是,它是可以理解的。一个行走的人知道他正在地球表面上移动,他知道周围是自己无权进入的私人土地,并且他还知道,除非得到恰当指引,他的移动会将自己带进那些私人土地。因此,他受到警告,而他的行为负担便落在自己身上。

04-54. 但是,行走的行为并没有将所有可能后果的风险赋予行为人。他可能会在街上撞倒某个人,但他无须承担责任,除非他的行为存在过失。尽管法律与传统的不同意见混为一谈,尽管我们可能发现很难达成一种完全令人满意的一般理论,但是,根据与某一特定情况相伴而生的不同风险的性质和程度,依然可以用一种非常合理的方式予以辨别。

04-55. 经由此一简单的行走案件,我们可以转向那些更为复杂的涉及有形财物的案件。我们可以说,一般而言,一个人处置此类有形财物时要自担风险。无论他可能多么诚实地相信那些财物属于自己,或者对公众而言是尚未占用的,或者他得到了所有者的许可,或者法律在该案中限制了所有权,都无关紧要;他冒着事实可能引发的风险,并且如果事实不是他所设想的那样,他就必须为自己的行为承担责任。如此所述,他知道自己或多或少行使着对财产的处置权,或者他损害了财产;如果他的权利受到质疑,他就必须实现自己的权利。

04-56. 无论此项严格的规则是基于责任的共同理由,还是基于某种对过去或者当下政策的特别考量,就像上一讲中所提到的,政策为这样的规则设定了一些限制。

04-57. 另外一类情况是,饲养老虎、熊或者其他通常被视为凶猛物种的动物,如果没有比该行为必然蕴含的更进一步的明知,那么,此一行为的风险就要由该当事人承担。如果这样的动物逃逸并且造成损害,那么,只要能证明主人饲养了该动物,他就应该承担责任。在这种情况下,要特别注意在因果关系线中选择的时刻与诉求的后果之间的相对距离。普通的责任案件是由选择引起的,而该选择是据以提起诉讼的损害的近因。但是,这里通常没有在看守野兽时的过失问题。在大多数(如果不是所有的)情况下,只要有主人选择饲养野兽,就足够了。经验表明,老虎和熊都会警觉地去寻找逃脱的方法,并且,如果逃脱的话,它们肯定会造成严重的损害。巨大危险与微小危险可能造成了同样的后果,而法律则将该冒险行为的责任赋予将风险引入社会之人。

04-58. 选择机会的疏远程度特别表明,之所以由主人承担风险,不是因为不谨慎行为的普通原因,而是基于其他原因。有人认为,责任基于轻微的疏忽。① 但是,法律并不禁止人们饲养动物,或者从任何方面都不认为饲养动物是应受谴责的。法律对那些甚至比野生动物表演更明显有益于社会的商业活动适用了几乎同样严格的规则。

04-59. 在许多案件中,都是从与传统相关联的政策中寻找责任理由,而不是从任何形式的应受谴责性或者存在诸如通常获得允许的避免造成损害的机会中寻找责任理由,从表面看来,上述案例即属此类情况之一。但是,也有人主张用轻微的疏忽来加以解释,此一事实表明,一旦制定了某一项特殊规则,那就很难判定一项特定规则是建立了特殊理由之上,还是在疏忽的限度内制定的。

04-60. 进一步需要注意的是,根本不存在被告是否了解老虎本性的问题,尽管如果没有这样的明知,就不能认为被告是理智地选择让社会公众承受危险。在这里,即便是在明知的限度内,法律也适用平均原则。老虎和熊是危险的,此一事实众所周知,那就可以推定饲养老虎和熊的人了解它们的特性。质言之,因为他实际上知道自己拥有一只带着尖牙利爪的动物,并且必定了解普通社会成员所了解的其他情况,因而他要自担风险。

04-61. 对于凶猛的野兽所造成的一般损害,对于家畜所造成的某一特别类型的损害——即侵入他人土地,均是如此。此一问题在上一讲中已经讲过了,因此,在这里需要做的仅仅是回顾一下,并且提醒人们注意,要根据经验和政策对属于还是不属于可预期的损害加以区分。牲畜在侵入耕地时通常会迷路并且损害耕地。它们只有在特殊情况下才伤害人类。

04-62. 我不需要再讨论这后两种责任形式与损害投偿之间可能

---

① *Card v. Case*, 5 C. B. 622, 634. Cf. Austin(3d ed.), 513.

存在的历史联系,因为无论是否构建起这样的渊源,人们已经承认该项规则的政策是合理的,并且过去数年间在英格兰通过下述学说得到了进一步发展,即一个人如果将只要逃逸就可能造成损害的任何东西放置并饲养在自己的土地上,那么,他就要自担风险。① 此一原则的严格程度在不同的司法辖区有所不同,因为在公共利益与争议行为对个人的危险之间所作的权衡是不同的。如前所述,对他人造成损害的危险,并不是唯一需要考虑的问题。法律允许某些故意造成的损害,更何况是故意甘冒的风险。在一些西部的州,人们不需要将自己的牲畜圈围起来。有些法院拒绝遵循"赖兰兹诉弗莱彻案"(Rylands v. Fletcher)。② 另一方面,该原则被适用于人工水库、污水池、因屋顶形状而造成堆积的冰雪以及界墙。③

04-63. 在这些案件中,与凶猛动物的案件一样,被告不知晓并且也不可能查明危险物逃逸的薄弱环节,这并不构成免责事由。选择的时期可以追溯得更为久远,虽然他不应该负有责任,但是在明知该物对邻人构成持续威胁,并且足以令其承担商业风险的情况下,他就必须自担风险。

04-64. 我接下来要谈的是比迄今为止所考量过的案件更复杂的案例。在这样的案件中,除了当事人的行为必然或者实际上证明他对案情的明知,还必须具备另外一种伴生的环境状况。自然呈现的案件同样涉及动物。根据英格兰法解释的经验表明,狗、公羊和公牛通常都是天性驯服而温顺的,而且,如果它们当中的任何一只动物偶尔表现出咬、顶或者撞人的倾向,那也是一种例外现象。因此,如果一个人饲养了狗、公羊、公牛或者其他类似驯服的动物,除非他明知或者注意

---

① *Rylands v. Fletcher*, L. R. 3 H. L. 330; *supra* . p. 116.
② 参见 *Marshall v. Welwood*, 38 N. J.(9 Vroom) ,39;2 Thompson, Negligence, 1234, n. 3。
③ *Gorham v. Gross*, 125 Mass. 232; *supra*, p. 117.

到其饲养的特定动物有时表现出异常倾向,否则,不会有法律规定他要对那些动物可能造成的人身损害承担责任。然而,在许多司法辖区,普通法已经逐渐接近根据制定法解释的实际经验。

04-65. 现在,让我们再往前走一步。一个人饲养了一匹未经驯服且难以驾驭的马,并且明知是这样的情况。这还不足以让他为马的行为承担责任。众所周知的野性倾向在一般情况下并不危险,只是在特殊情况下才构成危险。除了饲养马匹,即便再加上对马匹的驯服意图,也依然无法揭示对公众构成的危险。但是,如果主人试图驯服马匹的地点在一条人群拥挤的街道上,那么,他就知道还有一种附带情况——根据普通的经验,这种情况会使该行为具有危险性——因而必须承担可能造成损害的风险。① 另一方面,如果一个善于骑马的人买了一匹没有出现过恶习的马,并且骑着马回家,那么,也不会有特别明显的危险使承担责任,即便这匹马变得难以驾驭并且造成了损害。② 经验权衡了诸多可能性,并在这两种情况之间划定了界线。

04-66. 无论对适用于饲养老虎的规则或者赖兰兹诉弗莱彻案的原则的真实解释可能是什么,在最后的案例中,我们已经进入过失的范畴,而且,如果我们举一个介于前述两种情况之间的例子,然后在一定程度上附加情况的复杂性,那么,我们就会发现,对于被告是否会像一个审慎人那样在该情况下行事这一宽泛的问题,会将行为与标准不加太多区别地交由陪审团裁定。

04-67. 关于被称为恶意的或者故意的不当行为,没必要再一次提到不同的层级,也没必要在此一序列中为那些不当行为找到一个位置。正如我们已经看到的那样,那些不当行为会因必定众所周知的情况数量的不同而有所变化。诽谤之所以是一种通常由言说者承担责

---

① *Mitchil v. Alestree*, 1 Vent. 295; s. c., 3 Keb. 650; 2 Lev. 172; *supra*, p.94.
② *Hammack v. White*, 11 C. B. N. S. 588.

任的行为,是因为由于该行为所涉及的那种指控显然是有害的,故而那些实际出现的问题大多涉及为真理或者特权的辩护。欺诈所需要得更多,但仅仅是简单的事实。除非陈述是在自然导致行动的情况下基于不充分的理由做出的,否则,就不会有造成争议损害的危险。

04-68. 然而,用含有故意的语言描述某些特定不当行为,这并非毫无意义。此类案件中的损害往往是故意为之,并且,如果可以表明导致某一特定损害的故意,就不需要再证明明知有可能会造成损害的事实。此外,直接证明故意,往往比证明使故意成为不必要的明知要容易得多。

04-69. 那些将某个人视为造成某一特定损害的责任原因的案件,一方面,超出了下述案件的范围,即某个人的行为是在实际考虑到损害结果的情况下选择的,因而,可以说是该人选择造成损害;另一方面,这样的案件又没有延伸到下述所有情况,即如果不是因为该人某种疏远的选择,就不会发生损害。一般而言,我们发现选择会超出一个简单行动,进而将诸种行动整合为行为。颇为常见的是,选择会进一步延伸,甚至达到某一外部后果。但是,在通常情况下,我们发现选择会止于达到可诉求的后果之前。

04-70. 每一个案件中的问题都是,实际的选择——或者,质言之,实际上想到可能发生的结果——是否足够接近那个被诉求的较远的后果,以至于可以追究行为人的责任。

04-71.迄今为止举出的许多案例所涉及的,都是被告有意制造导致损失的近因。但是,我们会看到,不同节点上的选择也可以导致同样的后果。例如,某个人因导致邻人房屋焚毁而被起诉。最简单的情况是,他实际上就是想要焚毁邻人房屋。如果是这样的话,介入其间的物理原因链的长短无关紧要,对案件也没有什么影响。

04-72. 但是,选择有可能会停在更远的一步上。被告可能想要焚烧邻人房屋。那么,介入其间与伴生的物理原因的性质就变得至关重要了。问题就变成在其明知的环境状况下被告行为的预期(因而也是选择的)后果所带来的危险程度。如果此一问题非常清晰而显著,例如,如果被告的行为是在邻近房屋的干草垛旁边点燃麦茬,如果显而易见的环境状况是,房屋是木制的,草垛非常干燥,并且风向也很危险,那么,法院可能会判定他负有责任。如果被告是在毗邻房屋的火场正常点火,也不了解火场有不安全的建构,那么,法院可能会判定他没有责任。介于两者之间,复杂且存疑的案件会交由陪审团裁定。

04-73. 但是,被告甚至可能根本没有放火的故意,他的行为与故意或许仅仅是放一枪,或者,更远一点,仅仅是走过一个房间,行动时无意中打翻了一瓶酸。因此,由于在诸多事件的序列中选择的疏远性,以及由于伴随着行动或者行为的情况的复杂性,案件可能交由陪审团裁定。此一区别或许是戏剧性的,而不是实质性的。

04-74. 但是,对每一种不当行为的哲学分析,先要确定被告实际上选择了什么——也就是说,被告故意的行动或者行为是什么——以及他实际上预想到的因那些行为而导致的后果是什么,然后再确定在明知的情况下的行为或者在想到的情况下的预期后果带来什么样的危险。

04-75. 举一个像沃尔特·蒂勒尔爵士(Sir Walter Tyrrel)一箭伤人的例子。如果一个专业射手考虑到箭会射中某个人,那就没什么问题了。如果他考虑到箭会射向另一个人,但只考虑到这一点,为了判断他的责任,我们必须查明射手预见的终点,并且假设预见到的事件发生,然后考虑当时明显的危险是什么。但是,如果没有预见到这样的事件,那就必须根据射手在射箭时明知的情况来判定其责任。

04-76. 或许,可以非常简单地概括侵权理论。在侵权法的两个极端处,是根据政策决定的规则,对道德没有做任何形式的考量。一个人甚至可能会邪恶地造成某些特定损害;尽管他的行为是审慎的,对社会是有益的,但他必须对其他一些损害承担责任。

04-77. 但是,侵权法主要是从故意的不当行为开始的,那些行为涉及最简单的和最显著的案件,也是最接近导致自我救济的复仇情感的案件。因此,侵权法自然而然地采用了道德的语辞,并且在一定程度上采用了道德的检验标准。但是,随着法律的成长,即使法律的标准继续以道德的标准为范型,它们也必然会变成外部性的,因为法律的标准考虑的不是特定被告的实际状况,而是被告的行为在遵守规则的普通社会成员中是否构成不当行为,人们期望被告[与社会成员一样]平等地承担风险。

04-78. 一般而言,我们会通过考量行动或者行为在明知的状况下引发危险的程度来判定此一问题。如果存在对他人造成损害的危险,那么,在法律的意义上,该行动通常就是不当行为。

04-79. 但是,在有些案件中,被告的行为可能不构成道德上的不当行为,而他可能选择了造成损害,例如,他在担心生命的情况下采取行动。在这样的案件中,被告是否要承担责任,取决于法律是在前文解释的限度内将道德的应受谴责性当作承担责任的理由,还是在被告行动前提出合理的危险警告的情况下认定道德的应受谴责性足以令其承担责任。然而,此一区别通常并不重要,我们可以接受在明知会造成损害的情况下该行动的已知倾向作为行为的一般检验标准。

04-80. 我们必须根据经验判定某一特定行为在特定情况下造成损害的倾向。无论是亲身的体会,还是经由陪审团的意见,经验总在持续不断地制定出具体的规则,这些规则在形式上甚至比审慎人的检验标准——是法律与道德之间做出区分的第一阶段——更具有外部性,也更加远离对被告的道德状况的参考。经验在被描述为故意的不当行为领域制定规则,就像在那些被称为无意的或者过失的不当行为领域系统地制定规则。

04-81. 但是,尽管法律因而不断地增加具体规则,但并没有采用此一粗俗无礼的原则——即一个人总是要自担风险。相反,法律的具体规则以及交由陪审团裁定的一般问题表明,在被告为其行为的后果承担责任之前,被告必须至少要有一个避免造成损害的公平机会。当然,可以争辩的是,即便是避免造成损害的公平机会尚不足以使一个人为自己的行为承担责任,除非根据一般标准判断,他也要为自己的所作所为负责。

第05讲

普通法上的受托人

寄托法是占有理论的检验标准

一、早期日耳曼法

二、诺曼征服后的英格兰法

    (一)转移动产的救济方式是确认占有

    (二)受让人的转让对所有者有约束力

    (三)受让人提起诉讼权利的反向解释

    (四)真实的解释:普通法将受让人视为占有人

    (五)若货物失窃,受让人应对寄托人承担责任

三、公共承运人(古代法之遗存)

    (一)伊丽莎白时期,承运人类似于其他受让人

    (二)从请求返还动产之诉到侵害之诉的变迁

    (三)王国的习俗

    (四)审查判例:从"索思科特案"(1601)到"科格斯诉巴纳德案"(1703)

    (五)受让人责任方式的损益

    (六)公敌与上帝的行为

    (七)霍尔特勋爵关于公共性职业的观点

    (八)后来的变化

    (九)结论

05-01. 迄今为止,我们的讨论仅限于一般责任原则,以及确定一个人自担风险之起点的方式。但是,对某一个人而言,是否自担风险无关紧要,除非行动带来了损害,而在可能造成任何损害之前,必定总要有人处在该行动后果的影响范围之内。此外,更重要的是,有些特定形式的损害是不可能遭受的,并且,除了与行为人或者其他某人或某物具有特定关系的人之外,任何人都不可能提出诉求。因此,从池塘里捕鱼,既不构成损害,也不构成不当行为,除非该池塘由某人占有或者所有,因而仅仅适用于池塘的占有者或者所有者。禁止在某一特定的时间和地点交付一捆羊毛,既不构成损害,也不构成不当行为,除非已经对交付羊毛做出有约束力的承诺,因而该行为仅仅对要约人构成不当行为。

05-02. 接下来要做的是分析那些导致产生特殊权利与义务的特殊关系。其中首要的关系——而我所说的"关系"一词仅仅是指事实关系——是占有与合同,我将会依次讨论这些主题。

05-03. 关于在任何法律体系中均占据主导地位的占有理论的检验标准,都应该从与那些在其权限内占有、但并不拥有某物的人,或者对该物自称拥有所有者身份的人——简言之,受托人——的交易模式中寻找。因此,作为理解普通法占有理论的第一步,有必要先研究普通法中与受托人有关的内容。

05-04. 近来,在英格兰与苏格兰之间的边境上随处可见的,以及由一首古老的边疆民谣重新复兴的事态,非常像十八世纪的法律将框架遗留在日耳曼和英格兰的民间法中。牛是从所周知的重要财产,而偷牛则是不当占有财产的首要形式。就法律而言,几乎一无所定,并且几乎完全依赖当事人自己执行。公元五世纪的《萨利克法》和阿尔弗雷德的盎格鲁—撒克逊法,在各自的发展趋势上都可以非常充分地沿袭这样的轨迹。追捕者如果在三日内追上了牛群,就有权占有并饲养这些牛,而仅需发誓说他是在违背自身意愿的情况下丢失了那些牛即可。如果超过三日还没找到牛群,被告就可以发誓说——如果他愿意的话——有事实可以证明原告的损失是虚假的。

05-05. 此一程序实际上是一种法律程序;但该程序的开启与执行均取决于提出诉求的当事人。从程序的"执行"性来看,除了在现场饲养牛群的人之外,任何其他人几乎都不可能启动该程序。誓词的大意是,当事人失去占有是违背自身意愿的。但是,如果一个人不得不发的誓是他失去占有是违背自身意愿的,那么,自然的推论就是,宣誓以及利用程序的权利所依赖的是占有,而不是所有。占有不仅仅是充分的,而且也是不可或缺的。只有实际上的占有者才能说,他在违反自身意愿的情况下丢失了财产,正如只有身在现场的他才能追上牛群。①

05-06. 就目前所知,这是我们这个民族的早期法律所提供的一种手段,旨在追加违背个人意愿而丢失的财产。因此,简言之,该程序以与引起此一状况之案件具有天然关联的自力救济为模型,是唯一的救济方式,仅限于财物的实际占有者,而不适用于所有者,除非他就是实际占有者。

05-07. 有一项自我维系至后世的规则和一种更文明的程序——即如果动产的所有者将动产委托给另一个人,那么,可以起诉第三人不当侵占该动产的适格当事人是受托人,而非寄托人——可以一直追

---

① Laband, Vermögensrechtlichen Klagen, § 16, pp.108 *et seq* .;Heusler, Gewere, 487, 492。这些作者纠正了为索姆所采纳的布伦斯的早期观点(Bruns, R. d. Besitzes, § 37, pp.313 *et seq*., adopted by Sohm in his Proc. d. Lex Salica, § 9)。比较第六讲结尾处关于英格兰法里侵害令状中" *sua* "的讨论。想要得到简明英文介绍的人可以查阅 North Amer. Rev., CX. 210, and see Id., CXVIII. 416;Essays in Anglo-Saxon Law, pp. 212 *et seq* 。我们对于原初诉讼形式的认知比较贫乏,只得依赖于推理。有一些最早期的文本,包括 Ed. Liutpr. 131;Lex Baiw., XV. 4;L. Frision. Add. X.;L. Visig., V. 5. 1;L. Burg., XLIX. 1, 2。利乌特普兰德王的敕令(The edict of Liutprand)对于入室盗窃住户财物的问题,规定房屋所有者只得依赖受托人,而受托人应该以入室盗窃及失窃财物为由抓捕窃贼。因为,如其所言,我们不能依据一个原因提出两项诉求;在某种程度上,就像我们的法律无法将从房屋中切割某物与改建房屋区分为两种不同的不当行为。进一步比较 Jones, Bailm. 112;Exodus xxii. 10-12;LL. Alfred, 28;1 Thorpe, Anc. L., p.51;Gaii Inst., III. § 202-207。

167 溯至此一原始的社会状况。由此可以推断,如果受托人或者如此接受委托的人将由自己负责照管的货物卖给或者交给另一个人,那么,该货物的所有者只得找受托人,而无法起诉那个陌生人;这并非出于旨在保护那些从实际占有货物的当事人那里善意购买货物的人的任何有利交易原则,而是因为根本没有可以适用于货物所有者的已知诉讼形式。但是,由于救济手段全都掌握在受托人手中,因而他就有义务使自己的寄托人免受损害。如果货物丢失,那就不能以受托人对货物被盗没有无错作为免责事由。只有受托人能追回丢失的财物,因而他就有义务这样做。

05-08. 随着时间的流逝,此一理由也不复存在。失去占有的所有者可以起诉不当取得其财产的人,也可以起诉实际占有其财产的人。但是,受托人的严格责任依然存在,就像这样的规则,在引起此一责任的原因消失很久以后,依然保留于法律之中,最终我们发现因果关系倒置了。我们可以从博马努瓦的著作(Beaumanoir, A.D. 1283)①中读到,如果租用之物被盗,诉讼就归属于受托人,因为他要对出租给他东西的人负责。② 起初,受托人之所以要对所有者负责,是因为他是唯一可以起诉的人。现在据说,受托人会因应对所有者负责而提起诉讼。

05-09. 上述所有的特别之处都再一次呈现在盎格鲁—诺曼法中,从那天起至今,所有类型的受托人在法律意义上都被视为享有对财物之占有,我接下来就要阐明此一问题。

05-10. 值得欲求的是,如果能证明我们关于受托人的法律的本土起源,就可以在思考理论问题时不会过高地评价现代德国人的观点。

---

① 菲力普·博马努瓦(Philippe de Beaumanoir, 1247-1296),中世纪法国法学家、地方司法官,著有《博韦习惯法》(Coutumes de Beauvaisis, 1283)等。——译者注
② XXXI. 16.

关于此一主题的唯一现存理论来自德国。撰写法律的德国哲学家们,除了罗马法之外,对任何其他法律制度一无所知,而从事哲学研究的德国法律人又都是罗马法教授。有一些经过我们深思熟虑的规则,与那些德国罗马法学家们心目中的基本原则相悖。为了检验那些原则的价值,或者至少是为了阻止预设那些原则是普遍的草率假定,对于在英格兰作者之间存在的一种轻微趋势而言,我们已经充分意识到,我们正在探究的是一个全新的体系,而哲学还没有考虑到这一点。

05-11. 首先,我们会发现一种旨在追回失窃财产的诉讼,类似于萨利人的诉讼程序,据以为该诉讼之基础的,是占有,而不是所有权。布雷克顿认为,一个人可以根据好人的证词因其失窃的动产而提起诉讼,并且,无论被占的财物是他自己的还是别人的,只要在他的保管之下,便无关紧要。①

05-12. 人们会记得,有一个特别重要的节点,就是宣誓。从布雷克顿的文字中,可以看到,诚实人的宣誓似乎是说物已遗失,而在1294年的判例汇编中已明确告知我们这样的事实。"请注意,如果一个人的动产遗失了(家中之物尽在其中),他就可以控告他[拾得者]以侵权方式扣留了该动产,等等,并且构成侵权的原因是,他在当天遗失了上述动产等,而他[遗失者]当天来过,白天的时候,发现该动产就在那个人家中,并且告诉他,向他诉求归还该动产,但是他不愿意归还该动产,以致给他造成损害;以及如果他,等等。在该案中,原告必须(押上法律的赌注)证明他遗失了该动产。"②

---

① "Poterit enim rem suam petere [civiliter] ut adiratam per testimonium proborum hominum, et sic consequi rem suam quamvis furatam. ……Et non refert utrum res quæ ita subtracta fuit extierit illius appellantis propria vel alterius, dum tamen de custodia sua." Bract., fol. 150 b, 151; Britton(Nich. ed.), I. 59, 60 [23 b], *De Larcyns*;比较 ib. 67 [26 b]; Felta, fol. 54, L. I. c. 38, §1。

② Y. B. 21 & 22 Ed. I. 466-468, noticed in North Amer. Rev., CXVIII. 421, n。(So Britton [26 b], "只要他能证明损失。")这不属于动产侵占之诉。新发现的请求返还动产之诉被称作"一种新发现的茧蜂",载于 Y. B. 33 Hen. VI. 26, 27;比较 7 Hen. VI. 22, pl.3; *Isack v. Clarke,* 1 Rolle, R. 126, 128。

05-13. 假设作为第一步,我们找到了一种与早期日耳曼民间法同源的程序,那么,更重要的问题是,我们能否找到任何与刚才解释过的那些原则相似的原则。我们会记得,其中一项原则涉及受托人的不当转让。我们发现《年鉴》中规定,如果我将货物交给受托人为我保管,而他将货物卖给或者送给一个陌生人,那么,该财物因赠与而归属于该陌生人,而我就不能提起对他不利的侵害之诉;但是,我可以根据请求返还动产令状(因其尚未归还货物)针对该受托人采取一项有效的救济措施。① 我们应该将这些案件理解为——并且总的来看似乎是正确地理解为——不仅仅否认对寄托人的侵害,而且还否认任何情况下的任何形式的诉讼。然而,现代作者又给它们增加了一个极具现代特征的限定条件,即购买必须是善意的,并且没有任何告知。② 或许,可以回复说,此一命题既适用于受托人的赠与,也适用于受托人的售卖,在旧书本中根本没有这样的问题,将该命题注入其中有悖于严格的普通法学说的精神。不需要再告诉任何法律人——即便有如此限定——这不再是法律。③ 当我们看到生效的同一规则时,必定会将《年鉴》的此一学说看成是原始时代的残留,除非我们愿意相信,在15世纪,他们对善意购买者的权利比现在有一种更恰切的感受。

05-14. 按照逻辑次序,接下来的要点就是,判定受托人对[将某物]交托给他的寄托人所承担的责任程度。但是,为了方便起见,我先要考虑如何解释受托人针对第三人从其占有下不当取得货物的诉权。我们想到的,是博马努瓦的反向解释——即受托人可以起诉,是因为他要承担责任,而不是原初的规则——即他要如此严格地承担责任,是因为只有他才可以起诉。我们发现《年鉴》中经常重复此一同样

---

① Y. B. 2 Ed. IV. 4, 5, pl.9;21 Hen. VII. 39, pl.49;Bro. *Trespass*, pl.216, 295.
② 2 Wms. Saund. 47, n. 1. See above, p.167.
③ Notes to Saunders, *Wilbraham v. Snow*, note(*h*).

的推理,实际上,从那一日至今,此一推理总是普通法的老生常谈之一。因而,彼时任职民事诉讼法庭的汉克福德(Hankford)法官(大约在公元1410年)认为①,"如果一个陌生人带走了在我监管之下的牲畜,那么,我就可以得到针对他的侵害令状,并且追回那些牲畜所值的价金,因为我要就那些牲畜对享有该财物所有权的寄托人承担责任"。有一些案例用此一推理得出了下述结论,即如果根据信托条款,受托人对货物失窃不承担责任,那么他就不得对窃贼提起诉讼。② 同样的解释至今仍在重复。因而,我们可以从一本众所周知的教科书中读到:"由于受托人应对寄托人负责,如果货物因过失而致遗失或者受损,或者如果他没有根据合法要求交出货物,那么,他因而享有诉权就是合理的",等等。③ 一般而言,现在,如果在违背其意愿的情况下财物被拿走,那么,该财物的借用者或者租借者无须承担责任,而如果所提供的理由是真实的,那么,就会得出下述结论,即由于他无须承担责任,故而他不得起诉不当行为人。只要不当行为人实施了足够严重的不当行为,就可以使受托人免责,从而剥夺他的诉权。事实上,任何实际占有财物的人,无论是否接受委托或者负担责任,无论是财物的发现者还是受托人,都可以因妨碍其占有而起诉除财物的真正所有者之外的任何人,我会在下一讲的结尾更特别地阐明此一问题。

---

① Y. B. 11 Hen. IV. 23, 24. See, further, Y. B. 8 Ed. IV. 6, pl.5;9 Ed. IV. 34, pl.9;3 Hen. VII. 4, pl. 16;20 Hen. VII. 1 pl.1;21 Hen. VII. 14 b, pl.23;13 Co. Rep. 69;1 Roll. Abr. 4(I), pl.1;F. N. B. 86, n. a ; *supra*, p.167.

② Fitz. Abr. *Barre*, pl.130;Y. B. 9 Ed. IV. 34, pl.9;12 Am. Law Rev. 694.

③ 2 Steph. Comm.(6th ed.), 83, cited Dicey, Parties, 353;2 Bl. Comm. 453;2 Kent, 585。由于受托人追回了货物所值的全部价金,作为一项古老的理由,受托人应承担责任,在一些案件中变成一项新的规则,(似乎是基于一种误解,)即受托人是就超出其自身损害的部分对寄托人承担责任的受托人。比较 *Lyle v. Barker*, 5 Binn. 457, 460;7 Cowen, 681, n.; *White v. Webb*, 15 Conn. 302, 305;依引用次序。(据此,新的规则已经延伸适用于受托人获得的保险。1 Hall, N. Y. 84, 91;3 Kent's Comm. [12th ed.], 371, 376, n. 1[a]。)在此种形式下,这就不再构成允许提起诉讼的理由。

05-15. 在很早的时候,寄托人也获得了针对不当行为人的诉权。根据爱德华三世《年鉴》第 48 卷记载①,在一起由代人饲养牲畜者提起的侵害诉讼中,律师建议,"在该案中,拥有财物之人可以得到一份侵害令状,而保管财物之人则可以得到另外一份侵害令状。就其自身而言:先生,这是真实的。但是,谁先追回财物,谁就剥夺了另一方的诉权,在很多案件中都是这样的,就像依据占地执行令剥夺租地者权利一样,每个人都可以提起侵占土地之诉,并且,只要有一个人率先追回土地,那么,另一个人的令状就会被撤销,这里也是如此"。

05-16. 从其他书籍也可以看到,通常而言,这段话是在谈论财物寄托,而不仅限于那些依寄托人之意愿即可终止的案件。因此,在爱德华四世时期《年鉴》第 22 卷中,有律师主张,"如果我将我的货物交托给你,而另一个人在你的占在下拿走了那些货物,我就充分理由提起强力侵占他人土地之诉"。而这似乎应该是罗尔大法官在现代法院通常所依赖的此一段落中的理解。②

05-17. 值得期待的是,一旦法律形成了在无须来自占有者及其朋友的全新诉求与强力控制的帮助下即可运转的机制,就应该赋予寄托人提起某种诉讼的权利。允许寄托人提起诉讼与赋予其提起侵害之诉的权利,在人们听到令状诉讼之前,几乎是一回事。我们会发现,许多早期的令状显示,侵害之诉并不总是具有像其后来发展的那样清晰的轮廓。正如布鲁克(Brooke)在他的《法律汇编》页白处所概括的那样,看起来《年鉴》中所坚持的要点在于两个人应该就一个行为提起诉讼——并不在于两个人都可以提起的是侵害之诉,而不是间接侵害之

---

① Y. B. 48 Ed. III. 20, pl.8;Bro. *Trespass*, pl.67. Cf. 1 Britton(Nich. ed.), 67 [26 *b*];Y. B. 6 Hen. VII. 12, pl.9;12 Ed. IV. 13, pl.9;12 Am. Law Rev. 694.

② 2 Rolle, Abr. 569, *Trespass*, 5。比较 Y. B. 20 Hen. Vii. 5, pl.15;21 Hen. VII. 39, pl.49;Clayton, 135, pl.243;2 Wms. Saund. 47 e(3d ed.)。

诉。① 应该补充的是,所引用的《年鉴》并没有超出从受托人监管下不当取得财物的案例,即涉及民间法的旧案。② 即使有如此限制,在受托人因租赁或者留置而对货物享有独占权利的情况下,现在也否认了提起侵害之诉的权利③;尽管在涉及可按寄托人意愿终止的财物寄托时,会重复论及此一学说。④ 但是,与早期诉讼形式相比,修定后的规则并不涉及当前的讨论,因为该项规则毫无例外地使全部受托人享有有占有权的救济。这一点可以从以下几方面呈现出来:该项修改后的规则与古代法的关系;这样的事实,即帕克男爵(Baron Parke)在刚才引用的"曼德斯诉威廉斯案"(*Manders v. Williams*)中暗示,如果不是因为"戈登诉哈珀案"(*Gordon v. Harper*)的话,他原本准备全面适用旧规则;以及更明显的事实,即受托人享有提起侵害之诉和动产侵占之诉的权利可以与寄托人的权利同时提出诉求,并且根据引用的明示判决加以证明。

05-18. 诚然,在"洛坦诉克罗斯案"(*Lotan v. Cross*)⑤中,埃伦伯勒勋爵(Lord Ellenborough)在先前审理中判决,出借人可以对交托给租借人的动产所遭受的损害提起侵害之诉,并且该案经常不加任何注释地被当作权威加以引用。事实上,在那些声誉卓著的教科书中,一般有时也会记录,无偿财物寄托不改变占有,而是将财物留在寄托人那里⑥;无偿受托人相当于寄托人的雇工,一个人的占有即是另一个人的占有;正是基于这样的原因,尽管受托人可以因其占有而提起诉

---

① Bro. *Trespass*, pl.67 in marg.; 比较 Ed. Liutpr. 131, cited *supra*, p.166, n。
② 在某一事例中,与布赖恩(Brian)的意见相反,允许寄托人就陌生人损害动产而提起诉讼,该诉讼看起来应该属于侵害之诉。Y. B. 12 Ed. IV. 13, pl.9;比较该法律汇编的页白处的概括。
③ *Gordon v. Harper*, 7 T. R. 9; *Lord v. Price*, 9 Ex. 54; *Muggridge v. Eveleth*, 9 Met. 233. Cf. Clayton, 135, pl.243.
④ *Nicolls v. Bastard*, 2 C. M. & R. 659, 660; *Manders v. Williams*, 4 Exch. 339, 343, 344; *Morgan v. Ide*, 8 Cush. 420; *Strong v. Adams*, 30 Vt. 221, 223; *Little v. Fossett*, 34 Me. 545.
⑤ 2 Camp. 464; cf. *Mears v. London & South-Western Railway Co*., 11 C. B. N. S. 849, 854.
⑥ Addison, Torts(4th ed.), 364.

讼,但寄托人也可以提起同样的诉讼。① 此种混乱的一部分内容已经解释过了,我会在讲述仆人时解释其余的部分,在仆人与受托人之间存在一个宽泛且众所周知的区别。但是,无论洛坦诉克罗斯案可能依据的——如果有的话——理由是什么,我们片刻都无法接受,借用者在一般情况下不得提起侵害之诉与动产侵占之诉。为了寄托人的专有利益而进行的无偿寄托,是一个支持拒绝向受托人提供这些救济的更有影响力的案例;然而,我们遇到了一个合议庭——埃伦伯勒勋爵也参与其中——的判决,即受托人可以提起诉讼,所依据的推理意味着,借用者更有理由提出侵害之诉。一直以来,这就是普通法的规定。② 我们可以看到,有一个类似学说源于早期日耳曼程序法的本质属性;注释中引用的那些案例表明,在这个方面和其他方面一样,英格兰人遵循了自己民族的传统。

05-19. 所有的受托人都可以享受因占有而得的救济,该项规则的意思是,在普通法理论中,每一个受托人对寄托财物都是真正的占有,就像拾得者一样,甚至一个不当占有者也可以从该所有权的陌生人那里获得完全损害赔偿或者追回特定物。另一方面,就允许寄托人提起因占有之诉讼而言,所依据的理由并不是寄托人同样占有寄托财物,有可能是根据之前解释过的一个法律制度的残留,而此一以现代规则形式呈现出来的制度残留却是一个例外。③ 通常给定的理由是,直接占有的权利便足够充分了——这个理由排除了寄托人实际占有的观念。

---

① Wms. Pers. Prop., 26(5th ed.), 27(7th ed.).
② *Rooth v. Wilson*, 1 B. & Ald. 59; Y. B. 48 Ed. III. 20, pl.8; 11 Hen. IV. 17, pl.39; 11 Hen. IV. 23, 24, pl.46(Tre."ou d'apprompter"); 21 Hen. VII. 14 *b*, pl.23; Godbolt, 173, pl.239; *Sutton v. Buck*, 2 Taunt. 302, 309; *Burton v. Hughes*, 2 Bing. 173; *Nicolls v. Bastard*, 2 C. M. & R. 659, 660; *Manders v. Williams*, 4 Exch. 339, 343, 344; 2 Wms. Saund., note to *Wilbraham v. Snow*; 2 Kent, 585, 568, 574; *Moran v. Portland S. P. Co.*, 35 Me. 55. 进一步参见 Lecture VI. *ad fin*。
③ 比较 *Lord v. Price*, L. R. 9 Ex. 54, 56, *supra*, p.172。

05-20. 对于理解普通法的占有理论至关重要的一个观点,现在已经确立起来:自古以来,英格兰法始终将所有受托人都视为占有人,并且授予其依占有而获得救济的权利。从严格意义上讲,实在没有必要再继续下去,完成我们关于财物寄托的法律源于纯粹日耳曼血统的证明。但是,除了好奇心,由于此一有待商榷的学说对当今的法律产生了如此重要的影响,我会谨慎地依循而行。该学说的内容是,如果有人从受托人那里不当取走货物,那么,受托人就要对寄托人负担绝对责任。①

05-21. 由于受到罗马法的影响,早期的文本撰写者并不像人们所希望的那样具有启发教育意义。然而,格兰维尔却认为,如果租借物在租借者保管期间被损毁或者遗失,那么租借者就负有偿还合理价金的绝对义务。② 布雷克顿亦如是说,他部分地重复但也修改了优士丁尼法典中关于租借、寄托和担保的术语③,以及关于租借者负有履行勤勉家父之照看职责的术语。④

05-22. 法院的语言和判决是非常清晰的;从那里,我们可以发现维系了诸多世纪的日耳曼传统。我从爱德华二世的时代开始,大约是1315年。在请求返还动产之诉中,根据被告的答辩,原告将一个用他的钥匙锁住的箱子交给被告,箱子中存放了一些财物,那些财物与被告自己的物品一起被人从被告那里抢走。根据原告的答复,那些物品已经交给被告,不再由原告掌控,而菲茨赫伯特(Fitzherbert)认为,当

---

① *Supra*, p.167.
② Lib. X. c. 13; cf. Ib., c.8.
③ "Is qui rem commodatam accepit, ad ipsam restituendam tenetur, vel ejus precium, si forte incendio, ruina, naufragio, aut latronum, vel hostium incursu, consumpta fuerit vel deperdita, substracta, vel ablata." Fol. 99 *a*, *b*。这一直被认为是一份有错误的文本(Güterbock, Bracton, by Coxe, p.175; 2 Twiss, Bract. Int. xxviii.),但却与格兰维尔(Glanvill, *supra*)、弗莱塔(Fleta, L. II. c.56, §5)的观点保持一致。
④ Bract. Fol. 62 *b*, c. 28, §2; Fleta, L. II. c.59, §4, fol. 128. Cf. Just. Inst. 3. 24, §5; ib. 15, §2.

事人不得不面对这样的问题①,即那些物品如果不在箱子里,而是在被告的保管下,那么被告就要承担责任。② 霍尔特勋爵在"科格斯诉巴纳德案"(*Coggs v. Barnard*)③中否认箱子会导致任何区别;但古老的判例集却规定,如果物品被锁住,那就不存在交付;这就是现代刑法对散货承运人区别对待的起源。④ 在爱德华三世统治时期⑤,出现了质押案件,看起来始终将质押视为一种意在由本人持有物品的特殊财物寄托。根据被告的辩护,那些物品是与被告自己的财物一起失窃的。在失窃之前,原告须得履行交付,以此终止质押,从而使被告变成一般受托人。⑥ 由此隐含的据以证实其他案件的问题是,如果发生前述情况,即由被告承担责任。

05-23. 接下来,我要举一个公元 1455 年亨利六世时期的案例。⑦ 这是一起因囚犯逃逸而对王室法庭监狱典狱长或者王座法庭监狱看守提起的债务之诉。⑧ 负责看管囚犯的监狱看守与负责照看牲畜的受托人,均受到同样法律的管制。囚犯的身体交给监狱看守,与对牛群

---

① Y. B. 8 Ed. II. 275;Fitz. *Detinue*, pl.59.

② 在普通法诉讼中,被告的答辩(plea)是指被告对原告的起诉所作的答辩;原告的答复(replication)是指原告对被告的答辩所作的答复。参见薛波主编:《元照英美法词典》,北京大学出版社 2013 年版,第 1057 页及第 1182 页。从一般诉讼程序上看,两者之间有时间和内容上的次序关联。——译者注

③ 2 Ld. Raym. 909.

④ Y. B. 13 Ed. IV. 9, pl.5。参见 Lecture VI。

⑤ 29 Ass. 163, pl.28.

⑥ 比较 *Ratcliff v. Davis*, Yelv. 178;Cro. Jac. 244;Noy, 137;1 Bulstr. 29。

⑦ Y. B. 33 Hen. VI. 1, pl.3。下文将要提及的"伍德赖夫案"(*Woodlife's Case*)、"索思科特诉贝内特案"(*Southcot v.Bennett*)、"皮克林诉巴克利案"(*Pickering v. Barkley*, Style, 132[24 Car. I., 租船合同条款])以及"莫尔斯诉斯卢案"(*Morse v. Slue*),简言之,所有涉及财物寄托的主导性判例,都引用并且在很大程度上依赖于该案。

⑧ 王室法庭监狱(marshalsea prison),在英格兰古代法中,起初为王室法庭的监狱,主要关押债务人。始于 1300 年,持续沿用到 1842 年,与王座法庭监狱和弗利特监狱一起合并为皇家监狱。王座法庭监狱典狱长,是掌管王座法庭监狱的执法官,1841 年后改称"监狱看守"。参见薛波主编:《元照英美法词典》,北京大学出版社 2013 年版,第 898 页。——译者注

或者货物负有同样的看管责任。① 被告在辩护中声称,是国王的敌人违背被告的意愿,闯进监狱劫走了囚犯。问题在于,这是不是一个好的辩护。法院认为,如果是国王的外敌——例如法国人——释放了囚犯,或者也许是监狱着火给囚犯提供了一个逃跑的机会,那么,这个理由就是有效的,"因为彼时[被告]无法从任何人那里获得救济"。但是,如果国王的臣民越狱,被告就要负责任,因为他们不是敌人,而是叛国者,那么,其中隐含的意思就是,被告有权对他们提起诉讼,因而由自己承担责任。在该案中,法院已经非常接近责任的原初理由,并据此进行了区分。在那些可以从不当行为人那里获得救济的案件中(在那些案件中,起初,他才是唯一可以提供救济的人),接受委托的人负有责任;另一方面,他的责任建立在那样的情况下,一旦救济结束,责任即终止。监狱看守不能起诉入侵的法国军人;然而,无论他以那样的方式得到极大满足的可能性多么小,在理论上,监狱看守都可以起诉任何劫走囚犯的英国臣民。

05-24. 几年后,著名的利特尔顿(Littleton)以同样的方式阐述了此一法律。他认为,如果将货物交给一个人,而那些货物又被抢走的话,他就可以提起侵害之诉,因为他负有责任。② 也就是说,他有义务将损失补偿给将货物委托给他的当事人。

05-25. 根据爱德华四世《年鉴》第 9 卷记载③,丹比(Danby)认为,如果受托人接收了货物并且像其原有的货物一样予以照管,那么,抢劫就应该可以使其免责,否则就不可以。同样地,在后来的一起案件中④,法院就认为抢劫不构成一项免责事由。如果抢劫者身份不

---

① 比较 Abbreviatio Placitorum, p.343, col.2, rot. 37, 17 Ed. II。
② Y. B. 9 Ed. IV. 34, pl.9;2 Ed. IV. 15, pl.7。需要补充的是,在后一种情况下,利特尔顿似乎并没有在仆人与受托人之间作出区分。
③ Y. B. 9 Ed. IV. 40, pl.22. So Brian, in 20 Ed. IV. 11, pl.10, *ad fin*.
④ Y. B. 10 Ed. VII. 25, 26, pl.3.

明，那么，关于抢劫[能否构成免责事由]，可能就会有一点犹豫，因而，受托人就无法获得救济①，甚至对一般情况下的抢劫也无法获得救济，原因在于，由于[可能会构成]重罪，受托人无法对抢劫者的人身或者财产采取措施；因为抢劫者被绞死，其财产被罚没。② 然而，毫无疑问的是，受托人不会因普通的不当占有而免除责任。"如果货物被侵入者抢走，受托人可以确认该侵入者，那么，他就应该对寄托人负责，并且应该对该侵入者提起诉讼。"③在该份《年鉴》的其他段落中④也触及同样的观点，而在前引案例中支持受托人享有诉权的理由显然也隐含着该项法律规则。

05-26. 法院在著名的"索思科特诉本内特案"（*Southcot v. Bennet*）⑤中依循古代法直接判定了此一原则。这是对已交给被告安全照管的货物的非法占有。被告承认有货物的交付，并且提出那些货物被 J. S. 抢走了。"经过法庭论辩，高蒂（Gawdy）与克伦奇（Clench）——其他法官缺席——认为，原告应该获得赔偿，**因为这不是一个特殊的财物寄托**；被告接收了那些货物，并且像自己原有的物品那样予以照管，而不是其他；**但是，这是一次正式交付**，要求被告负责照管那些货物，并且自担风险。被告声称他被人抢走了财物，在请求返还动产之诉中，这不构成任何抗辩事由；因为他可以依侵害之诉或者上诉来获得救济，重新取得那些财物。"上述来自克罗克（Croke）判例汇编的案例意味着——诚如克罗克勋爵明确表示的——"应当照管与应当安全照管，完全是一回事"，并且两份判例汇编一致同意，义务仅仅建立在交付的基础上。克罗克判例汇编证实了柯克

---

① 比较 L. Baiw., XV. 5；Y. B. 33 Hen. VI. 1, pl.3。
② Y. B. 6 Hen. VII. 12, pl.9；Bro. *Detinue*, pl.37；10 Hen. VI. 21, pl.69.
③ Y. B. 3 Hen. VII. 4, pl.16。比较 10 Hen. VI. 21, pl.69.
④ Y. B. 11 Hen. IV. 23, 24；6 Hen. VII. 12, pl.9.
⑤ Cro. Eliz. 815；4 Co. Rep. 83 *b*；Co. Lit. 89；2 Bl. Comm. 452.

(Coke)加入其判例汇编的警示:"请注意,读者,有人接收保管任何物品,以特殊方式保管物品,也就是像保管自己的物品一样来保管它们……或者,如果那些物品碰巧被盗或失窃,他就不应该对那些物品负责;因为他接收了那些物品,并且应该以这样或者类似的方式接收物品,否则,他就可能会因自己的一般接受而承担责任。"

05-27. 到此时为止,至少,已有明确的法律规定,如果一个人接收占有了货物,即便是为了帮助他人保管货物,并且他完全没有过错,而是因他人的不当占有遗失了那些物品,那么,他就有义务补偿损失,除非在接收占有那些物品时,他在协议中明确约定不承担这样的责任。霍尔特勋爵在"科格斯诉巴纳德案"中以及威廉·琼斯爵士(Sir William Jones)在其关于财产寄托的书中都试图表明,"索思科特诉贝内特案"没有得到权威的支持,但是,就像任何一个自己研究《年鉴》的人可以看到的,此种尝试徒劳无功。七年前,珀扬(Peryam, C. B.)在"德雷克诉罗伊曼案"(*Drake v. Royman*)①判定了同一原则,而"索思科特案"作为先例,无疑已经被沿袭遵循了一百年。

05-28. 至此,英格兰法与早期日耳曼法之间的系列类比已经完成。涉及遗失财产时,程序是一样的,都引起了原告是否违背自己意愿而失去占有的问题;原则是一样的,即如果受托财产的人将财物分给他人,所有者不能收回财物,而只得从他的受托人那里获得赔偿;反向解释是一样的,即受托人可以起诉,是因为他应该承担责任,但该项规则蕴含的真正学说的实质内容是,如果受托人无法获得救济,就不需要承担责任;最后,即便在受托人方面没有任何过错,对损失承担的绝对责任也是一样的。在这些原则中,最后也是最重要的一项原则,直到伊丽莎白女王统治时期依然生效。我们现在还不得不关注该

---

① Savile, 133, 134。比较 Bro. *Accion sur le Case*, pl.103;Dyer, 161 *a*, *b* 。

原则后来的命运。

05-29. 公共承运人①对从他那里偷窃的货物或者由他照管、却以其他方式遗失的货物承担责任,除非是由上帝或者公敌的行为造成的。关于该项规则的渊源,有两种观点:一种观点认为,该项规则是从罗马法中借来的②;另一种观点认为,该项规则是在伊丽莎白和詹姆斯一世统治时期——作为财产寄托的一般法律的一个例外——依习俗而引入的。③

05-30. 我要设法证明这两种观念都是错误的,此种严格责任是我刚刚解释过的关于财产寄托的一般法律残留下来的碎片;此一古老法律所经历的诸多修正,部分是因为由令状诉讼替代请求返还动产之诉而造成的观念混乱,部分是因为霍尔特勋爵注入先例之中的公共政策观念,部分是因为后来的法官注入霍尔特勋爵的推理中的更晚近的政策观念。

05-31. "索思科特案"是在伊丽莎白四十三年(公元1601年)判决的。我认为,是在四、五年前(伊丽莎白三十八年或者三十九年,公元1596年或者1597年)的"伍德赖夫案"④第一次提及与该问题有关的承运人。这是一次指向交付给被告的货物的诉讼,被告看起来像是财产管理人("纯粹的商人")——显然不是作为承运人。辩护理由是,海上抢劫被告自己的货物。高蒂——作为判决索思科特案的诸位法官之一——认为此一辩护理由是无效的;但是,首席大法官波帕姆

---

① 公共承运人(common carrier),与合同承运人(contract carrier)或私营承运人(private carrier)相对,指一般公众在特定地点之间有偿运送货物或者旅客的人。按照惯例,公共承运人对所运货物的损失承担绝对责任,除非该损失是由于托运人的行为或过错、敌国的行为或货物本身的缺陷造成的。从事旅客运输的公共承运人仅承担过失责任。参见薛波主编:《元照英美法词典》,北京大学出版社2013年版,第260页。——译者注

② *Nugent v. Smith*,1 C. P. D. 19, Brett, J., at p.28.

③ *Nugent v. Smith*, 1 C. P. D. 423, Cockburn, C. J., at p.428.

④ Moore, 462;Owen, 57.

(Popham)认为,虽然这对于承运人来说不是一个有效的辩护理由,因为承运人的运输是有偿付费用的,但是,就此一方面而言,在承运人与其他仆人和财产管理人之间是有区别的。

05-32. 此一问题在索思科特案中反复出现,看起来涉及双重区别——先是在有偿的和无偿的受托人之间,然后是在受托人与仆人之间。如果被告是一个未能控制货物的仆人,那么,他就可能不在财产寄托法律的管辖范围之内,而在早期法律中,财产管理人则是被当成仆人来对待的。

05-33. 另外一种差异标志着对价学说注入财产寄托法律之中。对价起初意味着"一物对一物",这一点将在下文中加以解释。当此一原则尚在年轻时,在《博士与学生》①中便是以此方式看待它的。首席大法官波帕姆可能从该著作中借鉴了在有偿受托人与无偿受托人之间所作的区分,其中,还提到了作为前一类受托人之例证的公共承运人。稍早一点,报酬也没作任何区分。②

05-34. 但是,在"伍德赖夫案"中,在回应首席大法官的意见时,高蒂引用了王座法庭监狱典狱长案③,于是波帕姆追溯了此一古老的区别,即监狱看守因叛乱而获得救济,但在正待审判的本案中却不存在任何救济。

---

① Dial. 2, ch. 38, A. D. 1530. 此书即《神学博士与英格兰法学生之间的英语对话录》(The Dialogve in English, betweene a Doctor of Divinitie, and a Student in the Lawes of England),是由英国律师克里斯托弗·圣·杰曼(Christopher St. German,1460-1540)撰写的一部关于普通法的著作。书中采用了一位神学博士与一位普通法学生对话的形式,根据宗教和道德标准对普通法规则进行了评价,同时还对理性法、自然法及普通法的基础提出了诸多质疑。作者将教会法学者关于不同法律及法律之目的、性质的研究注入通行的形式之中,从而促进了法律原则在不同方向上的发展。该书1523年以拉丁文出版,1530年发行英文版。——译者注
② Keilway, 160, pl.2(2 Hen. VIII.);比较 b. 77 b (21 Hen. VII.)。
③ Y. B. 33 Hen. VI. 1, pl.3.

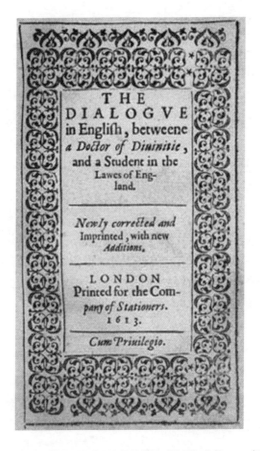

《神学博士与英格兰法学生之间的英语对话录》(伦敦,1613年)

05-35. 赖以为据的其他案件是上文收集的一些关于一般财产寄托的案例;简言之,也就是赖以判决索思科特案的那些同样的权威依据。与索思科特案所采用的原则一样,仅仅取决于被告是否属于此一范围的问题。根本没有提到王国的任何习俗,或者在此之前的任何汇编案例中也没有提到;我认为,这是关于承运人以任何方式区别于任何其他类别的接收托管货物之人的第一个例证。在古老的文本中,没有任何线索暗示有专门针对他们的任何特别义务;当然,如果说该案引入了某种义务,也是不真实的。我们会注意到,参照下列所述,波帕姆所谈及的不是公共承运人,而是承运人。

05-36. 接下来的是"索思科特案"（43 Eliz.,A. D. 1601）①,该案显示了古老法律的纯粹而简单,完全没有考虑报酬或者任何现代创新。在本案以及有关失窃损失的更早的案件中,所涉及的都是请求返还动产之诉,我们可以推测,那些诉讼仅仅依赖于财物交付与不当占有。

05-37. 但是,恰恰大约在这个时候,通常采用的程序发生了重要的变化,必须对此加以解释。如果可以**以实物形式**返还动产,那么,对于因受托人的过失而可能遭受的损害,请求返还动产之诉就根本无法提供补偿。② 对此种损害的自然救济措施就是令状诉讼。但是,在此一损害得到完全补偿之前,还有一些有待克服的难题。导致损害的过失可能仅仅是一个不作为,而在不履行义务的情况下,有什么类似于侵害之诉的诉讼足以支持据以提起间接侵害之诉的类比？此外,如果想要指控一个人不作为,你就必须证明作为是他的义务。按照先前对诉状的解释,仅仅诉称原告的货物因被告的过失而受到损害,是不充分的。③ 那些众所周知的语词——违反简约索赔之诉——已经解决了这些问题,对此后面会予以解释。在很长一段时间里,违反简约索赔之诉始终没能成为一种独立的契约之诉,而答辩状仅仅是侵权之诉的诱因。责任理由是,被告已经作出承诺,故而他构成过失的不作为——造成了损害——就可以与他的行为联系起来,作为其处理问题的一部分。④ 当我们讨论科格斯诉巴纳德案时,我们发现霍尔特勋爵

---

① 4 Co. Rep. 83 *b* ;Cro. Eliz. 815.
② Keilway, 160, pl.2.
③ Y. B. 19 Hen. VI. 49, *ad fin*. Cf. *Mulgrave v. Ogden,* Cro. Eliz. 219;s. c., Owen, 141, 1 Leon, 224;with *Isaack v. Clark,* 2 Bulstr. 306, at p.312, Coke, J.
④ 参见第七讲(Lecture VII)。

确认了违反简约索赔之诉的原初意图。当然,这并不局限于财产寄托案件。

05-38. 但是,除此之外,还有另外一种方式,可以指控被告负有义务并且在诉案中承担责任,尽管此种方式还不太为律师所熟知,但对后世关于承运人的法律产生了特殊影响。如果被告在从事某种公共职业——诸如兽医——时的作为或不作为造成或导致了损害,似乎就无须再提起简约之诉,而仅仅坚持诉称被告是一名"公共的"兽医即可。① 后一项原则也完全与财产寄托无涉。该项原则表明那些从事公众的或者公共性职业的人负有根据需求提供技艺并且展示专业技能的一般义务。正如菲茨赫伯特所言,"因为恰当而准确地施用其应该施用的技艺,是每一位技匠所负有的义务"。②

05-39. 如果可以这样确定,由于被告的不作为造成的和被告的作为导致的损害而予以立案,那么,即便是因保管过失导致财物毁损,也没有理由拒绝受理案件。③ 由此可见,将同样形式的诉讼扩展到所有涉及受托人损失的案件,仅仅是其中一步,这样就可以使被告提起诉讼的权利归于无效。请求返还动产之诉,作为一种古老的救济方式,保留了古老诉讼程序的标志。此一诉讼最晚近的一次扩展适用大约就发生在"索思科特案"所处的时代。④ 但是,如果将同样的诉讼形式用来同等处理因受托人的过失造成的损害或毁损,以及由受托人对可从其获得救济的不当行为人造成的损失,就会很容易在被告义务的

---

① Paston, J., in Y. B. 19 Hen. VI. 49。亦可参见 Rogers v. Head, Cro. Jac. 262；Rich v. Kneeland, Cro. Jac. 330,再一次提及这些案例。旅店老板必定是一位公共的旅店老板,Y. B. 11 Hen. IV. 45。此外,还可以参见布莱克斯通的《英格兰法释义》第 3 卷第 165 页(3 Bl. Comm. 165),在这里,我们将看到会出现"从身份到契约的转变"。

② F. N. B. 94 D；infra, p.203.

③ Y. B. 7 Hen. IV. 14；12 Ed. IV. 13, pl.9, 10；Dyer, 22 b.

④ 或许,可以通过依次阅读下列材料来追溯此一过程：Y. B. 2 Hen. VII. 11；Keiway, 77 b, ad fin.(21 Hen. VII.)；ib. 160, pl.2(2 Hen. VIII.) ； Drake v. Royman, Savile, 133, 134(36 Eliz.)；Mosley v. Fosset, Moore, 543(40 Eliz.)；1 Roll. Abr. 4, F, pl.5；Rich v. Kneeland, Cro. Jac. 330(11 Jac. I.)。

基础和性质方面引起混乱。

05-40. 事实上,存在两类义务——其中一类源于(就像刚才所解释的)被告的违约索赔之诉或者公共性职业,并非专门适用于受托人;另一类属于古老的义务,专门适用于受托人,"索思科特案"即是一例。但是,受托人的任何一项义务都可以被视为财产寄托合同的一部分,而且对价学说已经得到充分阐释(这两种情况都发生在柯克勋爵的时代),似乎没有必要对刚才提及的那两种义务进行细致的区分,只要能提出对价和特别承诺即可。此外,以前就为了指控其侵权而言,被告的公共性职业与违约索赔之诉具有同样的效果,而现在看来,为了向其提出违约索赔之诉,也可以认为被告的公共性职业足以同样恰当地替代特别承诺。在"罗杰斯诉黑德案"(*Rogers v. Head*)中①,论点在于,如果想要对一个人提起违约索赔之诉,你就必须要么证明他在交付财物时所从事的公共性职业,要么证明有一项基于充分对价的特别承诺。此一论点假定,如果受托人在从事公共性职业(例如公共承运人)期间接收货物,那么,就可以通过诉称受托人要么从事公共性职业,要么在获得报偿的同时作出一项特别承诺,对受托人违反前述任何一种义务而提起违约索赔之诉。正如在该案以前及自该案以后重复判决的那样,看起来法院似乎已经承认,只要不是公共承运人,就可以在一个特别诉讼(也就是,区别于违约索赔之诉的案件)中指控其没有交付货物。

05-41. 接下来,假设原告在案件中提起侵权诉讼。如前所述,所

---

① Cro. Jac. 262(8 Jac. I.)。比较梅纳德(Maynard)在"威廉斯诉海德案"(*Williams v. Hide*, Palmer, 548)、"西蒙斯诉达克诺尔案"(*Symons v. Darknoll*, ib. 523)及下文其他案件中的论证;1 Roll. Abr. 4, F, pl.3。"莫斯利诉福塞案"(*Mosley v. Fosset*, Moore, 543[40 Eliz.]),作为一起记录不甚清晰的案件,看起来像是对一个佃牧人提起的违约索赔之诉,因为在其照管期间有一匹马丢失,并且附带声称"只要不是此类特殊的违约索赔之诉,就不会立案"。这肯定是参照了违约索赔的诉讼形式,就像判决"索思科特案"的法官们也参与本案的判决。进一步参见"埃文斯诉约曼案"(*Evans v. Yeoman*, Clayton, 33)。

指控的违反义务行为,可能是对财产的损害,就像一直以来以该种诉讼形式所起诉的那样;也可能是因盗窃而造成的损失,对此,以前通常会提起请求返还动产之诉,仅仅是因财产寄托而指向了受托人。如果货物被盗,受托人的责任既不是基于他的公共性职业,也不是基于他的承诺和过失,而是源于他接收了交付的货物以及货物遗失的纯粹事实,在此类案件中,以诉状申明那些事实应该就足够了。① 但是,此一类案诉讼的适用范围比较有限,很自然地,即便在扩大了诉讼范围之后,该类案诉讼历史悠久的根基依然隐含在诉状之中。稍后,我们将不得不追问索思科特案的诸般原则是否也反向扩展适用于不属于此处类案诉讼的案件。在高蒂和克伦奇出生之前的诸多世纪里,制定该项规则的理由就已经失去了意义,当时,所有者已经有权对从受托人手中不当占有财物的行为提起诉讼,而该规则本身是一个可能仅仅依字面意思而得以遵循的凝滞的先例,因为灵魂早已散去。当判例汇编者以本该删除该规则的语辞告知受托人应该接受规则时,该规则就已经开始摇摇欲坠了。②

05-42. 因此,尽管"索思科特案"判决是该案与"科格斯诉巴纳德案"之间百余年来所依赖的主要权威,但是无论何时,只要将一项特殊义务强加于受托人,我们就会发现,像在那些早期的先例③中一样,有时会判定存在一个承诺,或者更常见的是,指称受托人是公共驳船人或者公共承运人等,而没有太多提及争议侵权行为的特殊性质;并且,有时还会忽视诉求的真实意义。然而,起初,在一两个案件的语言中仅仅有一些轻微的混淆迹象,如果认为该义务属于索思科特案原则的适用范围,答辩人并不总是指称[对方当事人从事的是]公共性或者

---

① 参见"西蒙斯诉达克诺尔案"(*Symons v. Darknoll*)和"莫尔斯诉斯卢案"(*Morse v. Slue*)的第二项诉因陈述及以下(后一案件表明有关过失的诉求仅仅是形式)。比较 1 Salk. 18, top。
② *Supra*, p.179.
③ *Boson v. Sandford*, Shower, 101; *Coggs v. Bernard*, *infra*.

公众的职业,法院也会判决那样做是不必要的。① 但是,他们也会采用先例中的其他手段,以备不时之需,或者强化一项他们并不完全了解的义务。首席大法官波帕姆认可有偿受托人与无偿受托人之间存在区别,因此,提供报酬被认为是谨慎的。过失当然要得到证实;最终,变得更常见的是,依据法律和王国的习俗,指称存在一项义务。最后一个问题值得进一步关注。

05-43. 在《令状录》②中,没有任何一项令状指称公共承运人应该依据王国的习俗承担任何特殊义务。但是,针对旅店老板的令状却"依据法律和英格兰的习俗"确认了一项义务,并且很容易采用如此措辞。这样的指称与其说意味着存在一种特殊原则,还不如说是以当时的普通形式表述了一个法律命题。其他一些侵害令状,以同样的方式指称存在普通法上的义务,还有一些令状阐释了制定法上的义务。③ 因此,"法官得宣誓依据法律和英格兰的习俗来执行正义"。④

05-44. 就早期的证据而言,公共承运人的义务仅仅是一般受托人的义务,再加上从事公共职业时通常附带的责任。如前所述,"公共"一词本身仅仅指后一种情况。以下事实会进一步说明这一点:当以如此方式解释义务时,并没有指称其为公共承运人特有的义务,而是依据相关当事人的职业,将其设定为有关诸如公共航运人或者驳船人的法律的习俗,等等。人们会注意到,首席大法官霍尔特在科格斯诉巴

---

① *Symons v. Darknoll, infra*.

② 《令状录》(Register of Writs),是指在英格兰古代法中记录初始令状形式的著述,起初为手写本,1531 年开始付诸印刷;内容随着时代的发展而不断增加,最早的令状始于亨利二世时代。参见薛波主编:《元照英美法词典》,北京大学出版社 2013 年版,第 1168 页。——译者注

③ Reg. Brev. 92 *b*, 95 *a*, 98 *a*, 100 *b*, 104 *a*; cf. Y. B. 19 Ed. II. 624; 30 Ed. III. 25, 26; 2 Hen. IV. 18, pl.6; 22 Hen. VI. 21, pl.38; 32 & 33 Ed. I., Int, xxxiii.; Brunner, Schwurgerichte, 177; id. Französische, Inhaberpapier, 9, n.1.

④ 12 Co. Rep. 64.

纳德案中指出,该责任适用于所有从事公共职业并获取报酬的受托人,并且还提到了与公共承运人并列而非所属的公共航运人和船长。在彼时之前的案件中,人们还会注意到,对于此一正在探讨的义务根本没有任何固定的程式,但在每一个案件中都阐明,被告应该对他在特定情况下据称做了或者没做的事情承担责任。①

05-45. 现在重新回到案件的序列中,接着下一个要探讨的是"里奇诉尼兰案"(*Rich v. Kneeland*, 11 Jac. I., A. D. 1613)。② 这是一起针对公共航运人的(侵权)令状诉讼。在克罗克判例汇编中,完全没有提及习俗;但是,该诉状声称,被告是一名公共驳船人,原告将一个旅行箱交给他搬运,并向他支付了费用;被告对箱子**疏于照管**;有些身份不明之人从他那里拿走了箱子——就像下面莫尔斯诉斯卢案中的第二项诉因请求。答辩被驳回,并且判定原告胜诉。对此,当事人提起了纠错复审令③之诉,指出"此一诉讼在没有特别承诺的情况下不得指向普通船员。但是,所有大法官与男爵都判决认为,可以针对在陆地上行驶的公共承运人提起诉讼"。如果我们遵循该判例汇编的话,乍一看似乎是将至关重要的意义赋予了公共职业。但是,由于该案损失显然属于索思科特案——该案原则之适用,既不需要特别承诺,也不需要公共职业,并且在四分之三个世纪后依然是不容置疑的法律——的原则范围,故而法院肯定会适用职业(类案)的诉讼形式,而不是被

---

① 除了接下来的案例,还可参见"张伯伦诉库克案"(*Chamberlain v. Cooke*, 2 Ventris, 75[1 W. & M.])的诉状,并且特别注意将在后面正文中详细解释的"莫尔斯诉斯卢案"(*Morse v. Slue*)陈述的变化。

② Hobart, 17; Cro. Jac. 330。亦可参见 *George v. Wiburn*, 1 Roll. Abr. 6, pl.4(A. D. 1638)。

③ 纠错复审令(writ of error),在普通法中,是一种由具有上诉管辖权的法院签发给存卷法院的法官,命令其将被指控有错误的含有判决结果的案卷提交给上诉法院进行审查,或者命令该法官自行审查的令状。审查的对象仅限于案卷中明显的错误。审查的结果可能是撤销原判、改判或者维持原判。当事人根据此令状提起的诉讼,是一个新诉的开始,而不是原诉的继续;当事人不得同时寻求上诉救济和纠错令救济,只有在上诉请求被驳回后才能获得纠错令救济;并且,纠错令在原判决被撤销前不能阻止判决的执行。参见薛波主编:《元照英美法词典》,北京大学出版社2013年版,第1426—1427页。——译者注

告在某种诉讼形式(请求返还动产之诉)中所承担的责任。反对意见是"如果没有特别承诺,就无法提起此一诉讼",而不是被告无须负责。即便如此限缩范围,它依然赞同这样的观念,即在此一诉讼较为古老而熟悉的使用过程中,那些对于指控一个人因过失而造成损害来说必不可少的答辩,在将该诉讼全新扩展适用于完全不同的不当行为类别时,也是不可或缺的。由于现在非常清楚的是,法院不会因当事人不履行义务而受理案件,故而这样的观念是错误的,我们将会从后续判决中看到对该观念的否认。①

05-46. 根据霍巴特(Hobart)判例汇编,据称,有一名被告是公共航运人,受雇通过水路运输货物,等等;根据英格兰的习俗,此类承运人应该保管货物,以致货物不会因他们自己或者仆人的失职而遗失,等等。"兹决议,尽管已被认定为王国的习俗,但实际上就是普通法。"这最后一项决议可能仅仅意味着,就像很久以前关于旅店老板的说法一样,王国的习俗与普通法是一回事。② 但是,关于旅店老板的法律,在令状中被称为王国的习俗,稍微有一些超出财产寄托法律之外的特殊原则的气息,由于他们的责任扩展到旅店内的货物,而他们却不负责保管那些货物,法院可能想在此一特殊原则与规制当下案件的普通法或一般财产寄托法律之间做一个对照。

05-47. 无论克罗克的某些语言可能会引起怎样的疑问,仅此而言,下述事实依然是无可争辩的,即自伍德赖夫案以来的近一个世纪里,承运人对货物损失的责任——无论是否诉称王国的习俗或者被告的公共职业——均被置于此一权威之上,并且意在依据索思科特案的原则予以裁判。

---

① 后世对该案的使用表明,在那些古老文书中,很难在实体法原则与仅仅涉及程序的规则之间做出区分。

② Y. B. 22 Hen. VI. 21, pl.38; *supra*, p.188, n.1.

05-48. "西蒙斯诉达克诺尔案"(*Symons v. Darknoll*, 4 Car. I., A.D. 1628)①恰好如此。该案诉状声称,根据普通法,每一个驳船人都应该如此经营自己的驳船,以使其中承运的货物不致毁损。"虽然没有做出任何承诺,但在法院看来,原告应该获得损害赔偿;即便没有诉称被告是公共驳船人,也无关大碍。首席大法官海德(Hyde)认为,交付即使合同生效。"这并不意味着交付即是支持承诺的有效对价;但是,就像"索思科特案"所确定的那样,在没有特别应允照管仅被看成自己的货物的情况下,交付就会要求受托人安全照管货物,因而无须诉称存在一个承诺或者被告从事公共职业。惠特洛克(Whitlock)大法官提请人们注意下述事实,即该诉讼属于侵权,而非合同。"在该案中……引用了索思科特案。"

05-49. 同一年,治安官梅纳德(Maynard)在"威廉斯诉海德案" (*Willams v. Hide*)②的辩论过程中再一次引用索思科特案,就一般财物寄托表述了同样的规则。

05-50. 在"肯里奇诉埃格尔斯顿案"(*Kenrig v. Eggleston*, 24 Car. I., A.D. 1648)③中,"起诉一个乡村承运人未能交付货箱"等等,他遭到了抢劫,案件既未提及习惯,也未提及被告是公共承运人,除非上述语词暗示他是公共承运人;但是,就像"索思科特案"一样,法院判决,如果要想减轻其作为受托人的责任,那"就必须站在承运人的立场上作出特别的应允"。

05-51. "尼科尔斯诉穆尔案"(*Nicholls v. Moore*, 13 Car. II., A.D. 1661)④是一起针对"水路承运人"的案件,该承运人在哈尔与伦敦之

---

① Palmer, 523.
② Palmer, 548.
③ Aleyn, 93.
④ 1 Sid. 36.

间运营,委托人在约克将货物交付给该承运人。法官在中止判决①中指出,被告并没有承诺将货物从约克运往哈尔。"但是,即便如此,经由法庭合议,根据'索思科特案',被告应以其在约克的一般财物接收而被起诉。"

05-52. 值得一提的是,"马修诉霍普金斯案"(*Matthews v. Hopkins*, 17 Car. II.)②诉状所依据的是针对公共承运人的王国的习俗,并且提出了一项申请中止判决的动议,不仅因为在引用王国的习俗时出现了错误陈述,没有诉称被告在接收货物时是承运人,而且还因为该案将动产侵占之诉的指控与依王国习俗的诉求并案处理。判决被中止,看起来是基于后一项理由,但法庭坚持认为:"虽然即便没有引用王国的习俗,诉状可能也是有效的,但正如霍巴特(Hobart)所言,引用王国的习俗依然是更有效的方式。"

05-53. 我们现在来看一看"莫尔斯诉斯卢案"(*Morse v. Slue*, 23 & 24 Car. II. A.D. 1671, 1672)③这一伟大的案例。这是一起针对一艘停泊在泰晤士河上的船舶的船长提起的诉讼,诉求赔偿委托给他的货物损失。涉案货物被劫匪抢走,已查明,该船舶当时有日常的守卫。看起来有两项指控,第一项是基于英格兰的法律与习俗(1 Vent. 190),诉称船舶的船长"需得认真照管、保护与防卫运输的货物,只要所述船舶停留在泰晤士河中"(2 Keb. 866);"需得安全保管[从伦敦运往海外的货物],免得损失或者缺减,不因货物的缺陷而受到任何损害"(1 Vent. 190);"需得安全保管交付给他运送的货物,不包括海上

---

① 中止判决(arrest of judgment),在美国,通常指在民事诉讼或者刑事诉讼中陪审团作出裁决后,由于出现某种固有的原因而致使如果法官作出判决将导致该判决错误或可被推翻,法官得自动停止或拒绝作出判决。中止判决并不妨碍当事人重新提出控诉。参见薛波主编:《元照英美法词典》,北京大学出版社2013年版,第95—96页。——译者注
② 1 Sid. 244. 比较 *Dalston v. Janson*, 1 Ld. Raym. 58。
③ 2 Keb. 866;3 id. 72, 112, 135;2 Lev. 69;1 Vent. 190, 238;1 Mod. 85;Sir T. Raym. 220.

危险"(2 Levinz,69;此一最后所述的例外情况,或许是汇编者从争议涉及的普通形式的提单中推导出来的)。第二项指控,通常会被忽略,是讼案中的一种特殊指控,"涉及货物交付以及因其疏于照管而失窃"。①

05-54. 该案经过两次辩论,所有判例汇编——就其所涉内容而言——在陈述各自所坚持的案件要点时均保持了一致意见。

05-55. 霍尔特维持了有利于原告的判决②:(1)通常而言,船长接收货物,引用索思科特案,"只有依法进行监管的农役租佃的看护人③,以及身为仆人根据主人安排而不得照管的代理人,才可以豁免"。(2)船长因保管货物而获得报偿,因此是一个可以被起诉的适格的人。(3)引用王座法庭监狱典狱长案,船长可以获得一种救济。④ 如果船长不负责任的话,损害将会是巨大的,因为商人将财物委托给他,就像提单中所显示的那样,无须证明有任何特别的违约,最终,出现的是疏于照管。

05-56. 另一方却极力主张,根本找不到疏于照管,主人就是唯一的仆人;因此,如果要有人承担责任的话,那就是主人了。⑤ 还有人提出,如果货物在海上被劫走,那就不会存在任何责任,而该案应该属于海事法的范畴,因此,用不同的规则来分别管制航行的开始阶段与航行的其余部分,是荒谬不经的。⑥

05-57. 在第二轮辩论中,再一次维系了有利于原告的判决,"根据普通法对于一般财物寄托之规定",并且引用"索思科特案",被告要承

---

① 2 Keb. 866. See 3 Keb. 74;1 Mod. 85;Sir T. Raym. 220.
② 3 Keb. 72.
③ 农役租佃(socage),是英国封建时代的一种土地佃租形式,佃户须向领主提供农业劳役或者缴纳租金。参见陆谷孙主编:《英汉大词典》,上海译文出版社1993年版,第1775页。——译者注
④ Y. B. 33 Hen. VI. 1; supra, p.177.
⑤ 3 Keble, 73。这是雷蒙德(T. Raymond)勋爵与莱文兹(Levinz)提出的主要观点。
⑥ 比较1 Mod. 85。

担责任,此外,依据罗马法与海商法,被告作为公共承运人与船主也应该负有责任。

05-58. 首席大法官黑尔发表了法院的司法意见。法院认为,由于该船停留在郡治范围内,因而不适用海事法;或者,根据援引判例,"船长不得适用那些使自己免于承担严重损害责任的民事法律规则"(1 Mod. 85, note *a*);船长之所以对某一行为承担责任,是因为他获得了一份报酬;"他本该提醒自己,但他忽略了这一点,并且一般地接收了货物,因而他就应该为所发生的事情承担责任"。① 似乎还提到了"肯里奇诉埃格尔斯顿案"(*Kenrig v. Eggleston*)。② 据称,与其说船长是仆人,还不如说是官员,实际上是从支付运费的商人那里领取自己的薪资。最后,是关于过失的问题,仅有通常数量的人看守船舶是不够的,而没有充分地守护货物,才构成过失,除非在遇到公敌的情况下,可以引用典狱长案,我们会记住,该案适用的仅仅是索思科特案的原则以及涉及另一种形式的财物寄托的普通法。③

05-59. 可以看到,本案没有涉及任何特殊的习俗,无论是关于公共承运人还是船长,但所有的论证以及法院的司法意见都假定,如果据以管制该案的是普通法而不是赖以辩护的更温和的罗马法条款,以及如果可以将被告视为受托人而不仅仅是船舶所有者的仆人,那么,就可以适用关于财物寄托的一般法律,被告将会像在索思科特案中一样"因其一般接收"而受到指控。

05-60. 然而,如果面对这样一个案件,被告接收了财物,没有任何对价或者报酬,纯粹为了原告的利益,却遭到了抢劫,很难想象,即便像马修·黑尔爵士(Sir Matthew Hale)这样博雅卓识的法官,也不愿意

---

① 1 Ventris, 238, 在页边空白处引用了"索思科特案"。比较 3 Keble, 135。
② Aleyn, 93; *supra*, p.191.
③ 亦可参见 1 Hale, P. C. 512, 513。

突破《年鉴》。首席大法官彭伯顿(Pemberton)审理了这样一个案件,他非常明智地裁定不得提起诉讼,拒绝遵守柯克勋爵时代的法律,从而导致如此极端的结果(33 Car. II., A.D. 1681)。①

05-61. 大约在同一时期,被告的公共性职业开始呈现出一种全新的重要意义。更重要的替代性诉状陈述——承诺——最终产生的效果是,引入了本质上并不令人反感的学说,那就是所有源于财物寄托的义务都建立在合同之上。② 但是,此一诉状陈述现在提起了一种曾经引起过的特殊诉讼,当诉讼指向侵权行为时,就很少使用此一诉状陈述,而越来多地使用另外一种陈述。显然,越来越令人信服的是这样一种观念,即公共承运人对货物损失的责任,无论造成损失的原因可能是什么,都是源于一项专门适用于公共承运人、而不适用于一般受托人的特殊原则。刚刚解释过的以及在"里奇诉尼兰案"(*Rich v. Kneeland*)中看到第一缕痕迹的诸种独立义务的混乱状态,很快就变得完整齐备。③ 霍尔特成为首席大法官。在上一个注释提到的案件中,有三个是由他判决的。他在"莱恩诉科顿案"(*Lane v. Cotton*, 13 Will. III., A.D. 1701)④中就表达了对"索思科特案"的不满以及自己的看法,即关于财物寄托的普通法是从罗马法借鉴而来的。推翻"索思科特案"及那一古老的普通法,据称就始于"科格斯诉巴纳德案"

---

① *King v. Viscount Hertford*, 2 Shower, 172, pl.164;比较 *Woodlife's Case, supra*。

② *Boson v.Sandford*, 1 Shower, 101(2 W. & M.)。参见上文,第 182 页、第 185 页;下文,第 197 页。从"弗莱明诉曼彻斯特——谢菲尔德与林肯郡铁路公司案"(*Fleming v. Manchester, Sheffield, & Lincolnshire Railway Co.*, 4 Q. B. D. 81)以及引用的案件中,会看到对此一学说的现代阐释。从"布尔曼诉布朗案"(*Boorman v. Brown*, 3 Q. B. 511, 526)中,读者会看到一种构成侵权诉状之诱因的古老承诺,可以被解释为现代意义上的意思合同。可以直接看到霍尔特勋爵采用了一种不同的观点。请注意"典狱长案"(33 Hen. VI. 1, in Aleyn, 27)的处理方式。

③ 参见 *Lovett v. Hobbs*, 2 Shower, 127(32 Car. II.); *Chamberlain v. Cooke*, 2 Ventris, 75(1 W. & M.); *Boson v. Sandford*, 1 SHower, 101, citing *Southcote's Case*(2 W. & M.); *Upshare v. Aidee*, 1 Comyns, 25(8 W. III.); *Middleton v. Fowler*, 1 Salk. 288(10 W. III.)。

④ 12 Mod. 472.

(*Coggs v. Bernard*, 1 Anne, A.D. 1703)。① 霍尔特勋爵在后一起案件中著名的司法意见,在很大程度上引用了经由布雷克顿传述给他的罗马法;但是,无论这对他的一般观点可能造成什么样的影响,被判决的要点以及涉及公共承运人的区分,都是在英格兰生长的成果。

05-62. 此类诉讼并非以合同为依据。诉因是货物损害,原告提起侵权诉讼,就像在亨利六世时代一样,通过诱导指控过失来提起违约索赔之诉。被告进行无罪辩护。但是,在做出有利原告的裁决后,被告提出了一项中止判决的动议,"因为诉状中既没有指称被告是一名公共搬运工,也没有诉称被告因原告的痛苦而有所收益"。关于对价的诉称或者考量,虽然没有出现在原始的违约索赔之诉中,却包含在符合所需形式的现代合同诉讼之中。因此,可以推断,无论在什么情况下提出违约索赔之诉,甚至在财产损害的侵权诉讼中,诉状陈述都会涉及合同,并且还必须表明允诺的对价,尽管在伊丽莎白女王统治时期已经做出了相反的判决。② 但是,该动议并不成功,依然判决原告胜诉。霍尔特勋爵清晰地意识到,违约索赔之诉的使用不能仅限于合同纠纷。实际上,他曾经说过,"所有者将货物委托给[被告]是一项充分的对价,足以使被告有义务认真照管",或者返还货物;但是,这里的意思显然有别于另一种足以使被告有义务搬运货物的对价,他认为被告不应该负有这样的义务。然后,他又明确地说,"这是一个不同的案例,因为承诺不仅意味着一份将来的协议,而且在此类情况下,还意味着对物的实际许可以及对本人的信任";遵循《年鉴》中的那些早期案例。③ 这已经足以做出本案判决了,"索思科特案"中的规则与此事无

---

① 2 Ld. Raym. 909.

② *Powtuary v. Walton*, 1 Roll. Abr. 10, pl.5 (39 Eliz.)。比较 Keilway, 160。

③ 2 Ld. Raym. 919. 参见第七讲。或许,通过检视霍尔特勋爵从《年鉴》中选出且赞同的那些案例,可以进一步看出他并不打算采用这一现代观点,即交付(作为一种对所有者的利损)构成对价。

关。但是，现在假定公共承运人因其职业而负担的义务扩展适用于各种损失，并且假定"索思科特案"的学说也可以扩展适用于诸多损害，那么，在一般性讨论中，就有必要在这两个原则之间进行调和或者做出选择。

05-63. 据此，这位首席大法官接着又区分了诸如公共承运人、公共航运人、船长等从事公共职业的有偿受托人与其他受托人；拒绝将"索思科特案"的规则适用于后一类受托人；认为严格责任原则仅限于前一类受托人，而据以适用的理由是基于公共政策，并且认为代理人之所以免责，不是因为他们是纯粹的仆人，就像一直以来所规定（在其他案例，包括他本人在"莫尔斯诉斯卢案"中所辩称）的那样，而是因为他们不在该项规则的理由范围之内。

05-64. 迄今为止，依循着此一论证的读者几乎不需要相信，这并不意味着对《裁判官谕令》（Prætor's Edict）的采用。如果需要的话，接下来还有一些证据。

05-65. 首先，正如我们所看到的，诸多持续使用了一个世纪的先例因霍尔特本人所论证的"莫尔斯诉斯卢案"而终结，在该案中，对诸如船长、航运人、承运人等的责任做出了判决。引用并且以"莫尔斯诉斯卢案"为依据，也没有隐含对其他案例的不满。相反，这些人为从事公共职业的有偿受托人提供了例证。首席大法官波帕姆在有偿受托人与其他受托人之间做出了区分；后者的限定条件（从事一项公共职业）也是源于英格兰的，这一点已经进行了部分展示，下面会做进一步解释。

05-66. 接下来，此一严格规则并不仅限于船长、旅店老板以及马车行主，甚至也不限于公共承运人；而是适用于所有从事公共职业的有偿受托人。

05-67. 接下来，责任的程度恰恰是先前判决所确定的普通受托人的责任；但是，正如其他人所指出的，与罗马法强制推行的责任相比，不仅截然不同，而且更加严厉。①

05-68. 最后，因上帝或者公敌之行为的责任免除，是典型英格兰式的，这一点将会在后文中得到进一步证实。

05-69. 但是，本次演讲中已经部分表明，相对于《年鉴》时代而言，今天的法律赋予承运人的负担更重一些。"索思科特案"以及刚才引用的那些早期权威，全都指涉因抢劫、盗窃或者侵害而造成的损失，并且由于受托人（至少在理论上）应该提供救济，而判定由其承担责任。尽管也不是不可以将此一规则适用于原因不明的损失，但就像我们所看到的，该规则正是在指涉此类案件的过程中产生的；针对旅店老板的令状规定，照管财物，不得减损。后来，此一原则的适用或许已经从因盗窃造成的损失扩展到因毁损而造成的损失。在"西蒙斯诉达克诺尔案"(4 Carl. I.)②——在依据"索思科特案"的权威判决时，已经引用了此一原则——中，货物被损毁，而不是失窃，甚至有可能在实物形式上还没有灭失。在此之前，该项古老的规则已经变成了一个专制的先例，仅仅依据其形式予以遵守，几乎不考虑它的真实意图。

05-70. "科格斯诉巴纳德案"所用的语辞是，"法律要求以此种方式接受委托运送货物的人免受任何事件的影响，除非是上帝与国王的敌人的行为"。在曼斯菲尔德勋爵时代，这一观点就已经被神圣的判决所采纳了，而现在已经确定，公共承运人"应该对不属于例外情况的所有损失承担责任"。③ 也就是说，公共承运人在一定程度上变成了保险人，不仅要防范货物的遗失或者毁损，还要防范除前述情况外对货物的各种形式的损害。

---

① 2 Kent, 598；1 C. P. D. 429.
② Palmer, 523. See too Keilway, 77 *b*, and 160, pl.2, 从这里可以非常清晰地看出出现了对请求返还动产案件的侵蚀以及原则上的相应混淆。但可以参见前文第 175 页。
③ 2 Kent, 597；*Forward v. Pittard*, 1 T. R. 27.

05-71. 前文已经追溯了该项规则经历的过程,但还有几句话可以在这里补充一下。即便在处理受托人照管的动产毁损(区别于侵占)案件时,《年鉴》也总是将受托人的责任建立在他的过错之上,尽管必须承认这样的语辞也会用在另一种观点上。① 在爱德华三世时代,对于代理人而言,在暴风雨中的抛弃似乎可以构成一个充分的答辩理由②;但不能据此进行类比。来自"典狱长案"③的论证更有说服力。在该案中,法院似乎认为焚烧监狱与外敌释放一样都构成逃跑的充分免责事由。这该案必定指涉一场意外的火灾,并且似乎意味着,典狱长如果没有过错的话,就不应该在该事故中承担责任。记载于《令状录》中针对保管或者运送货物的受托人的令状,都有对过失的一般性指控,就我的观察而言,无论是否述及王国的习俗,涉及正式陈述的那些更早期的先例也是如此。④ 但是,就像旅店老板对从旅店里盗窃的货物承担责任一样,无论是否存在过失,受托人对从他那里不当取得的货物承担责任。⑤

05-72. 诚然,在"典狱长案"中,提及典狱长在叛乱者释放囚犯时疏于看管,(尽管人们会认为,更有可能造成此一后果的不是疏于职守,而是监狱里的火灾,)在柯克勋爵时代之后,虽然货物因不当占有而遗失,也可以诉称存在过失。因此,针对旅店老板的令状是旅店老板的疏于职守。在这些事例中,过失仅仅意味着事实上未能予以安全照管。正如在很长一段时间以后所言,"就承运人或者航运人而言,法

---

① 比较 Y. B. 7 Hen. IV. 14;2 Hen. VII. 11;Keilway, 77 b, 160, pl.2,以及其他已经引用过的案例。
② Y. B. 41 Ed. III. 3, pl.8.
③ Y. B. 33 Hen. VI. 1, pl.3.
④ Reg. Brev. 107 *a*, 108 *a*, 110 *a*, *b* ;entries cited 1 T. R. 29.
⑤ 参见上文 pp.167, 175 *et seq* .;12 Am. Law Rev. 692, 693;Y. B. 42 Ed. III. 11, pl.13;42 Ass, pl.17。

律不予免责的一切情势都构成过失"。① 该项指控仅仅是令状诉讼的一般诉称,看起来像是从更早期的损害诉状中扩展而成,当时,间接侵害之诉取代了请求返还动产之诉,并且前一种诉讼得以普遍适用。对于最初提审的案件来说,这不可能是无关紧要的。但是,人们不相信旧法有任何正当依据使承运人成为防范损害的保险人的简要理由是,似乎没有任何一起早期的案例判定受托人承担这样的责任,并且此一责任也不属于据以判定受托人对因盗窃所致损失承担责任的原则范畴。

05-73. 在追溯了普通承运人变成保险人的过程之后,接下来就可以谈一下所担风险的公认例外情况的起源了。我们已经看到,首席大法官霍尔特是如何提及由公敌造成的损失的。这是在典狱长案中采取的古老的区分②,即受托人无法提供救济。

05-74. 如果上帝的行为使当事人不可能履行义务,那么,义务即被免除,就上帝的行为而言,这是一项普遍原则,并非专门适用于承运人或者受托人。柯克勋爵提到了从格雷夫森德驳船上抛弃货物的案例③,以及另外一个当事人负有看管并且维系海堤不被漫过的义务的案例,这两个案例都受到同样的限制④,并且,还可以从《年鉴》中找到关于一般合同的类似陈述。⑤ 这正是在我们自己所处的时代费尽心思重新论证的另外一种形式的原则,即在违约之前,因标的物灭失,或者其持续存在构成合同之基础的情势发生变化,而使当事人不可能履行合同,只要合同缔约方没有担保和过错,当事人就可以免于履行合同。上帝的行为现在对公共承运人是否具有某种特殊意义,可以留待其他

---

① 1 Wilson, 282;比较 2 Kent(12th ed.), 596, n.1, *b*。
② Y. B. 33 Hen. VI. 1, pl.3.
③ *Mouse's Case*, 12 Co. Rep. 63.
④ *Bird v. Astcock*, 2 Bulstr. 280;比较 Dyer, 33 *a*, pl.10; *Keighley's Case*, 10 Co. Rep. 139 *b*, 140。
⑤ Y. B. 40 Ed. III. 5, 6, pl.11;亦可参见 *Williams v. Hide*, Palmer, 548; Shep. Touchst. 173。

人来考量。

05-75. 从前述证据中可以看出,我们无法仅仅通过参考《裁判官谕令》,然后查阅在船长、旅店老板以及马车行主项下的专业词汇,来确定由哪些类别的受托人适用强制施于公共承运人的严格责任。先例的问题仅仅是关于财物寄托的古老普通法在多大程度上依然存续。我们只能通过列举依然适用旧法的判决来回答此一问题;而且,我们会发现很难将这些判决一并纳入某一普遍原则之下。就一般受托人而言,"索思科特案"规则已被废除;这一点很清晰。但是,同样清晰的是,即便是在首席大法官霍尔特发明的公共政策的界限范围之内,该项规则也没能维系自我。今天,并非所有从事公共职业的有偿受托人都是保险人。没有任何像这样的学说可以适用于谷仓或者金库。①

05-76. 上文已经说明了霍尔特勋爵如何区分有偿受托人与其他受托人。在这里更值得注意的是,受托人(从事公共职业)更进一步的限定条件,是一个已经终止的保护系统的组成部分。有反对倾向的人或许会说,这是暗示法律之施行只为上流阶层利益的诸多迹象之一。上文已经表明,如果是一个公共蹄铁匠,在没有承诺的情况下,他会被指控有过失。抛出那一暗示的同一位法官在另外一个案件中确定,如果蹄铁匠拒绝依据合理要求给马钉上蹄铁,那么,他就可能会被起诉。② 在类似案件中,公共承运人与公共旅店老板也应该承担责任,霍尔特勋爵阐述了此一原则:"如果一个人从事一项公共职业,他就有义务在职业范围内为公众服务,若拒绝,就会被起诉。"③意图在今天普遍适用此一学说,会被认为是骇人听闻的。但是,它构成了要求那些从事有益职业的人达到标准的连贯一致的方案的一个部分。另一部分

---

① 参见 *Safe Deposit Company of Pittsburgh v. Pollock*, 85 Penn. 391。
② Paston, J., in Y. B. 21 Hen. VI. 55;Keilway, 50 a, pl.4;Hardres, 163。
③ *Lane v. Cotton*, 1 Ld. Raym. 646, 654;1 Salk. 18;12 Mod. 484。

是从事公共职业的人对损失或者损害所应承担的,进而由"索思科特案"规则依然存留的部分在财物寄托案件中强化的责任。此一方案已经让位给更自由的观念;但是,断章残简依然在诉说。

05-77. 曼斯菲尔德勋爵用与首席大法官霍尔特在"科格斯诉巴纳德案"中所用同样的表达方式,阐述了自己对于公共政策的观点,但却明显将其观点的适用限定于公共承运人。"但是,根据王国的习俗,也就是根据普通法,还有一个责任的程度问题;承运人具有保险人的性质……为了预防诉讼、串通以及必须查明不可能拆解的境况,法律推定对承运人不利,除非……"①

05-78. 今天,人们认为应该以这样的方式界定此一原则,而讨论的话题却转移到谁是公共承运人。因此,人们以默示的方式承认霍尔特勋爵的规则已经被放弃。但是,问题在于,随着该规则一起消失的,不仅仅是我们看到霍尔特勋爵所考虑的一般制度,而且还有曼斯菲尔德勋爵反复强调的特殊理由。那些理由既适用于其他受托人,也适用于公共承运人。此外,航运人和船长之所以起初都没有被认定,就是因为他们都是公共承运人,甚至在"科格斯诉巴纳德案"中,他们也只是作为从事公共职业的受托人的诸多例证而被提及。通过简单地赋予所有需要加以解释的案件一个单一称谓,我们不会获得一个全新的、单一的原则。如果有一项合法的公共政策规则,应该将一种特殊责任加强给公共承运人(就像我们现在所理解的那些语辞一样)而不是其他人,那就还没有述明此项规则。另一方面,如果有可以适用于以这样的方式指定的特别阶层的考量因素——例如铁路公司,可能会有一个任由它们处置的私人因素,或者行使一种对公共福利而言过于庞大的权力——我们无须证明,这样的推理可以通过给全

---

① Forward v. Pittard, 1 T. R. 27, 33.

部三种公共承运人命名的方式扩展适用到一般货船或者公共出租车。

05-79. 如果根本没有普遍适用的政策规则,而公共承运人又保留了通说的一个经验性例外,那么,法院在拓展那些语辞的重要意义时可能就会更加犹豫不决。此外,不允许当事人自由交易的公共政策观念,在大多数法律机构中都遭到了一定的质疑。① 因此,或许可以得出这样的结论:如果出现任何一个新的案件,责任的程度以及任何可能存在的财物寄托合同的效力和解释,都应该公开接受依据一般原则展开的论辩,并且,就早期的先例而言,此一问题已经大体上得以确定。

05-80. 我对有关承运人的法律的探讨早已超出了适当的篇幅,因为在我看来,它是关于普通法成长方式的一个有趣的例证,并且,特别是因为它还是第一篇演讲在末尾处确定的那些原则的一个精彩的阐释。我现在要转入这样的探讨,为此,我先简要叙述了有关财物寄托的法律,而理解普通法的这一部分是必不可少的前提。

---

① Printing and Numerical Registering Co. v. Sampson, L. R. 19 Eq. 462, 465.

第 06 讲
占　有

一、为什么保护？　　　　　　　　　　206
二、事实,还是权利？
三、分析
　　（一）对象之上的权力
　　（二）故意
　　（三）关于第三人的权力
四、占有权利的延续
五、权利的占有
六、占有的结果
七、所有权

06-01. 占有是一个在重要程度上仅次于合同的概念。但是,对于占有理论的兴趣,并不因其在英格兰法律体系中重要的现实意义而终止。占有理论早已落入哲学家们的手中,并且在他们的阐释下,已经成为不止一个精致制度构造的基石。证明一个远比罗马更文明的体系构建在一个与康德和黑格尔的先验学说绝不相容的方案之上,将有助于形成健全的思维。那些学说是在与德国人关于罗马法的观点认真交流的过程中形成的。大多数思辨型的德国法学家,从萨维尼(Savigny)到耶林(Ihering),曾经都是罗马法教授,即便不是被某种形式的康德哲学或者后康德哲学所控制,也是受到了此类哲学的深刻影响。因而,所有一切整合在一起,塑成了对德国式沉思的独特信仰,这样的沉思使信仰失去了对普遍权威的诉求。

06-02. 如果占有者还不是所有者的话,那么,为什么占有会受到法律的保护呢？这是一个极度困扰德国人心智的普遍问题。众所周知,康德关于伦理与法律的观点深受卢梭的诸多猜想的影响。康德、卢梭以及《马萨诸塞权利法案》一致认为,人人都是生而自由和平等的,但是,为什么从那一天起到现在就应该保护占有,在该宣言中,总有某一个部分给此一问题提供了答案。康德和黑格尔都从自由开始。康德说,意志自由是人的本质。意志自由本身就是目的；不需要任何进一步的解释,绝对应该受到尊重,是所有政府都应该实现并加以确认的目的和对象。占有之所以应该受到保护,是因为一个人只有通过占有某物,才能将其纳入自己的意志范围。他可以将自己的人格注入该物之中或者置于该物之上。诚如黑格尔所言,占有是自由意志的客观实现。根据康德的假设,任何以此方式表现出来的个人意志,都有资格得到其他每一个人的绝对尊重,同时只能由普遍意志——也就是,国家通过作为其组成机构的法院采取行动——予以超越或者搁置一旁。

06-03. 在这一点上，萨维尼并没有追随康德的脚步。他认为，每一个暴力行为都是非法的，似乎应该将对占有的保护看作是对人的保护的一个分支部分。① 但是，就此而言，有人回应认为，保护占有是为了防止因欺诈与强力而造成的干扰，因而萨维尼的观点也受到了质疑。那些满足于卑微的权宜事由的人，看起来似乎人数不多，并且已经放弃了原来的观点或者不再受到欢迎。

06-04. 大多数人依然遵循着康德指引的路向。布伦斯（Bruns），一位令人钦佩的作家，在要求从占有本身的性质中抽绎出一种内在的法律需求，因而拒绝经验理由时，他表达了一种日耳曼精神的独特渴求。② 他从人类意志的自由中发现了必然性，而整个法律体系仅仅是承认并执行此一自由。对人类意志自由的约束是一种不当行为——在不考虑该意志是否符合法律的情况下，必须予以矫正——诸如此类，都处在康德的思想脉络之中。③ 因此，甘斯（Gans），黑格尔最喜欢的学生，主张"意志本身就是一个需要保护的重要事物，此种个人意志只得屈服于更高级的共同意志"。④ 普赫塔（Puchta），身为一位伟大的导师，则认为"自我欲求的意志，也就是，对自身个性的承认，应该受到保护"。⑤

06-05. 此一观点的一个重要演变即是当代流行作家温德沙伊德⑥的观点。他更偏好《权利法案》宣言的另一个分支。他认为，对占

---

① Possession, §6, Eng. tr., pp.27, 28.

② R. d. Besitzes, 487.

③ R. d. Besitzes, 490, 491.

④ Bruns, R. d. Besitzes, 415; Windscheid, Pand. §148, n. 6。可以从哈奇森·斯特林（J. Hutchison Sterling）博士的《法哲学演讲录》(Lectures on the Philosophy of Law) 中发现对黑格尔观点的进一步论述。

⑤ Institutionen, §§224, 226; Windscheid, Pand. §148, n. 6.

⑥ 约瑟夫·温德沙伊德（Josef Hubert Bernhard Windscheid, 1817—1892），19世纪德国法学家、潘德克顿学派的代表人物，1837年取得法学博士学位后，开始在杜塞尔多夫邦法院实习，自1847年起先后任教于波恩大学、巴塞尔大学、格雷夫斯瓦尔德大学、慕尼黑大学、海德堡大学、莱比锡大学，其间曾经就任德国民法典起草委员会委员（1879—1883），是《德国民法典》起草者之一。——译者注

有的保护与免受伤害的保护是基于同样的理由,那就是,国家中的每个人与其他人都是平等的,并且没有人可以将自己凌驾于他人之上。① 无可否认,耶林是一个天才,他从一个独立的起点开始,主张占有是一种防御性所有权;为了所有者的利益,事实上行使所有权的人(即占有人)无须证明享有对抗处于非法地位之人的所有权。然而,就此而言,布伦斯在他后来的作品中充分地回答了此一问题,即推定土地被强占者的所有权在一般情况下优于强占他人土地者的所有权,这不能被视为理所当然,而且实际上可能也并非如此。②

06-06. 从康德的学说中可以看出,占有人对财物之占有应该得到确认和维系,直到其被为此目的而提出的诉讼所废止。除了已经提到的那些事实,或许还有一个事实影响了此一推理,那就是在欧陆诉讼程序中确认占有的诉讼或辩护与确认请求的诉讼或辩护之间的精准划分。③ 当确认占有之诉中的被告不被允许为自己设制所有权时,理论家就会很容易从占有中发现一种神秘的重要意义。

06-07. 但是,一个人在什么时候才能有资格获得此一绝对保护呢?根据康德的原则,仅有某人监管某物,是不充分的。基于人格之神圣性的保护,要求应该将对象纳入此一人格范畴,并且自由意志也应该不受限制地注入对象之中。此时,就必须要有占有对象的故意,也就是,使其成为自己的一部分或者归自己所有的故意。

06-08. 在这里,关于罗马法的主流观点开始以先例巩固原则。我们可以从中得知,在诸多实际照管或者监管某物的人中,罗马法只承认所有者是占有者,或者像所有者一样持有该物并且随着时间的流逝以这样的方式变成所有者的人是占有者。后来,基于实用性的考

---

① Windscheid, Pand. § 148, n. 6.
② Besitzklagen, 276, 279.
③ Bruns, R. d. Besitzes, 499.

量,罗马法设定了几个例外。但是,除质权人和涉讼财产保管人(法院指定的涉讼财产管理人)之外,这些例外无关紧要,却颇有争议。① 有一些罗马法学家声称,保管人和借用人并没有实际占有委托给他们的物。② 无论德国人对资料的解释是否走得过远,在检验德国理论时都必须予以考量。

06-09. 哲学通过否认一般受托人的占有,巧妙地经过自我调整以适应罗马法,从而使自身能够要求法律的权威支持一种理论,处理受托人问题的模式仅仅是该理论的一个推论。因此,我认为,更重要的是如何证明有一个远比罗马更发达、更理性甚至更强大的法律体系,并没有接纳康德及其后续者所坚持的前提或者结论。

06-10. 首先,英格兰法始终保持着良好的判断意识③,允许在确认占有之诉的辩护中创设所有权。在全新的侵占土地之诉(一个真正的确认占有之诉)中,被告始终可以依赖自己的所有权。④ 即便是以刑法处罚的方式占有或者保留,例如强行进入和扣留,所有权凭证也可以允许被告保留,并且在许多案件中都被判定构成对侵害诉讼的答复。因此,在侵占货物的诉讼中,被告可以为自己创设所有权。在此项一般规则中,似乎保留着下述特质的痕迹,即不能在侵入私地之诉中审判所有权。然而,这却是一个例外,通常依据的理由是,虽然判决不能变更财产,但动产侵害之诉或者动产侵占之诉可以变更财产。⑤ 在确认占有之诉中不能牵涉所有权,此一规则意味着在证据证明、教会

---

① Burns, R. d. Besitzes, §2, pp.5 *et seq*.; Puchta, *Besitz*, in Weiske, Rechtslex; Windscheid, Paul. § 154, pp.461 *et seq*.(4th ed.).

② D. 41. 2. 3, § 20;13. 6. 8 & 9. Cf. D. 41. 1. 9, § 5.

③ But see Ihering, Geist d. Röm. R., §62, French tr., IV. p.51.

④ 赫斯勒(Heusler)认为,这仅仅是英格兰人在解释令状中的"suo"一词时所秉持的形式主义和狭隘看法的结果。Gewere, 429-432。但是,在面对侵害之诉中的动产时,却没有这样的狭隘看法。参见下文,第 242 页。

⑤ See, further, Bracton, fol. 413; Y. B. 6 Hen. VII. 9, pl.4

法中的恶魔证据（probatio diabolica）、程序上的延迟期间以及暂时占有的重要意义等——所有这一切都标志着一个早已逝去的时代或者社会——方面都存在着巨大困难。在绝大多数案件中，证明初始所有权与证明占有一样容易和便宜。

06-11. 其次，这也是上一次讲座之于该主题的重要意义，普通法总是毫无例外地给所有受托人提供确认占有的救济。获得此类救济的权利，不仅可以延伸适用于质权人、承租人以及那些拥有留置权的人——排除了他们的财物寄托人，而且还可以适用于简单受托人，正如通常所言，这些人都对动产不感兴趣，不享有对抗所有者的扣留财物权，既没有付出也没有收到报酬。①

06-12. 现代德国制定法也遵循了同样的道路，以至于为土地保有人及其他一些人提供确认占有的救济。布伦斯认为，就像是康德理论的精神要求他那样说一样，这是原则为便宜而作出的牺牲。② 但是，我却看不到一项自诩与便宜及立法的实际过程并不相称的原则还留下了些什么。对于法律理论的首要需求是，法律理论应该符合事实。法律理论必须解释所观察到的立法过程。可以充分确信，人们会制定那些在他们看来方便的法律，并且也不会让他们自己困扰于立法会遇到什么样的原则，故而，一项违背便宜的原则可能要等待一段时间之后才能得以永久实现。

06-13. 因此，我们依然需要在《权利法案》或者《独立宣言》之外寻求保护占有的某种理由，这样的理由应该与赋予现代法律概念的更大范畴保持一致。

06-14. 法院对于此一问题几乎无所表达。法院曾经在审理一起案件时提出，这是法律对人所施予的保护的延伸，并且据以判定侵入

---

① Infra, p.243.
② R. d. Besitzes, 494.

私地之诉不得适用于破产财产受托人。① 因此,有人认为,拒绝让破产人就其破产后占有的货物向陌生人提出侵占动产之诉,将会"引发世人竞相占有货物";并且还提到了"政策与便宜的理由"。② 我还可以提一下涉及捕获的案例,其中一些案例会被再次引用。在格陵兰岛的捕鲸业中,按照英国人的习惯,如果第一个捕鲸人失去了对鲸的控制,然后又被另一个捕鲸人捕杀,那么,第一个捕鲸人就不得再提出诉求;但是,如果他始终紧紧抓住鲸,直到被另一个捕鲸人击中,即便那时鲸从第一个鱼叉中逃脱,第一个捕鲸人依然占有完整的鲸。另外,根据加拉帕戈斯群岛的习俗,第一个捕鲸人尽管失去了对鱼线的控制,但仍然拥有半只鲸。③ 这些习俗的每一种都得到了英格兰法院的支持和施行,洛厄尔(Lowell)法官还根据第三种习俗做出了判决,即只要在切割之前提出诉求,就要将鲸交给最早将鱼叉射入鲸体内的船舶。④ 曼斯菲尔德勋爵提出的理由很简单,如果不是因为这样的习俗,在那些冒险者之间一定会保持一种长期维系的战争。⑤ 如果法院对类似的事实采用不同的规则,那么,根据人们在那几个案件中争辩的要点,就自身而言,就有可能动摇关于此一问题的先验理论。

06-15. 那些从法律史中看到社会发展的形式表达的人,很容易认为时空上与之最贴近的法律依据必须是经验性的,即便此一依据是人们普遍持有关于政府的某一特定理想或者理论的事实。法律,作为一种实用之物,必须寻求对实际力量之依赖。人类凭借一种与家犬相同的、海豹亦为突出例证的本能,不会允许自己的占有物因强力或者

---

① *Rogers v. Spence*, 13 M. & W. 579, 581.
② *Webb v. Fox*, 7 T. R. 391, 397.
③ *Fennings v. Lord Grenville*, 1 Taunt. 241; *Littledale v. Scaith*, ib. 243, n.(a); cf. *Hogarth v. Jackson*, M. & M. 58; *Skinner v. Chapman*, ib. 59, n.
④ *Swift v. Gifford*, 2 Lowell, 110.
⑤ 1 Taunt. 248.

欺诈而被剥夺,而且还不想将它夺回来,因此,就法律而言,这就足够了。① 哲学可以找到一百个理由来证实这样的本能,但如果想要谴责此一本能并且让我们毫无怨言地屈从,那它就完全无足轻重了。只要本能依然存在,就法律而言,相对于让人们自生自灭,以有序的方式满足法律的要求更令人感觉舒适。如果不这样做的话,法律就会沦为一种好为人师的卖弄,绝无现实意义。

06-16. 我想我们现在可以开始分析占有了。首先,就一个在德国引起热情争辩的初步问题谈几句,会是有启发意义的。占有是一个事实,还是一种权利? 人们应该根据占有和权利这两个词来回答此一问题,占有和权利是法律所指涉的意思,而不是哲学家或者道学家所理解的意思;作为法律人,除非是在法律意义上,否则我们与这两个词全无关碍。如果能始终牢记这一点,那就不会再有人提出此一问题了。

06-17. 法律权利不过是允许人们行使某些特定的自然权力,并且在某些特定条件下可以通过公共力量的援助获得保护、恢复或者补偿。仅就公共力量给某人提供的援助而言,他享有一种法律权利,无论他的诉求所依据的是正义还是邪恶,该权利都是一样的。若就占有受到保护而言,当获得同样保护的时候,占有与所有同样都是法律权利的来源。

06-18. 每一种权利都是根据法律依附于法律所界定的一个或者多个事实之上的结果,凡是法律赋予任何个人以一种不为全体人民所共享的特殊权利,都是基于这样一个理由,即某些特定事实,不适用于世界上的其他人,而只适用于那个人。如果在涉及某一特定个人的案件中,存在法律以这样的方式拣选出来的一组事实,那么,据称他就有资格获得诸般相应的权利;因而,这就意味着,法律会帮助他以某一种

---

① Cf. Wake, *Evolution of Morality*, Part I. ch. 4, pp.296 *et seq*.

方式约束他的邻人或者他的邻人中的一些人,但如果所有相关事实不适用于他,那就不得采取该种方式。因此,任何表示这样一组事实的语词都意味着因法律后果而依附于该语词之上的权利,而任何表示依附于一组事实的权利的语词都意味着一组以类似方式构成的事实。

06-19. "占有"一词意指这样一组事实。因此,当我们说一个人占有某物时,就是直接确认了该组事实全部适用于他,并且间接或者暗示地表达了法律会赋予他此一境况下的益处。我们可以用同样的方式分析,并且应该依同样的次序对待合同、财产或者任何其他实体法律概念。唯一的区别在于,占有明指事实且隐含后果,而财产始终——合同则带着更多的不确定性和摇摆不定——明指后果且隐含事实。当我们说一个人拥有某物时,就是直接确认他享有依附于某一组事实的后果带来的收益,并且隐含地确认那些事实适用于他。需要掌握的一个重点是,诸如占有、财产与合同等这样的法律构成中的每一个要素,都应该以与对待其他每一个要素类似的方式被析分为事实与权利、前因与后果。究竟是用一个重音词还是两个重音词表达这个要素,完全无关紧要。我们正在研究的,不是词源,而是法律。一直以来,有两个问题要问一下:首先,组成相关事实构成的那些事实是什么;然后,法律要求依附于事实构成的那些后果是什么。前一个问题通常会引出一些绝无仅有的难题。

06-20. 因此,如果说,法律依据后果而赋予占有的保护,就像赋予时效期间内的反向占有、有偿允诺或者封印允诺的那些后果一样,是一项法律意义上真实的权利,那就近乎同义反复。如果可以戏剧化地强化这样的说法,我还可以补充说,占有权可以通过血统继承、遗赠以及转让的方式移转[1],并且在某些州会将这些行为当作财产而征税。[2]

---

[1] *Asher v. Whitlock*, L. R. 1 Q. B. 1.
[2] *People v. Shearer*, 30 Cal. 645.

06-21. 我们现在准备分析一下依据普通法所理解的占有。为了揭示构成占有的事实,我们发现,最好是在初次获得占有时展开对它们的研究。因为彼时那些事实必须全部出现,就像订立合同时必须要有对价和承诺一样。但是,当我们转而讨论占有权的存续期间——或者,就像通常所说的,占有的存续期间——所有的学派都会赞同,并不需要为了保持那些占有权利的生命力,而要求所有的事实都要证明那些权利在当下必须真实存续。

06-22. 那么,为了取得占有,一个人必须对物与对世形成某一特定现实关系,并且必须具有某一特定故意。这些关系以及故意就是我们所要探寻的事实。

06-23. 此一现实关系仅仅是一种与故意共存同延的明示权力关系,只要故意的属性得到确认,就无须再对其做过多的解释了。在谈到后者时,我不打算进行在将故意作为责任构成要素时所追求的类似分析。因为在此一方面形成的关于故意的诸般原则与这里的主题无关,并且,任何这样的分析,只要不失败,不过就是关于证据的探讨而已。或许,此处探究的故意必须要公开明示,但所有据以保护占有的基础理论,看起来都同意导向这样的条件,即故意应该是真实的,当然,要受到法律调查的必要限制。

06-24. 但是,除我们对同胞的权力与故意之外,还必须要对物(对象)拥有一定程度的权力。如果世界上只剩下另外一个人,并且被安全地锁禁在监狱里,那么,拥有钥匙的那个人就不会占有在监狱上空飞翔的燕子。此一构成要素可以根据捕获案来加以证明,尽管划定界线的节点无疑会受到可以获得的对抗其他人的权力程度的影响,也会受到可以获得的针对物(对象)的权力的影响。罗马法与普通法一致认为,在一般情况下,对野生动物的新近追捕并不能赋予追捕者以占有的权利。只要是在某人利用某种手段使野生动物不可能再脱逃之前,如果可以的话,另一个人就可以介入,杀死或者抓获,从而赢得猎物。因此,如果有一个人正在追捕一只狐狸,并且在他看来,当时实际上是自己最早发现、开始动手并追捕那只狐狸的,而另外一个人却杀死并抓获了那只狐狸,法院判决,不得对后者提起诉讼。① 尽管已经有一个相反的裁决,王座法院竟然判决,如果鱼群几乎被捕鱼围网包围,围网两端之间有一个七英寻的开口,有些渔船泊在这个节点上吓得鱼群无法逃跑,那就不得消减这些渔船[对鱼群]的占有——他们可以根据这样的占有,对抗某一驾船从开口驶入并且自己抓鱼的陌生人。② 但是,在足以支撑与不足以支撑占有的对物(对象)的权力之间的差异,显然仅仅是程度上的,而且,根据刚才提及的诸般理由,我们可以在不同的地点、不同的时间划定界线。因此,我们被告知,纽约州立法机构在1844年颁行了一部法律,规定在该州特定县域内开始追捕鹿的任何一个人,只要他是持续紧追③,就应该被视为已占有该猎物,并且在一定程度上修改了刚才引用的那个纽约州判决。因此,尽管优士丁尼(Justinian)决定,一只严重受伤以致极易被捕获的野兽,必须在归属捕获者之前被实际捕获④,但洛厄尔法官却以同样的理由支持上文提到的美洲捕鲸人在北冰洋地区相反的习俗,即只要在切割之前提出诉求,就要将鲸交给最早将铁器射入鲸体内的船舶。⑤

06-25. 我们可以用这几个例子来说明与物(对象)的现实关系,因为除涉及活着的野生物的情况之外,不可能经常考虑此一问题。因此,我们来探讨一下故意,这才是真正的难题。正是在此一问题上,我们发现德国法学家的理论并不能令人满意,我已经解释过原因。那些

---

① 2 Kent's Comm. 349, citing *Pierson v. Post*, 3 Caines,(N. Y.) 175; *Buster v. Newkirk*, 20 Johnson, 6 Q. B. 606.
② *Young v. Hichens*, 6 Q. B. 606.
③ 2 Kent's Comm. 349, n.(*d*).
④ Inst. 2. 1, § 13.
⑤ *Swift v. Gifford*, 2 Lowell, 110.

最著名的理论,都是在某种形式的康德哲学或者后康德哲学的影响下,作为德国人对罗马法的解释理论而搭建起来的。根据德国人的观点,罗马法的占有类型就是所有者的占有或者正在变成所有者的人的占有。依照此一观点,萨维尼(英国读者普遍熟知的唯一一位探讨此一主题的作者)认为,据为己有之意图,或者作为所有者处置该物的故意,通常而言,是将纯粹的现实扣留变成法律上的占有所必需的。① 我们无须停下来追问究竟是此一现代形式还是西奥菲勒斯(Theophilus)②和拥有希腊渊源的占有意图更准确;因为无论哪一种形式,都既会像罗马法学家和教会法学家所做的那样,也会像德国理论必定呈现的那样,将大多数受托人和定期土地保有人从占有人名单中剔除出去。③

06-26. 根据康德法哲学之解释,此一排除的后果导致德国法律人将之于占有所必需的故意看成首要是利己的。德国人的哲学教导他们,一个人对某物(对象)的现实权力之所受到保护,是因为那是其自我的组成部分,是其自由的外部呈现。④ 占有者的意志因而被视为是利己的,他必须持有的故意也要非常清晰:他必须持有为自身利益的故意。此外,利己的故意必须达到占有故意的高度;因为如果达不到的话,似乎就意味着,该物(对象)不会真正处于占有者的人格之下。

06-27. 前文已经阐明了我们拒绝罗马法标准的诸般理由。让我们重新开始。法律义务在逻辑上是法律权利的前因。如果有的话,法律权利与道德权利可能有什么关系,以及道德权利在逻辑上是否同样

---

① Savigny, R. d. Besitzes, § 21.
② II. 9, § 4; III. 29, § 2. 之所以要在这里使用据为己有之意图,是因为它可以简要地表明即便是那些否认此一表达之恰当性的人也要依赖的故意的一般属性,特别是因为萨维尼的观点已经被英国作者所接受。
③ Cf. Bruns, R. d. Besitzes, 413, and ib. 469, 474, 493, 494, 505; Windscheid, Pand. § 149, n.5 (p.447, 4th ed.); Puchta, Inst. § 226.
④ *Supra*, p.207; 2 Puchta, Inst. § 226(5th ed.), pp.545, 546.

也是道德义务的后果,我们在这里并不关心这些问题。这些问题是为一位哲学家所准备的,他从外部接近法律,将其看成一系列波澜壮阔的人类表现的组成部分。法学家的职责就是让人们知晓法律的内容;也就是说,致力于从内部研究法律,或者从逻辑上看,只要切实可行,就可以依序从法律的总属到法律的最低种次,编制并且传播法律。彼时,法律义务先于法律权利。为了从更宽泛的意义上展开探讨,并且避免使用义务这个词,因为它很可能会遭到反对,法律的直接运行就是以某些特定方式限制由或多或少的人所采取的行动或者选择的自由;与此同时,消除或者执行通常赋予特定其他个人的此一限制的权力,或者,质言之,与此一负担相当的权利,并不是一个必然的或者普遍的关联要素。同样地,拥有权利之人所享受的巨大优势并不是由法律创设的。法律并不能让我使用或者滥用摆在我面前的这本书。这是我在没有法律援助的情况下所拥有的一种现实力量。法律所做的仅仅是在或多或少的程度上预防他人干扰我对那本书的使用或者滥用。此一分析及例证既适用于占有,也适用于所有。

06-28. 在涉及占有的案件中,法律正是如此直接发挥作用的,人们会认为,与占有的行动最为接近同时发生的意图或者故意就是我们所要查明的故意。如果法律所做的是排除他人对该物(对象)的干扰,那么,法律所要求的故意就是排除他人干扰的故意。我认为,此种故意正是普通法认为所必需的一切,依据原则应该不会再有其他要求。

06-29. 或许,有人会问,这是不是仅仅从另外一个角度所审视的"据为己有之意图"。如果是这样的话,那么,从盾牌的正面观察还是比从背面审视要好一些。但是,如果我们赋予据为己有之意图以德国人所赋予的、否认一般受托人之占有的意义,那情况就不一样了。如果不具备排除他人干扰的故意,那就很难存在以所有者之名占有或者处分某物的故意,等等;但是,如果没有以所有者之名而持有的故意,那就很有可能会出现排除他人干扰的故意。一个承租多年的租户可以阻止所有人(包括业主在内)进入,直到租期结束;但是,他却不具有在刚才解释的意义上的据为己有之意图。更不用说拥有留置权的受托人,他甚至没有使用的意思,只是扣留有待偿付之物而已。但是,进而言之,普通法保护受托人对抗陌生人,却不保护其对抗所有者,例如,在涉及寄托或者其他可以随意终止的财物寄托的案件中;因此,我们可以说,即便是排除[他人干扰]的故意,也不必像据为己有之意图中所包含的那样宽泛的意义。如果受托人具有排除陌生人主张所有权的意图,根据我们的法律,这就足以占有某物了,尽管他已经充分准备好在任何时刻将该物归还所有者;同时,故意不必然具有关联性,却是一种意图获取物之利益的绝对的、利己的故意,这也正是德国人观点的精髓所在。同样地,如果占有者的头脑中所持有的动机或者意愿,甚至是故意都是利己的,那就不能说此种针对他人的故意不是法律分析中的重要因素。但是,正如我们所看到的,根据普通法理论,尽管保管人持有的故意不是利己的,而只是为了所有者的利益,但他却是一个真正的占有者。

06-30. 除了涉及受托人和承租人的案件,因为我们采用了排除他人干扰的故意或者据为己有之意图的检验标准,还有可能(尽管不一定)会以这样或者那样的方式裁判另外一类案件。"布里奇斯诉霍克斯沃思案"(*Bridges v. Hawkesworth*)①将会成为一个起点。在该案中,有一名顾客将一个钱包落在商店的地板上,在店主发现之前被另一名顾客捡起。普通法法官与罗马法法官一致同意,该发现者先占钱包,从而保有该钱包并可据以对抗店主。因为店主不知道这一情况,既不具有占有钱包的故意,同时又邀请公众来到他的商店,所以他

---

① 15 Jur. 1079;21 L. J. Q. B. 75;7 Eng. L. & Eq. 424.

不可能具有将公众排除在外的故意。但是,假设该钱包遗落在一个私人房间里,又该如何判决该案呢?除非知道该物的存在,否则就不可能形成据为己有之意图;但是,如果不知道该物存在的话,那么,将他人排除在外的意图就可能包含在一个将他人排除在该物所处的空间之外的更大的故意中。

06-31. 在"麦卡沃伊诉梅迪纳案"(*McAvoy v. Medina*)①中,一个钱包落在理发师的桌子上,法院判决认为理发师享有优先于发现者的权利。该司法意见比较模糊。它对自愿放在桌上的物品和遗落在地板上的物品进行了区分,并且可能依据的理由是,当所有者以那样的方式落下一件物品时,就意味着要求店主保管该物品,因而使店主享有一种优先于在他之前实际发现该物品的人的权利。然而,此一观点是很勉强的,法院或许认为,在顾客离开理发店后,理发师就占有了该物品。稍后,在一起请求给钱包的发现者以奖赏的诉讼中,有人在所有者遗落的地方发现了那个钱包,并且将其放在银行柜台外面供顾客使用的桌子上,对此,同一法院认为,这不属于有关遗失物的裁判,"银行房间的使用者,而不是原告,才是该遗失物的适当保管人"。②这段话似乎暗示着,原告并不是在被告之后最先占有该物的人,虽然可以将商店的地板比作街道,但除了得到允许的特殊用途之外,通常认为公众应该被排除出商店的工位、柜台及桌子。然而,此案或许也只是判定该钱包在提示的条件下算不上遗失。

06-32. 我认为从英格兰海难案件中推导出任何结论都不是确定无疑的,因为那些案件经常与时效及其他权利问题纠葛在一起。但是,看起来在那些案件中似乎已经判定了清晰确切的观点。因为法院判决认为,如果一根木材漂到一个人的岸边土地上,那么,他就因而获

---

① 11 Allen, 548.
② *Kincaid v. Eaton*, 98 Mass. 139.

得了一项"占有权利",以对抗一个为了移走木材而进入他的土地的实际发现者。① 据称,占有权足以对抗侵害行为;但在法院看来,该术语似乎仅仅意味着占有,因为首席大法官肖指出,问题在于哪一方当事人"在不享有其他所有权的情况下,仅凭纯粹的占有,就可以提出更优先的诉求",而且从该案来看,除非存在实际占有,否则就没有任何占有权。

06-33. 在一起刑事案件中,法院判决,有充分理由认为被一个陌生人从运河河底取走的逆风行船时沉落的财物归运河公司所有,尽管从表面看来该公司并不了解此一情况,或者对该财物不享有任何留置权。②

06-34. 在此类情况下,与发现物有关的恰当的故意,就是土地占有者所具有的将公众排除在土地之外,进而也将公众排除在土地上的事物之外的一般故意。

06-35. 虽然我们无法设想罗马法律人已经创造出那些在他们的残留遗迹上建造起来的精致理论,但是,他们可能会对所有这样的案件做出不同的判决。③

06-36. 在这里,我可以回过头来谈一谈涉及锁在货箱里装运货物或者打包运送货物以及类似的案件。这是一项刑法规则,即如果此一货或者包裹的受托人不当地将整个货箱或者包裹出售,他不构成盗窃,但是,如果他将货箱或者包裹拆卸散装,他就构成盗窃,因为在前一种情况下,他没有构成侵害,而在后一种情况下,他构成了侵

---

① *Barker v. Bates*, 13 Pick. 255, 257, 261; *Proctor v. Adams*, 113 Mass. 376, 377; 1 Bl. Comm. 297, Shaw. ed., n.14. Cf. *Blades v. Higgs*, 13 C. B. N. S. 844, 847, 848, 850, 851; 11 H. L. C. 621; *Smith v. Smith*, Strange, 955.

② *Reg. v. Rowe*, Bell, C. C. 93.

③ 关于埋藏在他人土地上的财宝,参见 D. 41. 2. 44, pr.; D. 10. 4. 15。注意不同的观点,参见 D. 41. 2. 3, §3。

害。① 有人间或提出的理由是,正是由于拆卸散装,受托人确认了财物寄托,而该货物即刻再度归于受托人占有。或许,这是一种既不必要、也不充分的拟制。该项规则源于《年鉴》,而《年鉴》所包含的理论是,虽然将货箱交给了受托人,但箱里的货物并没有交付,此一理论同样适用于民事案件和刑事案件。寄托人具有将受托人排除在货物之外的权力与故意,因而,也可以说是,寄托人具有足以对抗受托人的占有货物的权利与故意。②

06-37. 另一方面,罗得岛州的一个案例③则反对这里提出的观点。一个人购买了一个保险箱,后来又想卖掉它,就将保险箱交给被告,并且允许他将自己的书放在里面,直到保险箱被卖掉。被告发现在保险箱的缝隙里卡着一些钞票,原告听说此一情况后,便向被告索要保险箱和钱。被告送回了保险箱,却拒绝把钱送还,法院支持了被告的拒绝。我冒昧地认为此一判决是错误的。我的观点不会因为下面的假设(案例汇编没有完全澄清)而有所改变,即被告作为受托人而不是仆人或者代理人接收了保险箱,以及原告允许被告使用保险箱是一般性的。法院的论点所依据的是,被告不是[钞票的]发现者。问题在于,他是否有必要成为发现者。令人难以置信的是,如果被告从保险箱中偷走了那些钞票,那么,那些财物就不可能还放在保险箱所有者那里④,或者,如果在那些环境条件下钞票被挪用,那么,保险箱所有者就无法针对那些钞票提出动产侵占之诉。詹姆斯·斯蒂芬爵士似乎从"卡特赖特诉格林案"(*Cartwright v. Green*)及"梅里诉格林案"

---

① 3 Inst. 107;1 Hale, P. C. 504, 505;2 Bishop, Crim. Law, §§834, 860(6th ed.).

② 比较 Y. B. 8 Ed. II. 275;Fitzh. Abr. *Detinue*, pl.59;Y. B. 13 Ed. IV. 9, pl.5;Keilway, 160, pl.2; *Merry v. Green*, 7 M. & W. 623, 630。然而,或许没有必要走那么远,并且也不能将这些案例作为确立该理论的依据。关于错误的解释,可以参见 2 East, P. C. 696。

③ *Durfee v. Jones*, 11 R. I. 588.

④ *Reg. v. Rowe*, Bell, C. C. 93, stated above.

(*Merry v. Green*)①中得出了一个类似结论;但我认为,从这些案例中根本找不到支持该结论的依据,更找不到支持该建议理由的依据。

06-38. 然而,可以理解的是,"德菲诉琼斯案"(*Durfee v. Jones*)与这里所坚持的关于必要故意的一般性质的观点完全一致,并且该案仅仅涉及一个次要问题,即排除妨碍的故意是否必须指向特定事物,或者就像我倾向于主张的,甚至可以无意识地包含在一个更宽泛的故意之中。

06-39. 迄今为止,还没有谈论过关于仆人保管的问题。有一个众所周知的刑法学说,即如果一个仆人在刑法的意义上挪用了主人委托给他并以仆人之名保管的财物,那么,他就构成盗窃罪,因为他被视为从主人的占有下拿走了财物。这就相当于说,以仆人之名保管其主人财物的仆人并不占有该财物,并且《年鉴》中也是这样规定的。②

06-40. 根据此一反常的区别,如果仆人为其主人而从另外一个人那里接收了某物品,那么,该仆人就占有该物,因而不能构成盗窃③,而那些古老案例使得此一区别更加合理。因为那些古老案例所采取的区别在于,当仆人在家里或者与主人在一起时,主人保留占有,但如果主人将他的马交给仆人骑到市场上,或者给仆人一个袋子带到伦敦,那么,该物就脱离了主人的占有,而处于仆人的占有之下了。④ 在此一更容易理解的形式下,该项规则今天不会盛行。但是,其中有一半内容——即酒馆的顾客并不占有他所使用的盘子——无疑仍然是法律,因为普通顾客在法

---

① 8 Ves. 405;7 M. & W. 623;Stephen, Crim. Law, Art. 281, I11.(4), p.197。斯蒂芬爵士认为,"因为不能推定[保险箱的所有者]在发现保险箱时具有成为保险箱所有者的意图"——此一理由来自萨维尼,但是,就像已经表明的,却不适合英格兰法。

② Y. B. 13 Ed. IV. 9, 10, pl.5;21 Hen. VII. 14, pl.21. Cf. 3 Hen. VII. 12, pl.9;Steph. Crim. Law, Art. 297, and App., note xvii.

③ Steph. Crim. Law, Art. 297, and App., note xvii. p.382。或许,值得怀疑的是,古老的法律是否会认可此一形式的规则。F. N. B. 91 E;Y. B. 2 Ed. IV. 15, pl.7.

④ Y. B. 21 Hen. VII. 14, pl.21;13 Co. Rep. 69.

律地位上与仆人类似。①

06-41. 在刑法范畴之外,关于仆人是否获得占有的问题,英格兰的判决很少。但是,《年鉴》并没有显示出民事案件与刑事案件之间的任何区别,并且法院与公认的作者拥有一个几乎从未断裂的传统,即无论在何种情况下,仆人都无法获得占有。主人雇用一个仆人销售布匹,如果仆人挪用布匹,那么,主人可以对仆人提起侵害之诉②;而且,美国的案例充分阐明了此一古老学说。人们经常说,必须将仆人与受托人区别开来。

06-42. 但是,或许有人会问,如何能使对仆人之占有的拒绝符合提议的检验标准,并且如实地声称,像借用者一样,仆人也拥有排除世人妨碍的故意。无疑,关于仆人的法律与此一检验标准相悖;毫无疑问,那些将理论建立在罗马法上的人,在此一事实以及关于一般受托人的罗马学说的指引下,尝试在法律与标准相遇之处寻求和解的方案。但是,事实上,关于仆人的此一例外情况完全是基于历史的原因。无论是对于自己的主人,还是对于其他人,仆人之所以被拒绝占有(因而区别于保管人),并不是因为他对其保管之物存有任何特别之故意,而仅仅是因其身份而引发的诸多附带事件之一。众所周知,仆人的身份保留了诸多奴隶时代的标记。主人因仆人的侵权行为而承担的责任即属一例。当前的案例则属另一例。奴隶的占有即是主人的占有,实际的理由在于主人对奴隶的权力③,以及奴隶在法律面前没有身份的事实。奴隶之人格混同于家父之人格,此一观念在奴隶解放时

---

① 据称,在此一情况下(pro hac vice),他们属于家族的成员。Southcote v. Stanley, 1 H. & N. 247, 250。比较 Y. B. 2 Hen. IV. 18, pl.6。

② Moore, 248, pl.392; s. c., Owen, 52; F. N. B. 91 E; 2 Bl. Comm. 396; 1 H. Bl. 81, 84; 1 Chitty, Pl. 170(1st ed.); Dicey, Parties, 358; 9 Mass. 104; 7 Cowen, 294; 3 S. & R. 20; 13 Iredell, 18; 6 Barb. 362,以及其他一些援引的案例。有一些美国的案例之所以被驳回,原因在于保管人不是仆人。比较 Holiday v. Hicks, Cro. Eliz. 638, 661, 746; Drope v. Theyar, Popham, 178, 179。

③ Bracton, fol. 6 a, § 3, 12 a, 17 a, Cap. V. ad fin., 25 a, b, etc.; Puchta, Inst. § 228.

代依然存在。

06-43. 我在第一讲①中已经表明,代理(权)产生于更为古老的罗马法上的关系,是通过将源于罗马法的一些概念在此一情况下扩展适用到自由人身上而产生的。我认为,我们的法律也是如此,普通法后来的发展似乎在很大程度上受到了罗马法的影响。晚至布莱克斯通,代理人开始出现在关于仆人的一般标题之下,并且据引支持关于代理人的法律的第一批先例都是涉及主人与仆人的案例。布莱克斯通的话语值得引用:"还有第四种仆人——如果可以这样称呼他们的话——他们地位较高,具有一定管理能力;诸如管家、(地产)管理人以及看守人;然而,考虑到他们的行为会影响到他们的主人或者雇主的财物,法律就将他们视为临时的仆人。"②

06-44. 事实上,在现代,这两种关系——主人与仆人、委托人与代理人——中的任何一种所造成的诸多影响,都可以解释为主人自身所作所为的结果。如果有一个人告诉另一个人去以前者的名义签订一份合同,或者命令另一个人去实施一个侵权行为,那就不需要什么特别概念来解释为什么他会被判决承担责任;即便在中间一方当事人是自由民的案件中,也是直到法律变得成熟一些时,才得出这样的结论。但是,如果代理这一标题完全值得在法律上确立起来,那就一定是因为此一关系的事实附带了一些特殊的后果。如果构成全部内容的仅仅是将委托人约束在一份授权合同上的权力,那么,我们还不如就写一段关于墨水与纸的篇章,而不是关于代理人的论文。但那并不是全部。即便是在合同领域,我们发现这样一个引人注目的学说,即

---

① See also 7 Am. Law Rev. 62 *et seq*.;10 Am. Law Rev. 431;2 Kent, Comm.(12th ed.), 260, n.1.
② 1 Comm. 427. 比较佩利(Paley)《论代理》一书的前言。在那些古老的书籍中,地产管理人通常被称作仆人,例如,参见 *Woodlife's Case*, Owen, 57; *Holiday v. Hicks*, Cro. Eliz. 638; *Southcote's Case*, 4 Co. Rep. 83 b, 84 a; *Southern v. How*, Cro. Jac. 468; St. 21 Jac. I., c.16 § 3; *Morse v. Slue*, 3 Keble, 72. 关于看守人,可以参见 Bract. 26 b,"归还占有,或者仆役",等等;Y. B. 7 Hen. IV. 14, pl.18。

威廉·布莱克斯通

未被披露的委托人享有众所周知的缔约人的权利和义务——他可以被起诉,而且,更重要的是,他也可以根据其代理人的合同提起诉讼。对代理人的承诺可以被视为对委托人的承诺,据引支持此一命题的第一个先例,就是一个涉及主人与仆人的案例。[①]

06-45. 由于我当下的目的仅仅是要说明此一身份识别学说在影响占有理论时的意义,因而,如果还要再细致地考量必须在多大程度上援引该学说来解释委托人因其代理人的侵权行为而要承担

[①] Paley, Agency, c.4, §1, citing Godbolt, 360。亦可进一步参见 F. N. B. 120, G;Fitzh. Abr. *Dette*, pl.3;Y. B. 8 Ed. IV. 11, pl.9。即便涉及仆人问题,这些规则看起来仍然颇有些现代意味。在更古老的《年鉴》中,主人因其仆人的契约之债而要承担的责任,受到了严格的限制。

的责任,或者,除了适用于行为人拥有一个被界定得尚属清晰的仆人身份,是否还有另外一项更合理的规则来规制其他案件,那就显得不合时宜了。我想再多说几句,因为我不可能再回来谈此一主题了。

06-46. 如果主人因其仆人的侵权行为而要承担的责任,迄今为止,始终被法院视为一项早已过时的制度的腐朽残余,那么,发现该规则仅限于根据古老先例审判的案件,就不足为奇了。然而,事实并非如此。该规则依据类推被扩展适用于新的关系。① 在委托人不具有对实际不当行为人的家父关系时,也可以适用该规则。② 如果双方之间的关系是暂时性的,因而可以排除身份的概念,就像另一个人的仆人因过失而暂时代表被告行事,或者邻人作为志愿者为某人提供帮助,那么,法院可以判决一个人为另一个人承担责任③;并且,就当前所知而言,还从来没有哪一个委托人以其代理人的职业尊严为由逃避责任。④ 法院都习惯性认为,似乎同样的规则既适用于经纪人和其他代理人,也适用于恰当称谓的仆人。⑤ 实际上,早已有规定,雇主的责任并不仅限于涉及仆人的案件⑥,通常的案件当然会涉及卑微的仆人以

---

① 我更倾向于认为,此一扩展适用在很大程度上是因于罗马法的影响。参见本书第一篇演讲,第20页,注1,并且注意涉及纵火的先例(e.g., Y. B. 2 Hen. IV. 18, pl.6)在塑造关于主人与仆人的现代学说时所发挥的作用。*Tuberville v. Stampe*, 1 Ld. Raym. 264(在该案中,霍尔特勋爵援引的例证即源于罗马法); *Brucker v. Fromont*, 6 T. R. 659; *M' Manus v. Crickett*, 1 East, 106; *Patten v. Rea*, 2 C. B. N. S. 606。在"萨瑟恩诉豪案"(*Southern v. How*, Popham, 143)中,参引《博士与学生》(Doctor and Student)来支持那些一般责任原则。《博士与学生》所记述的是罗马法。还可以参见 *Boson v. Sandford*, 1 Shower, 101, 102。

② Bac. Abr. *Master and Servant*, K; Smith, *Master and Servant* (3d ed.), 260, n.(t)。

③ *Clapp v. Kemp*, 122 Mass. 481; *Murray v. Currie*, L. R. 6 C. P. 24, 28; *Hill v. Morey*, 26 Vt. 178.

④ See, e.g., *Patten v. Rea*, 2 C. B. N. S. 606; *Bolingbroke v. Swindon Local Board*, L. R. 9 C. P. 575.

⑤ *Freeman v. Rosher*, 13 Q. B. 780, 785; *Gauntlett v. King*, 3 C. B. N. S. 59; *Haseler v. Lemoyne*, 28 L. J. C. P. 103; *Collett v. Foster*, 2 H. & N. 356; *Barwick v. English Joint Stock Bank*, L. R. 2 Ex. 259, 265, 266; *Lucas v. Mason*, L. R. 10 Ex. 251, 253, 最后一段; *Mackay v. Commercial Bank of New Brunswick*, L. R. 5 P. C. 394, 411, 412。关于合伙人,3 Kent's Comm.(12th ed.), notes(d) & 1。

⑥ *Bush v. Steinman*, 1 B. & P. 404, 409.

及类似的人,尽管他们负担不起重大的裁判。

06-47. 另一方面,如果那些关于代理(权)的特殊学说是反常的,并且,像我认为的那样,造成了仆役身份的逐渐消失,那么,很有可能发生的情况是,常识会拒绝最大限度地适用那些学说。例如,在"康富特诉福克案"(Cornfoot v. Fowke)①中,为了查明一项欺诈行为,而将明知真相的委托人与虚假陈述的代理人视同一人,或者,在许多英格兰的案例②中,委托人要对其代理人的欺诈行为承担责任;正是从这样的问题中,我们可以看到传统与正义本能之间存在的此类冲突。但是,只要构成主人责任之根由的拟制依然存在,那么,借用逻辑来调和分歧,就像变圆为方一样,是徒劳无望的。

06-48. 在《美国法律评论》③上发表的一篇文章中,我提到了戈德弗罗瓦(Godefroi)关于代理人的一种表达:经理人享有主人的人格。④ 此一拟制的人格统一的概念,在最近一部有益的著作⑤中,被宣称为律师的暗夜。但是,该概念却得到了亨利·梅因爵士的认可⑥,并且我认为,如果——正如我想要表明的那样——当有些规则规制的对象不再是奴隶时,它们就失去了自身真正的意义,除非依据那些规则在实践中的遗存,否则根本无法充分且完整地解释现代法律,那么,上

---

① 6 M. & W. 358。比较 Udell v. Atherton, 7 H. & N. 172, 184,支持文本中的一个类似评论。在这里,该判决的其他理由都无关紧要。

② Mackay v. Commercial Bank of New Brunswick, L. R. 5 P. C. 394; Barwick v. English Joint Stock Bank, L. R. 2 Ex. 259; Western Bank of Scotland v. Addie, L. R. 1 H. L. Sc. 145;2 Kent(12th ed.), 616, n.1; Swift v. Jewsbury, L. R. 9 Q. B. 301, overruling s. c. sub nom. Swift v. Winterbotham, L. R. 8 Q. B. 244; Weir v. Bell, 3 Ex. D. 238, 244。布拉姆韦尔男爵(Baron Bramwell)提到的反对一个人为另一个人的欺诈行为承担责任的意见,也是对一般的主人与仆人关系所附带的特殊后果的反对,并且,那位同样博学的法官也曾以更一般的形式强烈地表示过同样的反对。12 Am. Law Rev. 197, 200;2 H. & N. 356, 361。参见 7 Am. Law Rev. 61, 62。

③ 7 Am. Law Rev. 63(Oct. 1872).

④ D. 44. 2. 4, note 17, Elzevir ed.

⑤ Hunter's Roman Law, 431.

⑥ Ancient Hist. of Inst. 235.

述概念也一定坚持表达了普通法的某一重要方面的内容。如果说,一个奴隶没有法律地位,但却被纳入其主人在法律面前所代表的家庭之中,我们不难理解此一说法的意思是什么。当我们说,一个身处其所当关系中的自由仆人,在许多方面都被法律类比于奴隶(当然,作为一个自由人,这无损于自身),意思似乎同样也很清晰。接下来要谈的仅仅是,不属于一般意义上的仆人的其他人,或许可以在某一特定关系中被当成仆人对待。这正是历史向我们展示出来的观念的进步;并且,这里的意思也正是我们所说的,据以证实代理(权)构成普通法的一个标题项的典型特征,即是代理人的法律个性在此被其委托人的法律个性所吸收。

06-49. 如果在逻辑上导致出现了此一情况,那么,紧接着就会是,以其委托人之名构成占有的代理人不愿意被视为享有法律意义上的占有,或者不愿意被当成有资格的侵占。但是,在上述所言之后,除非有先例证明①,否则根本无法针对此一法律能否延续至今表达意见。请注意所举案例的性质。该案涉及一个为占有之节点与目的而构成的代理人。受托人可以是出于其他目的的代理人。自由的仆人也可以成为受托人。但是,受托人须以自己的名义获得占有,正如我们所言,遵循着罗马人的习语,而仆人或者代理人则不必以自己的名义获得占有。

06-50. 即便是篇幅允许的话,几乎也不值得去检寻与此一主题相关的书籍,因为会从中发现语词异常混乱。例如,在此一关系方面,有人认为,承运人即是仆人②;最为清晰的是,当货物在他的保管之下

---

① 比较 *Gillett v. Ball*, 9 Penn. St. 13; *Craig v. Gilbreth*, 47 Me. 416; *Nickolson v. Knowles*, 5 Maddock, 47; *Williams v. Pott*, L. R. 12 Eq. 149; *Adams v. Jones*, 12 Ad. & El. 455; Bracton, fol. 28 b, 42 b, 43。此外,可以与前文引用的布莱克斯通的段落进行比较:"Possidet, cujus nomine possidetur, procurator alienae possessioni praetat ministerium." D. 41. 2. 18. pr.

② *Ward v. Macaulay*, 4 T. R. 489, 490。比较前文关于财产管理人的讨论,第 228 页。

时,货物即为他所占有。① 因而,如果货物仍由卖方保管时,之于合同而言的占有和接收就与交付混为一谈。② 普通法采用了一种罗马学说③,即通过变更卖方持有的性质,可以构成交付,也就是占有的变更;但是,对于由什么导致这样的变更,普通法并不总是模仿罗马人小心谨慎的态度。④ 在谈及受托人时,总是认为他们好像就是占有的代理人——但却很容易因他们通常是出于其他目的的代理人这一事实而发生混淆。在一些案件中,将中间人手上货物的占有转移给受让人⑤,不区分中间人是以自己的名义还是以购买者的名义持有货物,无疑,对那些案件的判决通常是恰当的,但却增加了思考此一主题时的混乱。

06-51. 德国作者有一点倾向于根据占有理论在法律上的占有与事实上的扣留之间所作区分的广度来评价占有理论;但是,从此处采取的观点来看,可以看到,据以否认占有以及对本身持有的仆人和代理人确认占有的救济之理由——如果后者确实没有获得那些救济的话——仅仅是历史上的,并且,在适用一般理论时,只能将此种否认当成一种例外。我们还会发现,经常据以将仆人与保管人相互比拟的理由,即两者之持有都是为了他人而非自己的利益,对普通法完全没有影响,而普通法始终认为保管人取得了占有;此一理由也不是对前述罗马学说的真实解释,该罗马学说并没有依据上述理由对任何一类案

---

① *Berndtson v. Strang*, L. R. 3 Ch. 588, 590.

② Blackburn, Sale, 33; *Marvin v. Wallis*, 6 El. & Bl. 726.

③ D. 41. 2. 18, pr。"Quod meo nomine possideo, possum alieno nomine possidere: nec enim muto mihi causam possessionis, sed desino possidere et alium possessorem ministerio meo facio. Nec idem est possidere et alieno nomine possidere: nam possidet, cujus nomine possidetur, procurator alienae possessioni praetat ministerium." 由此可见,卖方可以通过先以买方的名义持有,再作为其代理人占有的方式,变更占有。比较 Bracton, fol. 28 *b*。

④ Windscheid, Pand. § 155, n.8 *a*;2 Kent(12th ed.), 492, n.1(*a*)。此外,还应该记住的是,罗马法否认受托人占有。

⑤ 参见,例如,*Farina v. Home*,16 M. & W. 119, 123。

件做出判决,并且对其中一类案件的判决所支持的理由,不同于据以判决另外一类案件的理由。

06-52. 现在就可以很容易地处理关于对第三人的权力的问题了。这显然是一种与故意共存同延的权力。但是,我们必须记得,法律仅仅处理或者主要处理清晰确凿的事实;因而,当我们谈及排除他人的权力时,我们所意指的不过是以清晰确凿的形式所呈现出来的权力而已。当一个孩子捡起一个钱包时,或许会在同样的范围和视野内出现一个有权有势的流氓;但是,如果那个孩子什么都没有做,他就应该表现出一种必需的权力,好像得到了一百名警察的支持一样。因而应予限定的是,或许有人会认为,权力的表现形式与故意的表现形式恰恰是同等重要的。但是,这两个方面还是迥然不同的,当有两个同时存在且相互冲突的故意时,权利的表现形式就成为决定性的。顺此而言,例如,对于一茬谷物的收成,双方当事人都不享有所有权,却提出彼此冲突的诉求,并且双方轮流交替耕种;原告收割了谷物,将其摞成几个小垛,堆放在同一块田地里;在堆放了一个星期后,双方同时开始搬运,对此,法院判决原告并未取得占有。① 但是,如果被告的第一次干预是在原告将谷物收获成堆之后,那么,原告就有可能获得补偿。② 因此,如果学校理事会占有一间教室,并且安排进了一位校长,但他后来又被解雇了,可是第二天(6 月 30 日)他又强行进入;7 月 4 日理事会以通知形式要求他离开,直到 11 日将其赶走;法院认为,该校长[对于那间教室]从未取得足以对抗理事会的占有。③

06-53. 在此一问题上,我们被导向了通过取得占有而延续权利的主题。可以看到,为了取得占有,就必须具备某些特定的现实关系(正

---

① McGahey v. Moore, 3 Ired.(N. C.)35.
② Reader v. Moody, 3 Jones,(N. C.)372. Cf. Basset v. Maynard, Cro. Eliz. 819, 820.
③ Borwne v. Dawson, 12 A. & E. 624. Cf. D. 43. 16. 17;ib. 3, § 9;D. 41. 2. 18, § 3;Clayton, 147, pl. 268.

如刚才所解释的)以及某种特定的故意。我们要继续追问的是,对于某一个人而言,为了保留因某些事实的存在而产生的权利,那些事实在多大程度上必须在当下是真实的。此一盛行的看法是萨维尼的观点。他认为,必须始终存在与获得之时相同的意图,以及一种随意复现对物(对象)的初始现实关系的恒久权力。每个人都同意,没有必要始终持有一种对物的现时权力,否则一个人只能占有自己手中的东西。但是,我们是否可以摒弃更多东西,这是一个问题。构成占有的诸般事实,在性质上,能即时地维系已经造成诸多思想混乱的语言。我们用"占有"这个词——在一般意义上——表示为取得占有所必需的全部事实的存在,也表示这样一种与占有者相关的境况,即尽管其中一些事实不复存在,但他依然受到保护,就像那些事实存在一样。因此,正如一些德国作家近来所做的那样,人们很容易将那些事实的终止看成是权利的丧失。①

06-54. 但是,某些特定事实必须同时发生才能创生那些与占有相随而来的权利,从此单一情况来看,那些事实必须持续存在才能维系那些权利的效力,就像下述情况一样,必须要有对价和承诺才能创生契约上的权利,从此一情况来看,对价和承诺也必须持续在当事人之间移转,直到契约得以履行那一刻。尽管赋予特定权利的理由可能会在确定哪些事实应被视为具有如此效用时产生巨大的影响,但某些赋予权利的特定事实一旦经过明示,法律就没有任何一般理由来判定权利终止,除非明确出现某一与权利之延续相抵触的事实。对物(对象)的初始现实关系的终止,或许会被视为这样一种事实;但事实上从未被当成这样的事实,除非是在比当下更不受控制的暴力时代。根据同样的原则,复现初始现实关系的权力的终止是否会影响那些权利的

---

① Cf. Bruns, R. d. Besitzes, 503.

延续,这仅仅是一个涉及传统或者政策的问题。这与另一个人对抗性地取得一个新的占有并不是基于同样的理由。我们采纳了罗马法中涉及野生动物的规定,但我们普通法的一般发展趋势是更倾向于占有。普通法拒绝所有权或者占有权缺失的状况,就像某种权利的真空一样。因此,法院已经明确判定,如果有人发现并且泊停了一些圆木,但那些木材再次散开并漂离,又被另一个人发现,那么,第一个发现者保留因其先占而产生的权利,他可以对拒绝放弃木材的第二个发现者提起动产侵占之诉。①

06-55. 假设有一个发现一袋金子的人,将金子放在自家偏僻的、由稀疏木栅围起的乡间住宅里,而他在一百英里外的监狱里。在二十英里范围内,仅有一个装备齐全的夜盗者站在他家门前,透过窗户看见了那袋金子,并且意图立刻进入房间拿走它。该发现者复现其之前与金子的现实关系的权力是非常有限的,但我相信,没有人会说在夜盗者通过一个公然行为明示自己有将他人排除于那袋金子之外的权力与故意时,发现者的占有就终止了。此事的理由与在取得占有时便据以享有将他人排除在外的权力的理由是一样的。就大多数情况而言,法律所处理的都是人们可以感知的公开行为和事实。只要夜盗者没有拿走那袋金子,他就没有明确表示出自己的故意;直到穿破那些标志着当前占有者将其排除在外的栅栏之前,该夜盗者都没有明确表示出自己的权力。可以进一步发现,根据本次演讲所采用的检验标准,住宅的所有者在最严格的意义上享有现时的占有,因为尽管他没有萨维尼所说的那种必不可少的权力,但他享有将他人排除在外的现时的故意与权力。

---

① *Clark v. Maloney*, 3 Harrington(Del.), 68. 布伦斯(Bruns, R. d. Besitzes, 503, 507)基于实际的便利得出了同样的结论,尽管他在理论上完全拒绝接受。我必须指出的是之前说过的触及理论与便利之间的那些冲突的内容。

06-56. 可以想象的是，普通法甚至会将占有当成一种所有权来对待，并且认为，一旦取得占有，就获得了继续对抗除一人之外整个世界的权利，直到发生足以剥夺所有权的情况。

06-57. 权利的占有，诚所谓，诸多世纪以来在欧洲大陆上始终是一个争议焦点。就德国作家而言，甚至会认为或许真的存在对义务的占有，这并不罕见；这看起来符合一种普遍观点，即占有与权利在理论上是共存同延的概念；意志对一般外部对象（无论该对象是物，还是另一种意志）的掌控，如果符合一般意志，因而是合法的，就被称为权利，尽管当时事实上仅仅是占有。① 考虑到之前关于占有属于事实还是权利的问题所说的话，可以看出，占有与权利之间的此一对立不能被视为一种**法律上的**区别。构成占有的事实与构成所有的事实一样，确实创生了一些权利，尽管纯粹的占有者的权利不如所有者的权利那么宽泛。

06-58. 反过来说，权利源于某些特定事实，而那些事实被假定为对于被赋予诸如此类权利的人而言是真实的。如果这些事实具有这样一种性质，即它们对于不同的人而言可以持续成为真实的，例如在涉及占用土地的案件中，不同的占用者可以连续享有相应的诸多权利。但是，如果那些事实已经过去并且消灭（例如给予对价和接受承诺），那么，除开那些事实初始之时于其而言是真实的当事人——在该假定案件中，即初始的缔约人——其他任何人都不能对由此而生的权利提出任何诉求，因为除初始的缔约人之外，没有人能填补那些权利据以产生的境况。

06-59. 英国读者或许会认同，在诸多基本构成事实中，某一种事

---

① Bruns, R. d. Besitzes, §57, p.486。有一位博学的古代作家设问，如果你不再雇用一名医生，为什么那名医生没有提起确认占有之诉，并且回答："Sentio actionem non tenere, sed sentio tantum, nec si vel morte mineris, possum dicere quare. Tu lector, si sapis, rationes decidendi suggere." Hommel, Rhaps., qu. 489, cited, Bruns, 407。

实均与物质对象存在某一特定关系。但是,此一对象可能是一名奴隶,也可能是一匹马①;通过此种方式而产生的概念,可以经由遗存扩展适用于免费服务领域。值得注意的是,即便是布伦斯,在运用自己的理论时,似乎也没能超越涉及身份的案例以及那些(用普通语言来说)土地用于提供争议中的服务事项——就像土地用于出租——的案例。② 迄今为止,免费服务仍被当作是奴役性的,即便依据我们的普通法,主人在免费服务事项方面享有足以对抗整个世界的财产权利,因而这仅仅是一个涉及应该将界线划在哪里的程度问题。我可能会认为,就像一个人可以在没有所有权的情况下占有一名奴隶一样,一个人也可以在没有契约的情况下在提供的免费服务事项方面享有所有者的一切权利。尽管实际上根本不存在服务合同,但父母依然可以因年满二十一岁的女儿被诱奸而获得损害赔偿,此时,或许可以看到上述境况。③ 因而,在整个教会法时期,以及早期的英格兰法中,租金被视为不动产的一个组成部分,能够予以占有和强占,并且像土地一样,可以依据侵占土地之诉获得损害赔偿。④

06-60. 但是,在我们的普通法中,与在罗马法中一样,涉及所谓权利占有的最重要的案例发生在地役权领域。地役权在某一特定意义上是可以占有的。一个人可以以某种特定方式使用土地,并且怀有排除其他所有人以任何与自己的使用不一致的方式使用土地的故意,至此但勿前行。然而,如果这确实是占有的话,那也是对土地的有限占有,就像其他案例所表明的,不是对权利的占有。但是,无论是依据行为还是时效,一旦实际创设了一项地役权,任何需役地的占有者都会

---

① *Gardiner v. Thibodeau*, 14 La. An. 732.
② Bruns, 483.
③ 2 Kent(12th ed.), 205, n. 1. Cf. Y. B. 21 Hen. VI. 8, 9, pl. 19; American note to *Scott v. Shepherd*, in 1 Sm. L. C.(Am. Ed.).
④ Britton(Nich. ed.), I. 277(cf. Bract., fol. 164 *b* ;Fleta, fol. 214;Glanv., Lib. XIII. c. 37) ;Littleton, § § 237-240, 588, 589;3 Bl. Comm. 170;3 Cruise, Dig., tit. xxviii., *Rents*, ch. 2, § 34.

因享有地役权而受到保护,尽管这一点是确定无疑的,但在过去并没有受到这样的保护,理由是地役权本身——作为诸般先例之遗存——仅仅是占有的对象,在后续的讲座中会对那些先例加以解释。① 因此,为了检验是否存在法律要保护的此种纯粹的占有,我们将举一个关于一条实际使用了四年的道路,却未能获得地役权的案例,并且追问准承役地的占有者是否会因其对土地的使用而受到保护,从而对抗第三人。一般可能会觉得他应该受到保护,但我认为他不会受到保护。②

06-61. 对此一学说的首要反对意见看来似乎是,一个人具有排除世人处置土地的一般权力与故意,而另一个人则享有以某一特定方式使用土地,进而排除土地所有者干预使用的权力,而这两种说法几乎是相互矛盾的。两者的调和需要一定程度的人工推理。然而,应该牢记的是,呈现于每一个案件中的问题,不是相关当事人的实际权力是什么,而是他们表现出来的权力是什么。如果后者可以以这样的方式保持平衡,那么,法律就可能会承认一种分离的占有。但是,如果分离的占有只有在取得一项权利的情况下才能获得法律的承认,那么,强占他人土地者因使用地役权而受到的保护,就仍然需要通过参照前述演讲中提及的那些事实来加以解释。

06-62. 附属于占有的诸多后果,基本上就是所有附带的后果,但会受到我在上文提及的占有权利之延续问题的影响。即便是某一动产的不当占有者,也可以因不享有所有权的陌生人对动产的侵占而获

---

① 参见第十一讲。
② 比较 *Stockport Water Works v. Potter*, 3 H. & C. 300, 318。(1 Sm. L. C., 300) 第 7 版英文本中使用的语言非常宽泛。如果法律保护土地占有者享有流入该土地的水流,那么,之所以要保护,是因为对水流的使用被视为享有土地的一个组成部分,而绝不意味着做出与涉及恰好于他人土地上铺设道路的案件同样的判决。

得全部损害赔偿,或者取得该特定物的返还。①

06-63. 诚然,人们始终认为,为了维系返还原物之诉②或者动产侵占之诉③,设定某种"特殊财产权"是必需的。但是,诸多现代案例证实,占有是足够充分的,对普通法渊源的考察可以证明,设定特殊财产权并没有太多的意义。事实显示,布雷克顿所描述的违背个人意志而遗失的动产的索回程序,就像其在欧洲大陆的前身一样,是以占有为基础的。然而,布雷克顿恰恰在其明确做出此一声明的段落中,使用了一个(如果不加以解释的话)似乎意指所有(权)的短语——"对自己的东西提出诉求"。④ 诸多后来的令状也使用了同样的语词,当有人对受托人为取得自己的货物和动产而提起的诉讼表示异议(经常发生这样的情况),认为应该支持由自己保管的货物时,人们总是回答说,衡平法院的大法官们不会签署此一形式的令状。⑤

06-64. 问题的实质在于,在令状的意义范畴内,一个人占有的货物就是他的。但是,人们通过主张,尽管原告对动产不享有一般财产权,但他享有一种足以对抗陌生人的财产权⑥,或者享有一种特殊财产权,试图在此一正式语词与事实之间达成一个正式和解。和解就这样发生了,并且,奇怪的是,我发现有两个最早的事例使用了后一个习语,是两个分别涉及保管人⑦和借用人⑧的案例。布鲁克说,一个不当

---

① *Jefferies v. Great Western Railway Co*., 5 El. & Bl. 802. Cf. *Armory v. Delamirie*, 1 Strange, 505, 1 Sm. L. C.
② Co. Lit. 145 b.
③ 2 Wms. Saund. 47 b, note 1, to *Wilbraham v. Snow*.
④ Bract., fol. 150 b, 151; *supra*, p.168; Y. B. 22 Ed. I. 466-468.
⑤ Y. B. 48 Ed. III. 20; 11 Hen. IV. 17; 11 Hen. IV. 23, 24; 21 Hen. VII. 14。盖茨比(Gatesby)探讨了所有格(*sua*)的意义(Y. B. 10 Ed. IV. 1, B)。比较 Laband, Vermögensrechtlichen Klagen, 111; Heusler, Gewere, 492 *et seq*., correcting Bruns, R. d. Besitzes, 300 *et seq*.; Sohm, Proc. d. L. Sal., § 6。
⑥ Y. B. 11 Hen. IV. 17, pl. 39.
⑦ Y. B. 21 Hen. VII. 14 b, pl. 23.
⑧ Godbolt, 173, pl. 239. Cf. 11 Hen. IV. 17, pl. 39.

占有人"有权对抗除真正的所有者之外的所有人"。① 在这个意义上,可以将此一特殊财产权更好地描述为一种"确认占有的财产权",就像法院在指控盗窃罪的诉讼中,判决可以将这样的财产权赋予遭受侵害的受托人一样。②

06-65. 我已经解释过,受托人对第三人的诉权,尽管事实上是受托人责任的基础,并且仅仅源于他的占有,但却因倒置而被视为应该建立在责任之上。从说受托人可以起诉,是因为他们负有责任③,到说他们享有一种足以对抗陌生人的财产权或者一种特殊财产权,是因为他们负有责任④,再到说他们可以起诉,是因为他们享有一种特殊财产权并且负有责任⑤,这一步很短。因此,特殊财产权意味着不仅仅是占有,还是提起诉讼的一个必要条件,此一观念已经注入法律之中。

06-66. 因此一习语在不同联系中的不同使用,导致更容易犯这样的错误。无论是否享有留置权,受托人通常都要对在其保管下失窃的货物承担责任。但是,就质权人而言,如果他将质押物与自己的货物放在一起,然后一并失窃,那么,法律就会有所不同。⑥ 至少在柯克勋爵时代,对于此一区别的解释是,从某种意义上说,质押物就是质权人自己的,他对质押物享有一种特殊财产权,因而,根本不存在普通的寄托关系,或者说,所允诺的仅仅是像对自己的货物一样保管。⑦ 在探讨质权人转让质押物的权利时,也使用了同样的表述。⑧ 在这个意义上,该术语仅仅适用于质押物,但它在特定联系中的重大意义,很容易

---

① Bro. Abr. *Trespass*, pl. 433, cit. Y. B. 13 Hen. VII. 10.
② Kelyng, 39. See, further, Buller, N. P. 33.
③ 第五篇演讲;Y. B. 20 Hen. VII. 1, pl. 11。
④ Y. B. 21 Hen. VII. 14 *b*, pl. 23.
⑤ 1 Roll. Abr. 4, 5(I), pl. 1. Cf. *Arnold v. Jefferson*, 1 Ld. Raym. 275.
⑥ 29 Ass., fol. 163, pl. 28.
⑦ *Southcote's Case*, 4 Co. Rep. 83 *b*.
⑧ *Mores v. Conham*, Owen, 123. Cf. *Ratcliff v. Davis*, 1 Bulstr. 29.

被适用于其他场合,结果是该特殊财产权一方面被视为提起确认占有之诉的必要条件,另一方面则被认为是对货物的限定利益。

06-67. 讲到占有的法律后果,仅仅提到针对动产而制定的规定也适用于土地。因为尽管收回土地之诉中的原告必须依据自己的所有权对占有土地的被告进行追偿,但现在已经确定的是,如果被告所依据的仅仅是自己对土地的占有,那么先占就足够了。① 占有当然足以应对非法侵入土地。② 尽管早期通过侵占土地之诉的救济措施仅限于依法占有土地之人,但所依据的是并不影响一般理论的理由。

06-68. 在结束之前,我必须再谈一下关于所有权及类似概念的问题。依循对占有所进行的分析次序,第一个问题必须是,作为法律后果,被称作所有权的那些权利所依附的事实是什么?最熟悉的获得所有权的方式,是通过从前一所有者手中转让。但是,这是以既存的所有权为前提的,而问题在于要揭示是什么导致了该所有权的存在。

06-69. 产生此一效果的一个事实是第一次占有。猎捕野生动物的人,或者捕获海洋鱼类的人,不仅取得占有,而且还享有足以对抗所有人的所有权。但是,取得初始与独立的所有权最普通的模式,是通过某些特定诉讼程序——在法庭上,或者法庭外——对抗所有人。其中一个极端是海事法庭上的对物诉讼,海事法庭在权力范围内对财产做出终局处置,并且在出售财物或者对财物做出判决时,海事法庭并不处置这个人或者那个人的所有权,而是赋予一个优先于所有先前利益——无论那些利益是什么——的全新的所有权。另一种更熟悉的情况是时效,即公开逆向持有财物持续一段特定时间,就会产生一个类似后果。通过时效取得的所有权,并不是仅仅从这个或者那个所有

---

① *Doe v. Dyball*, Mood. & M. 346 and note;2 Wms. Saund. 111, and later notes;1 Ad. & El. 119; *Asher v. Whitlock*, L. R. 1 Q. B. 1.

② *Graham v. Peat*, 1 East, 244.

者手中取得一个推定的转让,而是消灭了所有先前相互矛盾的诉求。这两种模式融合在古老的和解协议公示中,在此一情况下,法庭判决与一年时效的整合效果就是要阻止所有的诉求。①

06-70. 因此,立法机构或许会将那些类似于所有者权利的权利赋予那些其他事实属实的人。例如,专利权人,或者政府为其颁发某一法律凭据且事实上已经做出足以获得专利的发明之人。

06-71. 但是,所有权的诸般权利是什么呢？它们与那些随占有而生的权利基本上是一致的。在政策划定的限度范围内,允许所有者对对象物行使自然权而免受干扰,并且在排除其他人干扰方面收获了或多或少的保护。所有者可以排除一切,并且无须对任何人负责。占有人获准除了一个人之外排除所有人,并且除了他之外,无须对任何人负责。将财产法部门变得如此重大的诸多问题,不必然或者通常依赖于与占有相区别的所有权,都是涉及转让的问题。这些问题都涉及不具有一个独立且初始的所有权,却基于已经存在的所有权而产生,或者涉及在那些因所有权而产生的人之间分割初始所有权的模式。我们将会在关于继承的讲座中解决并且解释这些问题。

---

① 关于此一期限,参见 Heusler, Gewere。比较 Laveleye, Propriété, 166。

第07讲

合同——(1)历史

一、早期的合同形式
  (一)允诺宣誓
  (二)保证与寄托
  (三)债
  (四)诉讼的起源
二、对价
  (一)债的起源
  (二)程序与判例
  (三)证人出庭
  (四)发明对价学说
三、封印契约
四、简式契约
  (一)因被告之介入而从侵权转向合同
  (二)新的对价学说
  (三)简式契约对实体法的影响

07-01. 为了满足现代需求,合同学说已被彻底改造,因而在这里没有太多必要进行历史研究。合同学说早已经过了成功的探讨,因而在这里也没有多少足以展开新的实质分析的余地。但是,对诸多现代学说的成长做一个简要说明,无论是否必要,至少是耐人寻味的,同时也不能省略对那些现代学说主要特征的分析,或许还可以提出一些新的特点。

07-02. 人们普遍认为,就普通法而言,众所周知最古老的合同形式是封印契约与债,毫无疑问,它们都是早期的。但是,还有其他一些合同依然在适用,尽管它们在一定程度上采用了现代形式,但至少暗示了这样一个问题,即那些合同是不是也同样在那么早的时候就出现了。

07-03. 其中,允诺誓言,不再是私法领域中任何权利的基础。之所以使用允诺誓言,仅仅主要是作为一种与就任公共职务有关的庄严仪式。法官宣誓要依法执行正义,陪审员宣誓要依据法律和证据做出裁决,新移民宣誓要对自己选择的政府秉持真正的信仰和忠诚。

07-04. 但是,还有另外一种合同,发挥着更为重要的作用。如果提到保证合同,或许,听起来可能有些自相矛盾。今天,保证仅仅是一种附属义务,以主承诺为前提,并且,若就合同的性质而言,则与任何其他合同一样。但是,正如拉菲里埃(Laferrière)[①]以及很可能是由一些早期作者所指出的,在古代法中,保证即人质,而人质的交付绝不仅限于国际事务。

07-05. 在有关波尔多的胡恩(Huon of Bordeaux)的以格律诗歌的形式流传的古老的浪漫传说中,胡恩杀死了查理大帝的儿子,作为获得宽恕的代价,皇帝要求他完成各种看似不可能完成的任务。胡恩开

---

① 2 Hist. Du Droit Franç., pp.146 *et seq*., 152.

始执行这一任务,并且留下十二名骑士抵作人质。① 他成功返回,但一开始却让皇帝以为自己的命令被违抗了。于是,查理曼大帝喊道:"我将胡恩的保证人传唤至此。我要绞死他们,他们不得救赎。"②因此,当胡恩想要决斗时,为了确认对其指控的真伪,每一方当事人都要先出示一些朋友抵作人质。

07-06. 当为了确认一项指控之真伪而举行的决斗出示人质时,此一交易非常类似于在法庭审判某一讼案时提供的担保。这实际上是日耳曼诉讼程序中一种常见的处置方式。人们会记得,法律最早是作为一种家族或者宗族之间私人决斗的替代物而出现的。然而,虽然被告未能以和平方式服从法院管辖,可能会被置于法律保护之外,故而任何人只要目之所见即可杀死他,但是,起初却无法确保原告有权获得赔偿,除非被告愿意提供这样的担保。③

07-07. 为我们保留至今的英格兰习俗在某种程度上更为先进,但在其诉讼程序中,有一个显著特征是每一步都要提供担保。所有的法律人都会记得,在虚构约翰和理查德的拟制中保留着这样的一缕痕迹,即原告为自己提起的诉讼提供保证人。④ 但是,从诸多早期法律不断复述的规则中发现了一个更重要的事例,即被指控犯有不当行为的被告必须要么找到担保,要么投进监狱。⑤ 此种担保即是早期的人质,后来,当为惩罚的诉讼与为救济的诉讼相互分离时,该担保就变成了刑法上的保释。当保释人实际上将自己的身体置于受担保方的权

---

① Anciens Poètes de la France,(Guessard,) p.71.
② Page 283; cf. 284, cxviii. *et seq*., 44, lxix.
③ Sohm, Proc. d. Lex. Sal., §§15, 23-25, tr. Thévenin, pp.80, 105, 106, 122.
④ 在古代普通法诉讼中,作为原告的保证人(pledges),他们的名字必须附于起诉状的末尾处。后来,在普通法的演进过程中,由于不再对提出虚假请求的原告处以罚款,诉讼保证人就变成一种纯粹的形式,一般以虚构的人名(例如约翰和理查德)代替,或者完全省略。参见薛波主编:《元照英美法词典》,北京大学出版社2013年版,第1059页。——译者注
⑤ Essays in A. S. Law, p.292.

力之下时,我们仍然认为责任是一样的。

07-08. 在查理曼大帝对《撒利克法》(Lex Salica)的诸多添加内容中,有一条规定了一个自由人通过担保方式将自己置于另一个人的权力之下。① 亨利一世时期的英格兰法恰恰采用了此一习惯表达。② 我们已经从波尔多的胡恩的故事中看到了这意味着什么。《法官之镜》(*Mirror of Justices*)③指出,当诉讼当事人未能出现在审判中时,卡努特国王(King Canute)过去经常将保释人当成当事人加以审判,但是,亨利一世国王却将卡努特国王的规则限定于同意此一事实的保释人身上。

07-09. 晚近至爱德华三世统治时期,有一位英格兰法官沙德(Shard),在陈述了法律依然如故——也就是,保释人是囚犯的看守人,如果囚犯逃逸,受托人要受到指控——之后,评论认为,保释人因其身份而应该被绞死。④ 这也是涉及监狱看守的类似案件中适用的法律。⑤ 此一古老观念可以从现代作家赋予重罪保释的允诺形式中予以追溯。虽然保释人受到"以身替身"⑥的约束,但现代法律文献⑦则认为有必要表明,如果正犯没有出庭,这并不能使保释人承受正犯的惩罚,而只限于罚金。⑧ 此一合同在履行方式上也不同于我们现代的观念。它仅仅是在被授权出场的官员面前所呈现出来的一种对责任的

---

① Cap. VIII., Merkel, p.48.
② Cap. LXXXIX. § 3, Essays in A. S. Law, p.291.
③ Chap. IV. § 16.
④ Fitzh. Abr. *Mainprise*, pl.12(H. 33 Ed. III.); Staundforde, P. C. 65.
⑤ Abbr. Plac., p.343, col. 2, rot. 37, 17 Ed. II.
⑥ Jacob, L. D., "Bail." Cf. 1 Bulstr. 45; Hawkins, P. C., II. ch. 15, § 83; Abbr. Plac., p.343, col. 2, rot. 37, 17 Ed. II.
⑦ 法律文献(law-books),在普通法中,主要是供律师们使用的书籍,包括法律摘要、判例汇编、教科书,以及法律百科全书类的著作等。参见薛波主编:《元照英美法词典》,北京大学出版社2013年版,第788页。——译者注
⑧ Highmore, Bail, p.199; Jacob, L. D., "Bail." Cf. 2 Laferière, Hist. Du Droit Franç., p.148.

庄严承认。既不需要保释人的签名①,也不要求被保释的人像当事人一样约束自己。②

07-10. 但是,这样的特殊之处早已被制定法所修改或者废除,我曾经认真研究过此一案例,与其说是作为一种不同于所有其他合同的特殊合同形式,不如说是因为它的起源的历史显示出普通法中合同的诸多早期形态之一。这可以追溯到——如果出现要求交出人质的情况——为了拯救人质而不断增强的信念,以及随之而来的对实际监禁的放宽。在处置囚犯本人的相应模式中,或许可以找到一个例证。囚犯的保释人——也就是假定应该将囚犯的身体交付的人——有权在任何时候、任何地方拘押囚犯,但却允许囚犯逍遥法外,直到被交出。人们会注意到,此种合同形式,就像罗马十二表法所处理的债一样,并且基于同样的动机,尽管依据不同的程序,却都是将缔约一方的身体视为终极清偿。

07-11. 债是另外一种适合于优先权的更普遍的选项。自萨维尼时代以来,合同在罗马法与德国法中的第一次出现,经常被归结为因某种意外事件导致尚未完全履行的买卖案件。此一问题看起来似乎并不具有重大的哲学意义。因为若要解释人类最初如何学会承诺,我们就必须诉诸形而上学,并且查明它是以何种方式来表达一种将来时态。如果在一个特定的制度体系中第一次强制施行一种特别的承诺,那么,此一特别承诺很难引导出任何具有普遍重要意义的真理。但是,因债之诉的历史,尽管以一种比较卑微的方式,却是颇具启发意义的。有必要对它有所了解,以便更好地理解当前构成合同法的那些摆脱偏见的规则。

07-12. 在格兰维尔的著述中,因债之诉被认为已经构成众所周

---

① Highmore, p.195.
② Ibid., p.200.

知的救济措施之一。但是,当时的普通法仍然处在一种较为原始的状态,并且很容易想象到,一种可以追溯至彼时的诉讼形式并不是建立在任何极为微妙的差异之上。正如我将要直接表明的,因债之诉仅仅是一种获得任何一种金钱诉求的普遍诉讼形式,但不包括尚未清偿的对武力损害的赔偿诉求,为此专门设置了同样普遍的侵害救济措施。

07-13. 有人认为,此一诉讼是从彼时更为文明的罗马法的诉讼程序中借用而来的。认为所有早期的英格兰法律作家都是从罗马(法)借用了他们的修辞与分类,这是一种自然而然的观点。不过,看起来该诉讼更有可能承袭了纯粹的日耳曼血统。它具有拉班德(Laband)所描述的在欧洲大陆发现的原始诉讼程序的诸般特征。①

07-14. 原告在债务令状中诉求的主旨是,被告欠了他许多钱,并且不当地拒绝偿还。就这样的诉求而言,被告的义务是如何产生的,并不重要。这样的诉求并不局限于合同。只要存在基于任何理由的偿付义务,就应该满足这样的诉求。其所陈述的仅仅是一个法律结论,而不是该结论所依据的以及责任据以产生的事实。古老的日耳曼人提出的诉求同样是"A欠了我许多钱"。

07-15. 日耳曼诉讼程序的特点在于,被告可以通过以同样笼统的方式答复他不欠原告什么来回应原告的诉求。如果原告要防止被告以此种方式逃避责任,那么,除了声称存在一项债务,他还不得不做更多的事。在英格兰,如果原告没有什么能证明被告的债务,那么,被告的否认就会让他走出法庭;即使原告能证明有债务,但也可能会因被告与他的一些朋友一起发誓说他什么都不欠而败诉。诸多世纪以来,因债之诉之所以被后来的救济措施——违约索赔之诉——所替

---

① Vermögensrechtlichen Klagen.

代,首要原因即是此一早期遗俗的残留。

07-16. 最终,与在德国一样,在英格兰,诉求扣留金钱的因债之诉是因不当地拒绝偿还任何其他动产而提起的诉讼的孪生兄弟。在这两种情况下,诉求的主旨都是一样的。

07-17. 法律初创时期的此一粗略产物,于当下的我们而言,却具有重要意义,这看起来似乎很奇怪。然而,每当我们追溯某一重要的实体法学说足够古远的时候,我们就很有可能在它的源头发现一些被遗忘的程序境况。我们已经对于此一事实做出了一些说明。因债之诉以及其他涉及合同的诉讼也会提供其他一些例证。因债之诉为对价学说提供了至关重要的启示。

07-18. 普通法并不强制执行人们可能做出的每一个承诺。有百分之九十九的承诺,经由口头陈述或者简单书面形式做出,除非存在相应的对价,否则便没有约束力。也就是说,正如人们通常所解释的那样,除非要约人要么给承诺人带来益处,要么招致损害,作为承诺的诱因。

07-19. 有人认为,此一规则是衡平法院从罗马法借鉴而来的,经过一定的修改,融入了普通法中。

07-20. 但是,关于该问题的此一说法至少是存有疑问的。就语词的使用而言,我不知道在伊丽莎白统治时代之前是否已经将对价明确称为诉因;在早期的判例汇编中,对价总是被写成"一物对一物"。据我所知,对价的第一次出现,是在弗莱塔(Fleta)对于因债之诉的描述中①,尽管我更倾向于认为弗莱塔的说法并不可信,但仔细考察《年鉴》所显示的判例的年代时序,我认为,在可能从衡平法中发现之前,此一学说在因债之诉方面已经得到了充分发展。在最早提及承诺

---

① II. c. 60, § 25。格兰维尔所谓的"正当债因"(Lib. X. c. 4)似乎与对价相距甚远。

人表示承诺的诸多情境中,有一种发生在违约索赔之诉中。① 但是,该学说肯定不是起源于此。我所看到的第一次提及与衡平法有关的对价,是以"一物对一物"的形式出现的②,并且发生在因债之诉的必要条件完全确立下来之后。③

07-21. 除非相信弗莱塔,而不重视几乎同一时期的证据,否则,仅仅是封印合同从来不需要对价这一事实便足以表明,该项规则不可能根据作为一项实体法规则的政策而产生。反过来说,该学说与某一特殊程序模式的并存就非常有力地表明,特别需求与特别程序之间很有可能是相互关联的。将几个绝无争议的事实放在一起,同时考虑自然形成的后果,将会对此一问题有所启发。因此,有必要对因债之诉做进一步考察。但是,恰当地应该是,从一开始就承认,我是在非常犹豫并且充分意识到可能会有人表示反对的情况下,提出了这样的解释。

07-22. 刚才我们应该注意到,为了向否认债务的被告追偿索赔,原告不得不出示一些东西证明债务的存在;否则,就会被移交至宗教法庭的限定管辖之下。此一规定并不意指现代意义上的证据。这仅仅意味着他必须以当时法律承认的方式维系自己的诉因。当时有三种方式:决斗,文书,以及证人。决斗无须讨论,因为很快就在因债之诉中停止使用,并且对我现在要说明的问题也没有什么影响。另一方面,依据文书和证人的审判,则必须予以认真仔细地研究。为了方便起见,我们先考察后者(证人),查明哪些属于证人。

07-23. 有一个问题,我们自始便知:他们并不是像我们现在对该术语的理解意义上的证人。他们并没有被带至陪审团面前接受询问与交叉询问,他们的证词是否有效也不取决于主审法院是否相信。今

---

① Y. B. 3 Hen. VI. 36.
② Y. B. 37 Hen. VI. 13, pl.3.
③ Y. B. 37 Hen. VI. 8, pl.33.

天,判决案件所依据的,不是证据,而是裁定或者对事实的判定,之后才是判决。证人的誓言,除非被相信,否则没有任何效力。但是,在亨利二世时期,陪审团审判尚不存在。只要允许宣誓,无论是否被相信,誓言都具有同样的效力。法律没有规定要由第二个机构来对其进行审查。在那些可能依据证人进行审判的案件中,如果被要求出庭的当事人能够找到一定数量的人愿意以某一特定形式宣誓,那么,事情就结束了。

07-24. 现在看来,这像是一种比被告出具书面确认文书更原始的确认债务的方式,而发现它的起源至关重要。

07-25. 从早期的文献与判例汇编来看,此种审判模式的运用几乎完全限定于因买卖或者借贷而产生的索赔案件。问题随之而生,我们是否正在追溯一种在格兰维尔的撰述时代就已经很古老的制度。在诺曼征服之前的诸多世纪里,盎格鲁—撒克逊法[1]要求选出一定数量的官方证人,在每一次买卖交易时都要召集其中的两人或者三人到场。设置这些证人的目的通常不被认为是为了证明债务。他们[的设置]可以追溯到盗窃以及类似犯罪构成主要诉讼理由的时代,任命证人的目的旨在提供一种手段,据以判定被指控盗窃财物之人是否合法获得那些财物。被告可以根据证人的誓言来证明自己是依照法律指定的方式公开购买或者收受该财物,从而洗脱重罪。

07-26. 证人在买卖交易时在场,如果交易双方之间出现任何问题,他们就能对自己的所见所闻宣誓作证。因此,证人的使用并不局限于处置重罪指控。但是,此种特殊事务确认了撒克逊时期交易证人的身份。现在,众所周知,在诺曼人的影响之下,此类证人的使用尚未立刻消失。从征服者威廉的法律中,可以发现证人的古老功能。[2] 格

---

[1] Essays in A. S. Law, 187.
[2] I. 45; III. 10.

兰维尔的语言似乎证明,这样的证人在亨利二世时期依然为世人所知。他说,如果购买者不能传唤他选择的售卖者,向他担保售卖的物品并且为诉讼提出辩护,(因为如果他这样做的话,就可以将风险转移给售卖者,)那么,购买者若有充分的证据证明他是合法地购买了该物品——即合法交易,将会让他洗脱重罪。但是,如果购买者提起的诉讼缺乏充分的证据,那么,他将陷于危险之境。① 这就是再次呈现的威廉的法律。由此可见,购买者依然使用了交易证人。

07-27. 但是,格兰维尔似乎也承认利用证人来确认债务。② 由于交易证人之前可以用于此一目的,我认为没有理由怀疑这样的证人依然可以适用,并且他在这里也是如此论及那些证人的。③ 此外,在亨利二世之后很久一段时间里,每当为了一项没有书面证据的债务提起诉讼时,原告在被问及有什么可以证明债务时,总是回答"好的出庭",并提供他的证人,法庭有时会询问那些证人。④ 我认为,据以推断后来判例汇编中"好的出庭"就是从撒克逊时期交易证人衍生而来,并不费力,因为已经证明格兰维尔所谓的"塞克塔"(secta)即是如此。⑤

---

① Lib. X. c. 17。当事人向法庭提交一些人的誓言,出席法庭(Suit, secta),是一个适用于那些宣誓之人的术语。(塞克塔[secta],在古代普通法中,是指原告带到法庭以支持其诉讼的证人,因而可译为"支持原告的出庭证人"。在爱德华三世时期,废除了此一做法,但"为此原告向法庭提供了证人"这一习语得以沿用,直到废除使用拉丁语格式起诉为止。因而,在普通法语境中,亦可译为"诉讼"或者"出席法庭"。Suit,通常译为"诉讼",但若依据其在古代英格兰法中的原义,应该译为"支持原告的出庭证人"或者"出席法庭"。参见薛波主编:《元照英美法词典》,北京大学出版社2013年版,第1234页及第1308页。——译者注)

② Lib. X. c. 12(Beames, p.262);c. 8 & c. 5(Beames, pp.256, 251);cf. Lib. IV. c. 6,其间,要提交证人以供观察和聆听(de visu et auditu)。比较 Bract., fol. 315 b, §6;Fleta, II. C. 63, §10, p.137。毫无疑问,正如格兰维尔所言(Lib. X. c. 17),普通的证明方式是依据文书或者通过决斗,并且国王法院通常并不保护在任何地方——除非是在国王的法院——达成的私人协议(Lib. X. c. 8)。但是,鉴于自布雷克顿以来此一连续不断的证据,很难说在其所处的时代从未依据证人来确认债务。

③ 但是,比较 Brunner, Schwurgerichte, 399。我还不至于说交易证人依然是一项活的制度。无论可能怎样,传统的自我塑造至少要以先前官方机构的职能为范型。

④ Bract., fol. 315 b, §6;Britt.(Nich.) I. p.162;Magna Charta, c. 38;Y. B. 21 Ed. I. 456;7 Ed. II. 242;18 Ed. II. 582;3 Bl. Comm. 295, 344. Cf. 17 Ed. III. 48 b.

⑤ Cf. Glanv., Lib. IV. c. 6.

07-28.假设已经完成了此一论证步骤,我们不妨再次回顾一下证人誓言的初始性质。证人誓言仅限于证人通过观察和聆听所了解到的事实。但是,由于提供证人的目的只是要求那些证人在财物易手时在场,故而证人可以在交易双方之间发挥作用的主要讼案是因财物交付而诉求债务。此一目的之所以没有扩展至双方当事人均已履行的协议,是因为不可能再出现盗窃的问题。格兰维尔表明,在其所处的时代,国王法庭并不强制执行这样的协议。① 现在,如果塞克塔的誓言只能用于确认交易证人可以为之宣誓的债务,那么,很容易就可以看出,诉讼程序上的意外如何可能引发一项至关重要的实体法规则。

07-29.证人只能对其所知晓的事实宣誓,此一规则加上没有在可能产生债务的交易中使用证人的意外因素——除一个特定事实之外,即财物的交付——再加上财物交付是"一物对一物"的意外因素,就相当于证人证明债务时必须要有"一物对一物"的规则。但是,这些经由证人而非契据②证明的债务,就是我们所称的简单契约之债,并且因债而生,然后延伸至其他契约,这就确立了我们特别且至为重要的原则,即每一份简单契约都必须具有一个对价。这绝不是关于通常依据被告封印即可证明的债务或者契约的法律规定,并且,它仅仅适用于先前由限制使用程序确立的义务,此一事实进一步表明,其与程序的关联并不是偶然的。

07-30.证明模式很快就改变了,但晚至伊丽莎白女王统治时

---

① Lib. X. c. 18。这有可能意味着格兰维尔经常重复的说法,即国王法庭(通常而言)不承认私人协议。或许,实体法依然受到自合同初期以来的传统的限制。参见第 248 页、第 251 页、第 259 页及第 260 页。此一最宽泛形式的主张或许是基于无法以任何方式审判此类协议,除那些已经明确规定的协议之外。cf. the requirement of *aliam diracionationem* and *aliis probationaibus*, in Lib. X. c. 12。But cf. Ibid. with Essays in A. S. Law, pp.189, 190。

② 契据(deed),是一种由当事人签字、封印并交付的书面文据,通常记载一项契约或者协议,表示当事人同意转让某项地产权利,或设定某项义务,或确认某项转让地产权利的行为。例如,租约、抵押证书及财产和解协议等,均属契据。根据普通法原则,任何地产交易都应采取契据形式。参见薛波主编:《元照英美法词典》,北京大学出版社 2013 年版,第 382 页。——译者注

期,我们还可以找到此一初始联系的痕迹。据称,"但是,普通法要求应有一个新的诉因(例如,对价),据此,如果需要的话,国家或许应该具有审判案件的智慧与知识,以使之对公共福利不可或缺"。① 曼斯菲尔德勋爵展示了他对我们普通法历史根基的直觉,他说"我认为,关于对价之缺失的古代观念仅仅是为了证据;因为一旦被简化为一种书面形式,诸如契据、封印契约、保证协议等,那对对价之缺失就没有任何异议了"。②

07-31. 前面的论证必然仅限于债务,而关于对价的要求却同样适用于所有简单契约,如果有人对此表示反对的话,那么,答案就是,此一规则极有可能源于债务,并且从债务拓展至其他契约。

07-32. 但是,再一次,或许有人可能会问,除了刚才提及的那些合同,是否还存在其他可由证人证明的合同。难道就没有任何以此种方式证明的契约需要偶然的对价吗?对此,也应该有一个简单的回答。这些合同由民事法庭强制执行,甚至晚到亨利二世时期,量少而简单。证人程序无疑相当宽泛,足以适用于所有早期签订的合同。除了那些(刚才提及的)买卖、借贷及类似情况,我发现仅有两种合同义务。这些合同义务都是伴随着本次讲座开始时提及的买卖和保证而来的担保。在买卖中,对所有权的担保,与其说是一种合同,不如说是一种依据法律从买方与卖方之间的关系中产生的义务。其他的明示担保都是在交易证人知悉范围内的事项,并且在撒克逊时代交易证人要为之宣誓作证。③

07-33. 但是,在诺曼时代,几乎从未听说过担保,除非涉及土地,并且彼时是根据决斗来判决的。担保完全消失了(除非在一份契

---

① *Sharington v. Strotton*, Plowden, 298, at p.302, M. 7 & 8 Eliz.
② *Pillans v. Van Mierop*, 3 Burrow, 1663, 1669.
③ 1 Thorpe, Ane. Laws, 181, Oath, 7, 8.

据中包含了担保),以至于它不可能影响到有关对价的法律。因而,我会假设,如果没有更多的细节,担保就不会对案件产生影响。

07-34. 接下来,谈一谈诉讼保证人或者保证人吧。他不再用自己的身体偿还债务,除非在极其特殊的情况下,但却将他的责任转化为金钱,并在因债之诉中强制执行。此一历史悠久的合同,就像格兰维尔时代的其他债务一样,可能是无须书面文据而仅由证人确立的①,在这种情况下,就像第一次阐明此一原则时法律所要求的那样,根本没有诸如此类的对价,例如对承诺人的利益。但是,这也没那么重要,因为在我尝试解释的规则的基础奠定之前,证人基于其誓言的责任就已经终结了,担保人的责任也一样。很快就需要有一份书面文据,我们一会儿就会看到。

07-35. 迄今为止,结果显示,格兰维尔时代唯一的合同之诉就是债务,无须书面文据即可获得偿还的债务正是刚才描述的那些债务,其中唯一没有"一物对一物"的债务,迄至爱德华三世统治时期,已经不再以那样的方式获得偿还了。

07-36. 但是,在亨利二世统治时期,发生了诸多巨大的变化。更多种类不同且异常复杂的合同很快就被执行。或许,有人会问,为什么不扩大证人誓言的适用范围,或者,如果有更好的证据,为什么不取消塞克塔,而承认其他口头证词呢? 无论怎样,亨利二世时代的法律可能会如何对待直到诸多世纪之后才听说过的对价呢?

07-37. 显而易见,证人誓言,仅仅依据证人宣誓这一简单事实就可以处理一起案件,并不是一种令人满意的证明方式。在法庭上呈示承认债务的书面文据,并且足以确认由被告发出,显然要好得多。书面文据的唯一弱点在于如何确认该文据是被告的,一旦普遍使用了封

---

① Glanv., Lib. X. c. 5(Beames, p.251) ; Y. B. 7 Ed. II. 242; Novæ Narr. *Dette-Vers plege*, Rastell's Law Tracts, p.253, D, 2 Finl. Reeves, 376.

印,此一困难就消失了。这或多或少在格兰维尔时代已经出现,当时一方当事人所要做的就是出示书面文据,并且通过检验向法院证实封蜡印记符合对方当事人的印章。① 塞克塔誓言总是可以根据宣誓断讼法来成功应对②,也就是说,被告方可以根据与原告提供的相同或者双倍数量的共同宣誓人发出相反的誓言。但是,已经证实属于被告的书面文据是不能被反驳的。③ 因为如果一个人说他受到约束,那么,他就被约束了。之所以根本不存在对价问题,是因为当时还没有这样的学说。如果他在任何有司法记录的地方——例如诸种高级法院——承认了一项义务,并且他的承认会得到记录的证实,那么,他同样也会受到约束。事实上,时至今日,仅仅根据一个在其证明文件中提及的法庭秘书面前所做的口头承认,就可以提供某些保证。书面文据的好处不仅在于它在以前的案件中提供了更有效的证据,而且还在于它使履行义务成为可能,否则根本就没有足以证明义务的证据。

07-38. 前言所述足以解释为什么更偏好的是书面证据,而不是旧式的证人誓言。但是,还有其他同样充分的理由,足以说明为什么后者的适用不应该超越其古老的界限。交易证人逐渐失去了他们法定的和官方的属性。早在格兰维尔时代,证明债务的通常模式就是通过决斗或者凭借书面文据。④ 一百年后,布雷克顿阐明塞克塔已经沦为当事人的仆侍和家人,并且认为他们的誓言仅仅提出了一个无足轻重的假定。⑤

07-39. 此外,有一种新的审判模式正在成长,尽管此一审判模式

---

① Glanv., Lib. X. c. 12(Beames, p.263);Bract., fol. 398 *b*,§1。颇受欢迎的决斗证明彼时亦得允许,但也逐渐消失了。当调查审讯变得普遍时,也像对任何其他事实一样,通过这样的方式审判契据的执行。
② Bract., fol. 315 *b*,§6, 400 *b*;Coke, 2d Inst., 44, 45.
③ Glanv., Lib. X. c. 12(Beames, p.263);Bract., fol. 100 *b*,§9.
④ Glanv., Lib. X. c. 17(Beames, p.272).
⑤ Bract., fol. 400 *b*,§9.

在这些案件①中并没有被使用很长时间,但相比之下必定会减弱对证人誓言的评估。这就是普通法中陪审团审判的起源。起初,此一审判模式是一种对邻人的调查,极有可能是为了了解有争议的事实问题。他们根据自己的知识表达意见,但他们是由法院的官员而不是有利害关系的当事人选出来的,目的是为了追求公正。② 证人们很快被召集到他们面前,不是像以前那样根据证人誓言来处理案件,而是根据证人证词来进行调查,做出裁定。随着此一进步程序的出现,塞克塔很快就停止了对案件的审判,人们很有可能会问为什么它没有完全消失,并且没有留下任何痕迹。

07-40. 如果考虑到英格兰法的保守性,以及在契据出现之前,唯一可以获得救济的债务就是经由交易证人证实的债务这一事实,那么,发现总是有人在那些案件中坚持提起诉讼,就不会令人感到奇怪了。但是,还有另外一个更重要的原因。在没有契据的情况下,也可以根据宣誓断讼法对债务展开辩护。③ 在《大宪章》中有一条,被解释为禁止在没有好的证人的情况下,仅凭原告自己的陈述就将一个人送上法庭。④ 因此,制定法要求,在每一起原告未能依据书面文据而提起的债务案件中,都要有证人——也就是,塞克塔。于是,在那些古老的案件中⑤,总是持续不断地提起诉讼,并且由于被告(如果不承认那些案件中的债务的话)总是进行宣誓断讼,因而要经过很久才能使此一调查[审判模式]根深蒂固。

07-41. 以前没有规定针对仅仅经由允诺或者承认而产生的债务

---

① Cf. Y. B. 20 Ed. I. 304, and 34 Ed. II., 150, 152; ib. 330, 332; 35 Ed. I. 546.
② Bract., fol. 400 *b*, § 8.
③ Cf. Y. B. 20 Ed. I. 304.
④ Cap. 28; 32 & 33 Ed. I. 516; 18 Ed. II. 582; Fleta, II. c. 63, § 9; Coke, 2d Inst., 44; 3 Bl. Comm. 344.
⑤ Y. B. 18 Ed. II. 582; 17 Ed. III. 48 *b*, pl.14.

的审判模式,而现在为了确认这样的债务,你就必须要有一份书面文据,这是将其纳入法律之中的一种全新证据形式。规则已经制定,即"当事人不受口头承诺的约束"。① 但是,人们并不认为那些古老的债务是因允诺而产生的。② 它们是一种源于原告接收财物的"义务",是一个可以看得见且可以对之发誓的事实。在这些案件中,古老的法律得以维系,甚至依据严格的类推,还拓展了一些自身的适用范围。

07-42. 但是,保证人的承诺,无论以何种形式出现,都不会真正产生于任何这样的事实。它应该具有与其他承诺一样的性质,而人们很快就怀疑是否应该根据同样的证据来证明它。③ 迄至爱德华三世统治时期,终于确定有一份契据是必不可少的④,除非某些特定城市的习俗使该古老的法律依然有效。⑤

07-43. 或许,可以将爱德华三世统治时期看成是确立延用至今的诉讼程序的划分与规则的时间。故而,重申和概括彼时的法律状况,是值得的。

07-44. 在每一起没有出示书面文据的因债之诉中,依然有必要提出塞克塔。鉴于这一点以及前面提及的其他原因,此类诉讼的范围并没有显著扩大,从而超越以前由证人誓言确定的那些案件之外。由于这些诉讼不再包括保证,因而被严格地限定在因接受"一物对一物"而产生的债务案件范围内。此外,如果缺少一份书面文据,就不可能提起任何其他合同之诉。现在,有些新型合同是根据违反封印契约之诉来执行的,但依然需要有一份契据。与此同时,塞克塔已经缩减为一种形式,尽管有人仍然认为它在合同中发挥的作用比在其他领域更

---

① Y. B. 29 Ed. III. 25, 26;cf. 48 Ed. III. 6, pl. 11;Fleta, II. c. 60, § 25;Glanvill, Lib. X. c. 12.
② Cf. Bro. *Acc. Sur le Case*, pl. 5;s. c., 27 Hen. VIII. 24, 25, pl. 3.
③ Y. B. 18 Ed. III. 13, pl. 7.
④ Y. B. 44 Ed. III. 21, pl. 23.
⑤ F. N. B. 122, I, in margin. Cf. F. N. B. 122 K;Y. B. 43 Ed. III. 11, pl. 1;s. c., Bro. *Pledges*, pl. 3; 9 Hen. V. 14, pl. 23.

为重要。它不可能再在法庭上接受审查了。① 塞克塔仅仅是一种[古老制度的]遗存,交易证人也已经不再构成一种制度。因此,除开根据传统,提交证人誓言的必要性并没有划定简单契约之债的界线,倘若发现此类诉讼通过类推在格兰维尔时代适用范围的基础上有所扩展,也不足为奇。

07-45. 但是,因债之诉在很大程度上依然停留在我所指出的那一节点上,并且在一个世纪之间,没有引入任何一种可以适用于简单契约的新式诉讼。与此同时,我所解释的错位现象发生了,原本属于有关程序的一个意外事件,却变成了一种实体法学说。如果那些无须契据即可强制执行的债务全都源于债务人的利益,那么,此一变化就很容易了。

07-46. 毫无疑问,罗马法的影响有助于实现此一结果。人们会记得,在亨利二世统治时期,大多数简单契约和债务,在没有契据或者证人的情况下,都会交由教会法院(在其管辖的范围内)强制执行。② 或许,也正是这样的情况导致格兰维尔及其继任者将罗马人的术语应用于普通法上的债务。但是,无论他是从教会法院借鉴而来,还是直接追溯到源头,可以确定的是,格兰维尔在他的整个第十部书中充分利用了《罗马法大全》中的分类和法律语言。

07-47. 在罗马法体系中,有一些特殊的合同被称为"要物契约",根据该合同之约束,订约人要么返还由缔约人交付给他的特定物,例如租赁或者贷款案件,要么交付其他同样的种类物,例如借用的谷物、油或者金钱。除开极为表面的方式,此类合同之债并不符合普

---

① Y. B. 17 Ed. III. 48 *b*, pl. 14. Cf. Fortescue(Amos), 67, n.;3 Bl. Comm. 295.

② 关于[教会法院的司法管辖]限度,参见 Constit. of Clarendon, c. 15;Glanv., Lib. X. c. 8, 12;Y. B. 22 Ass., pl. 70, fol. 101;45 Ed. III. 24, pl. 30;19 R. II., Fitzh. Abr. *Dett*, pl. 166;37 Hen. VI. 8, pl. 18; 14 Ed. IV. 6, pl. 3;15 Ed. IV. 32, pl. 14;19 Ed. IV. 10, pl. 18;20 Ed. IV. 3, pl. 17.

通法上的债务。但是,格兰维尔采用了这样一套术语,并且后来的作家们开始据以推导出结论。《弗莱塔》(Fleta)的作者——一位在遵循和采用诸多前辈对罗马法之利用①方面显得并不明智的作家——认为,要想提起一项因债之诉,不仅要有一个特定的承诺,还要有一个特定的回应承诺。②

07-48. 如果《弗莱塔》将其表述仅仅限定于简单契约之债,那么,现有的法律状况或许可以充分表明这一点。但是,由于他还要求有书面文据与封印,以及由对方回应做出的或者承诺的事项,那么,他所提出的学说在任何时候几乎都不可能盛行。这或许仅仅是一种基于他从布雷克顿那里借鉴而来的诸般罗马元素的推理的有些出乎意料的衍变。

07-49. 这里仅仅需要追溯对价在判决中渐次出现的过程。有一起爱德华三世统治时期的案例③,似乎在因债权人自愿偿付而产生的口头债务与因债务人要求偿付而产生的债务之间进行了区分。该案还谈到了因偿付而产生的债务或者"义务"。在下一个君主统治时期里,也使用了些许类似的语言。④ 因此,在亨利四世统治的第十二年⑤,出现了一条通往该思想的路径:"如果为了免除债务而承诺给一个人钱,并且他也免除了债务,那么,他在这个问题上就可以提起一项理由充分的因债之诉。"在下一个君主统治时期里⑥,法院会在这样的案件中判决原告在没有履行债务免除的情况下不得获取赔偿,而编辑者以"无对价之口头契约,不得诉请履行债务"为由解释了此一问题。然而,至为重要的事实是,从爱德华一世至亨利六世时期,我们没

---

① See for an illustration 2 Kent's Comm.(12th ed.), 451, n.1(*b*).
② *Repromittatur*, but cf. *pro servitio tuo vel pro homagio*, Fleta, II. c. 60, § 25.
③ Y. B. 29 Ed. III. 25, 26. But cf. 48 Ed. III. 3, pl. 6.
④ 19 R. II., Fitzh. Abr. *Dett*, pl. 166.
⑤ Y. B. 12 Hen. IV. 17, pl. 13, ad fin.
⑥ Y. B. 9 Hen. V. 14, pl. 23.

有发现任何债务得到赔偿的判例,除非实际上已经接收了对价。

07-50. 另外一个值得注意的事实是,自爱德华三世以来,据说由无须书面文据的交易而产生的债务源于合同,区别于由某一项义务而产生的债务。① 因此,当要求有对价时,在未加封印的合同中也要求有对价,无论是否产生债务。在亨利六世统治时期,"一物对一物"成为所有此类合同的一个必要条件。在亨利六世统治的第三年②,有人反对因未建造磨坊而提起的违约索赔之诉,因为未能表明被告会从建造磨坊中得到什么。在同一君主统治时期的第三十六年(公元1459年),此一学说得到了充分发展,并且被认为是众所周知的。③

07-51. 该案涉及一个争辩了诸多世纪才得以解决的问题,即如果原告会娶被告的女儿,那么,是否会因被告承诺向原告支付一笔钱而产生债务。但是,鉴于以前的争议在于承诺是否与婚姻无关,以至于完全属于宗教法庭的管辖范围,而现在的争议则涉及被告是否具备"一物对一物"这一纯粹世俗的疑问。

07-52. 人们会记得,先前交易证人宣誓的事实对被告有利,也就是,交付购买的物品或者借给他的钱。同样,这样的案件也提供了显而易见的对价形式。随之而来的问题就是,承诺人会因自己的承诺而得到什么。④ 只有通过分析,才能看清楚所谓的法律政策同样也会在受允诺人遭受的损害中得到满足。因此,当法官们第一次制定必须具备"一物对一物"条件的法律时,他们迟迟不愿承认缔约人遭受的损害已经满足了应该制定法律的必要条件,出现此种情况也是理所当然的。在我刚才提及的那个案件中,其中有一些法官倾向于判决,摆脱

---

① (Cf. 13 Ed. II. 403;17 Ed. III. 48, pl. 14;29 Ed. III. 25, 26.)41 Ed. III. 7, pl. 15;46 Ed. III. 6, pl. 16;Fitzh. Abr. *Dett*, pl. 166.
② Y. B. 3 Hen. VI. 36, pl. 33.
③ Y. B. 37 Hen. VI. 8, pl. 18.
④ E. g., Rolfe in Y. B. 3 Hen. VI. 36, pl. 23.

自己的女儿对被告足够有利,从而使他成为自己承诺偿付金钱的债务人;甚至还有某种与此一司法意见有关的隐含线索,嫁出那位女士构成一个对价,是因为它对受允诺人而言是一种损害。① 但是,另外一种意见占了上风,至少在一段时间里,因为被告并没有从原告那里得到任何足以产生一项债务的理由。②

07-53. 因此,人们认为,尽管并非没有相反的充分确凿的意见,但仅仅根据被告的请求以及承诺给予报酬而向第三人提供服务,应该也是不够充分的③,并且在一段时间里,已经确立了诸多先例。已经成为既定法律的是,只有根据债务人实际接受并且从中受益的对价,才能提起因债之诉。

07-54. 然而,导致形成此种观点的,不是因债之诉或者债务合同的特殊性,而是在亨利六世与伊丽莎白统治时期流行的尚未完全发展成熟的对价理论。此一理论在违约索赔之诉④和衡平法⑤中都是一样的。凡在提及对价之处,订约人从合同中获得的始终都是"一物对一物"。

07-55. 此外,在出现对价之前,债务是对于每一项依法强制执行的支付金钱义务的历史悠久的救济措施,但对不当行为的损害赔偿责任除外。⑥ 我们已经证明,直到爱德华三世统治时期,在没有书面文据的情况下,尽管保证人没能从与委托人的交易中获得收益,但依然可以对保证人提起因债之诉。例如,如果有一个人将谷物卖给了 A,而 B 说"如果 A 不付钱,我就付",那么,从交易条款来看,该笔买卖对 B 不利。基于此一原因,在这样的案件中,现在不能支持不利于保证人的

---

① Y. B. 37 Hen. VI. 8, pl. 18. Cf. Bro. *Feoffements al Uses*, pl. 54;Plowden, 301.
② Y. B. 15 Ed. IV. 32, pl. 14;(s. c., 14 Ed. IV. 6, pl. 3;)17 Ed. IV. 4, pl. 4.
③ Cf. Y. B. 37 Hen. VI. 8, pl. 18;17 Ed. IV. 4, 5;Plowden, 305, 306.
④ Y. B. 3 Hen. VI. 36, pl. 33.
⑤ Y. B. 37 Hen. VI. 13.
⑥ 关于特定金额的必要条件,比较 Y. B. 12 Ed. II. 375;Fleta, II. c. 60, § 24。

债务。

07-56. 事实并非总是如此。时至今日,即便有一项封印合同之债,也并非如此。在此一情况下,债务如何产生,或者是否存在与债务有关的对价,均已无关紧要。然而,在格兰维尔时代,在确立一项债务时,书面文据是一种比证人更普遍的方式,如果想仅仅通过对依据诉讼强制执行的某一类别债务的考量来确定诉讼的范围,则是荒谬的。此外,在很长一段时间里,书面文据仅仅是另外一种——尽管是更令人信服的——证明方式。无论如何证明,诉讼的根据都是相同的。这是对原告的义务或者"欠债"①,换句话说,无论怎样,都应该付钱给原告,任何人都可以通过阅读早期《年鉴》看到这一点。因此,实际情况就是,债务同样取决于根据所记录的事项确认此类义务的判决②,或者取决于以类似方式记录下来的被告对该义务的承认。③

07-57. 概言之,因债之诉经历了三个阶段。起初,因债之诉是追索钱债的唯一救济方式,除非责任仅仅是支付因不当行为而产生的损害赔偿。如果被告有义务根据合同或者以其他方式将任何形式的个人财物交付原告,那么,在此一情况下,因债之诉就非常类似于追索该个人财物的诉讼,实际上它仅仅是该类诉讼的一个分支。④ 如果有一个要支付金钱的合同,唯一的问题就是你如何能证明它。任何这样的合同,只要能通过早期法律所知悉的任何手段来证明,就构成一项债务。没有任何关于对价的理论,因而,无论对诉讼,还是对以收到的对价的性质为基础的合同,当然也就没有任何限制。

07-58. 第二阶段就是,以对承诺人有利的早期形式,引入对价理论。此一理论,在其盛行时,适用于所有未加封印的合同,但在因债之

---

① Y. B. 29 Ed. III. 25, 26;40 Ed. III. 24, pl. 27;43 Ed. III. 2, pl. 5.
② Y. B. 43 Ed. III. 2, pl. 5;46 Ed. III. 25, pl. 10;50 Ed. III. 5, pl. 11.
③ Cf. Glanv., Lib. X. c. 8;Fleta, II. c. 60, § 25.
④ Y. B. 35 Ed. I. 454;12 Ed. II. 375.

诉是追索根据此类合同应付钱款的唯一诉讼形式时，对价理论得到确立了。这些先例，在大多数情况下，就是因债之诉方面的先例。

07-59. 抵达第三阶段时，就是用一个更宏大的视角来看待对价，并且是用对受允许人的损害来表达对价。此一变化是实体法上的变化，并且从逻辑上讲，它的适用应该贯穿始终。但是，它却是在另外一种后来的诉讼形式中出现的，并且是在与该诉讼特别关联的境况下出现的，这一点将下文中予以解释。结果是，新的学说在新的诉讼中占据优势，旧的学说在旧的诉讼中占据优势，而实际上诸多彼此矛盾的理论并行的反常现象，以对因债之诉的限制形式掩饰了自己。与以前一样，该诉讼并不是对所有具有约束力的应该支付金钱的合同的救济措施，但是，就简式契约而言，只有在受允诺人实际收到的对价构成一项收益时，才能使用这样的诉讼。对以任何其他形式产生的义务来说，它依然没有改变。

07-60. 现在，我必须要用几句话来说明我之前提到的另一种证明方式对我们普通法的影响。我指的是契据。契据仅仅是一种书面文据。由于很少人会书写，故而大多数人不得不以其他方式——例如，通过刻画自己的标记——来证实一份文件。事实上，这一直都是英格兰普遍的习惯做法，直到引入了诺曼人的习俗。[①] 随之而来的，还有封印。但是，晚至亨利二世纪时代，英格兰首席大法官认为，封印只应恰当地属于国王与大人物。[②] 我不知道有什么理由认为，那时，一份真正的契据，没有加盖封印的效力要低于加盖封印的效力。[③] 无论是哪一种情况，契据都仅仅是证据，并且在许多早期的案件中都是如此

[①] Ducange, "Sigillum"; Ingulph. 901.

[②] Big. Pl. Ang. Norm. 177.

[③] Big. Pl. Ang. Norm. 177; Bract., fol. 100 *b*, §9, "scriptura." But cf. Y. B. 30 Ed. I. 158; Fleta, II. c. 60, §25。

看待契据。① 人们可以放弃契据,并且通过提起诉讼替代契据。② 契据不容质疑的效力源于该证据令人满意的性质,而不是封印。③

07-61. 但是,一旦开始使用封印,它们显然使契据的证据更有效力,因为封印比笔画更难伪造。封印变得至关重要,以至于在一段时间里,即便未经某个人同意而加盖了他的封印,他也要受到自己封印的约束。④ 最终,为了使契据具有古老的效力,就必须要有封印。⑤

07-62. 封印契约或者封印合同不再是一种得已充分证明的承诺;这是一种具有独特属性的承诺,故而为之规定了一种独特的诉讼形式。⑥ 我已经说明了关于对价的必要条件如何构成了一项实体法规则,也说明了为什么该规则在封印契约领域从未取得一席之地。封印契约有别于此一条件的例外,也构成了一项实体法规则。在契据上签字的人,因为同意受到契据的约束,也因为有证明的书面文据⑦,故而现在仅仅依据封印和契约所做的判决,区别于依据所有其他书面文据所做的判决。为了维系一个不充分的理论的完整性,人们认为封印包含了对价的意思。

07-63. 今天,人们有时会认为,如果说封印契约是一种与普通的合意合同并存的正式合同,就像是在罗马法中所发生的,那就更具有哲学意义了。然而,这也不是一种很有启发意义的说法。在某种意义上,为了使承诺具有约束力,法律所要求的一切都是形式,而不仅仅是

---

① Y. B. 33 Ed. I. 354, 356;35 Ed. I. 455, top;41 Ed. III. 7, pl. 15;44 Ed. III. 21, pl. 23. Cf. 39 Hen. VI. 34, pl. 46.

② Y. B. 7 Ed. II. 242. Cf. 35 Ed. I. 452.

③ Cf. Bract., fol. 100 *b*, § 9.

④ Cf. Glanv., Lib. X. c. 12;Dugdale, Antiq. Warwic. 673, cited Ducange, "Sigillum";Bract., fol. 396 *b*, § 3;1 Britt. (Nich.)163, § 17;Abbrev. Plac. 8 Joh., Berk. rot. 4, pp.55, 56;ib. 19 Ed. I., Norf. & Suff. rot. 7, p.284;ib. Index "Sigillum."

⑤ Y. B. 30 Ed. I. 158;Fleta, II. c. 60, § p.130.

⑥ 45 Ed. III. 24, pl. 30.

⑦ Bract., fol. 100 *b*, § 9.

承诺人意愿的表达。对价既是一种形式,也是一种封印。唯一的区别在于,一种形式是现代引入的,具有理智意义上的根基,或者至少符合我们普通的思维习惯,以至于我们熟视无睹,而另一种形式则是从普通法更古老的状况下遗留下来的,没有那么清晰地意识到,或者没有那么熟悉。我可以补充说,在后一种对价的影响之下,关于封印契约的法律正在瓦解。在许多州,法院都会判决一份纸卷或者几个笔画就足以构成一个封印。从此开始,完全废除封印文契与非封印文据之间的区别,仅仅是很小的一步,并且在西部的一些州,已经废除了两者的区别。

07-64. 虽然封印契约残存于已经有些虚弱的晚年阶段,并且债务已经消失,在其身后留下了模糊的令人烦恼的影响,但是,整个现代合同法是经由简约之诉而成长起来的,现在有必要解释一下。

07-65. 在诺曼征服之后,所有的普通诉讼均以国王签发的令状提起,命令将被告传唤到法庭对原告的诉求进行答辩。在众所周知的诉讼中,理所当然地发布这些令状,它们的名称也由此而来。既有债务令状和封印契约令状;也有强力伤害原告人身的侵害令状和强力损害原告占有财物的侵害令状,等等。但是,只能针对法律上已知的诉讼签发这些令状,如果没有令状,法院就无权审理案件。爱德华一世时期,很少有这样的诉讼。你们得以向他人追索钱款的案件可以分成几类,对每一类案件都有一种特殊的起诉和陈述诉求的形式。

07-66. 这些形式已经不再合乎需求。因此,有许多案件并不完全属于侵害之诉的定义范畴,但对这些案件提供救济措施,是恰当的。为了提供救济措施,首先要做的是提供一份令状。因此,爱德华一世第十三年的一部著名的制定法(13 Edward I., c. 24)授权曾经签发旧令状的政府机构在原则上类似的案件中创设新令状,据以起诉那些案件,并且要求类似的救济措施,但不完全属于已经使用的令状范围。

07-67. 因而,间接侵害令状开始出现;更确切地说,就是声称类似于侵害的诉求理由的令状,但又并不完全等同于那些古老先例中起诉的侵害。举一个例子,基本上算是最早的案例之一,假设有一个人将一匹马交给铁匠钉掌,铁匠因疏忽而将钉子钉进了马蹄。或许是马的主人未能获取旧令状之一,因为在损害发生时马不在他的占有之下。严格意义上侵害财物的行为,只能针对占有该财物的人实施。该侵害行为不可能是由一个自己占有财物的人实施的。① 但是,无论马的主人是用缰绳牵着马,还是将马交给铁匠,由于钉残马匹同样构成一种不当行为,而该不当行为在很大程度上类似于侵害行为——尽管不是侵害行为,故而法律规定可以给马的主人签发一份间接侵害令状。②

07-68. 像这样的例子不会引出任何困难;它与侵害之诉本身一样,都是针对不当行为的侵权诉讼。没有述明合同,原则上也没有必要。但是,这并不属于我们要考量的那一类案件,因为摆在我们面前的问题是要追溯简约之诉的起源,简约之诉是一种合同诉讼。然而,简约之诉起源于间接侵害之诉,并且有待揭示的是,间接侵害之诉是如何适用于纯粹违约的。

07-69. 我们不妨检讨一下最古老的一些诉求涉及承诺的案件。年鉴中记录的第一起案件发生在爱德华三世统治时期。③ 原告诉称,被告曾经承诺将原告的马安全运过亨伯河,但却因超载而导致该马溺亡。被告表示反对,并且认为要么将该诉讼视为违约的封印契约之诉,要么就当成侵害之诉。但是,原告回应声称,被告在货船超载时即实施了一个不当行为,因而该反对意见被驳回。该案虽然诉求涉及承诺,但也几乎没有创设一项新的原则。可以肯定的是,此种力量并

---

① Cf. 5 Co. Rep. 13 *b*, 14 *a*, with 1 Roll. Rep. 126, 128; Y. B. 43 Ed. III. 30, pl. 15.
② Y. B. 46 Ed. III. 19, pl. 19; s. c. Bro. *Acc. Sur le Case*, pl. 22.
③ Y. B. 22 Ass., pl. 41, fol. 94.

非直接出于被告,而是经由将其超载与冲入水流整合而产生的。

07-70. 接下来的一起案件也发生在同一统治时期,并且更进一步。① 该令状指明,被告承诺要治好原告的病马,但却因治疗失误而导致该马死亡。这与那个用钉子钉残马匹的案件有两方面不同。此一案件所指控的,不是任何强力行为,实际上也根本不是任何行为,而仅仅是一种疏失。另一方面,该案述明了一个承诺,而另一个案件则没有述明。被告即刻反驳说,这是一个因违反承诺而提起的诉讼,原告应该出示封印契约。原告答复说,如果没有契据,他就不能这样做,并且诉讼针对的是过失造成马匹死亡;也就是说,针对的是侵权行为,而不是违约行为。然后,被告说,你可以提起侵害之诉。但是,原告答辩说,该马匹不是被强力杀死的,而是因治疗失误致死的;根据此一论点,判决该令状是适格的,索普(Thorpe)法官说,他曾经遇到一个人承诺要治好一个病人,却被指控因欠缺谨慎(治疗失误)而杀死病人。

07-71. 我们可以看到,尽管被告声称有一个承诺,法院却将这两起案件都当成纯粹的侵权诉讼来处理。但是,我们也可以看到,这两起案件在不同程度上均与普通的侵害案件相距甚远。特别是,在最近提到的案件中,破坏力无论在任何意义上都不是来自被告。因此,我们面临的问题是,在造成伤害的不当行为与根本上的未能履行之间,可以找到什么可能的相似之处?

07-72. 在尝试回答这个问题之前,让我用稍后的例子再做进一步说明。假设有一个人在他人的房屋上劳作,由于自己的笨拙而损坏了雇主的木材;这很像是侵害行为,尽管实际上不是,而雇主会提起间接侵害之诉。亨利四世统治时期,有一位法官将该案阐释成了清晰的法

---

① Y. B. 43 Ed. III. 33, pl. 38.

律。① 但是，假设那个木匠没有直接损坏木料，只是在屋顶上留下了一个洞，雨水会穿过洞而造成损害。与前一案例的相似之处是显而易见，但我们距离侵害行为更远了一步，因为破坏的力量并非来自被告。然而，在这个案例中，法官们认为，可以构成间接侵害。② 在亨利四世时代，不得因简单拒绝依照协议建造房屋而提起诉讼；但法院却认为，如果令状提到"事情已经开始，却因疏忽而未能完成，那将会有不同的结果"。③

07-73. 我现在来谈谈此一问题，在疏失与侵害行为之间会有什么样的相似之处，足以确保签发一份间接侵害令状是正当的？为了找到答案，我们必须意识到，在所有早期的案件中，疏失都是在处置原告的人身或者财产的过程中发生的，并且对一个人或者另一个人造成了损害。基于此一事实，索普法官提到了因欠缺谨慎而致死病人的指控，以及后来对任务开始之前与之后的疏忽大意的区分，这是意义重大的。如果我们还记得这是关于该主题的第一次论证或者类比，那么，前者就更富有启示意义了。

07-74. 类比的意义显而易见。尽管一个人完全有权利在邻人财物遭受毁损时袖手旁观，或者，就此而言，有权利眼看着邻人因未得到自己的帮助而丧生，然而，一旦介入其中，他就不再享有同样的自由。他就不能随意退出了。举一个更具体的例子，如果有一名外科医生出于仁爱之心，剪断了一个新生婴儿的脐带，那么，他就不能停在那里，眼看着病人流血而死。故意让死亡以这样的方式发生，就像在剪断脐带时所持有的故意一样，构成一种谋杀。无论恶意始于行为，还是始于之后的疏失，都无关紧要。

---

① Y. B. 11 Hen. IV. 33, pl. 60.
② Y. B. 3 Hen. VI. 36, pl. 33.
③ Y. B. 2 Hen. IV. 3, pl. 9; 11 Hen. IV. 33, pl. 60. Cf. 3 Hen. VI. 36, pl. 33.

07-75. 同样的推理也适用于民事责任。有一个木匠原本不需要在另外一个人的房屋上工作,但是,如果他接受了对方的信任并且介入其中,那么,他就不能随意停下来,任由屋顶被风吹走。因而,在兽医案中,如果他负责治疗该马匹,那么,他就不能在关键时刻停下来,任由诸般后果发生。因此,更明显的是,如果摆渡人承诺将一匹马运过亨伯河,尽管是河水溺死了马匹,但却是他使船超载并在该种情况下将船推入河流的远因行为造成了损失,他就应该为此承担责任。

07-76. 在前述案件中,义务是独立于合同的,或者,还有一些甚至根据刑法适用于人类行为的一般规则,至少依据这些一般规则审判案件的法官们认为,义务是独立于合同的。造成诉求损害的近因,或许仅仅是介入自然力量运转过程中的一个疏忽而已。但是,如果你将其与先前的活动关联起来——就像它们实际上真有关联一样,那么,你就会发现一个由情节和行为组成的过程,作为一个整体,引起或者造成了伤害。

07-77. 当然,有人或许会提出反对意见,认为从判决一个人对其或许可以避免的行为后果承担责任,到令其对——在他既没有启动自然过程,也没有给自然过程留下机会造成伤害时——没有介入自然过程而承担责任,还有相当大的一步距离,而且,一方面,在屋顶凿洞并让它敞开着,或者剪断脐带任其流血,另一方面,兽医接收了一匹病马并且未能采取恰当的预防措施,在这两者之间恰恰存在如此大的差别。①

07-78. 对此,似乎有两种解答方案。首先,审判我刚才提到的那个案件的法院是否注意到此一区分,还不太清楚。据称,被告在进行治疗时因疏忽大意而导致马匹死亡。或许,法官们没有想到,被告的

---

① Cf. 19 Hen. VI. 49, pl. 5 *ad fin*., Newton, C. J.

行为可能仅仅是遗漏了一些有效措施。他们可能认为,被告的行为是由诸多行为与过失共同构成的,那些行为与过失作为一个整体构成了对事物的不当处置。

07-79. 其次,据实际情况来看,此一区分是否合理,是值得怀疑的。实际情况很有可能是,一旦有人接受了他人对自己的信任,虽然没有签订合同,并且有权以任何合理的方式放弃该信任,他仍得采取其所知道的那些预防措施。此一观点从双方当事人据以受审的问题中获得了一定的支持,即被告应当尽其所能地进行治疗,如果不这样的话,就会因其缺乏注意(治疗失误?)而导致马匹死亡。①

07-80. 然而,不可否认的是,关于承诺的诉求表达了有关承诺的意见以及开始着手处理手中事务的想法。事实上,即便没有诉求,后一个因素也已经得到了充分表达。因此,人们可能会追问,在形成一项采取行动的义务时,承诺是否没有什么意义。只要涉及实际上针对违约提出诉讼这样的后果,就已经给出了答案,并且还得到了因极具份量而毋庸置疑的权威支持。② 为了以合同约束被告,签订一份封印文据则是不可或缺的。如前所述,即使是古老的债务范围也受到此一条件的限制,而在爱德华三世时期,也要签订一份契据来约束保证人。更何况,为古代法律没有强制执行的承诺创设一项责任,也是如此。然而,很早以前,就有人提出了这样的建议,即对因过失——也就是,疏于采取适当的预防措施——而造成的损害,可以提起间接侵害之诉(声称因诱导而承诺),实际上是一种合同诉讼。

07-81. 有前文所述指控过失治疗马匹的诉讼五年后,又有一起以

---

① Cf. Y. B. 48 Ed. III. 6, pl. 11.
② Cases supra; Y. B. 2 Hen. IV. 3, pl. 9;11 Hen. IV. 33. Cf. 3 Hen. VI. 36, pl. 33;20 Hen. VI. 34, pl. 4;2 Hen. VII. 11, pl. 9.

类似形式提起的指控一名外科医生的诉讼①,声称该医生承诺治疗原告的手,但原告的手却因该医生的过失而致残。然而,区别之处在于,该案表明原告的手是被一个叫 T. B.的人致伤的。因此,从表面看来,无论糟糕的治疗在多大程度上导致了伤情的恶化,但造成[原告的手]残疾都应该适当地归咎于 T. B.,并且,原告也可以对他提起诉讼。这或许会使被告也采取原告的做法,因为他也不确定该案是否构成任何一项侵权诉讼。他对承诺提出了反对意见,认为这对原告的案件至关重要,然后指出该令状没有表明承诺的地点,故而是不适格的,因为令状没有表明应该依据什么理由召集陪审团来讨论那个问题。以此为由,判定该令状不适格,这似乎是法院认可了被告的观点。事实上,其中有一位法官称之为封印契约之诉,并且说"就必要性而言,该案在没有封印的情况下也可以进行审理,因为就如此琐细的问题而言,人们不可能总是带一个书记员在旁边拟写契据"。与此同时,法院还引用并且也遵循了前文提到的那些早期案例,很显然,法院没有准备超越那些案例,除开程序方面的反对意见,无意根据案情本身维持该诉讼。另一方面,法院似乎是从侵害之诉的视角来考量该诉讼。②

07-82. 无论该案可能表明了什么问题,在爱德华三世之后的很长一段时间里,诉称被告方做出承诺的这一类诉讼始终被当成侵权诉讼来审理。责任仅限于在被告着手开始工作之后出现的对人身或者财产造成的损害。正如我们所看到的,这主要是根据侵权法推理而成的结论,即责任后来得以拓展适用。

07-83. 在亨利六世统治初期,或许依然是这样的法律,即不得因

---

① Y. B. 48 Ed. III. 6, pl. 11. Cf. Fitzh. Abr. *Acc. Sur le case*, pl. 37, 11 R. II;14 Hen. VI. 18. But cf. 43 Ed. III. 33, pl. 38.

② 比较坎迪什(Candish)允许适用宣誓断讼法的理由与爱德华一世时期《年鉴》的序言部分(Y. B. 32 & 33 Ed. I., Preface, p.xxxvi.),引用了印在一份小册子(Modus tenendi unum Hundredum sive Cruiam de Recordo, in Rastell's Law Tracts, p. 410, E, F, G.)结尾部分的一些古老诉讼规则。

简单的未能遵守承诺而提起诉讼。① 但是,如前所述,曾经有人多次建议,如果在实际履行过程中发生疏忽或者过失,而被告的行为造成了现实的损害,那情况又会有所不同。② 在谈论木匠在屋顶上留下一个洞的那个案件时,此一建议在亨利六世早期采取了引人注目的形式。③ 当法院论及这一问题时,很容易更进一步,允许任何阶段的疏忽带来同样的效果,并随之产生类似的损害。

283　　07-84. 几年后④,有人追问,在承认会提起诉讼的案件与因马匹致残而提起的铁匠承诺给马钉蹄铁、实际却没有钉蹄铁的案件,——或者律师承诺为你的案件辩护,但在诱使你依赖他之后,却因忘记出庭而输掉了官司的案件之间,在原则上有什么区别?有人说,在早期的案件中,义务是依附于或者附属于封印契约的,如果对附随事项提起了诉讼,那就会对主要事项提起诉讼。⑤ 针对当事人的抗辩,法院判决认为,由于被告已经承诺提供特定的转让文书,但原告实际却没有取得该转让文书,因而可以提起诉讼。

　　07-85. 五年后,又出现了另外一起案件⑥,非常类似于爱德华三世统治时期的那个兽医案。据称,被告承诺治疗原告的马,却因用药疏忽导致该马死亡。在该案中,与先前的案件一样,关键问题在于是否能提起违约索赔之诉。现在,已经明确提出了疏忽与行为之间的区别,法院判决认为该诉状并不必然意指疏忽,并且声称,如果没有该承诺,被告就没有采取行动的义务。因此,对被告承诺的指控是至关重要的,并且也可以就此适当展开辩论。

---

① Y. B. 3 Hen. VI. 36, pl. 33.
② Y. B. 2 Hen. IV. 3, pl. 9;11 Hen. IV. 33, pl. 60;3 Hen. VI. 36, pl. 33.
③ 3 Hen. VI. 36, pl. 33.
④ Y. B. 14 Hen. VI. 18, pl. 58.
⑤ 同上。比较 48 Ed. III. 6, pl. 11。
⑥ Y. B. 19 Hen. VI. 49, pl. 5. See, further, Y. B. 20 Hen. VI. 25, pl. 11.

07-86. 此一判决显然从大量类案诉讼中分离出一类由作为被告债务来源的承诺而产生的特殊诉讼,而此类诉讼转变成一种全新的、独特的合同诉讼,仅仅是一个时间问题。假如此一转变即刻发生,那么,大约与此同时会第一次明确阐述对价学说,该学说无疑也会得以适用,并且承诺也会需要"一物对一物"。① 在亨利七世统治初期,根据先前的判决制定了法律,规定不得因未能履行承诺而提起诉讼,而只得因被告在着手开始履行承诺后的过失而提起诉讼。②

07-87. 只要诉讼没有超越侵权行为的真正限度,那么,承诺是否具有对价,就无关紧要了。但是,当人们错误地设想所有的案件——无论是否构成适当的侵权,均可提出违约索赔之诉——都同样是以承诺为基础时,那就自然认为他们会得出两个错误的结论之一。要么是违约索赔之诉不需要任何"一物对一物"的对价③,因为在更古老的先例(它们是纯粹的侵权案件)中显然没有;要么那些先例是错误的,每一个案件都应该诉称有"一物对一物"的对价。长久以来,人们或多或少地已经理解了真实的限度,即在诉讼要点是对财产的过失损害的案件中,对价并非必不可少。④ 晚至查理一世时期,依然还保留了一些有关对价始终是不必要的观念的痕迹。

07-88. 在查理一世统治时期的一起案件中,被告聘请了一名律师为第三人代理诉讼,并且承诺支付其所有的费用与开支。该律师提供了服务,然后提起了债务之诉。对方当事人表示反对,认为不存在债务,因为在当事人之间根本没有合同,并且被告也没有任何"一物对一物"的对价。法院采纳了此一论据,并且认为没有构成提起诉讼之

---

① Cf. Y. B. 3 Hen. VI. 36, pl. 33.
② Y. B. 2 Hen. VII. 11, pl. 9. Cf. 20 Hen. VI. 34, pl. 4.
③ Cf. Y. B. 14 Hen. VI. 18, pl. 58;21 Hen. VII. 41, pl. 66, Fineux, C. J.
④ Keilway, 160, pl. 2(2 Hen. VIII.); *Powtuary v. Walton*, 1 Roll. Abr. 10, pl. 5(39 Eliz.); Coggs v. Bernard, 2 Ld. Raym. 909(2 Anne, A. D. 1703). *Supra*, p.195.

基础的合同或者对价,但原告可以提起针对承诺的简约之诉。①

07-89. 或许,这也正是这样的想法以及这一经常重复的观念的残留,即承诺不是合同②,可以将之归因于一种比在债务之诉中盛行的更为宽泛的对价理论。已经确定的是,仅仅因疏忽或者失职,就可以提起简约之诉。刚才提到的亨利六世统治时期的那些判例,得到了亨利七世晚期其他一些案件的遵循③,并且再也没有遭到质疑。依据这样的事由提起的诉讼显然针对的是对承诺的违反,此一观点自爱德华三世时期以来就已经得到了承认。如果是这样的话,那对价就是必不可少的。④ 尽管偶有变数,但在伊丽莎白女王时期的许多案件中,此一问题也已经得到解决或者被视为理所当然。但是,此类诉讼纠葛繁杂的起源引起了这样的疑问,即任何一种对价究竟在多大程度上是必不可少的,这就有可能会使法院认为在债务之诉中拒绝考虑的对价在此类诉讼中则是必不可少的。

07-90. 另外一种情况或许也受到了此一观念的影响。从表面看来,就在简约之诉刚刚得以充分发展的时期,有一种细微的倾向,认为"对价"与罗马法中最宽泛意义上理解的"约因"具有联系。"约因"一词在伊丽莎白统治早期被用来表示对价,指涉的是意在获取用益权的封印契约。⑤ 该词也在同样的意义上用于针对承诺的简约之诉。⑥ 在刚刚引用的前一份判案汇编中,尽管首要判例仅仅创设了今天要遵循的一种学说,但也记述了一起隐名判例,该判例被解释为其所包含的意思是,在没有任何一种承诺的情况下,也要根据要求提供

---

① *Sands v. Trevilian*, Cro. Car. 193, 194 (Mich. 4 Car. I., A. D. 1629).

② Bro. *Acc. Sur le Case*, pl. 5;s. c., Y. B. 27 Hen. VIII. 24, 25, pl. 3;*Sidenham v. Worlington*, 2 Leon. 224, A. D. 1585.

③ Y. B. 21 Hen. VII. 30, pl. 5;ib. 41, pl. 66.

④ Y. B. 3 Hen. VI. 36, pl. 33.

⑤ *Sharington v. Strotton*, Plowden, 298 (Mich. 7 & 8 Eliz.);ib. 309, note on "the civil law."

⑥ *Hunt v. Bate*, 3 Dyer, 272 a (10 Eliz. A. D. 1568).

一份已经执行的对价,以支持随后可能出现的偿付承诺。① 从此一权威及"约因"一词出发,很快便就出了结论,即在合同与承诺之间存在着巨大的差异;在合同中,"每一个必不可少的要素都应该保持一致并且相互满足,即一方的对价,与另一方的出卖或者承诺……以维持针对承诺的诉讼,但这都不是必要的,因为只要有动因或者对价先例,就足够了;做出承诺只是为了这样的约因或者对价"。②

07-91. 因此,在被告以每周 10 先令的价格聘请原告为其姑妈家的磨坊工人时,法院认为,可以提起简约之诉,因为该服务——尽管对被告没有什么益处——是对原告的一种负担或者损害。③ 重新围绕那些旧的问题展开争辩,而亨利六世时期那些在债务之诉中极近盛行的观点,在伊丽莎白与詹姆斯统治时期的简约之诉中也早已盛行。

07-92. 可以在简约之诉中对保证人提起诉讼,尽管该保证人早已不再承担债务责任。④ 对于原告会娶被告的女儿这一对价中的承诺,也有同样的救济措施。⑤ 因而,有所拓展的简约之诉并不意味着合同,这样的错觉也不可能持续保留。鉴于这样的承认以及古老的先例,法律会在将回报当成对价的真正本质的方向上一度犹豫不决。⑥ 然而,另外一种观点占了上风,因而,事实上,对实体法进行了修

---

① 参见第八讲。兰德尔先生(Langdell, Contracts, §§92, 94)对此一学说提供了精妙的解释,即法院彼时认为,当事人的请求实际上不能包含任何承诺。或许也有我不知道的证据,但据以引用支持此一说法的判例(*Bosden v. Thinne*, Yelv. 40)是直到公元 1603 年才判决的,而"亨特诉贝特案"(*Hunt v. Bate*, supra)却是那些有待解释的判例所遵循的权威,该案所暗含的完全是另外一种方法。

② *Sidenham v. Worlington*, 2 Leon. 224, A. D. 1585.

③ *Read v. Baxter*, 3 Dyer, 272 b, n.(26 & 27 Eliz.)。比较 *Richards and Bartlet's Case*, 1 Leon. 19 (26 Eliz.)。

④ Bro. *Acc. Sur le Case*, pl. 5;s. c., Y. B. 27 Hen. VIII. 24, 25, pl. 3;3 Dyer, 272, n.

⑤ *Marsh v. Rainsford*, 3 Dyer, 272 b, n.;s. c., 2 Leon. 111, and Cro. Eliz. 59, sub. Nom. *Marsh v. Kavenford*.

⑥ *Smith and Smith's Case*, 3 Leon. 88, A. D. 1583;*Riches and Briggs*, Yelv. 4, A. D. 1601;*Pickas v. Guile*, Yelv. 128, A. D. 1608.

改。一份简单的合同,若要被亨利六世时期的法院承认具有约束力,就必须以对债务人的利益为基础;现在,或许可以强制执行一个承诺,作为对受承诺人损害的对价。但是,依循真正的古代精神,此一学说并没有与引入该学说的救济措施相分离或者区别开,因而,现代的债呈现出来的是一种被改变了的义务的外在形式,仅仅局限于那些对价构成一种特殊类型的案件。

07-93. 还可以简单讲一下简约之诉后来的命运。简约之诉引入了双方合同,因为一个承诺即是一种损害,故而也是对于另一个承诺的充分对价。它还替代了债,是因为偿付义务的存在是对于偿付承诺的充分对价,更确切地说,是因为在需要有对价之前,只要有失职就会提起简约之诉,于是就会用此一诉讼来避开被告的宣誓断讼法。它大大拓展了可以起诉的合同数量,可以起诉的合同以前仅限于债和封印契约,而现在依据简约之诉可以对几乎任何一种承诺提起诉讼;它还引入了一种对现代法律产生了巨大影响的理论——即受托人的全部责任都建立在合同之上。① 因而,合同作为法律权利和法律义务的基础而被赋予的显著地位,是否与其在政治考量中获得的类似显著地位有关,这一问题超出了我的研究范围。

---

① 同上,第195页。柯克勋爵告诫我们不要依赖法律汇编,这对于恰当地研究对价的历史是非常有必要的。法律汇编将此一学说适用于尚未提及该学说的案件,并且在从未听说过该学说之前就对那些案件做出了判决。

合同——(2)构成要素

一、对价
    (一)什么是充分的
    (二)对价与承诺必须是相互的传统诱因
    (三)执行对价,请求
    (四)诉讼的起源

二、承诺
    (一)保证
    (二)风险与赔偿
    (三)接受

三、双方合同
    (一)作为对价的承诺,对过去事件的保证
    (二)书信形式的合同

08-01. 在分析合同时采用的一般方法与在探讨占有时已经解释的方法是一样的。凡是法律赋予某一个人特定权利,或者对另一个人施加特定负担,都是基于关涉那些个人的某些特定事实。因而,在任何这样的情况下,都存在一种双重任务。一是要确认特定后果所因由的事实是什么;二是要查明那些后果。第一个任务属于法律论证的主要领域。就合同而言,相关事实并不总是一样的。它们可能是某个人签署、封印并交付了一份具有某种特定意义的书面文据;也可能是某个人做出了一个口头承诺,并且该承诺为他提供了一份对价。

08-02. 所有合同的共同要素可以说就是一个承诺,尽管即便是一个承诺,对于以前所理解的债的责任来说,也不是必不可少的。但是,由于不可能进一步探讨封印契约,而构成上一篇演讲主题的是对价,故而我将首先讨论此一问题。此外,由于债中的对价与简约中的对价之间存在着一个历史性的差异,我将仅限于讨论后者,它是一种更晚近一些的、更富有哲学意义的类型。

08-03. 据说,受承诺人赋予承诺人的任何利益,或者受承诺人遭受的任何损害,可能都是一种对价。还有人认为,如果在稍微宽泛一些的意义上使用"损害"这个词的话,每一种对价都可以化约成后一种情况。

08-04. 为了说明一般原理,假设有一个人想要将一桶白兰地酒从波士顿运到坎布里奇,并且有一个卡车司机——无论是出于善意,还是某种其他动机——说他会把酒运走,于是,那个人就把那桶酒交给了那个司机。如果他是漫不经心地打破了那个木桶,或许也没有必要诉称他承诺运送那桶酒,根据原则并且按照更早的判例,如果诉称有承诺的话,就不需要再述明简约的对价。① 在此一情况下,诉求的理由

---

① Y. B. 46 Ed. III. 19, pl. 19;19 Hen. VI. 49, pl. 5;Keilway, 160, pl. 2; *Powtuary v. Walton*, 1 Roll. Abr. 10, pl. 5; *Coggs v. Bernard*, 2 Ld. Raym. 909.

应该是一个不当行为,与合同无涉。但是,如果诉求的是卡车司机没有按照约定运送那桶酒,那么,原告的困境在于卡车司机并不是必须要按照约定运送,除非他有一个承诺的对价。因而,假设原告诉求的是卡车司机以[原告将酒桶]交付给自己为对价而承诺运送。这是否构成一个充分的对价呢?更早的判例——依循对承诺人有利的观念——认为这不可能构成一个充分的对价,因为那是一个麻烦,而不是收益。① 接下来,再从损害方面谈一下。交付是承诺人善意作为的一个必要条件,并且,如果他那样做,那么,交付非但不构成对受承诺人的损害,而且对承诺人还是一个明显的收益。

08-05. 但是,此一论证是一种谬误。显然,交付应该构成了充分的对价,使[某特定物的]所有者能够对违反义务的行为提起简约之诉,而那些义务——与合同无涉——是由被告承诺处置该物而产生的。② 对于任何不涉及为履行承诺(例如,支付 1000 美元)而处置该物的承诺而言,交付应该构成了充分的对价。③ 法律并没有根据建立在该物基础上的承诺的性质来宣布对价的优劣。对于任何一种承诺而言,交付构成了充分的对价。④

08-06. 另一方面,该论证完全忽视了确认对价是否充分的时间节点。那就是提供对价的时刻。正是在那一时刻,酒桶的交付构成了一种最严格意义上的损害。酒桶的所有者放弃了自己原本有权保留的对酒桶的现实控制,而他所换取的不是以交付为必要条件的履

---

① *Riches and Briggs*, Yelv. 4, A. D. 1601; *Pickas v. Guile*, Yelv. 128.
② *Bainbridge v. Firmstone*, 8 Ad. & El. 743, A. D. 1838.
③ *Wilkinson v. Oliveira*, 1 Bing. N. C. 490, A. D. 1835; *Haigh v. Brooks*, 10 Ad. & El. 309; ib. 323; *Hart v. Miles*, 4 C. B. N. S. 371, A. D. 1858.
④ *Wheatley v. Low*, Cro. Jac. 668, A. D. 1623. Cf. *Byne and Playne's Case*, 1 Leon. 220, 221(32 & 33 Eliz.).

行,而仅仅是对履行的承诺。履行依然是将来之事。①

08-07. 然而,可以看到,虽然交付有可能构成一项对价,但它并不必然构成一项对价。当事人在做出和接受运送酒桶的承诺时,所基于的相互理解或许是,那仅仅是帮个忙,既没有对价,也没有法律上的约束力。在此一情况下,交付所带来的损害,与先前一样,会由受承诺人承担,但是,显而易见,受承诺人承担损害的唯一目的,就是使承诺人能够按照约定运送酒桶。

08-08. 在我看来,人们并没有始终足够充分地记得,同一事务可能构成一项对价,也可能不构成一项对价,因为该事务是由各方当事人处理的。关于"科格斯诉巴纳德案"的流行解释是,交付即构成一项对承诺安全运送酒桶的对价。我在第五讲中表明了我认为是真实的解释,并且也是我认为霍尔特勋爵所提出的解释。② 但是,无论我提供的解释是否属实,有一个对得到普遍接受的解释的严重反对意见,认为诉状中没有指称交付构成了对价。

08-09. 在解释协议条款时,也应该保持同样的审慎。除非各方当事人能在此基础上处理该问题,否则很难认为将一份文据可能披露或者规定的任何损害当成一项对价的做法是适当的。在许多案件中,受承诺人可能会在没有据此提供一项对价的情况下遭受损害。损害可能仅仅是履行承诺的一个先决条件,例如,有一个人向另一个人承诺,如果后果折断了腿,就支付他500美元。③

08-10. 然而,法院已经在很大程度上抹掉了此一区别。根据对语言的恰当解释,从表面看来被仅仅当成是遵守环境条件的行为,应该

---

① *Wilkinson v. Oliveira*, 1 Bing. N. C. 490; *Haigh v. Brooks*, 10 Ad. & El. 309; *Hart v. Miles*, 4 C. B. N. S. 371;6 Am. Law Rev. 47, Oct. 1871.

② 前文,第196页,第197页。亦可参见第七讲。

③ Byles, J., in *Shadwell v. Shadwell*, 30 L. J. C. P. 145, 149.

被仅仅视为承诺的对价。① 在明确约定将其他事项当成对价的协议中,反承诺也是如此。② 因而,应该提及的是,如果考虑到是否可能不存在对该学说的特殊解释这一问题,那么,据说依据伊丽莎白二十七年制定法第四条之规定,租赁权的转让不能是自愿的③,因为受让人要承担承租人的债务。④ 然而,受让人遭受此一损害,或许不被视为转让的诱因,并且在许多案件中,仅仅相当于从所受利益中的扣减,就像通行权一样,特别是如果支付租金是唯一的债务,从法律理论上讲,是因土地而产生的。

08-11. 但是,虽然法院在想要支持协议方面有时可能走得有点远,但我提出的此一原则是无庸置疑的,即同一事务可能构成一项对价,也可能不构成一项对价,因为该事务是由各方当事人处理的。这就提出了一个问题,即为了使之构成一项对价,当事人必须如何处理一项事务。

08-12. 有人认为,不得将对价与动机混为一谈。确实,对价不应该与现实中可能形成的主导或者首要的动机混为一谈。一个人或许会承诺为五百美元画一幅画,但他的首要动机却可能对名声的渴求。事实上,当事人提供与接受一项对价,或许仅仅是为了使一个承诺具有约束力。但是,尽管如此,对价的本质在于,根据协议条款,将当事人提供与接受的对价当成承诺的动机或者诱因。反过来说,必须将当事人提供与接受的承诺当成提供对价的常规动机或者诱因。整个问

---

① Shadwell v. Shadwell, ubi supra; Burr v. Wilcox, 13 Allen, 269, 272, 273.
② Thomas v. Thomas, 2 Q. B. 851.
③ 租赁权的转让(assignment of leasehold),在英美法中,是指承租人转让其全部未到期的原租赁权,不同于只转让部分利益的转租。两者的区别在于,转让租赁(权)时,承租人应当将自己对不动产享有的全部权利转移给第三人;而转租时,承租人可以仅将部分权利转移给第三人。参见薛波主编:《元照英美法词典》,北京大学出版社2013年版,第106页及第108页。——译者注
④ Price v. Jenkins, 5 Ch. D. 619. Cf. Crabbe v. Moxey, 1 W. R. 226; Thomas v. Thomas, 2 Q. B. 851;Monahan, Method of Law, 141 et seq.

题的根源就是对价与承诺之间——当事人一方对另一方——相互的常规诱因关系。

08-13. 在马萨诸塞州的一个案例中,可以发现关于该命题前一部分的恰当例证。原告拒绝让已经达成口头交易且交付票据的人从自己的土地上搬运特定的木材,除非他得到了额外的保证。据此,买方与原告去找被告,而被告则在票据上签了自己的名字。于是,原告就让买方将木材运走。但是,根据证词,被告是基于签名的保证而在不知道原告要以任何一种方式变更自己立场的情况下签名的,并且法院认为,如果相信此一陈述的话,那就不存在对价了。①

08-14. 关于该规则另外一部分的例证可以在下面这样的案件中找到,即为做某事提供了一份奖赏,有一个人却在事后不知情的情况下做了该事。在这样的案例中,该当事人不得请求奖赏,因为所谓的对价并不是基于当事人对要约的信任而提供的。提供的承诺并没有诱使当事人提供对价。承诺不得作为常规动机,因为当事人是在履行完所谓的对价之后才知道该承诺的。②

08-15. 对价与承诺关系的双方,以及此一关系的常规属性,可以通过酒桶案来说明。假设卡车司机愿意运送酒桶,而所有者也愿意让他运送,没有任何讨价还价,并且彼此都知道对方的心理状态;但是,卡车司机明白自己在这件事上的好处,对所有者说"考虑到你将酒桶交付给我并让我运送,我承诺运送它",所有者随即将酒桶交给了卡车司机。我推想,此一承诺应该具有约束力。该承诺是作为交付酒桶的诱因明确提出的,而交付又是作为承诺的诱因明确实施的。或许,非常可能的是,如果没有承诺,也会实施交付,并且,假如没有基于

---

① *Ellis v. Clark*, 110 Mass. 389.

② *Fitch v. Snedaker*, 38 N. Y. 248, 批评了"威廉斯诉卡沃丁案"(*Williams v. Carwardine*, 4 Barn. & Ad. 621),然而,在该案中,并没有表明原告不知道提供的奖赏,而只是陪审团认为她实际上受到其他动机的驱使,这是一分完全不得要领的裁定。

对价而接受承诺,就会以无偿的形式做出承诺;但别忘了,这仅仅是一种猜想。除非所有者愿意,否则就无须实施交付,而且,由于被当作讨价还价的条件,承诺人不能以可能发生的事情来破坏已经发生的事情的后果。因此,从实质与精神层面来看,同样的交易可能是自愿的,也可能是强制的,这取决于当事人为了影响法律后果而选择使用的话语形式。

08-16. 如果我们接受前述那些原则的话,就会发现为了使之得到认可,它们解释了一种给法院带来麻烦的学说。我所指的是这样一种常说,即已经执行的对价不能支持随后做出的承诺。当然,有人认为,如果之前有一个请求,那么,这样的对价就足够充分了。但显而易见,对此一观点存在一些反对意见。如果该请求具有这样的性质,因而,合理地暗示另一个人将获得回报,那么,就存在一个明确的承诺,尽管没有用话语表达出来,并且该承诺是在给予对价的同时做出的,而不是在事后做出的。另一方面,如果那些话语没能保证人们理解服务是要付费的,那么,该服务就是一种馈赠,而一份过往的馈赠,与并非因承诺而引起的受承诺人的任何其他行为一样,都无法构成一项对价。

08-17. 至少,可以从历史上部分地追溯此一错误的来源。在上一讲中,我们提出了一些与之相关的建议。在这里,还应该再补充几句。在古老的债务案件中,如果遇到原告是否有足够的证据支持自己的诉讼这样的问题,那就通过多次提及"合同先例"以确认该项责任。因此,如果一个人同意让自己在某一天为仆人的服务以及仆人以自己名义支付的款项偿付100先令,那么,有人就会认为,没有合同先例,并且当事人不受口头协议的约束;此外,就目前情况而言,那些款项是仆人不以自己的名义且在没有要求的情况下支付的,因而没有任何责任。①

---

① Y. B. 29 Ed. III. 25, 26.

08-18. 因此,当原告依据一份应据以向自己支付 10 马克的契据而提起债务诉讼时,如果他愿意娶被告的女儿为妻,并且被告反对这构成一项封印契约之诉,那么,就会有答辩认为,原告有一个赋予其债务的合同先例。①

08-19. 第一个简约之诉的案例②,仅仅意味着采用了此种长久以来早已为人所熟知的思想。有一个人去保释了其朋友被拘捕的仆人。事后,主人承诺补偿保释金,但由于他没这样做,那个人就可以对自己的朋友提起简约之诉。法院认为,除非主人在仆人被保释前首先承诺要补偿原告,否则就没有任何足以支持指控被告的对价;"因为主人从未要求原告为自己的仆人做那么多事,而是他自己做的"。这完全不存在障碍,其所意指的不过就是《年鉴》中记录的案例。然而,该判例汇编还记述了一个案例,其中,法院认为,考虑到原告在被告的特别要求下娶了被告的表妹,随之而来的承诺就是有约束力的,并且认为该婚姻是"有充足理由的……因为[它]是应被告的要求而产生的"。无论这是要建立一项普遍原则,还是要参照婚姻的特别对价而做出判决③,就像上一讲中所展示的那样,很快就会在更宽泛的意义上加以解释。有几次裁定认为,只要所依赖的事项是应承诺人的要求而完成或者提供的,那么,在此后的某一天,过去的和执行的事项就构成承诺的一项足够充分的对价。④

08-20. 现在,是时候来分析一下承诺的性质了,在简单合同中,这是极为引人注目的第二个构成要素。1872 年《印度合同法》(The Indi-

---

① 19 R. II., Fitzh. Abr. *Dett*, pl. 166.
② *Hunt v. Bate*, Dyer, 272, A. D. 1568.
③ See *Barker v. Halifax*, Cro. Eliz. 741; s. c. 3 Dyer, 272 a, n. 32.
④ *Sidenham v. Worlington*, 2 Leonard, 224; *Bosden v. Thinne*, Yelv. 40; *Lampleigh v. Brathwait*, Hobart, 105; Langdell, Cas. on Contr.(2d ed.), ch. 2, §11, Summary, §§ 90 *et seq*. See above, Lecture VII. P. 286.

an Contract Act,1872)第二条①规定：

(a)如果有人为了获得一个人对此一行为或者节制的同意,而向另一个人表示他愿意做或者不愿意做任何事,那么,就可以说他发出了一项要约；

(b)如果被要约的人随即表示同意,那么,就可以说接受了该要约。要约,一经接受,就成为一项承诺。

08-21. 根据此一界定,承诺的范围仅限于承诺人的行为。如果这仅仅意味着承诺人必须独自承受自己的承诺可能造成的法律负担,那么,这将会是真实的。但是,它并不是这个意思。因为此一界定所指向的是一项承诺,而不是一项具有法律约束力的承诺。我们在寻求的不是合同的法律效果,而是法律可以或者不可以强制执行的一项承诺可能包含的内容。因此,我们必须考虑的问题,仅仅是在法律意义上可能承诺的是什么,而不是一项具有约束力、但却未予履行的承诺所附带的后果会是什么。

08-22. 保证明天会下雨②,或者保证第三人要画一幅画,与保证受承诺人会从某一来源收到100包棉花,或者保证承诺人会支付受承诺人100美元一样,均构成一种承诺。在这些情况之间,有什么区别吗？其间的区别仅仅在于承诺人对该事件拥有何种程度的控制力。在第一种情况下,他毫无控制力。他同样也几乎没有什么法律权力来让一个人画一幅画,尽管他可能具有比较有力的劝说方法。他或许能够确保受承诺人收到棉花。作为一个富裕之人,他肯定能支付这100美元,除非遇到一些最不可能发生的意外事件。

---

① Pollock, Contr.(1st ed.), p. 6.
② Canham v. Barry, 15 C. B. 597, 619; Jones v. How, 9 C. B. 1, 9; Com. Dig. Condition, D. 2; 1 Roll. Abr. 420(D), pl. 1; Y. B. 22 Ed. IV. 26, pl. 6.

08-23. 但是,作为一般事由,法律并不追问,涉及未来事件的保证之完成在多大程度上属于承诺人享有控制力的范围。在道德的世界中,承诺的义务可能会被限定在承诺人的意志所及的范围之内(除非是,当事人一方不知晓此一限制,而另一方有所误解)。但是,除非加入对公共政策的某种考量,我认为,一个人可以在法律上约束自己,以致任何未来的事件都会发生。因此,他可以在法律的意义上做出承诺。可以说,当一个人定约承诺明天要下雨,或者 A 会画一幅画时,他仅仅是以简短的形式说,如果明天不下雨,或者 A 没有画一幅画,我就会付款。但是,情况并不必然如此。因为出现一个好天气,或者 A 没有画画,都会打破一个轻易许下的承诺。因此,承诺仅仅是一项公认的保证,即某一特定事件或者事物状态即将成为现实。

08-24. 但是,如果这是真实的,那就还有更重要的意义,而不仅仅是扩大"承诺"一词的定义。承诺涉及合同理解。在普通法中,具有约束力的承诺的后果不受承诺人对承诺事件拥有的控制力程度的影响。如果承诺的事件没有发生,那就要出售原告财产,以便在一定限度内弥补受承诺人因承诺失败而遭受的损害。无论承诺的是要下雨,或是另一个画一幅画,还是承诺人会交付一包棉花,后果都是一样的。

08-25. 如果在所有情况下,法律后果都是一样的,那么,从同一法律视角来考量所有的合同,似乎就是恰当的。在涉及一个有约束力的承诺——即明天要下雨——的情况下,承诺人所作所为的直接法律效果是,承诺人要在特别界定的限度内在自己与受承诺人之间承担该事件的风险。如果他承诺交付一包棉花,他就要那样做。

08-26. 如果以这样的方式阐述承诺与合同的普通法意义是恰当的,那么,这样做的好处就是使此一主题摆脱下述多余的理论,即合同是一个意志对另一个意志有条件的服从,也是一种有限的奴役。如果法律强制人们履行合同,或者允许受承诺人行使这样的强制,那就认为可能应该是这样的。在一个人承诺为另一个人工作的情况下,如果法律要求他那样做,那么,说实话,就可以将承诺人与受承诺人的关系称为一种特殊的奴役。然而,这却是法律从未做过的事情。除非承诺被打破,因而不可能按照其要义来履行,否则法律不会介入。诚然,在某种情况下,衡平法所做的是所谓的强制具体履行。但是,首先,我谈论的是普通法;其次,这仅仅意味着衡平法强制[承诺人]履行依然还能履行的构成全部承诺的诸般特定要素。例如,做出一项在特定时限内转让土地的承诺,衡平法院在习惯上不予干涉,除非已经超过时限,以至于无法再按照要求履行承诺。但是,如果转让比时限更重要,并且受承诺人宁愿延迟一些,也不希望承诺人不转让,那么,普通法就可以强制履行承诺。然而,即便是在这样的情况下确实没有强制,而是将承诺人投进监狱,除非他会转让土地。此一救济措施是一种例外。一项具有法律约束力的承诺所引致的唯一普遍后果是,如果承诺的事件没有转变成现实,那么,法律就会要求承诺人偿付损害赔偿。在任何情况下,法律都会让承诺人在履行时限完成之前免受干扰,因而,如果承诺人愿意的话,可以选择随意解除合同。

08-27. 将合同视为承担风险的一个更具有实用性的好处是,应该会发现如何阐明衡量损害赔偿的标准。如果认为违约等同于侵权,那么,看起来,在履行合同的过程中,若承诺人获知不履行合同会导致任一特定后果,法院就会判决承诺人对不履行合同的后果承担责任。实际上,已经有人提出了这样的建议。① 但是,该建议却没有被采纳而变成法律。相反,有一位精明能干的法官提出了一份似乎得到普遍遵循的司法意见,根据该司法意见,即便在订立合同时,知晓在违约情况下

---

① Gee v. Lancashire & Yorkshire Railway Co., 6 H. & N. 211, 218, Bramwell, B. Cf. *Hydraulic Engineering Co. v. McHaffie*, 4 Q. B. D. 670, 674, 676.

会导致特殊损害的特殊情况,也是不足够充分的,除非将承担风险当成是公平订立合同。① 如果一个承运人承诺将锯木厂的机器从利物浦运到温哥华岛,但却不会那样做,那么,法院可能不会判决该承运人对在必要迟延期间的租金承担责任,尽管他可能知道,如果不将机器运到英格兰,就无法将其放回原处,除非公平地认为他接受了"附特殊条件的合同"。②

08-28. 诚然,当人们订立合同时,通常所考虑的是履行合同,而不是违反合同。一般而言,[订立合同时]所使用的明确语词不会进一步界定在合同履行后会发生什么。所做承诺的书面声明要满足书面交易备忘录的法定要求,既是因为要求太多会违反人类的普通习惯,也是因为此一声明——即合同的效果是承担未来事件的风险——所意指的,不是有第二个承担风险的附带承诺,而是在没有承诺人合作的情况下,依据法律直接执行的后果就是承担风险。因此,在不允许影响承诺范围的情况下,为了扩大或者缩小因不履行承诺而承担的责任的范围,口头证据无疑也是可以接受的。

08-29. 但是,这些妥协并不影响此处提出的观点。由于订约人与缔约人的关系是自愿形成的,因而附加于该关系上的诸多后果也必须是自愿承担的。承诺所构想的事件是什么,或者换句话说,有哪些要素构成违约,这是一个涉及阐明与解释的问题。要承担什么样的违约后果,在更微弱的意义上,同样也是一个涉及解释的问题,要考虑订立合同时的环境状况。当事人对有赖于合同履行的情况的知悉程度,就是诸般环境状况之一。知情程度不一定是决定性的,但从效果上看,它有可能会扩大当事人所要承担的风险。

---

① *British Columbia Saw-Mill Co. v. Nettleship*, L. R. 3 C. P. 499, 509, Willes, J.; *Horne v. Midland Railway Co*., L. R. 7 C. P. 583, 591; s. c., L. R. 8 C. P. 131.

② *British Columbia Saw-Mill Co. v. Nettleship*, L. R. 3 C. P. 499, 509.

08-30. 解释的功能就是要从明确的言行中找出——如果应该考虑那些事件的话,在当事人意识到之前——对于那些事件,应该却没有明确表达出来的意义。商业合同中支付的价格通常会排除意图承担特别风险的解释。我们认为前面的分析表明,法院依据富有实用性的理智判断得出的结论,是符合普通法中真正的合同理论的。

08-31. 关于承诺之性质的探讨,让我在一定程度上提前分析了合同及其后果。我必须就构成一项承诺的诸般事实再多说一句。根据规定,就理论上的真实而言,除了一方当事人的保证或者报价,还必须要有另一方的接受。但是,我很难想象会有这样一种情况,即之所以未能订立一份简单合同,这无法根据其他理由来解释,通常是因为保证或者报价与作为相互诱因的对价之间关系的缺失。对于报价的接受,通常仅仅源于当事人提供对价时所指向的意义;因为根据我们的法律,在提供对价之前,已经接受的报价或者承诺所依据的理由与尚未接受的报价所依据的理由之间没有什么不同,每一项报价在被接受之前都可以被撤销,并且每一项报价都可以延续至被撤销之时,除非报价因到期而失效或者被撤销,报价的接受问题很少具有重要的实用意义。

08-32. 假设理解了对价与承诺的一般性质,那么,特别涉及双方合同的一些问题仍然有待考量。这些问题涉及对价的充分性以及订立合同的时间。

08-33. 一项承诺也可以构成一个承诺的对价,尽管不是每一项承诺都可以成为其他任何一项承诺的对价。人们或许会怀疑,赠予100美元的承诺是否会得到接受赠予的承诺的支持。但是,假如双方相互承诺分别转让和接受某一铁路公司的未缴股份,那么,法院就会判决认为,已经订立了具有约束力的合同。在这里,一方当事人同意放弃可能证明有价值的东西,而另一方当事人则同意承担可能证明很繁重的责任。①

08-34. 然而,现在假设除开在当事人的头脑中,不存在其他任何不确定性的因素。例如,在一场过去的赛马上投下赌注。有人认为,这相当于一方当事人做出的绝对承诺,而另一方当事人则根本没有承诺。② 但是,在我看来,这是不合理的。合同是人与人之间的交易,人们据此为未来做出安排。在进行这样的安排时,重要的不是客观上的真实,而是当事人知道什么。就在彼时做出安排的目的而言,不为当事人所知的任何现存事实,与任何未来的事实一样,都是不确定的。因此,承诺在事件的发生不符合预期时甘愿偿付,是一种损害。看起来,这才真正解释了下述问题,即为什么克制提起一项原告认为合理的诉求构成一项足够充分的对价,尽管该诉求实际上是不合理的,并且被告也知道是不合理的。③ 假如这种观点不合理,那就很难看出如何承受任何一项未来事件的赌注,除非有神迹。因为如果该事件的发生或者不发生均受制于因果法则,那么,关于该事件的唯一不确定性就隐含在我们的预见中,而不在事件的发生过程中。

08-35. 合同何时订立,此一问题大多出现在以信函形式订立的双方合同中,疑问之处在于,合同订立完成,是在投寄承诺回函时,还是在收到承诺回函时。如果便利性优先支持其中任何一种观点的话,那么,这就构成采纳该观点的足够充分的理由。如果就纯粹的逻辑理由而言,兰德尔(Langdell)教授为支持后一时间节点提供了至为精妙的论证。在他看来,此一结论源于下述事实——使报价具有约束力的对价,本身就是一项承诺。他认为,每一项承诺,在成为承诺之前,都是一个报价,而报价的本质是它应该得到传达。④ 但是,这样的推理似乎

---

① *Cheale v. Kenward*, 3 DeG. & J. 27.
② Langdell, Contr., §§ 89, 28.
③ Langdell, Contr., § 57.
④ Langdell, Contr., §§ 14, 15.

是不合理的。就像在该案中所设定的,如果回函承诺的对价落入受要约人的控制范围,并且已经提前接受了回函承诺,那么,无论在时间上,还是逻辑上,都不存在回函承诺构成一个报价的瞬间。只要有所指,它就构成一项承诺,就是一个有约束力的合同条款。报价是一种可撤销且尚未被接受的承诺意愿的传达。只要一方当事人开出某一特定双方合同的报价,另一方就不能再对同一合同开价。此一所谓的报价,既不可撤销,也不得拒绝接受。报价一经开出,合同订立即完成。

08-36. 如果说,承诺的本质是被传达,那么,无论是否经过报价阶段——也就是,通过传达使人们真正知悉该承诺,法律都会被认为有所不同。一份契据,一旦交付且被接受,无论是否被阅读,都产生约束力。根据同样的原则,通常认为,无论何时,都可以依据有形的标记——就像在该案中所设定的,依据一封装有回函承诺的信函——订立一份封印合同,并且提供承诺的对价以及对承诺的同意,唯一的问题在于,有形的标记在什么时候才算充分落入受承诺人的控制范围。我无法相信,如果已将信函交付给受承诺人,却在阅读之前被从他的手中抢走,那么,就不会订立合同。① 如果我是正确的,那么,无论将邮局看成是报价人的代理人或者受托人,还是报价人使用的一个简单的信箱,似乎都无关紧要。受要约人,在将装有反承诺的信函投入信箱时,实施了一个公开的行为——根据一般的理解,即为放弃了对信函的控制——并且,为了报价人的利益而将信函将给第三人,对后者而言,此后可以随时随意取走信函。

08-37. 关于撤销的原则却是截然不同的。收到报价的人有权推定认为,该报价根据其条款始终保持开放,直至他得到内容相反的实

---

① But see Langdell, Contr., § § 14, 15.

际告知。意思传达的效果必须是因相反的意思传达而被破坏。但是,合同的订立并不取决于当事人的心理状态,而是取决于当事人的公开行为。如果反承诺的标记是一个有形的物体,那么,一旦对该有形物的支配发生变化,合同订立即完成。

第09讲

合同——(3)无效与可撤销

无效合同
一、合同无效的要素
　　(一)当事人
　　(二)当事人表达不同的意思
　　(三)基本要素中的语词矛盾
二、合同成立

可撤销合同
一、作为合同依据的条件
　　(一)无合同
　　(二)先例条件与附随条件
　　(三)承诺范围的条件与限制之间的区别
二、合同之外的表征
　　(一)没有意指合同真实的条件,仅仅是无欺诈
　　(二)欺诈
　　(三)仅仅出于动机
三、实现合同中的代理与保证的条件
　　(一)保证、无效与可撤销
　　(二)承诺

09-01. 对于合同成立不可或缺的事实要素,以及合同成立后的法律后果,我们已经有所探讨。接下来,要依次考量的,就是关于所谓无效合同以及所谓可撤销合同的案例——也就是说,在那些案例中,从表面上看好像已经订立了合同,但实际上却没有订立,或者在已经订立合同的情况下,可以由当事人一方或者另一方撤销,并且视为从未订立过合同。我先要讨论的是前一类案例。

09-02. 当合同经由一般形式却仍未能订立时,通常认为,造成合同未能订立的理由是误解、虚假陈述或者欺诈。但是,我将试图表明,这些仅仅是戏剧性条件,而真正的理由是其中一个或者多个基本构成要素的缺失,就合同的存在而言,这些要素已经被证明或者一同被视为不可或缺的。

09-03. 如果一个人可以在形式上经由作为 A 之代理人的 B 而与 A 订立合同,但 B 实际上不是 A 的代理人,那么,合同就不成立,因为仅有一方当事人。提供给 A 的承诺没有被他接受,并且他也没有付出任何对价。在这样的情况下,即便通常当事人一方会存在过错,而另一方则有欺诈,但非常清晰的是,无须诉诸任何特殊学说,因为在上一讲中所解释的合同的基本构成要素尚未出现。

09-04. 接下来,再举一个不同的案例。被告同意购买,原告同意出售一批棉花,"从孟买运至皮尔利斯"。有两艘这样的货船——一艘在 10 月,另一艘在 12 月——从孟买启航。原告指的是后者,被告指的是前者。法院判决认为,被告不一定要接收该批棉花。① 通常认为,这样的合同是无效的,因为对标的物存在相互误解,故而双方当事人并没有就同一标的物达成一致意见。但是,在我看来,这样的说法会使人产生误解。法律并不关注当事人的实际心理状态。在合同案件

---

① *Raffles v. Wichelhaus*, 2 H. & C. 906. Cf. *Kyle v. Kavanagh*, 103 Mass. 356, 357.

中,与在其他领域一样,法律必须依据外部因素做出判断,而法官则必须根据当事人的行为对其做出判决。如果仅有一个"皮尔利斯"(Peerless),而被告原本意指"佩里"(Peri),却错说成了"皮尔利斯",那么,他就会受到法律约束。该判决的真正理由,不是像前面提到的解释所意指的那样,一方当事人所意指的标的物与另一方所意指的不同,而是一方当事人所说的标的物与另一方所说的不同。原告提出的是一个标的物,而被告表示同意的是另一个标的物。

09-05. 一个专有名词,在商业活动或者诉讼程序①中使用时,仅仅意指一个众所周知的特定物,而非其他,因此,习惯于使用此种专有名词的人,必须自担风险去查明指定的对象是什么。如果没有任何环境条件使双方当事人虚假使用此种专有名词,那么,每一方当事人都有权坚持主张自己使用该词时对自己有利的意义,而每一方当事人都无权坚持主张对方使用该词时对自己有利的意义。误解非但不构成判决的理由,而且,在我看来,误解的唯一影响,仅仅是可以确定双方当事人都不知道对方知道自己在其所赋予的意义上使用"皮尔利斯"一词。在此一情况下,或许会形成一个有约束力的合同,因为如果一个人使用了一个他知道并且也理解对方当事人附加了某一特定意义的语词,那么,他就可以遵循该特定意义,并且不得再赋予该词其他意义。②

09-06. 接下来,假设有这样一个案例,其中,报价与接受没有区别,并且双方当事人都在相同的意义上使用相同的语词。假设 A 同意购买,B 同意出售"这几桶鲭鱼",而这几个涉案木桶原来装的都是盐。就这几个木桶所装的东西而言,当事人之间存在相互误解,并且任何一方都不存在欺诈。我推想这些合同应该是无效的。③

---

① Cf. *Cocker v. Crompton*, 1 B. & C. 489.
② *Smith v. Hughes*, L. R. 6 Q. B. 597.
③ See *Gardner v. Lane*, 12 Allen, 39; s. c. 9 Allen, 492, 98 Mass. 517.

09-07. 通常而言，在这样的案例中，导致合同未能订立的原因在于下述事实，即真实的标的物与当事人的故意所指向的标的物之间存在种类上的差异。或许，更有启发意义的是，认为所谓的合同的条款尽管貌似一致，但在涉及议价交易根源的问题上，却是相互矛盾的。因为，根据其中一项基本条款，协议的标的物即是那几个木桶所装的东西，而非其他；根据另外一项同样重要的条款，协议的标的物是鲭鱼，而非其他；而事实上，两者不可能同时成为协议的标的物，因为那几个木桶里所装的东西是盐。即便没有强制双方当事人签订他们未曾订立的合同，也不能省略那两项条款，因此，不能要求 A 接受，也不能要求 B 交付那几桶盐或者其他几桶鲭鱼；如果不删除一项条款，那么，承诺就毫无意义。

09-08. 如果卖方有欺诈行为，或者如果卖方知道木桶里实际上装着什么，那么，买方可能有权坚持要求交付次等物品。欺诈或许会使合同在他的选择之下失效。因为，当一个人用他知道（由于隐秘的理由）在如此适用时不可理解的其他语词限定可以理解的语词时，或许可以公正地认为他授权自己的受承诺人可以主张其承诺中可以履行的部分，如果该受承诺人愿意放弃其余部分。

09-09. 再举一个像前一案例一样的例证。为某一特定建筑物签发一份保险单，该保险单将该建筑物描述成一个机械工厂。事实上，该建筑物不是机械工厂，而是一个器官工厂，此一情况构成了一个更大的风险。该合同是无效的，不是因为任何一种虚假陈述，而是像以前一样，是因为合同的两个基本条款是彼此矛盾的，并且两者的联合是不可理解的。①

09-10. 当然，刚才解释的矛盾原则可以延伸适用于一个合同的不

---

① *Goddard v. Monitor Ins. Co.*, 108 Mass. 56.

同条款之间任何的相互矛盾。可以说,例如,如果有一块金子被当成18 克拉金出售,而实际上并没有达到那样的纯度,或者如果有一头被当成平均日产 12 夸脱牛奶的奶牛出售,而实际上只能平均日产 6 夸脱牛奶,根据刚才提出的解释,在那些案例与涉及盐桶被当成鲭鱼桶出售的案例之间,并不存在任何逻辑上的差别。但是,那些交易不会是无效的。如果买方选择放弃,那么,那些交易顶多只是可撤销的。

09-11. 法律赖以识别的依据在于经验,而不在于逻辑。因此,法律不会使人的交易依赖于数学上的精确性。无论承诺了什么,只要未能履行,一个人都有权获得偿付;但并不能由此推论认为,某一轻微细节的缺失足以让他有权放弃合同,更不能认为这样的缺失会阻止合同的构成,而这正是我们现在考量的问题。那些相互矛盾的条款必定都是至关重要的——如此重要,以至于法院认为,如果删除其中任何一个条款,合同就会在实质内容方面不同于当事人使用的语词表面上所表达的意思。

09-12. 直接指涉感官识别的条款,总是具有如此程度的重要意义。如果承诺将奶牛或者鲭鱼卖给那个人,无论可能从合同中删除其他什么条款,除非涉及该标的物与那个人,否则承诺绝不可能履行。如果因欺诈而将本该售卖的一桶鲭鱼换成了一桶盐,那么,买方或许会选择购买另外一桶鲭鱼。如果卖方以 B 之名受人引介,而买方以为他是另外一个同名之人,并且根据这样的印象交付了向 B 购买商品的书面承诺,那么,接受了该书面文据的 B 就是缔约人,如果有任何一个人成为缔约人,尽管已经说过应该使用适当的名字,我想,合同还是会被订立的。① 因为,还可以进一步说,只要依据合同中的一个条款,就可以通过观察和聆听来识别承诺的内容或者受承诺人,那么,该条款

---

① 参见 Cundy v. Lindsay, 3 App. Cas. 459, 469。比较 Reg. v. Middleton, L. R. 2 C. C. 38, 55 et seq., 62 et seq.; Reg. v. Davies, Dearsly, C. C. 640; Rex v. Mucklow, 1 Moody, C. C. 160; Reg. v. Jacobs, 12 Cox, 151。

就会明显优于其他所有条款,以至于因任何其他类型要素的缺失而妨碍合同订立,是极为罕见的。① 从表面看来最为显而易见的例外情况是,实际上以此种方式识别的不是标的物,而仅仅是标的的遮盖物或者外包装。

09-13. 当然,承诺的履行可以以对方当事人制定的全部条款得到遵守为条件,但是,在合同订立之前,绝不可能考虑履行承诺的附加条件,迄今为止,首先要涉及的问题是合同的存在。

09-14. 或许,还可以举出一个与任何已经考查过的情况迥然不同的案例。与其说是报价与同意之间的矛盾妨碍了协议的达成,或者说协议条款之间的矛盾使协议从表面上看无法理解,不如说是可能有一种类似在合同条款与没有明确规定为合同组成部分的先前事实陈述之间的矛盾。事实陈述可能是议价交易的首要诱因及根本依据。事实陈述可能比任何明确表达的条款都更重要,但是,合同也可能会被简化为书面文据,从而无法对其进行恰当解释以含括合同本身。卖方可能会说满载盐的木桶里装有鲭鱼,但合同却只能规定木桶及其中所装的东西。保险申请人可能会错误陈述对风险至关重要的事实,但保险单却只能承保某一建筑或者某一生命。或许有人会问,这些合同是否也是无效的。

09-15. 或许,可以想象,在某些案例中,考虑到合同的性质,可以说合同中使用的语词经由解释而将此一陈述含括为一项条款。例如,可以说,保险合同的真正且能被充分理解的意旨,并不是(像字面上所说的那样)去承担因火灾或者海难而造成的任何损失的风险——无论该风险可能有多大,而是去承担一定程度的风险(并非其他风

---

① "亲临现场可以消除称谓上的错误"。比较 Byles, J., in *Way v. Hearne*, 32 L. J. N. S. C. P. 34, 40。然而,亦可比较女王诉米德尔顿案(*Reg. v. Middleton*, L. R. 2 C. C. 38, 45, 57)中相互冲突的司法意见。看起来,指示某一物或者某一人的专有名词或者其他特定识别,可能具有与实际的感官识别相同的效果,因为它指涉的是这样一种识别,尽管以一种不那么直接的方式。

险),此种风险是依据被保险人的陈述以数学方法计算出来的。保险单中没有明确规定当事人承担风险的范围,因为古老的形式与既定的惯例会呈现为不同的形式,但其含义则是完全可以理解。

09-16. 如果采用此一推理,那么,无论风险的性质是写在保险单上,还是由先前说明所确定,合同条款中都会出现同样的矛盾。但是,除开此类可能的例外情况,从表面上看,合同还是成立的,而当事人能够提出诉求的最大限度就是撤销合同的权利。如果具有自控力的当事人的言行举止适合于创设一项债,那么,我认为就产生了债。如果对合同中未提及的事实存在误解,那就仅仅涉及订立合同的动机问题。但是,如果当事人一方知道真相就不会签订合同,仅有该事实也不能阻止合同的订立。在什么样的情况下,影响动机的误解仅仅是合同无效的理由,与此处的探讨无关,因为我们现在考量的主题是合同何时订立,而关于宣告合同无效或者撤销合同的问题是以合同已经订立为前提的。

09-17. 我认为,现在或许可以假定,当欺诈、虚假陈述或者误解被当成导致合同无效的理由时,根本没什么新的原则可用来宣告一项在其他方面完美无缺的债无效,但在每一个这样的案例中,都缺少一个或者多个在先前演讲中解释过的首要因素。要么是缺失另一方当事人,要么是双方当事人所说的不是一回事,要么是貌似一致的基本条款其实在使用时并不一致。

09-18. 如果一份合同被当成是可撤销的,那么,就可以推定该份合同已经订立,只是可以根据一方当事人的选择而撤销该合同。那一定是因为违反了某种明示或者暗示附加于合同成立之上的条件。

09-19. 如果还有一项条件附加于合同成立之上,那么,合同彼时尚未成立。任何一方当事人都可以随意撤回,直至该条件得以确定为止。虽然可能会有要约或者承诺,但却没有债,因而没有值得在这里探讨的双方当事人之间的关系。但是,有一些貌似由已经订立的合同而产生的条件,正属于此类条件。如果承诺的条件在承诺人自身意志的控制范围之内,那么,情况便总会如此。例如,在马萨诸塞州,如果可以使顾客满意,那么,通常会认为出钱购买衣服的承诺会让承诺人成为自己的终审法官。① 据此解释,在我看来,只要承诺人没有表示满意,合同便未成立。他的承诺仅仅是在其认为合适的情况下偿付,而这样的承诺也不可能被订立成合同,因为它无法强制实施任何一种债务。② 如果将承诺解释为,只要那些衣服能让承诺人满意就应该出钱偿付③,因而使陪审团成为裁决者,那么,就会成立一份合同,因为承诺人放弃对事件的控制,但它却要依赖于一个在当前分析意义上的条件。

09-20. 理论家们将一份合同可能包括的条件区分为先决条件与附随条件。实际上,此一区分被认为具有重大意义。必须承认,如果将诉讼过程看成一个检验标准,情况便是如此。在某些案件中,为了让被告做出答复,原告不得不声明已经履行了某项条件;而在另外一些案件中,则由被告声称某项条件已经被破坏。

09-21. 在某一种意义上,所有条件都是附随的;而在另外一种意义上,所有条件又都是先决的。所有条件都附随于债的第一阶段之后。④ 举一个例子,承诺如果工作能做得让一个建筑师满意,就会为工作偿付报酬。在此一清晰的案例中,该条件正是一个所谓的先决条件。只有建筑师感到满意,才可能会有偿付工作报酬的义务。但是,在那一刻之前,可以订立一份合同,因为决定承诺人是否应该偿付,不再受其控制。因而,此一条件附随于债的存在之后。

09-22. 另一方面,每一个附随条件都是法律责任发生的先决条

---

① *Brown v. Foster*, 113 Mass. 136.
② Leake, Dig. Contr. 13, 14, 637; *Hunt v. Livermore*, 5 Pick. 395, 397; Langd. Contr.(2d ed.), § 36.
③ Leake, Dig. Contr. 638; *Braunstein v. Accidental Death Ins. Co.*, 1 B. & S. 782.
④ But cf. Langd. Contr.(2d ed.), § 29.

件。如果我们从一个只要不导致法律后果就对做任何事情都无所顾虑的人的视角来审视法律,那么,显而易见,法律附加于合同之上的主要后果,是一种不得不偿付金钱的或大或小的可能性。从纯粹的法律观点来看,唯一的问题是承诺人是否会被迫偿付金钱。重要的时刻即是处理该问题的时刻。所有条件都是处理该问题的先决条件。

09-23. 但是,不仅在此一极端意义上,而且就原告诉讼理由的存在而言,所有条件都是先决条件。可以举一个有说服力的案例,有一份保险单被设定条件如下:如果在未按照约定偿付后一年内没有起诉,则该保险单无效。只要实际发生损失,疏于履行偿付义务以及出现诉讼理由,上述条件就会发生作用。然而,它又构成原告诉讼理由的先决条件。当一个人起诉时,问题不在于他过去是否有诉讼理由,而在于他当时是否有诉讼理由。只要仍在一年的时效内,他在当时就有诉讼理由。如果是由被告提出因满一年而失效,那将归咎于这样的环境状况,即诉讼指令并不要求原告应对所有可能的答辩,并且举了一个除了否认无从回答的案件。在不同的案件中,法律要求被告答复的时间节点也是不同的。有时,从表面看来,它仅仅是受到举证便利的约束,要求表示同意的一方当事人对该案提起诉讼并且加以证实。有时,从表面看来,提到了由诸多事件构成的通常过程,并且问题属于辩护范畴,因为它们只是特别真实而已。

09-24. 最符合逻辑的应该是在可能违背承诺之前必须满足的条件与(与前一个条件类似)违背承诺之后履行责任的条件之间所作的识别。① 但是,此一识别或许是最不那么重要的,并且,可能值得怀疑的是能否找到另外一个与前一个类似的案例。

09-25. 更重要的是,在仅仅导致将承诺限定于特定案件的约定条

---

① Langd. Contr.(2d ed.),§29.

款与恰当称谓的条件之间标明区分。诚然，每一个条件都会对其所附加于上的承诺产生这样的影响，因此，无论诉讼规则可能是什么①，承诺会因在违反规定行为条件的情况下无所作为而得到真正地遵守和履行，就像承诺会因在满足条件的情况下采取行动而得到遵守和履行。但是，如果这就是全部的话，那么，表明承诺人没有承诺什么的合同的每一个条款，都会构成一个条件，而这个词将会变得比无用更糟糕。此一典型特征截然不同。

09-26. 一个可以恰当称谓的条件是这样一个事件，即该事件的发生使得到保留条件支持的人有权将合同视为就像没有订立一样——就像通常所言，撤销合同——也就是，坚持要求双方当事人恢复到合同订立之前所处的地位。如果条件如此运作，那么，它就会允许外部力量介入，摧毁事物的既有状态。因为虽然条件的存在是由于各方当事人的一致同意，但条件的运作却取决于其中一方当事人的选择。如果条件受到破坏，那么，有权坚持的人可以选择那样做；但是，如果他愿意的话，他也可以继续履行合同。他根据协议享有撤销合同的权利，但这种对合同的撤销（权）却源于他自己。

09-27. 因此，至关重要的是，在那些导致如此极端效果的约定条款，与仅仅解释承诺适用范围或者界定承诺所适用事件的约定条款之间做出区分。由于之前刚刚表明，无须坚持主张这样一种条件，故而，我们必须进一步在通过特别适用的撤销来实现的条款作用，与通过解释和界定来实现的——与不构成条件的其他条款一样——附带作用之间做出区分。

09-28. 以 A 与 B 之间签订的双方合同为例，可以最好地阐明这一点，其中，A 的承诺是以 B 履行其承诺为条件的，并且，在 A 已经完

---

① Cf. Bullen & Leake, Prec. of Plead.(3d ed.), 147, "Conditions Precedent."

成了一定任务后,B违背了自己的一半交易。例如,A作为一名文书受雇于B,并且在一个季度之中被错误地解雇。就A而言,该合同是以B遵守雇用A的协议为条件的。无论A是否坚持主张此一条件,他都没有义务再做任何事。① 迄今为止,该条件仅仅是通过界定来发挥作用的。它证实了A并没有承诺在出现如此情况时应该采取行动。但是,除开条件并非必不可少的情况,A可以在两种行为方式之间做出选择。首先,他可以选择撤销合同。在此种情况下,双方当事人就像没有签订合同一样,如果认为A为B工作,不是无偿的,并且也没有设定赔偿金,那么,A就可以追回陪审团认为他的工作合理应得的报酬。合同不再确定"对价"。但是,作为一种替代行为方式,如果A愿意的话,他可以信守合同,并且起诉B违约。在此种情况下,他可以收回因其工作而应偿付的合同费用作为部分损害赔偿金,以及因其丧失完成工作的机会而应得的补偿。但是,对当前的讨论而言,重要的节点在于,这两种救济措施是相互排斥的②,一种是假定应当信守合同,另一种则假定应当撤销合同,但是,如果A在B违约后即停止工作并且不再做任何事,那么,这同样与前述任何一种选择是一致的,并且事实上与本案无关。

09-29. 为了避免误解,应该再补充一句。如果说A在发生的案件中已经完成了其承诺的全部工作,但那并不意味着A就必然有权获得像其已经完成大量工作一样的报酬。在此一假定情况下,B的承诺是为A一季度的工作偿付相当的报酬;虽然该承诺的对价是A承诺完成那些工作,但承诺的范围仅限于事实上完成那些工作的情况。因此,A不能简单地等到自己的雇用期结束,然后在雇用延续的情况下收回其应得的全额报酬。即便从因B的过错而没有提供服务的事实

---

① Cf. Cort v. Ambergate, Nottingham & Boston & Eastern Junction Railway Co., 17 Q. B. 127.
② Goodman v. Pocock, 15 Q. B. 576(1850).

来看，A 也没有任何更多的权利那样做。B 对任何一种这样的诉求的答辩都是恰切合理的。B 仅仅因承诺而承担责任，并且他只是依序承诺在不该发生的情况下偿付报酬。然而，B 确实承诺要雇用 A，并且因没有那样做而要承担损害赔偿责任。

09-30. 再举一两个例证，会是有益的。A 承诺在某一特定时间和地点交付特定货物，而 B 则承诺在该时间和地点接受那些货物并支付货款。届时，双方当事人均不在场。双方都不会对诉讼承担责任，并且，根据之前所言，每一方当事人都做了自己承诺在事件发生时要做的一切，也就是，什么都没做。有人或许会表示反对，认为如果 A 已经做了自己必须要做的一切，那么，他就应该能起诉 B，因为履行或者意欲履行是赋予其起诉权利不可或缺的必要条件，反之，对于 B 也适合同样的说法。另一方面，如果考虑到无论是 B 还是 A 作为被告，同样的事实都会构成一个完备的辩护理由。此一谜局在很大程度上是一个语词问题。

09-31. 诚然，A 和 B 已经分别履行了各自在当前所承诺的一切，因为他们各自仅仅是承诺在对方意欲并且愿意同时行动的情况下采取行动。但是，意欲和愿意，虽然对于双方履行各自承诺而言不是必要的，因而也不构成一项责任，但对于旨在提起一个对方采取行动的承诺堪以适用的诉讼而言，却是必不可少的。因此，尽管 A 和 B 分别履行了各自的承诺，但他们并没有满足可以向对方提出更多要求的请求权的条件。是否满足该条件，纯粹是可选择性的，直到一方当事人通过自己履行承诺而将该条件纳入对方承诺的范围。然而，正是在后一种意义上的履行，也就是满足全部条件以及信守自己的承诺，对于赋予 A 或者 B 提起诉讼的权利而言，才是必不可少的。

09-32. 条件可以根据合同语词本身来创设。就此类情况而言，没有什么可说的，因为当事人可以同意自己的选择。但是，如果无论在任何情况下都没有从字面上规定废止或者撤销合同的条款，那么，也可以判定通过解释来形成这样的条款。法律像这样解读的诸般条件的性质需要解释。可以说，在通常情况下，那些条件所针对的是废止合同的一方当事人是否拥有明显的议价理由，或者是否实现了明显的交易目的。然而，这是不够的。一般而言，失信必定是由对方当事人的不当行为造成的；而涉及此类不当行为显而易见的情况，是欺诈和虚假陈述，或者未能履行属于自己部分的合同内容。

09-33. 因而，在此一问题上，有必要再次探讨一下欺诈和虚假陈述。我先谈一谈后者。在讨论虚假陈述时，呈现的首要问题是该陈述是否为合同的组成部分。如果合同是书面形式的，并且陈述书写在纸面上，那么，此一陈述可能至关重要，也可能无关紧要，但该陈述的虚假性所造成的后果，将取决于那些与导致同一方当事人未能履行承诺相类似的原则。如果合同是通过口头形式订立的，那么，就可能会在很大程度上将陈述的语词与后来承诺的语词联系起来；但是，当那些语词被确认为合同的组成部分时，类似的原则得以适用，就像整个合同都是书面形式的一样。

09-34. 此刻摆在我们面前的问题是，导致签订合同、但又不属于合同组成部分的虚假陈述所造成的后果。假设合同是书面形式的，却没有包括虚假陈述，那么，无论是在任何情况下，此一先前的虚假陈述都会赋予当事人撤销/解除①合同的权利吗？如果是这样的话，若非达到欺诈的程度，无论在任何情况下，都会是这样吗？承诺人或许会说，你是否知道自己的陈述是虚假的，于我而言无关紧要；我所在意的

---

① Rescission，在英美合同法中，该词并不区分合同的"撤销"与"解除"，凡是使既有合同终止或者消灭者，不论什么原因，都可以用该词表述。例如，在英国法中，无论是通过当事人的行为还是法院裁判，无论是因为违约、过错还是虚假陈述，该词都表示合同的终止；在衡平法中，该词意味着使当事人恢复到合同订立之前的状态，故而必须在可能恢复原状的情况下方可为之；在美国，该词可以在多重意义上加以使用，例如，可以指根据当事人的协议而选择终止合同，因一方违约而解除合同，或者因一方当事人为未成年人、欺诈等原因而撤销合同。参见薛波主编：《元照英美法词典》，北京大学出版社2013年版，第1186页。——译者注

唯一问题是陈述的真实性。如果陈述是不真实的,那么,无论你是否知道陈述是真实的,我同样都会受损。但是,在前面的一次演讲中已经表明,法律并不始终坚守一个人要为其所有行为的全部后果承担责任的原则。某一行为本身是不偏不倚的。行为的特征源于行为人彼时所知的诸般共生并存的事实。如果一个人通过陈述某事而有理由相信自己所言出于所知,那么,除非他同意承担风险,否则将[陈述是否具有]真实性的风险强加给他,是违反法律类推的,而在此一假定情况下,他没有那样做,因为没能将该陈述规定为合同的组成部分。

09-35. 当遇到欺诈时,情况就截然不同了。欺诈可以利用合同之外的陈述和合同之中的陈述一样导致合同的订立。但是,法律却会判定,无论在哪一种情况下,合同都不会降低对诚信的限定要求。

09-36. 为了说明这一点,我们可以举一个略显极端的例子。A 对 B 说,我没有亲自打开这些木桶,但桶里装有 1 号鲭鱼;为此,我支付了这么多货款给某公司,并且说出了一个众所周知的经销商的名字。之后,A 给 B 写信说,我将以这么高的价格出售你看到的那些木桶以及桶里装着的货物;并且 B 表示接受。结果那些桶里原来装的是盐。我想,如果涉及桶里所装货物的陈述是诚实的,那么,合同就会具有约束力;如果陈述是欺诈的,那么,合同就是可撤销的。

09-37. 合同之外的欺诈性陈述所涉及的问题,看起来,仅仅是签订合同的动机而已。如果在合同之外,那些陈述通常不可能影响对合同的解释。一项用特定语词表述的承诺具有明确的意义,可以推定承诺人理解这一点。如果 A 对 B 说,我向你承诺购买这个木桶以及桶里装着的货物,那么,A 的语词就指定了某一凭借感官辨识的人与物,并且再无他指。绝无之处,如果那个人正意欲交付该物,那么,购买者就不能说合同本身的任何条款没有得到遵守。他可能会因欺诈性诱导而相信 B 是另外一个 B,以及桶里装着鲭鱼;但是,无论他对那些要点的依赖可能会在多大程度上影响自己做出承诺的意愿,只要因而赋予他的语词以某种不同的意义,都会有一点夸大其词。"你"指的是言说者面前的那个人,无论他的名字是什么,而"装载物"既适用于盐,也适用于鲭鱼。

09-38. 毫无疑问,只有根据合同中解释的条件,欺诈才构成撤销合同的正当理由。只要双方当事人愿意,他们便可同意,即便不考虑任何一方在合同之外的陈述的真实性或者虚假性,合同也应该具有约束力。

09-39. 然而,正如之前这几次讲座中谈到的,尽管法律从这样一些识别出发,并且使用了道德的语言,但这样的道德语言必然终结在不依赖于个人真实意识的外部标准之界。欺诈也是如此。如果一个人在知晓一些事实的情况下做出一份陈述,而根据社会的平均标准,那些事实足以警示他该陈述可能是不真实的,并且该陈述确实是不真实的,那么,无论他是否相信自己的陈述,他在法律理论上都构成了欺诈犯罪。马萨诸塞州的法院,至少,走得更远。他们似乎认为,一个人根据自己的认知、或者以这样一种方式公平地理解为根据自己的认知而做出的任何重要陈述,如果是不真实的,那么,无论他可能据以相信该陈述并且相信他知晓该陈述的理由是什么,该陈述即是欺诈的。① 因此,显而易见,一项陈述可能在道德上是无辜的,但在法律理论上却是欺诈的。事实上,马萨诸塞州的规则与英格兰衡平法院制定的原则相差无几,看起来均已终止,在先前的一篇演讲②中已经批评过这一点,因为对事实至为确凿的确认,至少会使陪审团得以查明,可以将那些陈述合理地理解为是根据当事人自己的认知而做出的,因而,如果结果证明那些陈述是不真实的,就可以确保对合同的撤销。

---

① *Fisher v. Mellen*, 103 Mass. 503.
② 前文,第136页(即本书第4讲"欺诈、恶意与故意——侵权法理论"。——译者注)。

道德语词已经不再适用,而责任的外部标准也已经确立。然而,起点依然是欺诈,并且,若非基于——由法律界定的——欺诈事由,我认为,在合同之前的虚假陈述,虽然直接导致合同的签订,但不会影响合同的有效性。但是,无论是合同,还是隐含条件,都没有要求存在据以做出虚假陈述的事实。它们只是要求不得出现某些特定的虚假陈述。此一条件不是受承诺人应该是某一特定的其他的 B,或者桶里装着的应该是鲭鱼,而是受承诺人没有在重要事实上欺骗他。

09-40. 接下来,问题出现了,你如何确定哪些事实是重要的?由于那些事实不是合同所要求的,因而它们可能成为重要事实的唯一方式是,对事实真实的信赖,可能会导致合同的签订。

09-41. 因此,并不像人们有时所说的那样,法律本身不关注签订合同的动机。相反,合同之外的欺诈的全部意义就在于制造虚假动机和消除真实动机。此一考量将提供一个检验案件的标准,即在什么情况下,欺诈会成为撤销合同的理由。据说,欺诈陈述必须是对造成的后果具有实质性影响。但是,我们如何判定欺诈陈述是否具有实质性影响呢?如果前述论点是正确的,那么,就必须依据普通经验来判定,究竟是信赖事实如其所述会理所当然地导致合同的签订,还是认为事实与其所述不符会理所当然地阻止合同的签订。

09-42. 无论是在一般情况下,还是在已知的特定案件状况下,如果信赖不会理所当然地导致这样的后果,那么,欺诈就无关紧要了。如果一个人因受到另外一个人欺诈陈述——说他是托马斯·杰斐逊(Thomas Jefferson)的曾孙——的诱导而与之签订合同,我认为,该合同不会是可撤销的,除非缔约人知道——基于特殊原因——他的谎言导致签订合同。

09-43. 迄今为止,已经讨论过的撤销合同的条件或者理由,涉及诸方当事人在合同本身之外的行为。鉴于我依然将自己的观点限定在经由法律解释——也就是说,不是通过直接方式,以及按照据以表达承诺的语词的字面意义附加于承诺之上的条款——而产生的诸般条件上,我现在来谈一谈那些与合同以某种方式涉及的事实相关的条件。

09-44. 或许,可以从仅有一方当事人承诺的合同中找到这样的条件。据称,如果合同是单方的,因而合同中的语词都是承诺人拟定的,那么,相对于双方合同中类似的语词而言,[在单方合同中]会更容易将对承诺人有利的条款解释为条件;事实上,必然会对那些语词做如此解释,原因在于,如果它们不创设条件的话,就对承诺人没有任何益处,因为根据假定,那些语词并不构成另外一方当事人的承诺。① 此一精妙的推测会在多大程度上对学说产生现实的影响,或许会受到质疑。

09-45. 但是,就此一概述的目的而言,仅仅探讨双方合同就足够了,在此类合同中,双方当事人都会做出承诺,并且,对一方当事人有利的隐含条件是另一方当事人应当履行已方承诺之事。

09-46. 在后一种情况下,合同的承诺或许是指某一事实的存在;但在前一种情况下,合同的承诺可能是议价中同样重要的条款。

09-47. 在这里,我们再一次谈到了涉及表述的法律,只是在一个新的阶段。如果完全不考虑任何欺诈问题的话,作为合同的一个组成部分,陈述的真实性总是有可能构成合同的一个条件。事实上,情况时常如此。然而,并不是每一项体现在一方当事人使用的语词中的陈述都会构成一个有利于另一方当事人的条件。假设 A 同意出售,B 同意购买"A 的七岁褐色马匹埃克利普斯(Eclipse),此刻正在审判是否应由 B 占有",而事实上,该匹马是栗色的,而非褐色的。我认为,即便

---

① Langd. Contr.(2nd ed.), § 33.

基于此一事由,B 也不能拒绝支付购买该匹马的价款。如果法律荒谬到仅仅追求形式上的融贯一致,那么,确实可以说在此一合同的不同条款之间存在着绝对的相互矛盾之处,就像在那个合同案件中一样,当事人协议出售几桶鲭鱼,但那几桶原来装着的却是盐。如果采纳此一观点,就不会有符合条件的合同,甚至根本不会有合同。但是,实际上,合同是存在的,甚至没有条件限制。正如已经讲过的,并不是每一个矛盾之处都会导致合同无效,也不是每一个反承诺条款的未予履行都会使合同成为可撤销的。在这里,显而易见,购买方确切知道自己将会得到什么,因而马匹颜色的错误对交易毫无影响。①

09-48. 另一方面,如果合同含有一个欺诈陈述,并且误导了接受陈述的一方当事人,那么,根据就像事先做出陈述一样的原则,合同将会是可撤销的。但是,如果不考虑欺诈的话,通常会将合同中的说明性语词判定为相当于有时所谓的担保。他们是否这样做,是一个应由法院根据常识来判定的问题,看一看那些语词的意义,以及那些语词所表达的诸般事实在交易中的重要性,等等。但是,如果将说明性语词判定为担保的话,那么,该判决的意义就不仅仅是使用那些语词的当事人自己要对那些语词的真实性负责,而是那些语词的真实性构成了合同的条件。

09-49. 例如,在一起首要判例中②,协议约定,彼时停泊在阿姆斯特丹港的原告船舶应该尽可能迅速地直接驶向英格兰的纽波特,并且在那里装载运往香港的一船煤炭。在租船合同约定之日,该船不在阿姆斯特丹,而是在四天后才抵达那里。原告已经意识到被告认为时间很重要。法院认为,原告船舶在合同约定之日停泊在阿姆斯特丹港是

---

① 参见关于"迪梅奇诉科利特案"(*Dimech v. Corlett*, 12 Moo. P. C. 199)的解释,载 *Behn v. Burness*, 3 B. & S. 751, 760。

② *Behn v. Burness*, 3 B. & S. 751。

一项条件,如果违反该项条件,被告有权拒绝装载货物,并且撤销合同。如果采纳此一观点——即条件必须是将来的事件,并且声称以过去或者现在的事件为条件的承诺,要么是绝对的,要么根本就不是承诺——的话,那么,在本案中,被告就从未做出过承诺。① 他所承诺的仅仅是如果具备应存在、但实际上并不存在的情况。我已经表达了自己对这种看待此类案件②的方式的反对意见,只想再补充一点,据我所知,法院并不认可这种方式,并且在本案中肯定也不认可。

09-50. 还有另外一个理由,足以支持认为租船合同无效并且根本不存在合同,而不是将合同视为仅仅是可撤销的,这同样违背了权威观点,不过,我对此一问题的回答也从未完全令自己满意。在提及的本案中,船舶出租人的陈述涉及船舶本身,因而被纳入到对承租人同意接受之物的说明范畴。我不太理解的是,为什么在此一合同的不同条款之间没有像原本装着的是盐、却被说成装着鲭鱼的木桶销售合同那样出现严重的矛盾之处。为什么在这两个条款——首先,出售之物是装在这些木桶里的货物;其次,出售之物是鲭鱼——之间的矛盾之处对合同的成立是至关重要的? 这不仅是因为其中每一项条款都涉及合同的根基和实质内容③——因为强制购买方接受符合一项条件(而不符合另一项条件)的货物,就是要求他做一件与其所承诺的实质上截然不同的事情,而且还是因为接受一件货物与同时符合两项条件的同一货物的承诺在实质问题上是相互矛盾的。我们已经看到,法律没有以任何纯粹的逻辑理由作为判断的依据,也不认为每一个轻微的矛盾之处都会使合同成为可撤销的。然而,另一方面,如果两个重要条款之间存在矛盾,那么,这对合同的成立就是至关重要的。接下

---

① Langd. Contr.(2d ed.), § 28, p.1000.
② 参见第8讲。
③ *Kennedy v. Panama, & c. Mail Co.*, L. R. 2 Q. B. 580, 588; *Lyon v. Bertram*, 20 How. 149, 153. Cf. Windscheid, Pand., § 76, nn.6, 9.

来,我们如何判定一个特定条款是否至关重要呢?当然,最优的查明方法是,看一看双方当事人如何对待该条款。由于双方当事人都没有任何表述,因而,我们可以参考当事人每天的言谈和交易活动①,并且确定,如果当事人表述的缺失会使核心事项变成另一个问题,那么,当事人表述的存在就对合同的成立是至关重要的。但是,双方当事人既可以一致同意任何事项(无论多么琐细)都是至关重要的,也可以一致同意任何事项(无论多么重要)都不是必不可少的;并且,如果此一重要事项是合同中对某一(也是凭借感知来确认的)特定事项的说明性陈述的组成部分,那么,在此类事项缺失的情况下,就像日常言谈中的物在种类上不同于对它的说明一样,怎么会成立一个合同呢?就合同的目的而言,导致物的种类相同或者不同的质性,不是由阿加西斯(Agassiz)、达尔文(Darwin)或者广大公众决定的,而是由双方当事人的意志决定的,他们所决定的是,为了实现当事人的目的而坚持要求的诸般特征便是如此这般。② 现在,如果这是真的,那么,有什么证据可以证明某项特定要求是不可或缺的,即如果没有它,合同的标的物就会在种类上不同于说明性陈述,而不是一方当事人要求,另一方当事人提供对存在该项特定要求的担保?然而,合同中对此刻停泊在阿姆斯特丹港的特定船舶的说明,尽管被判定为一种隐含担保,但从表面上来看并没有被当成是使合同矛盾且无效的条件,而仅仅是赋予被告撤销合同的选择权。③ 即便是在销售中明确的质性担保也不会产生这样的效果,并且在英格兰,实际上,不允许购买者在违约的情况下撤销合同。在这最后一点上,马萨诸塞州的法律是截然不同的。

---

① Windscheid, Pand., §76(4). See, generally, Ibid., nn.6, 7; §78, pp.206, 207; §82, pp.216 *et seq.*
② Cf. Ihering, Geist d. Röm. Rechts, §48, III. p.116(Fr. transl.).
③ See, however, the language of Crompton, J. in s. c., 1 B. & S. 877. Cf. 2 Kent, Comm.(12th ed.), 479, n. 1, A(c).

09-51. 有人对此一关于买卖的英格兰学说进行了解释,即当所有权已经转移时,购买者已经从合同中获得了一定收益,因而不能像撤销合同时其必须要做的那样,在现实状况下完全替代出售者。① 此一推理看起来似乎是值得怀疑的,甚至可以说明合同不是可撤销的,但对认为合同无效的论点毫无影响。因为如果合同是无效的,所有权就不会转移。

09-52. 可以说,租船人的承诺中不存在矛盾之处,因为他所承诺的仅仅是给某一特定船舶装载货物,并且在装载货物时,这些语词——"此刻停泊在阿姆斯特丹港"——就仅仅是一个历史问题,而不是对租船人承诺为之装载货物的船舶的说明的组成部分。但是,如果将那些语词判定为不可或缺的,那么,它们就变成了该船舶说明的组成部分,而承诺为之装载货物的是一艘名为玛塔班(Martaban)的船舶,并且在合同约定之日应该停泊在阿姆斯特丹港。如此解释,便是矛盾的。

09-53. 或许,可以从现实考量中找到真正解决问题的方法。无论怎样,事实上,法律对合同的矛盾规定了三种程度的后果。如果其中有一项矛盾条款完全无关紧要,那么,它就会被简单地忽略,或者顶多只是提出一项损害赔偿请求。如果当事人承诺的恰好是同样的两项条款,那么,其中一项条款未能履行,不必定导致当事人拒绝履行另外一项条款,在这种情况下,法律不愿意因既有条款存在矛盾之处而判定合同无效。另一方面,如果两项条款都至关重要,以至于继续履行承诺的其余部分,或者在缺失其中一项条款的情况下继续交易,不仅会使一方当事人损失某一合同约定事项,而且还会强加给当事人一场在实质内容上截然不同的交易,那么,该承诺将会是无效的。还有

---

① *Behn v. Burness*, 3 B. & S. 751, 755, 756.

一类介于中间状态的案件,交由愿望破灭的一方当事人来决定。但是,由于此三者之间的界线在一定程度上含混不清,故而,在不同的司法辖区内对它们的划分有所不同,也不足为奇。

09-54. 此处列举的针对现有事实状况的承诺的诸般例证,仅限于那些涉及合同标的物的现有状况的例子。当然,对于那些承诺的使用范围没有任何这样的限制。一份合同也可以用来担保其他事实的存在,或许可以发现或者想象这样的例证,显而易见,在此种情况下,担保的唯一后果就是给合同附加一项有利于对方当事人的条件,并且,在此种情况下,会回避下述问题,即是否存在并一项条件更重要的事项——比如,从根本上阻止任何合同成立的条款之间的矛盾。但是,就当下的目的而言,前面的诸般例证已经足够了。

09-55. 我们现在可以从承诺某些特定事实在签订合同时是真实的,转向讨论承诺某些特定事实在合同签订后的某个时间也应该是真实的,也就是可以恰当称谓的承诺了。这里的问题在于,一方当事人对承诺的履行,在何时构成另一方当事人履行合同义务的一项条件。在实践中,此一问题很容易被当成是另外一个问题,如前所述,这其实是一个截然不同的问题;也就是,一方当事人对承诺的履行,在何时构成另一方当事人要求其履行合同义务的权利的一项条件。当然,可以想像,一个承诺应该限定于另一方当事人履行承诺的情况,但后者不履行承诺不应成为撤销合同的理由。只要一方当事人已经根据那种无法复原的合同,获得了某种实质性收益,那么,无论另一方当事人后来可能的违约多么严重,撤销合同都为时已晚。然而,他却可以获准免于继续履行。假设签订了一份为期一个月的劳工合同,先预支10美元,且不得追回,除非因该劳工之过错而导致合同撤销,然后在本月结束时再支付30美元。如果该劳工错误地在两个星期结束时停止了工作,我认为,该份合同是不可撤销的,在那10美元已经支付并且收到的情况下,可以追回该笔酬金①;但是,另一方面,雇主没有义务支付那 30 美元,当然,他还可以根据合同提出损害赔偿之诉。②

09-56. 然而,在大多数情况下,对承诺的违反,如果解除了受承诺人一方继续履行合同的义务,那么,也就有理由撤销合同,因而,公众对这两个问题的混淆并没有造成什么严重的伤害。如果一方当事人履行的承诺仅限于另一方当事人履行合同的情况,那么,该合同通常也会以之为条件。接下来,我将讨论几个希望能引起大家关注的案例,无须考虑合同在严格意义上是否以一方当事人对承诺的履行为条件,或者也无须考虑真正的解释是否只是另一方当事人的承诺仅限于该事件。

09-57. 现在,我们如何解决这样的条件是否存在的问题？在此,过于迫切地追求简明,过于努力地将所有案例简化为人为的推定,很容易犯错,因为这些推定还不如它们要解释的判决显明易解。毕竟,就像法院常说的那样,整个问题的根基在于解决现实问题的智慧。法律要执行当事人的意图,只要他们没有事先为已经发生的事情做好准备,法律就必须阐明,如果他们的想法转向此一关键问题,他们理所当然会有怎样的意图。我们会发现,基于当事人使用的语言的直接含义而做出的判决和基于对当事人必然的意图或者如其所言的表达的间接推理而做出的判决,彼此会逐渐渗透,难于分辨,难以察觉。

09-58. 兰德尔先生曾经提醒大家注意一项至关重要的原则,毫无疑问,该项原则有助于阐明许多判决。那就是,如果你签订了一份双方合同,虽然每一个承诺的对价都是反承诺,但从表面上看,对履行一个承诺的报偿就是对另一个承诺的履行。对方当事人的履行是每一方都想要为自己换取的回报。如果 A 承诺给 B 一桶面粉,B 承诺为

---

① Cf. Anglo-Egyptian Navigation Co. v. Rennie, L. R. 10 C. P. 271.
② Ellen v. Topp, 6 Exch. 424.

此给他 10 美元,那么,A 的意思是用自己的面粉换 10 美元,而 B 的意思就是用自己的 10 美元换那桶面粉。如果没有为任何一方的行为设定期限,那么,任何一方都不能在自己尚未准备好的同时要求对方履行。

09-59. 但是,此一等价原则,如果不考虑合同的标的物,并不是从合同的诸般形式中抽绎出来的唯一原则,当然,在兰德尔先生的著作中也不是这样提出来的。

09-60. 从货物买卖或者租赁合同以及诸此类的合同中,还可以发现另外一项非常清晰的原则。在这里,所有者所承诺的是其提供的货物应该具备的质性或者特征,并据以说明购买者承诺接受的货物。如果所提供的货物缺失任何一种承诺的特性,那么,购买方就可以拒绝接受,不仅仅是因为他没有为自己恪守承诺而换得相应的等价物,而且还因为他从未承诺要接受所有者提供给他的货物。① 我们可以看到,如果合同中包含了一份在接受货物之前关于货物状况的陈述,那么,可能就不会总是判定此一过去状况被纳入对将要接受的货物的说明之中。但是,此处不可能有这样的规避。然而,即便是在当前此类案件中,拒绝权也是有诸般限制的。如果承诺之事是具体的,那么,说明中凭借感知来确认对象的大部分内容有时也会得到鲜明的解释。有一个案例甚至判定,不能因为该特定物没有达到担保的质性,而拒绝履行一份购买特定物的待履行合同。②

09-61. 另外一项从合同形式本身抽绎出来的依赖原则是,一方当事人对承诺的履行显然意在为对方当事人履行承诺提供方法。如果一个租客承诺修缮房屋,房东承诺为修缮房屋而给他提供木料,那

---

① *Chanter v. Hopkins*, 4 M. & W. 399, 404。前文述及的"贝恩诉伯尼斯案"(*Behn v. Burness*),或许也应该以这样的方式加以解决。提供的船舶并没有按照合同约定之日停泊在阿姆斯特丹港。因此,它就不是合同要求的那样一艘船。

② *Heyworth v. Hutchinson*, L. R. 2 Q. B. 447, criticised in Benj. Sales(2d ed.), pp.742 *et seq*.

么,我们可以认为,在今天,无论古老的判决可能是什么,租客修缮房屋的义务都要依赖于房东在必要时提供木料。①

09-62. 另外一种有些特殊的情况是,双方合同的一方当事人同意做某些特定事情,并且为其履行提供了担保。在这种情况下,将提供担保认定为另一方当事人履行合同的条件,如果可能的话,显然是明智之举。因为对担保的要求表明,要求担保的一方当事人并不满足于依赖对方当事人的简单承诺,如果他不得不在提供担保之前履行该承诺,那么,他就要被迫去做承诺之事,因而要求担保的目的就会落空。②

09-63. 最后一种情况表明了任何一个研究这些案例的人至为强烈的感受——归根结底,影响判决最重要的因素,不是任何技术性因素,甚至也不是任何一项一般合同原则,而是将特定交易的性质当成一个实用性问题来加以考量。假设 A 对 B 承诺为其工作一天换取 2 美元,而 B 对 A 承诺为其一天的工作支付 2 美元。在此,那两个承诺无法同时履行。工作需要一整天时间,而付款仅需要半分钟。你要如何判定应该先履行哪一个承诺,也就是说,哪一个承诺依赖于对方当事人的履行?这只能参考社会的习惯以及便利。仅仅主张根据等价交换原则,在一个人得到某物之前,不得推定其意图为该物付款,这是不够的。工作是为工钱的付出,同样地,工钱是为工作的报偿,但必须事先偿付一个。问题在于,为什么在一个人获得金钱的相应价值之前,不得推定其意图支付金钱,而在另一个人获得金钱之前,却可以推定其意图给付金钱的相应价值?从任何一种一般理论中,都无法找到答案。作为一个阶层,雇主支付工资,可能会比雇员付出劳动获得更

---

① 参见 *Thomas v. Cadwallader*, Willes, 496; Langd. Contr.(2d ed.), § § 116, 140。这是由兰德尔先生(Contr., § 116)举出的一个关于等价[原则]的案例;但是,我们认为上述解释也是适当的。值得注意的是,这几乎算不上是一个关于[合同]条件的恰当案例,而仅仅是一个对租客承诺范围的限定。因此,一份行业学徒合同(一方当事人当学徒,对方当事人负责传授),只有在对方当事人传授的情况下才能履行,并且必须因而限定在该事项范围内。比较 *Ellen v. Topp*, 6 Exch. 424。

② Langdell, Contracts(2d ed.), § 127. Cf. *Roberts v. Brett*, 11 H. L. C. 337.

安全的信赖,雇主享有权力并且成为法律的制定者,或者其他的考量——是什么都无关紧要——这些事实决定了工作要先做。但是,决定的诸般理由却是纯粹实用性的,并且永远无法从语法或者逻辑中推导出来。

09-64. 人们会发现,对于实用性考量的参考贯穿了整个主题。再一个例子。原告根据自己与被告之间达成的共同协议宣称,他可以出售,而被告会购买一些顿斯科伊(Donskoy)羊毛,由原告在敖德萨(Odessa)装运,并且在英格兰交货。在合同的诸般规定中,有一项规定是,只要羊毛一装运,就应即刻申报货船名称。答辩指出,在双方当事人知晓的情况下,购买羊毛是为了在被告的商业活动中转售羊毛;羊毛是一种价值波动的商品,在按照合同规定申报装运羊毛的货船名称之前不得销售,但原告并没按照约定申报那些货船的名称。法院的判决是由有史以来最伟大的专业法律人帕克男爵做出的;但是,他没有奢望为判决提供任何技术性或者纯粹逻辑性的理由,而是在用上述语词陈述了被认为对此一问题——即申报货船名字是否构成接受义务的一个条件——至关重要的诸般事实之后,以下述方式陈述了判决理由:"考虑到合同的性质及其对于在双方当事人知晓的情况下签订合同的目标的重要意义,我们认为,这是一个附条件的先例。"①

---

① *Graves v. Legg*, 9 Exch. 709。比较 Langd. Contr.(2d ed.), §33, p.1004。兰德尔先生认为,购货单(bought note)虽然是双方合同的组成部分,但应该被视为是单方的,并且可以推定所依赖的合同语言即是购货单的语言,因此是一项有利于被告的条件,而购货单是由被告签发的。我不太理解,当申报所陈述的是一个双方合同时,如何能假定情况即如此,而问题是因对一项答辩提出异议而产生的,该项答辩还陈述到原告"系因受协议之约束而申报"货船之名称。我们会看到,此一解释与判决的真正理由之间有多大的差距。

第10讲

继承——(1)死后,(2)生前

【问题】如果就财产受让人而言,据以产生权利或者义务的诸般事实不可能是真实的(例如,当事实并不构成一种能够占有的持续状况时),那么,如何转让权利或者义务?那就只能通过拟制将财产受让人识别为财产让与人。

一、死后继承
    (一)遗嘱执行人
        1. 罗马法上的继承人
        2. 遗嘱执行人,作为概括财产继承人,"代表立遗嘱人"
    (二)继承人
        1. 先是概括财产继承人,接着是特定财产继承人,"代表被继承人"
        2. 人格即遗产
二、生前继承
    (一)秉持卖方立场并非转让之必要条件
    (二)早期的日耳曼与盎格鲁—撒克逊法律:通过类比继承而扩展的可让与性
    (三)罗马法:将继承人识别为被继承人的后果,扩大至买方和卖方,进而获得因时效而取得的权利
    (四)英格兰法,时效
    (五)遗赠

10-01. 在前次关于占有的演讲中,我试图表明,占有一项权利的观念从本质上讲是荒谬的。所有的权利都是在满足某种事实状况时附带的后果。因占有而获取的权利与其他权利的不同之处仅仅在于,前者依赖于一种具有如此性质的状况,即该事实状况可以由不同的人前后接续地满足,或者,在不考虑如此行为的合法性时,也可以由任何一个人满足,就像该状况在于某个人在自己的权力范围内拥有一个有形物。

10-02. 当法律承认这样一种权利时,该权利的转让就没有什么困难;或者,更准确地说,不同的人前后接续地对标的物享有类似的权利,没有什么困难。A 是一匹马或者一块土地的占有人,如果他将占有转让给 B,那么,基于同样的理由,B 获得的权利就与 A 之前的权利是一样的。A 的权利据以产生的诸般事实,已经不再适合于 A,但现在却适用于 B。法律附加在那些事实之上的诸般后果,现在及于 B,就像以前及于 A 一样。权利据以产生的事实状况,是一种持续存在的状况,任何占据该状况的人,无论如何,都享有附加于该状况之上的诸般权利。

10-03. 但是,根本不可能存在对某一合同的占有。A 昨天提供给 B 一个对价,并且作为回报收到了一个承诺,此一事实既不可能被 X 持有,也不可能由 A 转让给自己。唯一可以转让的是承诺的利益或者负担,但这样的利益或者负担怎么能与导致它们产生的事实相分离呢?简而言之,一个人怎么可能因为一个自己根本没有参与的承诺而起诉或者被诉呢?

10-04. 迄今为止,在处理任何一项特殊的权利或者义务时,始终都是假定该权利或者义务据以产生的诸般事实适用于享有权利或者负担义务的个人。但是,时常发生的情况是,特别是在现代法律中,尽管导致权利产生的诸般事实不适用于或者仅仅部分适用于某个人,但他依然获得并且获准行使一项特殊权利。解释据以导致如此结果的机制,是法律的首要问题之一。

10-05. 我们将会发现，此一问题与整个权利领域并不是共存同延的。有些权利不能通过任何虚假或者欺诈手段来转让；例如，一个人的身体安全或者名誉的权利。其他权利也是随占有而来的，并且在此一概念的限度内，任何其他权利都是不必要的。正如萨维尼所言，"继承本身并不适用于占有"。①

10-06. 但是，占有的概念对我们理解现代转让理论而言几乎起不到什么作用。此一理论在很大程度上依赖于继承的概念——刚刚从萨维尼那里引用的此一语词，因而，继承将成为本次演讲及下一次演讲的主题。我将首先解释对于死者的继承理论，之后，我会转向生者之间的转让理论，并且还会考量在两者之间是否可以构建起任何一种关系。

萨维尼

---

① Recht des Besitzes, §11, p.184, n.1(7th ed.), Eng. tr. 124, n. *t*.

10-07. 很容易证明对死者的继承理论是建立在死者与其继承之间的拟制识别之上。作为深入探讨的第一步，同时也是为了讨论本身的需要，我将会简要陈述与遗嘱执行人、继承人以及受遗赠人有关的证据。为了理解我们关于遗嘱执行人的法律理论，至少，学者们一致认为，有必要考量一下罗马社会初期家庭的结构与地位。

10-08. 欧陆法学家们长久以来始终在收集证据，旨在证明罗马法与日耳曼法的早期阶段构成社会的单位同样是家庭。罗马《十二表法》始终承认家庭的卑亲成员对家庭财产所享有的利益。继承人被称作"他的继承人"，也就是，像盖尤斯所解释的，自己或者自己财产的继承人。① 保罗（Paulus）则主张，在某种特定意义上，继承人应被视为[财产的]所有者，甚至当他们的父亲在世时也一样，而在父亲死后，他们与其说是得到了遗产，不如说是获得了对于其财产的完整的处置权。②

10-09. 从这一点出发，就很容易理解罗马法制中继承人对已故家父的继承问题。如果家庭是由家父掌管的财产的所有者，那么，所有者的权利不受临时家长死亡的影响。虽然家长死亡，但家庭依然存续。或许是经由渐进的变化③，当家父被视为财产的所有者，而不是家庭权利的简单执行者时，那些权利的性质及连续性并没有因所有权归属于继承人而有所改变。家庭之所以延续至继承人，是因为它是由被继承人遗留下来的。继承人所继承的，不是单独的此物或者彼物的所

---

① Inst. II. § 157.

② "在他的继承人中，更明显的是，所有权的延续至关重要，以至于从表面看来不存在继承权，就好像继承人是所有者一样，即便是家父在世时，在某种程度上也被视为所有者。故而亦称家子为家父，仅加此注，以示家父与家子之区别。因此，在继承人的父亲去世后，他们看起来不是获得了遗产，而是获得了对其财产的自由支配。因此，他们虽然不是指定的继承人，但却是[财产的]所有者；既允许剥夺他们的继承权，也允许处死他们，这都无关紧要。" D. 28. 2. 71. 比较 Plato, Laws, ια, vi.；他们推举了一个立法者，但他们的法律在本质上不同于我们制定的含括前后世代的法律。

③ Cf. Laveleye, Propriété, 24, 202, 205, 211, n.1, 232; Norton, L. C. Hindu Law of Inheritance, p.193.

古罗马《十二表法》

有权,而是家庭的全部遗产或者家长身份,以及附带的某些特定财产权利①,当然,他也取得了此一家长身份,或者代表家庭利益的权利,而那些利益要经过最后一位执行者的诸般变更。

10-10. 被继承人权利与义务的总和,或者,用专业术语来讲,由被继承人维系的完整人格,很容易与他的自然人格区分开。因为此一人格不过是先前家庭权利与义务的总和,并且最初仅仅是由作为家长的任何个人所维系的。故而,该人格就被说成是经由继承而延续存在的②,并且,当继承人获得该人格时,他就可以对以前实施的伤害提起诉讼。③

10-11. 因此,就法律的目的而言,罗马的继承人被视为等同于他

---

① D. 50. 16. 208.
② D. 41. 1.34. Cf. D. 41. 3. 40;Bract., fol. 8 a, 44 a .
③ D. 43. 24. 13, § 5.

的被继承人。由此可以清晰地看到,我所要解释的那些不可能的转让是如何在此种情况下完成的。B无法证明自己对家庭权利享有所有权,而如果A对那些权利的所有权没有被否定,在将B与A视为同一人的拟制下,B就能很容易地维系那些权利。

10-12. 在此一问题上,没有必要再去研究日耳曼部落的家庭权利。因为现代遗嘱执行人的特征源于罗马的继承人,这一点是毋庸置疑的。遗嘱也从罗马借鉴而来,对塔西陀(Tacitus)笔下的日耳曼人而言,却是闻所未闻的。① 遗产管理人是后来对遗嘱执行人的模仿,是在没有遗嘱,或者出于任何其他原因而缺失遗嘱执行人的情况下,经由制定法而引入的。

10-13. 遗嘱执行人对立遗嘱人的全部个人财产享有法律上的所有权,并且通常而言,还享有财产转让权。以前,他有权获得尚未分配的剩余遗产——或许可以适当猜测——不是作为那些特定动产的受遗赠人,而是因为他代表了立遗嘱人本人,故而享有立遗嘱人生前在财产分配后应有的所有权利。如今,剩余遗产通常是根据遗嘱来赠与的,但至今甚至依然没有被视为对尚未处置的剩余动产的一项特别赠与,我不禁想到,此一学说回应了先前遗嘱执行人据以行事的那一学说。

10-14. 没有这样的规则来处置剩余不动产的遗赠,迄今为止,在英格兰,这样的遗赠始终被判定是特别的。因此,如果土地遗赠无效,那么,该土地不会根据剩余遗赠条款加以处置,而是会像在根本没有遗嘱的情况下归于继承人。

10-15. 此外,遗嘱执行人的指定与立遗嘱人的死亡日期相关。人的连续性,是通过这样的拟制而保持下来的,就像在罗马是通过将临

---

① Germania, c. 20.

时继承予以人格化来维系的。

10-16. 我们所说的足以表明普通法上的遗嘱执行人与罗马法上的继承人之间的相似之处。如果能记住之前我们关于继承人的说法,就很容易理解,就像在那些古老文献中时常出现的那样,怎么总是有人会说遗嘱执行人"代表了立遗嘱人本人"。① 此一假想身份的意义已经从历史中找到,但也必须意识到它在克服技术性难题方面提供的帮助。如果遗嘱执行人代表立遗嘱人本人,那么,允许他根据立遗嘱人的合同起诉或者被诉,就不再有任何问题。在爱德华三世时期,在对遗嘱执行人提起封印契约之诉时,佩尔塞(Persay)反对认为:"我从未听说过,一个人应该持有一份针对遗嘱执行人——不是针对其他人,而是签订该份封印契约的人——的封印契约令状,因为一个人不能因自己的行为而强迫另外一个人遵守封印契约,除非他是该份封印契约的一方当事人。"②但是,当法律规定为此目的遗嘱执行人 B 即是立遗嘱人 A 时,反对做出据以起诉之承诺的是 A 而不是 B,是没有用的。接下来,有这么一类案例,其中,在拟制的帮助下完成了转让,就像拟制通常的所作所为一样,掩盖了社会早期阶段的诸般事实,而假如那些事实不存在的话,那几乎是不可能编造出来的。

10-17. 遗嘱执行人与遗产管理人为英格兰法中的概括继承提供了首要的(如果不是唯一的)例证。但是,尽管他们得以概括继承,正如已经解释的那样,他们并没有继承所有类型的财产。个人财产归他们所有,但土地要另当别论。不依遗嘱处置的所有不动产都归继承人所有,而继承规则完全不同于处置动产分配的规则。由此,便出现了问题,英格兰的继承人或者不动产继承人是否为罗马的继承人提供了

---

① Littleton, §337; Co. Lit. 209, *a*, *b*; Y. B. 8 Ed. IV. 5, 6, pl.1; Keilway, 44 *a* (17 Hen. VII.); *Lord North v. Butts*, Dyer, 139 b, 140 a, top; *Overton v. Sydall*, Popham, 120, 121; *Boyer v. Rivet*, 3 Bulstr. 317, 321; *Bain v. Cooper*, 1 Dowl. Pr. Cas. N. S. 11, 14.

② Y. B. 48 Ed. III. 2, pl.4.

与遗嘱执行人同样的类比。

10-18. 英格兰的继承人不属于概括继承人。每一块土地都是作为一个独立的特定物来继承的。然而,在较窄的范围内,继承人无疑代表了被继承人本人。对于早期日耳曼法中是否存在同样的情况,人们持有不同意见。拉班德博士认为存在同样的情况①;索姆则持相反的观点。② 人们普遍认为,在日耳曼部落中,(至少是土地的)家庭所有权是先于个人所有权出现的,并且已经表明,在罗马,代位继承理所当然地源于一种涉及物的类似状况。但是,我们没有必要再去考量,关于此一主题的普通法是源于日耳曼还是罗马,因为此一识别原则显然从格兰维尔时代一直盛行至今。如果日耳曼人对该原则一无所知的话,那么,显而易见,该原则是受罗马法影响而产生的。如果说萨利法中有任何此类内容,那无疑是由类似于导致在罗马产生该原则的自然原因所造成的。但是,无论在哪一种情况下,我都不能怀疑,现代学说从成熟的罗马市民法律制度中借鉴了大量的制度形式,或许还有一些实质内容,并且,长久以来,都是以罗马市民的语言表达的。基于刚才提及的相同理由,也无须再去权衡关于盎格鲁—撒克逊渊源的证据,尽管从普通法的几处段落中,似乎可以清晰地看出还有某种身份识别。③

10-19. 直到诺曼征服两个世纪后的布雷克顿时代,继承人不再仅仅是土地的继承人,而且还像我们将要直接看到的那样,在更普遍的意义上代表了被继承人。盎格鲁—撒克逊人对在继承人意义上的遗嘱执行人的职位一无所知④,甚至在布雷克顿时代,它似乎也没有达到现在的状况。因此,没有必要再追溯到早期诺曼时代,在指定遗嘱执

---

① Vermögensrechtlichen Klagen, 88, 89.
② Proc. De la Lex Salica, tr. Thèvenin, p.72 and n.1.
③ Ethelred, II. 9;Cnut, II. 73;Essays in Ang. Sax. Law, pp.221, et seq.
④ 1 Spence, Eq. 189, note, citing Hickes, Dissert. Epist., p.57.

行人普及之后,继承人更接近现在的样子。

10-20. 诺曼征服一个多世纪之后,在格兰维尔的笔下,继承人必得保证被继承人对受赠人及其继承人的合理赠与①;如果被继承人的财产不足以偿还自己的债务,那么,继承人就必得以自己的财产弥补缺漏。② 无论是格兰维尔,还是他的苏格兰仿效者《王者之尊》(the Regiam Majestatem)③,都没有将责任限定在从同一来源继承的财产数量上。这使得在优士丁尼引入此种限定之前普通法对继承人与被继承人的身份识别完全等同于罗马法上的识别。另一方面,在一个世纪之后,从布雷克顿的著述中④可以清晰地看到,只有在继承人继承财产的情况下,继承人才会受到约束,并且,在早期的欧陆渊源(诺曼人和其他人)中,也出现了同样的限制。⑤ 或许,继承人的责任一直在缩减。布雷克顿的仿效者——布里顿(Britton)与弗莱塔——或许还有布雷克顿本人,都认为继承人不必偿还被继承人的债务,除非他在那里受到被继承人行为的特别约束。⑥ 后世的法律规定,如果要对被继承人做出判决,就必须提及继承人。

10-21. 然而,无论怎样,就像布雷克顿的另一份陈述所表明的那样,在他所处的那个时代,继承人与被继承人的身份识别依然接近于概括继承的性质。就立遗嘱人一生中既无法证明、也未能追回的债务而言,布雷克顿追问,立遗嘱人是否可以遗赠自己的诉讼权利,答案是"不可以"。但是,此类诉讼属于继承人,并且必须在世俗法院起诉;因

---

① Glanv., Lib. VII. c. 2(Beames, p.150).
② Ibid., c. 8(Beames, p.168).
③ Reg. Maj., Lib. II. c. 39.(《王者之尊》,是苏格兰早期的一部法律汇编,据说是由戴维一世[David I,1124-1153]下令编纂而成,但关于该汇编的起源及成书年代仍然没有定论。参见薛波主编:《元照英美法词典》,北京大学出版社 2013 年版,第 1167 页。——译者注)
④ Fol. 61 a.
⑤ Sachsensp., II. 60, § 2, cited in Essays in Ang. Sax. Law, p.221; Grand Cust. De Norm., c. 88.
⑥ Britt., fol. 64 b(Nich. ed. 163); Fleta, Lib. II. c. 62, § 10. Cf. Bract., fol. 37 b, § 10.

优士丁尼

为，在从恰当的法院追回债务之前，遗嘱执行人不得在教会法庭对那些债务提起诉讼。①

10-22. 这表明身份识别是从双向展开的。继承人负担被继承人所欠的债务，并且也可以追索那些欠他的债务，直到遗嘱执行人在王室法院以及教会法院中取代他的身份。在刚才解释的限度范围内，继承人也有义务保证被继承人出售给购买者及其继承人的财产。② 一旦

---

① Bracton, fol. 61 a, b。"此外，我要问，立遗嘱人是否可遗赠自己的行为？诚然，在立遗嘱人一生中产生的任何债务都没有被判定或者审查，但这样的行为也属于继承人。但是，当那些债务被判定或者审查时，就可以说，它们在立遗嘱人的利益范围内，属于教会法庭的遗嘱执行人。如果那些债务属于继承人，如前所述，它们就必须在世俗法院得以确认，因为在被分配之前，在恰当的法院，在教会法院会被判定不属于遗嘱执行人。"

② Bract., fol. 62 a.

有了证明现代继承人开始普遍代表被继承人的这一证据,就没有必要再从以后的书籍中寻找相关的表达了,因为继承人的身份已经受到了限制。然而,正如我们已经看到的,在爱德华一世统治时期,遗嘱执行人依然被认为是代表了立遗嘱人本人,继承人被当成是代表了被继承人本人。① 因此,在更晚一些时候,还有人主张,"就财产占有而言,继承人可以通过继承与被继承人相同的人格来代表被继承人"。②

10-23. 一位几年前去世的伟大的法官,重述了爱德华或者詹姆斯时代的法律人应该同样熟悉的语言。帕克男爵在阐释了一般情况下不要求当事人对其无权占有的文据发表声明后,指出了一个例外,"在涉及继承人和遗嘱执行人的案件中,他们可以向各自分别代表的被继承人或者立遗嘱人提出一项转让请求;对于几个侵权行为人,也是如此,因为在所有这样的案件中,诸多当事人之间存在着构成个人身份同一性的相互关系"。③

10-24. 然而,这还不是全部。个人身份的同一性还要涉及更多的问题。如果一个人死后留下了几个儿子,而且还有自由继承的土地,那么,该土地仅归长子独有;但是,如果留下的只有女儿,那么,就由她们全体平等继承。在这个意义上,有几个人一起承续了被继承人的人格。但是,通常规定,她们仅仅是一个继承人。④ 为了实现此一结果,不仅一个人被认同为另一个人,而且几个人也被化约成一个人,以使她们可以维系一个单一人格。

10-25. 人格是什么? 它不是被继承人所有权利与义务的总和。

---

① Y. B. 20 & 21 Ed. I. 232; Cf. ib. 312.

② *Oates v. Frith*, Hob. 130. Cf. Y. B. 5 Hen. VII. 18, pl. 12; Popham, J., in *Overton v. Sydall*, Poph. 120, 121(E. 39 El.); *Boyer v. Rivet*, 3 Bulstr. 317, 319–322; *Brooker's Case*, Godb. 376, 380(P. 3 Car. I.).

③ *Bain v. Cooper*, 1 Dowl. Pract. Cas. N. S. 11, 14. Cf. Y. B. 14 Hen. VIII. pl. 5, at fol. 10.

④ Bract., fol. 66 b, 76 b, and *passim*; Y. B. 20 Ed. I. 226, 200; Littleton, § 241。在有几个遗嘱执行人的情况下,也有同样的说法:"他们仅仅是替代了一个人。"

人们可以看到,诸多世纪以来,被继承人的概括身份,也就是,除关涉不动产之外其他所有权利与义务的总和,一直是由遗嘱执行人或者遗产管理人承担。自早期阶段以来,由继承人所承续的人格,就局限于严格的法律意义上的不动产;也就是说,局限于受封建原则约束的财产,从而区别于——像布莱克斯通告诉我们的①——涵括一切不属于封地的动产。

10-26. 然而,继承人的人格甚至也不是与不动产有关的被继承人所有权利与义务的总和。有人已经说过,每一块封地都是特别继承的,而不是附随某一较大的社团而来的。从表面看来,这与其说是源于这一事实——即统辖不同土地的继承规则可能也不一样②,以至于同一个人不会成为两个人的继承人,不如说是源于封建地产的本质。在强盛的封建制度下,土地占有仅仅是复杂人身关系的一个附带事项。土地会因没有提供据以封授的劳役而被征没;劳役也可能会因领主一方违反相应义务而被拒绝。③ 从表面看来,在查理曼大帝统治的封建时代初期,一个人似乎只能领有一个领主的土地。④ 即便是在普遍拥有多个领主的土地的情况下,此一严格的人身关系也只是为了避免封臣不得不履行相互抵触的劳役而稍作修改。格兰维尔和布雷克顿⑤告诉我们,领有多个领主土地的封臣应该为每一块封地效忠,但要保留对其领有首要不动产的领主的忠诚;但是,如果不同的领主彼此开战,而首要领主命令封臣亲身侍从的话,那么,封臣应该服从,同时因占有自己的封地而保留对其他领主应服的劳役。

10-27. 因此,我们看到,封臣对其所占有的每一块封地都拥有独

---

① 2 Comm. 385.
② Cf. Glanv., Lib. VII. c. 3; F. N. B. 21 L; Dyer, 4 *b*, 5 *a*.
③ Cf. Bract., fol. 80 *b*.
④ Charta Divis. Reg. Franc., Art. IX. & VIII. Cf 3 Laferrière, Hist. Du Droit Français, 408, 409.
⑤ Glanv., Lib. IX. c. 1(Beames, pp.218, 220); Bract., fol. 79 *b*.

立的人格或者身份。伴随其中一块封地而来的权利和义务与伴随另外一块封地而来的权利和义务没有任何关系。对一块封地的继承与对另一块封地的继承也没有任何关系。每一项继承都是对一种独特人身关系的承担,其中,继承人应该由与所涉人身关系有关的条款决定。

10-28. 我们正在尝试界定的人格是遗产。每一块封地都有一种独立的人格,是一种独立的"遗产"(*hereditas*),或者就像自布雷克顿时代以来一直所称谓的"遗产"(inheritance)。我们已经看到,在有多个继承人的情况下,遗产既可以由多人维系,也可以由一人维系,就像一个公司也可以拥有或多或少的成员一样。然而,遗产不仅可以同时在诸多利害关系人之间以同样的方式(可以说)纵向划分;而且,也可以横向划分成彼此连续的权益,一项接一项地享有。如果用专业的法律语言来说,遗产可以被划分为特定遗产和剩余遗产。但是,它们是同一块封地的全部组成部分,并且依然由同样的拟制加以统辖。我们可以在一个古老的案例中读到,"继承人与特定封臣其实只是一个封臣"。① 可以肯定的是,这仅仅是律师的一份陈述;但却是为了解释一个似乎亟待解释的学说而做出的,大意是:在终身封臣死亡后,继承人可能会因针对终身封臣的错误判决或者虚假裁决而遭到误判或者取得调查裁决是否虚假的令状。②

10-29. 总结一下迄今为止的结果,现代英格兰法上的继承人从诺曼征服之后不久形成的法律中获得了自己的典型特征。彼时,在一个非常宽泛的意义上,继承人属于一种概括继承人。继承人的诸多此类功能很快就转移给了遗嘱执行人。继承人的权利逐渐变得仅限于不动产,以及对被继承人具有明确约束力的义务。对每一块封地或者封

---

① *Brooker's Case*, Godbolt, 376, 377, pl. 465.
② Dyer, 1 *b*. Cf. *Bain v. Cooper*, 1 Dowl. Pr. C. N. S. 11, 12.

建遗产的继承,都是独特的,而不是被视为一个整体的被继承人权利总和的组成部分。但是,迄今为止,遗嘱执行人与继承人都在各自范围内代表死者,并且为了确定他们的权利与义务,而将他们与死者视同一人。

10-30. 我们已经指出了继承对死者的合同所造成的影响。但是,继承的影响并不仅限于合同;它波及一切。然而,最引人注目的例证是取得约定俗成的权利。以通行权为例。经过邻人土地的通行权,只能通过允许或者未经允许实际使用20年而获得。一个人使用了某一条道路10年,然后去世。接着,他的继承人又使用了10年。是否应该获得任何一项权利? 如果仅仅基于对常识的考量,答案必然是否定的。被继承人没有获得任何权利,因为他对该条道路的使用时间不够长。继承人也一样。另一个人在继承人之前侵入土地,这如何能进一步完善继承人的所有权呢? 显而易见,即便四个陌生人彼此分别使用了一条道路5年,但最后一个人依然不会获得任何权利。但是,这里有一个已经被仔细解释过的虚构。从法律的视角来看,不是两个人各自分别使用了该条道路10年,而是一个人使用了20年。继承人拥有维系被继承人之人格的优势,并且也获得了那样的权利。

10-31. 我现在要讲的是此一主题最艰深与最晦涩的部分。身份同一性的拟制是否应该拓至继承人与遗嘱执行人之外的其他人,还有待继续探索。如果我们发现——就像我们所做的那样——在明确的条款中,此一拟制仅仅拓展了一点,那么,仍然会出现这样的问题,即该继承学说使之成为可能的思维模式与概念,是否已经静悄悄地修改了关于活人之间继承的法律。活人之间继承的影响是深远的,如果不理解继承理论,就不可能理解生前转让理论,在我看来,这一点是可以证明的。

10-32. 处理此一主题的难点在于,要说服怀疑论者相信任何事物都是有待解释的。如今,权利有价这一观念几乎等同于权利可以通过出售来转化成金钱的观念。然而,事实并非总是如此。在你可以出售权利之前,你必须要先能使出售权利在法律意义上是可以想象的。我在本次演讲开始时举了那个合同转让的案例。我刚才提到了通过时效获得权利的案例,当时双方当事人都没有遵守使用20年的时效要求。在后一种情况下,甚至在转让时根本不存在权利,而仅仅是过去10年侵入土地的事实。一条路,在变成通行权之前,与合同一样,几乎不可能依据因占有而取得的所有权来持有。如果合同可以出售,如果买方可以将卖方未经许可的使用者的时间附加在自己的时间上,那么,法律会通过什么样的机制来实现这样的结果呢?

10-33. 对任何法律体系早期阶段最浅显的了解都会表明,提供此种机制是多么困难、多么缓慢,而此种机制的缺失又是如何限制了财产转让的范围。根据我们意味深长的隐喻,如果认为买方穿上卖方的鞋子,仅仅是一个常识问题的话,那就大错特错了。假设买卖和其他民事转让保留了战争捕获的形式,看起来它们就像仍处在罗马法的初期阶段①,并且至少部分保留在一种情况下——即在交易实际上已经采用了更文明的购买形式后,妻子的取得。买方在未经卖方允许的情况下进入的观念,可能会伴随着时效占有的拟制,并且他会占在自己的立场上创设一项新的所有权。如果没有来自其他渊源的概念支撑,那就很难对不允许占有的标的物进行合法转让。

---

① 我曾经在《美国法律评论》(American Law Review, October, 1872, VII. 49, 50)上提到过关于此一事实的一两种迹象。但是,我后来欣喜地发现在耶林的《罗马法精神》(Hhering's *Geist des Römischen Rechts*, § 10, 48)中此一问题得到了如此细致与博学的阐释,以至于我所能做的就是参考该部著作,只想补充一句,就我的目的而言,没有必要走得像耶林那么远,并且他似乎也没有被导向我想要得出的结论。亦可进一步参见 Clark, Early Roman Law, 109, 110; Laferrière, Hist. Du Droit Franç., I. 114 *et seq* .; D. 1. 5. 4, § 3; Gaii Inst. IV. § 16; ib. II. § 69。

10-34. 其他诸如此类的概念的一个可能渊源,应该可以从家庭法中探寻。诸项继承原则提供了一种拟制和一种思维模式,至少可以延伸到其他领域。为了证明它们实际上有所延伸,有必要再一次检视罗马法以及日耳曼和盎格鲁—撒克逊习俗的遗迹。

10-35. 我将会首先从作为我们自身传统之原型的日耳曼法和盎格鲁—撒克逊法展开探讨。因为,尽管我们通过直接论证无法从那些渊源中得到什么,但却可以通过展示不同领域的成长历程为论证奠定基础。

10-36. 从表面看来,购买者与继承人之间鲜明的类比,似乎已经在民间法中得以适用,但却另有所图,并不是为了在英格兰法中不得不考量的那些目的。此一类比是为了扩大财产转让的适用范围。人们会记得,在早期日耳曼法和早期罗马法中,留有许多家庭所有权的痕迹;而且看起来,最初不得在家庭之外赋予的财产转让,是通过将受让人变成继承人的形式而完成的。

10-37. 语言的历史也指出了此一结论。就像贝塞勒(Beseler)①及其他人所评论的那样,"Heres"的意思是指死者财产的继承人,后来延伸到遗赠的受赠人,甚至更宽泛地扩展到一般受赠人。"Hereditare"以类似的方式用于土地的转让。拉斐里埃(Laferrière)引用赫文(Hévin)的话②,提醒人们注意下述事实,即在古老的用法中,"hériter"意指购买,"héritier"意指购买者,而"déshériter"则意指出售。

10-38. 撒利法的文本给我们提供了无可争辩的证据。一个人可以将自己的全部或者部分财产转让③,先将对财产的占有交付给受托

---

① Erbverträge, I. 15 *et seq*.
② Hist. Du Droit Franç., IV. 500.
③ "Quantum dare volueurit aut totam furtunam cui volueurit dare …… nec minus nec majus nisi quantum ei creditum est." Lex Sal.(Merkel), XLVI.

人,受托人再在 12 个月内将其交给受益人。① 根据该法律文本之记述,受益人是赠与人指定的继承人。因此,这里的意思是,将或多或少的财产自愿转让给随意选定的人,那些人不一定是概括继承人,即便他们曾经是的话,这时也是以继承人的名义取得转让的财产。这个词,起初必定是指因血统而取得的人,后来延伸到通过购买而取得的人。② 如果这个词的意义有所扩大,那就可能是因为该词原本表达的思想转向了新的用途。看起来,此一交易似乎介于继承人制度与买卖制度之间。后来的里普利安-法兰克人(Ripuarian Franks)的法律从前者的视角更加明确地对待这一问题。该法律允许没有子嗣的人将自己的全部财产作为遗产,要么通过被称为撒利法形式的阿德法塔米尔(adfathamire),要么通过文书或者交付的方式,转让给他选择的任何人,无论是亲属,还是陌生人。③

10-39. 伦巴第人也有类似的转让方式,据此,受赠人不仅被称作继承人,而且在赠与人死后接受财产时,还要像继承人一样对赠与人的债务承担责任。④ 根据撒利法规定,允许无力支付赔命金的人将自己的房宅基地及其附带债务一并正式转让。但是,此一转让应该归属近亲。⑤

---

① Lex Sal.(Merkel), Cap. XLVI., *De adfathamire*; Sohm, Fränk. Reichs- u. Gerichtsverfassung, 69.
② Beseler, Erbverträge, I. 101, 102, 105.
③ "Omnem facultatem suam …… seu cuicunque libet de proximis vel extraneis, adoptare in hereditatem vel in adfatimi vel per scripturarum seriem seu per traditionem." L. Rib., Cap. L.(al. XLVIII.); cf. L. Thuring. XIII. So Capp. Rib. §7: "Qui filios non habuerit et alium quemlibet heredem facere sibi voluerit coram rege …… traditionem faciat."
④ Ed. Roth., cap. 174, 157; cf. ib. 369, 388; Liutpr. III. 16(al. 2), VI. 155(al. 102)。比较 Beseler, Erbvertrage, I. 108 et seq., esp. 116-118。比较公元 713 年的特许状(the charter of A. D. 713), "Offero S. P. ecclesia quam mihi heredem constitui."(Mem. di Lucca V. b. No. 4.) Troya III. No. 394,引自 Heusler, Gewere, 45, 46. Cf. ib. 484。无疑,这是由于受到罗马人的影响,却让人想起亨利·梅因爵士从埃尔芬斯通(Elphinstone)的《印度史》(History of India, I. 126)中引用的一个涉及某一个村社成员做买卖的案例:"购买者恰好身处其位,并且承担起自己的全部义务。"Ancient Law, ch. 8, pp.263, 264。
⑤ (Merkel)Cap. LVIII., *De chrene cruda*. Sohm, Fränk. R. u. G. Verf., 117.

10-40. 房宅基地或者家庭院落起初是在家庭范围内严格转让的。在此一问题上,至少在英格兰,转让的自由似乎是随着在选择继承人方面渐次扩大的自由限度而演进的。如果我们可以相信从早期特许状中发现的演进次序——虽然特许状少之又少,但很难认为是偶然的,——那么,皇家授予的特许权先是允许在亲属当中选定继承人,后来又延伸到亲属之外。在公元 679 年的一份契据中,载述"既经授予,汝及子孙后代即享有之"。在一个世纪后的一份契据中,载述"允其永世占有,死后留给其自愿选定之继承人"。据另外一份契据之载述,"其有自由(选择)之权,死后(将财产)留给亲属中其愿意(留给)的人"。在公元 736 年一份稍早些的许可状中,更进了一步:"因此,只要活着,他就有权持占财产(以及)将财产留给其选定的任何人,无论在其生前,还是在其死后。"在 19 世纪初期,受赠人有权将财产留给他愿意留给的任何人,或者,用更为宽泛的说法,在其生前交换或者授予,并且在其死后将财产留给其选择的人,——或者出售、交换以及留给他选择的任何一个继承人。① 此种对继承人的选择,让人想起刚才提及的萨利法中指定的继承人,并且还可以比较一下大约 1190 年的一份诺曼人的特许状:"留给 W 及其继承人,亦即他将之视为自

---

① 公元 679 年:"Sicuti tibi donata est ita tene et *posteri tui*." Kemble, Cod. Dip., I. 21, No. XVI. Uhtred, A.D. 767:"Quam is emper possideat *et post se cui voluerit heredem relinquat*." Ib. I. 144, CXVII. ("Cuilibet heredi voluerit relingquat" is very common in the later charters; ib. V. 155, MLXXXII.; ib. VI. 1, MCCXVIII.; ib. 31, MCCXXX.; ib. 38, MCCXXXIV.; and *passim*. This may be broader than *cui voluerit heredum*.) Offa, A.D. 779:"Ut se vivente habe ⋯⋯ deat. et post se *suœ propinquitatis homini cui ipse vo* ⋯⋯ possidendum libera utens potestate relinquat." Ib. I. 164, 165, CXXVII. Æthilbald, A.D. 736:"Ita ut quamdiu vixerit postestatem habeat tenendi ac possidendi *cuicumque voluerit* vel eo vivo vel certe post obitum suum *relinquendi*." Ib. I. 96, LXXX.; cf. Ib. V. 53, MXIV. Cuthred of Kent, A. D. 805:" *Cuicumque hominum voluerit* in æternam libertatem *derelinquat*." Ib. I. 232, CXC. "Ut habeat libertatem commutandi vel donandi in vita sua et post ejus obitum teneat facultatem relinquendi cuicumque volueris." Ib. I. 233, 234, CXCI.; cf. ib. V. 70, MXXXI. Wiglaf of Mercia, Aug. 28, A.D. 831:"Seu vendendum aut commutandum i cuicumque ei herede placuerit derelinquendum." Ib. I. 294, CCXXVII.

己继承人的那些人。"①

10-41. 关于经由亲属拟制来实现单一继承的完美例证,可以从一个冰岛的传说故事《被焚的恩加尔》(Burnt Njal)中找到,它为我们提供了一幅比萨利—法兰克人甚至更先进的栩栩如生的社会图景,就像我们从《萨利克法典》(Lex Salica)中看到的一样。诉讼可以由适格的原告移交给另外一个更精通法律、更有能力打官司的人,——实际上,是移交给一名律师。但是,诉讼在当时是世仇的替代物,两者都是涉及家庭的特殊事务。② 因此,当杀害某一家庭成员的诉讼被移交给一个陌生人时,此一创新之举须得符合此类诉讼仅仅属于近亲的理论。莫德(Mord)要承担索盖尔(Thorgeir)指控弗洛西(Flosi)杀害赫尔吉(Helgi)的诉讼,移交诉讼的形式描述如下。

10-42."然后,莫德拉着索盖尔的手,指定两个目击者当证人,说'索尔(Thorir)的儿子索盖尔将指控索德(Thord)的儿子弗洛西过失杀人的诉讼交给我,为杀害恩加尔的儿子赫尔吉而申诉,并且提供起诉后所需要的所有证据。你将此一诉讼交给我,让我来申诉和解决,并且享有诉讼中的所有权利,就像我是合法的近亲一样。你依法将诉讼交给我;我也依法从你那里接受诉讼。'"随后,这些证人来到法庭前,用类似的话为此一诉讼移交做证:"当时,他将此一诉讼以及属于该诉讼的所有证据和程序都交给了他,他将该诉讼交给他,让他来申诉和解决,并且行使所有权利,就像他是合法的近亲。索盖尔合法地移交诉讼,而莫德也合法地接受诉讼。"尽管换了人,就像近亲是原告,但诉讼依然继续。诉讼的下一步程序表明了这一点。被告以法官

---

① "W. et heredibus suis, videlicet quos heredes constituerit." Memorials of Hexham, Surtees Soc. Pub., 1864, II. 88.

② 比较 Y. B. 27 Ass., fol. 135, pl. 25。根据威尔士法律规定,在由决斗判定的讼案中的优胜者,获得近亲的诸般权利,近亲是适格的优胜者。Lea, Superstition and Force(3d ed.), 165。比较 Ib. 161, n.1; ib. 17。

与受让人莫德之间具有血缘和洗礼上的关系为由,对主审法院的两位法官提出了质疑。但是,莫德辩称,这一质疑没有依据;因为"他对法官的质疑,不是因为他们与真正的原告(近亲)具有亲属关系,而是因为他们与提起诉讼的人具有亲属关系"。对方当事人不得不承认莫德在法律上是正当的。

10-43. 接下来,我要从日耳曼渊源转向罗马渊源。罗马渊源之所以与此处论证具有至为密切的联系,是因为我们会发现此一学说的许多内容被原封不动地移植到现代法律之中。

10-44. 早期的罗马法只承认那些拥有共同父系家族且在同一父系族权下具有共同的幸存祖先的成员才是亲属。由于妻子已经进入丈夫的家庭,并且已经失去与其出生家庭的全部联系,故而,经由女性而形成的关系即被完全排除。继承人是仅仅经由男性即可追溯其与死者关系的人。随着文明的进步,此一规则也有所改变。尽管血亲不是继承人,并且根据古代法也不允许继承,但裁判官却将继承收益赋予血亲。① 但是,此一变化并不是通过废除旧法而实现的,因为旧法依然以市民法的名义存在着。新的原则通过拟制来适应旧的形式。尽管血亲在事实上不是继承人,但却可以依据自己是继承人的拟制提起诉讼。②

10-45. 设定继承人的早期形式之一,是将家庭或者家长身份——附带所有的权利和义务——卖给意定的继承人。③ 后来,当人们想要将破产者的财产移交给受托人,由他进行分配时,此一概括售卖的做法就超出了继承范围,延伸至破产案件中。此一受托人也可以利用这

---

① D. 38. 8. 1, pr.

② "Cum is, qui ex edicto bonorum possessionem petiit, ficto se herede agit." Gaii Inst. IV. § 34. Cf. Ulp. Fragm. XXVIII. § 12; D. 37. 1. 2. So the f*idei commissarius*, who was a prætorian successor (D. 41. 4. 2, § 19; 10. 2. 24), "in similitudinem heredis consistit." Nov. 1. 1, § 1. Cf. Just. Inst. 2. 24, pr., and then Gaius, II. § § 251, 252.

③ Gaii Inst. II. § § 102 *et seq*. Cf. ib. § § 252, 35.

样的拟制,就像自己是破产者的继承人一样提起诉讼。① 有一位伟大的法学家告诉我们,在一般情况下,概括继承人可以替代继承人。②

10-46. 罗马法上的继承人,除开一两个例外情况,始终都是概括继承人;继承人身份的拟制,就自身而言,除开扩大概括继承的范围,几乎无法恰当适用。然而,一旦概括继承的范围有所扩大,继承人与被继承人之间身份一致性的初始拟制所带来的全部后果,就会理所当然地出现。

10-47. 回想一下那个依据时效取得权利的案例,每一个概括继承人为了证实权利的存在,都可以将其前任时效使用的期限添加到自己的期限上。没有任何增加,从法律上讲,只有一个持续不断的占有。

10-48. 关于继承的明确拟制的讨论,或许可以到此为止。但是,遇到在不动产受遗赠人或者动产受遗赠人与立遗嘱人之间允许类似的时限合并时,也可以提供同样的解释。有人认为,当某一特定物依据遗嘱留给某人时,只要涉及从立遗嘱人为获得所有权而占有的期限内取得时效收益,受遗赠人在某种特定意义上就是准继承人。③ 然而,受遗赠人不是概括继承人,并且,在大多数情况下,与此类继承人形成了鲜明的对比。④

10-49. 因而,此一严格意义上的继承法使人们熟悉了这样一种观念:一个人可以享有另一个人充任的某一身份职位所带来的利益,尽管他本人没有或者只是部分充任该身份职位;还有第二种拟制——据此拟制,法定继承人在此一方面以及其他方面的特别待遇,得以扩展

---

① Gaii Inst. IV. § 35:"Similiter et bonorum emptor ficto se herede agit." Cf. ib. § § 144, 145. Keller, Römische Civilprocess, § 85, III. But cf. Scheurl, Lehrb. der Inst., § 218, p.407(6th ed.).

② Paulus in D. 50. 17. 128.

③ "In re legata in accessione temporis quo testator possedit, legatarius quodammodo quasi heres est." D. 41. 3. 14, § 1.

④ D. 41. 1. 62;43, 3. 1, § 6;Gaii Inst. II. § 97;Just. Inst. 2. 10, § 11.

适用于其他人——打破了可能以其他方式将那些特别待遇限定在某种单一情况下的壁垒。一种新的概念已经注入法律之中，没有什么可以阻止此一概念的进一步适用。正如已经表明的那样，此一概念可以适用于为商业目的而出售社团，以及至少是将继承限定于单一特定物的案件。那么，只要确保同样的利益，为什么不可以将每一项赠与或者售卖都视为继承呢？

10-50. 不久，在买方与卖方之间就允许根据时限合并来确认所有权，并且，从罗马法律人始终使用的语言来看，我毫不怀疑，这是以我之前提出的方式达成的。斯恺沃拉（Scævola，前30）的一段话将会提供充分的证据。他说，占有的合并，也就是将前任持有的时限添加在自己的时限上的权利，显然属于那些承袭他人身份之人，无论是通过合同，还是依据遗嘱；因为法律允许继承人和那些被视为占据继承人地位的人将立遗嘱人的占有添加在自己的占有之上。因此，如果你卖给我一个奴隶，我就应该享有你对该奴隶的占有所带来的收益。①

10-51. 时限的合并被赋予给那些承袭他人身份之人。乌尔比安引用了安东尼（Antonines）时代一位法学家的类似说法——"我应该依据继承、购买或者任何其他权利来承袭他人身份。"②承袭他人身份，就像维系人格一样，是罗马法律人用来指称一个人合法的身份地位由另一个人延续的表述，其类型属于继承人对被继承人的承袭。"Succedere"仅在"继承财产"的意义上使用③，而"successio"则在"承袭身份"的意义上使用。④ 同等重要的继承是承袭身份意义上的继承；人们认为，从罗马渊源中几乎找不到一个例证，来证明"继承"既没有表达这

---

① "[Accessiones possessionum] plane tribuuntur his qui in locum aliorum succedunt sive ex contractu sive voluntate: heredibus enim et his, qui successorum loco habentur, datur accessio testatoris. Itaque si mihi vendideris servum utar accessione tua." D. 44. 3. 14, § 1, 2.
② "Ab eo in cujus locum hereditate vel emptione aliove quo iure successi." D. 43. 19. 3, § 2.
③ D. 50. 4. 1, § 4. Cf. Cie. De Off. 3. 19. 76; Gaii Inst. IV. § 34.
④ C. 2. 3. 21; C. 6. 16. 2; cf. D. 38. 8. 1, pr.

样的类比,也没有表明至少部分获得了以前由另一个人维系的人格。显然,在我们看到的那段话中不是这样的。

10-52. 但是,允许时限合并的继承不仅仅是法定继承。① 在前述引用的那段话中,斯恺沃拉说,可以通过合同或者购买,也可以通过地位承袭或者遗嘱,来完成时限合并的继承。它可能是单一的,也可能是概括的。法学家们时常在相对的意义上提到概括继承和仅限于对某个单一特定物的继承。乌尔比安说,无论其继承是概括的,还是对于单一标的物,一个人都可以承袭另一个人的地位。②

10-53. 如果当前的论证还需要进一步的证据,那么,可以从乌尔比安观点的另外一种表达中找到。他说合并的收益源于授予人的人格。"被授予某物的人,应该从授予人的人格中获得合并的收益。"③除非经由对人格的维系,否则无法从人格上获得收益。

10-54. 此外,从优士丁尼的《法学阶梯》和《学说汇纂》中可以清晰地看到,直到相当晚近的时期,这样的收益才在所有情况下延伸至购买者。④

10-55. 萨维尼非常接近地表达了此一真理,他说,在稍微宽泛的意义上,"无论出于何种目的,每一项添附的前提,都是前任占有者与

---

① 在英国,根据1926年以前的不动产法,血统继承(descent)是取得土地财产的两种重要方法之一,在1833年《继承法》(Inheritance Act)中,被定义为"依据血缘而继承取得土地所有权",从而与依据赠与或者时效取得土地权利相区别;现在通指以继承方式取得财产权利,区别于以"购买"方式取得财产权利。从严格意义上讲,血统继承仅指在被继承人死亡时以无遗嘱继承方式取得不动产或不动产权益,区别于以无遗嘱继承方式取得被继承人的动产,但通常在广义上指对不动产和动产的继承。与血统继承相应的是法定继承(hereditary succession)。参见薛波主编:《元照英美法词典》,北京大学出版社2013年版,第405—406页及第634页。——译者注

② "In locum successisse accipimus sive per universitatem sive in rem sit successum." D. 43. 3. 1, §13. Cf. D. 21. 3. 3, §1; D. 12. 2. 7 & 8; D. 39. 2. 24, §1.

③ D. 41.2.13, §1, 11。乌尔比安列举的其他案例可能是基于不同的拟制。(After the termination of a *precarium*, for instance, *fingitur fundus nunquam fuisse possessus ab ipso detentore*). Gothofred, note 14(Elz. ed.)。但是,可以比较 Puchta, in Weiske, R. L., art. *Besitz*, p.50, and D. 41. 2. 13, §7。

④ Inst. 2. 6, §§12, 13。比较 D. 44. 3. 9。参见一个更充分的表述,11 Am. Law Rev. 644, 645。

现任占有者之间存在合法继承关系。因为继承本身并不适用于占有"。① 为了进一步解释,我可以补充一句,每一种合法继承关系的前提,都是存在地位的承袭或者只要延伸即可类比适用地位承袭的关系。

10-56. 此一导向添附或者时限合并的思维方式,同样也可以在其他案件中看到。前任所有者没有行使地役权的时限,可以添加给承袭其地位之人。② 原告已经出售并且交付了存在争议的物,不但购买者,而且购买者的继承人或者(甚至在交付之前的)第二手购买者都可以适用此一答辩事由,来对抗出售者的——无论是概括的,还是仅仅对于该争议物的——继承人。③ 如果一个人对某一条道路的行用,对前任所有权人来说,是不正当的,那么,无论依据继承、购买,还是任何其他权利,对于继承人来说,也是不正当的。④ 诉讼当事人一方的正式宣誓,是对其——无论是概括继承,还是单一继承的——继承人确凿无疑的支持。⑤ 依据购买或者赠与而出现的继承人享有因与卖方签订的协议而带来的收益。⑥ 大量的一般表达显示,就大多数目的而言,无论是诉讼还是答辩,(用我们普通法的隐喻来说)买方都应该站在卖方

---

① Recht des Besitzes, § 11(7th ed.), p.184, n. 1, Eng. tr. 124, n. *t*.

② Paulus, D. 8. 6. 18, § 1。这句话所描述的似乎是乡村地役(取水),在没有人未经供役地所有者允许而使用供役地的情况下,已经因年久不用而消失了。

③ Hermogenianus, D. 21. 3. 3; Exc. Rei jud., D. 44. 2. 9, § 2; ib. 28; ib. 11, § 3, 9; D. 10. 2. 25, § 8; D. 46. 8. 16, § 1; Keller, Röm. Civil-proc., § 73. Cf. Bracton, fol. 24 b, § 1 *ad fin*.

④ "Recte a me via uti prohibetur et interdictum ei inutile est, quia a me videtur vi vel clam vel precario possidere, qui ab auctore meo vitiose possidet. Nam et Pedius scribit, si vi aut clam aut precario ab eo sit usus, in cuius locum hereditate vel emptione aliove quo iure successi, idem esse dicendum: cum enim successerit quis in locum eorum, æquum non est nos nocere hoc, quod adversus eum non nocuit, in cuius locum successimus." D. 43. 19. 3, § 2。萨维尼所主张的此一申诉人的变体,遭到了蒙森(Mommsen)在其版本的《学说汇纂》中的责难——这似乎是恰当的。

⑤ D. 12. 2. 7 & 8.

⑥ Ulpian, D. 39. 2. 24, § 1. Cf. D. 8. 5. 7; D. 39. 2. 17, § 3, n. 79(Elzevir ed.); Paulus, D. 2. 14. 17, § 5.

的立场上。① 比经常可以通过其他方式实现的结果更重要的是,从继承到承袭地位,始终都在运用这样的语言和类比。

10-57. 因而,可以理解,在违背意愿而被侵占财物的人与不当占有人之间不可能存在继承关系。如果没有当事人一致同意的要素,就没有刚才解释的类比的空间。据此,规定如果占有是不正当的,就不存在时限合并②,并且专门列举的物之占有方式是遗嘱、出售、赠与或者其他权利。

10-58. 现在,论证再次回到英格兰法,并且得到了一些一般性结论。可以表明,普通法源于两种法律体系的联合,在这两种法律体系中,统辖活人之间转让不动产或者转让特定物的规则受到从继承中推导出来的概念的深刻影响。之前已经阐明,在英格兰,那些继承原则直接适用于继承人对某块特定封地的单一继承,以及遗嘱执行人的概括继承。考虑到继承原则的历史,如果同样那些原则却没有影响到其他单一继承,那就有意思了。很快就会看到,那些原则还是影响了其他单一继承。为了不对证据的次序太过谨慎,我会先讨论时效中的时限合并问题,因为刚才已经进行了充分的讨论。经过检视发现,关于此一主题的英格兰法,在适用范围、正当理由以及表达方式上与罗马法是一样的。英格兰法确实在很大程度上袭自罗马法渊源。诸如地役权、采光权及其他类似权利,构成了主要的约定俗成的权利类别,而我们关于地役(权)的法律则主要是罗马式的。据称,时效"实际上是

---

① "Cum quis in alii locum successerit non est æquum ei nocere hoc, quod adversus eum non nocuit, in cujus locum successit. Plerumque emptoris eadem causa esse debet circa petendum ac defendendum, quæ fuit auctoris." Ulp. D. 50. 17. 156, § § 2, 3. "Qui in ius dominiumve alterius succedit, iur ejus uti debet." Paulus, D. 50. 17. 177. "Non debeo melioris condicionis esse, quam auctor meus, a quo ius in me transit." Paulus, D. 50. 17. 175, § 1. "Quod ipsis qui contraxerunt obstat, et successoribus eorum obstabit." Ulp. D. 50. 17. 54;Bract., fol. 31 b. Cf. Decret. Greg. Lib. II. Tit. XIII. c. 18, *De rest. spoliat* .:"Cum spoliatori quasi succedat in vitium." Bruns, R. d. Besitzes, p.179. Windscheid, Pand., § 162 a, n. 10.

② "Ne vitiosæ quidam possessioni ulla potest accedere: sed nec vitiosa ei, quæ vitiosa non est." D. 41. 2. 13, § 13.

人身性的,因而,总是由因时效而取得权利者本人宣称,他以及所有那些他拥有其地产的人……因此,主教或者牧师可以因时效而取得权利……因为存在一份永久地产和一个永久继承,并且,虽然当事人变更,但就像涉及被继承人与继承人关系的案件一样,由于这样的延续,继承人依然拥有与其前任所有者相同的地产权。"①因而,在一个现代案例中,依据制定法之规定,二十年不当占有使所有者的所有权灭失,王座法院认为,"如果同一个人,或者几个人,依血统、遗嘱或者转让而向他人索求,并且在二十年间始终占有某一项权利",那么,该权利可能会转移给占有者。"但是……这二十年的占有,要么必须是同一个人,要么必须是向他人索求权利的几个人,本案不属于后一种情况。"②

10-59. 简言之,同样清晰的是,所有权的多个利害关系人或者(用罗马人的习语来说)继承人的连续占有,拥有一个人连续占有的全部后果,并且,不能将这样的后果归于没有身处同一所有权链条上的不同的人的连续占有。强占他人土地的人不能将土地被强占的人使用道路的时限添加在自己使用的时限上,而购买土地的人则可以。③

10-60. 引用的权威资料表明,英格兰法与罗马法都是基于同样的理论。如果一个人购买了他人的土地,就会得到与出售者完全相同的地产权。他拥有同样的封地或者遗产,这就意味着——正如我所阐明的——他维系着同样的人格。另一方面,如果一个人(强占他人土地

---

① *Hill v. Ellard*, 3 Salk. 279. Cf. *Withers v. Iseham*, Dyer, 70 a, 70 b, 71 a; *Gateward's Case*, 6 Co. Rep. 59 b, 60 b; Y. B. 20 & 21 Ed. I. 426;34 Ed. I. 205;12 Hen. IV. 7.

② *Doe v. Barnard*, 13 Q. B. 945, 952, 953, per Cur., Patteson, J. Cf. *Asher v. Whitlock*, L. R. 1 Q. B. 1, 3, 6, 7.

③ 进一步参见 *Sawyer v. Kendall*, 10 Cush. 241;2 Bl. Comm. 263 *et seq* .;3 Ch. Pl. 1119(6th Am. ed.);3 Kent, 444, 445;Angell, Limitations, ch. 31, §413. 当然,如果在强占土地之前已经获得了一项权利,那么,就可以进行不同的考量。如果诉求的权利是那些被视为附随土地而生的权利之一,那么,就像下一讲将要解释的那样,强占他人土地的人就会拥有该权利。Jenk. Cent. 12, First Cent. Case 21。

者)因错误地强占另一个人的土地,而获得了一份不同的地产,他就拥有了一块新的封地,尽管是同一块土地;专业的法律推理都基于此一学说。

10-61. 因此,在时效问题上,认定买方与卖方具有身份的同一性,就像继承人与被继承人一样。但是,问题在于,此一身份的同一性是否也在法律的其他部门立见成效,或者是否仅限于罗马法移植到英格兰法上的一个特定部分。

10-62. 最有可能的是哪一种答案,毫无疑问,但是要证明它,却不那么容易。如前所述,继承人很早就已不再是被继承人的概括代理人了。甚至认定继承人身份的范围,也成为了一个值得探讨的问题。与普通法的其他领域一样,常识在这里也控制着拟制。但是,毫无疑问,在直接涉及遗产的问题上,对继承人与被继承人身份同一性的认定始终保留至今;由于已经阐明自由继承的遗产具有一个鲜明的人格,所以,在普通法的此一领域中,我们应该期待也可以找到一个类似的对买方和卖方身份同一性的认定,如果有的话。

10-63. 如果土地是依据遗嘱而赠与的,那就很容易适用此一类比。因为,尽管在遗赠土地与契约转让土地之间原则上没有什么区别,但相比于受让人而言,受遗赠人与继承人具有更强烈的相似性。人们会记得,有一位罗马法学家曾经说过,受遗赠人(不动产的受遗赠人或者动产的受遗赠人)在某种特定意义上属于准继承人。英格兰法院偶尔也会使用类似的表达。在一起案件中,立遗嘱人拥有一笔租金,通过遗嘱方式将租金分给自己的几个儿子,后来其中有一个儿子就自己获分的财产部分欠下债务,有两位法官尽管承认立遗嘱人生前不能通让与或者契约的方式划分承租人的责任,但依然认为在通过遗嘱进行财产分割时情况并非如此。他们的推理是,"遗赠是一种准法律行为,无须转让,即应生效,并且应该构成一种当事人之间充分的法律关系,因而完全有理由以这样的方式分配财产"。① 因此,据艾伦伯勒(Ellenborough)勋爵所言,在一起案件中,出租人及其继承人有权通过告知终止一份租约,而土地的受遗赠人,作为事实上的继承人,会被视为拥有同样的权利。②

10-64. 但是,在亨利八世统治之前,土地遗嘱只有在例外情况下才会被习俗所允许,并且由于主要转让理论在那之前很久就已经确立了,故而我们必须再进一步追溯,并且审视旨在解释那些理论的其他资料。我们会从担保的历史中找到它。我们将在下一讲中探讨此一问题,以及与土地相关的现代契约法。

---

① *Ards v. Watkin*, Cro. Eliz. 637;s. c., ib. 651. Cf. Y. B. 5 Hen. VII. 18, pl. 12;Dyer, 4 b, n.(4).
② *Roe v. Hayley*, 12 East, 464, 470(1810).

继承——生前

(一) 担保
    1. 直接收益,经由受让人即准继承人的拟制而延伸至受让人
    2. 类比,延伸至现代所有权契约

(二) 地役
    1. 罗马法
    2. 英格兰法
    3. 依循冲突原则的权利类型

(三) 地租
    1. 类似地役
    2. 契约式救济

(四) 类似契约的时效权利

(五) 担保土地

(六) 在(二)(三)(四)(五)项原则与(一)项原则(继承)之间必然的吻合与冲突

(七) 现代法律
    1. "土地契约"
    2. 结果

(八) 关涉继承的其他案例

11-01. 在诺曼征服后的一个世纪里,普通法领域众所周知并且可以在国王法院起诉的首要合同,是保证和债务。作为被继承人的权利与义务的概括代理人,继承人应对被继承人的债务承担责任,是可以针对应归因于遗产的债务提起诉讼的适格者。迄至爱德华三世统治时期,此一情况有所改变。债务已经不再主要涉及继承人,而仅有次要关联。遗嘱执行人既负责征收,又负责偿付。据称,即便继承人受到约束,也不能起诉继承人,除非是在遗嘱执行人未持有财产的情况下。①

11-02. 但是,还有另外一项拥有不同历史的古老责任。我所意指的是在财产转让时产生的担保。我们应该称之为合同,但在格兰维尔的前辈们看来,担保或许仅仅是法律附加在一项交易上的义务或者责任,而该项交易却指向不同的目的;就像现在被视为因承诺而产生的受托人的责任,最初是由法律根据受托人对第三人的地位而创设的。

11-03. 在诺曼征服之后,我们只有在关涉土地的情况下才听说有关担保的诸多信息,而此一事实即刻说明担保拥有一个不同于债务的历史。担保的责任就是保护所有权,而如果保护失败,就向被收回财产的所有者提供具有同等价值的其他土地。如果被继承人为转让土地提供了担保,那么,履行此一责任的就不能是遗嘱执行人,而只能是承袭被继承人其他土地的继承人。相反,就对已故受让人提供的担保收益而言,他的继承人是唯一有资格履行此类担保的人,因为继承人承袭了土地。因此,在遗嘱执行人免除了继承人的债务之后,继承人继续以担保的方式代理被继承人的权利和责任,就像继承人在此之前从各个方面代理他的被继承人一样。

---

① Boyer v. Rivet, 3 Bulstr. 317, 321.

11-04. 如果一个人因从另外一个人那里购买的地产而被起诉,那么,常规的诉讼程序应该是,先由被告申请传唤他的卖家来进行答辩,然后再由卖家依次申请传唤他的卖家(如果有的话),依此类推,直到在此一所有权链条中有一方当事人最终承担案件的责任。早期呈现在伦巴第法与罗马法之间的对比,在盎格鲁—撒克逊法与罗马法之间也同样存在。据称,在伦巴第法中出现了转让人,而罗马法则替代了转让人,—— Langobardus dat auctorem, Romanus stat loco auctoris 。①

11-05. 那么,假设 A 给了 B 一块地,而 B 又将这块地转让给了 C。如果 D 起诉 A,诉求有一个更优的所有权,而 C 实际上取得了 A 担保的收益②,因为当 C 传唤 B 时,B 会传唤 A,因而最终由 A 来为该案答辩。然而,很有可能会发生的是,在 B 将土地转让给 C 与提起诉讼这两个节点之间,B 去世了。如果 B 留有一个继承人,那么,C 可能仍会受到保护。但是,假设 B 没有留下继承人,那么,C 就无法从 A 那里得到帮助,而 A 在其他情况下会为自己的诉讼进行答辩。无疑,这是盎格鲁—撒克逊时期的法律,但显然无法令人满意。我们可以很有把握地推测,一旦有了使之成为可能的机制,就会找到一种救济措施。罗马法恰好提供了这一机制。根据该制度,买方可以替代卖方,而彼时所需要的,恰恰是罗马法与盎格鲁—撒克逊法的融合。

11-06. 布雷克顿仿效中世纪市民的书写,撰写了自己的著作,展示了此一思想的实际运用。他首先举了一个附带一般条款的财产转让案例,该条款要求转让人及其继承人为受让人及其继承人提供担保,并为之答辩。然而,他接着说:

> 同样,一个人可以扩展他的赠与,并且让其他人成为[他的受让人的]准继承人,尽管事实上他们不是继承人,就像他在赠与时

---

① Essays in A. S. Law, 219.
② "Per medium," Bracton, fol. 37 *b*, § 10 *ad fin*.

所言,要让并且坚持要让这样的人及其继承人或者他选择授予或转让上述土地的人,足以对抗所有人,并且我和我的继承人会向前述诸人及其继承人或者他选择授予或转让上述土地的人及其继承人提供担保,以对抗所有人。在此种情况下,如果受让人授予或者转让了该块土地,之后在没有继承人的情况下去世,那么,[第一]转让人及其继承人就开始占据第一受让人及其继承的地位,并且根据第一转让人特许状中的条款,代替第一受让人及其继承人,向他的受让人及其继承人提供担保,而如果在第一次赠与时没有提及受让人,情况就不会如此。但是,只要第一受让人或者他的继承人活着,就会判定他们只是提供担保,而不是第一转让人。①

11-07. 在此,我们看到,为了让受让人有资格获得第一转让人担保的收益,就必须在初始转让与契约中提及受让人。古代责任的范围,在未经担保人同意的情况下,不得扩展。但是,当责任范围有所扩展时,却不是经由像现代信用证那样的设计。在普通法的那一阶段,不可能出现这样的概念。因为提及了受让人,第一转让人就不再向此后想要购买该块土地的任何人提供契约。如果是这样的概念,那么,一旦土地被出售,就会有一份直接约束第一转让人和受让人的合同,因而就会有两项因同一条款而产生的担保——第一项是对第一受让人的担保,第二项是对受让人的担保。然而,事实上,受让人是根据对第一受让人的初始担保而取得土地所有权的。② 他只能在自己的直接转让人的继承人败诉后向第一转让人提出追诉。第一转让人由于提及受让人,仅仅是扩大了自己的受让人的继承范围。受让人只能根据继承原则申请传唤第一转让人出庭作证。也就是说,只有当第一受

---

① Bract., fol. 17 *b*. Cf. Fleta, III. c. 14, § 6.
② See, further, *Middlemore v. Goodale*, Cro. Car. 503, stated infra, p.379.

让人的血统关系无效,第一受让人与第一转让人的封建关系——第一转让人的人格——得到受让人的维系时,受让人才能那样做。①

11-08. 这不但要以专业技术上的连贯一致来完成拟制,而且还要用解决现实问题的智慧来运用拟制,因为在英格兰法中通常都会使用拟制。实际上,如果受让人得到了第一转让人的担保收益,那么,究竟是间接还是直接得到的,几乎就没有什么区别了。如果受让人无法申请传唤中间转让人,就会出现问题,因而只有针对此一情况赋予受让人新的权利。后来,受让人无须再等到他的直接转让人的血统关系无效,而是从一开始就可以利用第一转让人的担保。②

11-09. 如果有人认为前文所述表明,第一转让人的担保义务源于受让人归属且效忠于转让人,那么,答案就是,除非第一转让人在转让时提及受让人,否则,无论是否效忠,他都不受约束。在这一点上,布雷克顿得到了后来所有权威的认可。③

11-10. 另外一项有诸多相关却被遗忘的学问的规则,将会显示出这样的拟制是如何与早期法律完全一致的。只有那些与最初被提供担保的人具有财产关系的人,才能申请传唤初始担保人出庭作证。追溯早期的诉讼程序,我们会发现,当然只有那些处在同一所有权链条中的人,才能直接获得前手所有者担保的收益。一个人受到担保约束的理由是,他已经将地产授予给申请传唤他的人。因此,一个人只能

---

① 亦可参见 Bract., fol. 380 b, 381。"Et quod de hæredibus dicitur, idem dici poterit de assignatis. … Et quod assignatis fieri debet warrantia per modum donationis: probatur in itinere W. de Ralegh in Com. Warr. Circa finem rotuli, et hoc maxime, si primus dominus capitalis, et primus feoffator, ceperit homagium et servitium assignati."比较 Fleta, VI. c. 23, § 6;Moore, 93, pl. 230;Sheph. Touchst. 199, 200。关于导致提及受让人的理由,可以比较 Bract., fol. 20 b, § 1;1 Britt.(Nich.), 223, 312。

② 我没有停下来追问,这是不是因关于买方的制定法而造成的,根据该法之规定,受让人有资格直接获得第一转让人的所有权;或者,是否必须要找到其他解释。比较 Bract., fol. 37 b;Fleta, III. c. 14, § 6, 11;VI. C. 28, § 4;1 Britton(Nich.), 256, [100 b]。

③ Fleta, III. c. 14, § 6, fol. 197;1 Britton(Nich.), 223, 233, 244, 255, 312;Co. Lit. 384 b;Y. B. 20 Ed. I. 232;Abbr. Placit., fol. 308, 2d col., Dunelm, rot. 43;Y. B. 14 Hen. IV. 5, 6.

申请传唤自己的转让人,当最后一个被担保人无法再传唤另外一个出售地产的人时,此一对地产担保人的连续传唤就结束了。现在,当此一程序被缩减时,没有人会对先前无人为之负责的传唤承担责任。当前的所有者获准可以直接申请传唤那些本来是间接负责为其所有权辩护的人出庭作证,但不得传唤其他人。因此,他只能申请传唤那些从他的转让人那里得到地产所有权的人。但是,这一点也可以通过采用的拟制得到同样合理的表达。为了传唤地产担保人出庭作证,当前的所有者必须持有被担保人的地产。就像每一位法律人所知道的那样,地产并不意味着土地。它所意指的是以前由另一个人维系的涉及该块土地的身份或者人格。同样的语词也被用来指称一项时效权利,"他和那些他持其地产的人在记忆中没有相反的时限",等等;人们会记得,这个词与那里的继承顺序的要求是一致的。

11-11. 再回到布雷克顿,我们必须认识到,将受让人描述成准继承人并不是偶然为之。无论是否有机会谈论,他都会以那样的方式描述受让人。他甚至将从继承的类比中得出的推理发挥到了极致,并且在无数的段落中提到此一推理。例如,"应该注意的是,在继承人中,有些是真正的继承人,有些是替代继承人的准继承人,等等;真正的继承人采用继承的方式,准继承人采用赠与的形式;诸如让与",等等。①

11-12. 如果有人认为布雷克顿的话语仅仅是一种中世纪的经院哲学,那么,就会出现几个回答。首先,它与我们正在讨论的权利的第一次出现几乎是同一时代的。我们可以从他引用关于该权利以及可能存在争议的问题的权威依据来证明这一点。他说,"大约在案卷的末尾处,在罗利(W. de Ralegh)的巡回审判中,[通过一个判例]证明了

---

① Fol. 67 a ;cf. 54 a.

必须依据赠与的形式向受让人提供担保",等等。① 假设对一项新规则的当代解释与其首次出现毫无关联,是没有道理的。同样,下述事实也很清晰,受让人获得的是为第一受让人提供担保的收益,就像已经表明的那样,而不是为自己提供的新担保的收益,并且,布雷克顿对如何解决此一问题的解释,与我们现在看到的日耳曼法与盎格鲁—撒克逊法的处理方法以及弥散于罗马法中的流行思想是一致的。最后,也是最重要的是,受让人应该持有第一受让人的地产,此一要求从那时起一直保留至今。用与时效取得同样的语词规定同一事物,此一事实间接地表明,支配着两者的是同样的法律思想。

11-13. 恰如我刚才所言,格兰维尔的前辈们可能会将担保视为一种附随转让而产生的责任,而不是看作合同。但是,在授予封地的契据或者特许状中添加担保承诺日益普遍时,它就失去了先前作为一项义务单独存在的独立性,同时具备了普遍化的可能性。这是一个因契据而生的承诺,而因契据而生的承诺就是一份契约。② 毫无疑问,这是一份引致诸多特殊后果的契约。此一契约在责任范围上也与其他一些契约有所不同,这一点将在稍后说明。但它依然是一份契约,有时本身是可以被起诉的。在爱德华三世时期的《年鉴》中,它被记述成"依血统关系"③的契约,区别于那些依土地而不是依人身来免除债务的契约。④

11-14. 此一状况的重要意义在于为代替该契约的其他契约提供担保的法律的实际运作情况。当古老的土地诉讼让位于更现代、更迅捷的诉讼形式时,就不会再传唤担保人出庭答辩,并且,如果受让人的

---

① Fol. 381; *supra*, p.374, n.3.
② Cf. *Pincombe v. Rudge*, Hobart, 3; Bro. *Warrantia Carte*, pl. 8; S. C., Y. B. 2 Hen. IV. 14, pl. 5.
③ Y. B. 50 Ed. III. 12 *b* & 13.
④ Y. B. 42 Ed. III. 3, pl. 14, per Belknap, *arguendo*.

财产被收回,那么,损害赔偿就代替了授予其他土地。古老的担保消失了,取而代之的是我们在普通法的契据中看到的诸般契约,包括占有契约、转让权契约、排除妨碍契约、平静享受(环境)契约、担保契约以及再担保契约。但是,受让人能据以获得这些契约收益的原则,源于那些统辖担保的原则,任何人都可以通过检视早期判决来看清这一点。

11-15. 例如,什么是可以给受让人提供平静享受(环境)契约收益的充分转让,针对此一问题,可以根据诸多古老的担保案例的权威进行论辩并做出判决。①

11-16. 就像担保一样,受让人[在获得转让财产时]所依据的是与第一受约人签订的旧契约,而不是自己的任何新的权利。因此,在受让人依据再担保契约提起的诉讼中,被告在诉讼开始后提出解除初始受约人的契约。法院认为,受让人应该享有财产转让合同的收益。"他们认为,虽然违约发生在受让人持有财产的时限内,但如果受约人(既是签订契据的一方,又是产生原告的理由)在违约之前或者起诉之前已经解除了契约,那就有效地阻止了受让人提起违约赔偿令状之诉。但是,如果违反契约的行为发生在受让人[持有财产]的时限内……诉讼应由受让人提起,因而附于其本人,受约人不能解除此一诉讼,因为受让人与之存在利害关系。"②即便在财产转让之后,受约人依然是合同的法定当事人。受让人因受约人而生,不得终止受约人对合同的控制,直到因违约和诉讼而在受让人身上附加了一项新的权利,该权利与源自转让人之人格的权利有所不同。后来,受让人取得了更为独立的地位,因为其权利的初始根基逐渐淡出我们的视线,而

---

① *Noke v. Awder*, Cro. Eliz. 373; S. C., ib. 436. Cf. *Lewis v. Campbell*, 8 Taunt. 715; S. C., 3 J. B. Moore, 35.

② *Middlemore v. Goodale*, Cro. Car. 503; S. C., ib. 505, Sir William Jones, 406.

在财产转让之后,至少在支付租金的违约案件中,再解除合同已经无效。①

11-17. 只有与初始受约人在地产上具有利害关系的人,才能享有土地所有权契约的收益。事实证明,在允许受让人起诉之前,此一古老担保的早期历史已经要求对担保收益进行类似限制,而受让人据以获得权利的拟制不能扩展到该限制之外。此一类比也得到了遵循。例如,一个限定男性后嗣继承的地产的承租人签订了一份为期数年的租约,规定了承租人享有出租和平静承受环境的权利,后来承租人去世,没有男性后嗣。承租人将租约转让给原告。后者很快就被驱逐出去,因而根据契约对出租人的遗嘱执行人提起诉讼。法院认为,原告无法收回地产,因为他与初始受约人没有财产上的利害关系。因为在向原告正式转让之前,作为初始受约人的遗产,此一租约已经因出租人的死亡和据以转让租约的限定男性后嗣继承这一条件未能满足而终止。②

11-18. 为了补足所有权契约与担保契约之间的类比,剩下的唯一要点就是要求提及受让人,以便使他们能够据以提起诉讼。当然,在现代,这样的要求——如果存在的话——是纯粹形式意义上的,除开作为据以追溯一个学说史的标识,没有其他任何意义。凡是受让人想要以与受约人在地产上具有利害关系为由获取契约收益,就必须在契约中提及受约人,如果可以这样说的话,这将有助于我们的研究。如果仅从那些判决来看,很难判断此一要求是否存在。通常认为不存在这样的要求。但是,在普通法中存在诸多重大的自相矛盾之处,因无法理解其中一点,就会导致形成关于此一琐细问题的流行观点,对此,现在必须解释一下。

---

① *Harper v. Bird*, T. Jones, 102(Pasch. 30 Car. II.)。这些案例表明了一个与其他不可转让合同的转让的历史平行的演进序列。
② *Andrew v. Pearce*, 4 Bos. & Pul. 158(1805).

11-19. 迄今为止，我们已经发现，凡是一方当事人接续另一方当事人的权利或者责任，而不是依次填补使那些权利或者责任成为法律后果的事实状况，就会将此一接替解释为对两个人身份同一性的拟制认定，而此一身份认定源自与继承的类比。此一身份认定被看成是在创设遗嘱执行人时有意制定的，而该遗嘱执行人的整个身份都受到身份认定的统辖。我们可以看到身份认定依然被有意地适用于继承人这一较窄的范围内。至少在时效与担保这两种情况下，当对买卖关系的历史探究到足够的深度时，就会发现身份认定隐藏在买卖关系的根源之处。

11-20. 但是，如果这样的分析已经穷尽此一主题，那么，身份认定就更具有对称性，但还有另外一种情况，即权利的转让是基于一个截然不同的意向而发生的。在为了创设一项时效权利（例如经过毗邻土地抵达买卖土地的通行权）而对设定于买方与卖方之间的继承进行解释时，结果表明，如果一个人不是购买的土地，而是本人用武力不当占有土地，那么，他就不会被视为继承人，也不会从土地被强占者先前对道路的使用中获得任何收益。但是，当先前的占有者在被驱逐之前已经获得了通行权时，就会有一项新的原则开始发挥作用。如果道路经过的土地的所有者封堵了道路，并且被不当占有者起诉，那么，基于此一理由——即强占土地者没有承袭先前所有者的权利——的答辩不会被接受。强占土地者在占有土地时会免受除合法所有者之外的所有人的侵害，并且在使用道路时也会受到同样的保护。毫无疑问，此一法律规则并非基于不当占有者与所有者之间的继承关系。也不能以仅仅是对土地占有的保护为由来为之辩护。真正的理由是，除了更优的所有权，法律还要保护可以对抗一切的占有。但是，如前所述，普通法并不承认对道路的占有。一个人在没有所有权的情况下使用了一条道路10年，甚至无法起诉一个封堵了道路的陌生人。因为他从一开始就是一个侵入者,至今依然只是一个侵入者。在拥有一项足以对抗其他任何人的权利之前,必须先要享有一项足以对抗供役地所有者的权利。同时,显而易见,道路之所以不能被占有,是因为其他人享有通行权,与没有人享有通行权一样。

11-21. 接下来,一个既无所有权也无占有权的人,怎么会得到如此程度的利益呢?答案之获得,不是从推理的过程中,而是从推理的失败中。在本课程的第一讲中,我们不得不探讨的思想,呈现于神学阶段,借用孔德(Comte)众所周知的语词,彼时一柄斧子被当成刑事诉讼的客体;在形而上学阶段也是如此,彼时仅有人格化的语言幸存下来,但却造成了推理的混乱。看起来,此处所举案例正是后一种情况的例证。普通法中关于地役权的语言,是在损害投偿仍为世人所常听闻时从人格的明喻中构造出来的;随后,就像时常发生的那样,语言与思想发生了化学反应,以至于人们从恰好表达出来的术语中演绎出关于权利本身的推论。当一个人的地产被说成受另一个人役使,或者一项通行权被说成是一块毗邻土地的性能或者附带条件时,人们的头脑尚未意识到这些语词仅仅是诸多人格化的隐喻,除非言说的形象是真实的,否则那些隐喻的解释毫无意义。

11-22. 罗格朗(Rogron)从"土地负欠的是地役,不是人"这一规则中推导出了地役的消极属性。诚如罗格朗所言,因为仅有土地受到约束,故而地役也只能被动地受到约束。奥斯丁称之为一个"荒谬的论断"。① 我们从一些法学家那里承袭了关于地役权的法律,但是,他们并不满足于比较充分的推理。帕比尼安(Papinian)自己写道,地役不可能部分消灭,因为地役负欠的是土地,而不是人。② 塞尔苏斯

---

① Austin, Jurisprudence, II. 842(3d ed.).
② "Quoniam non personæ, sed prædia deberent, neque adquiri libertas neque remitti servitus per partem poterit." D. 8. 3. 34, pr.

(Celsus)对我用来举证的案例做出如下判决:即使通过强制驱逐所有者而获得对需役地的占有,也要保留道路;因为该需役地是在其被强占时的属性与状况下而被占有的。① 评注者戈德弗罗伊(Godefroi)简洁地补充说,有奴役与自由这样两种状况;而他的对立派则与西塞罗一样古老。② 如此,在另外一段话中,塞尔苏斯问道,除了土地的属性,还有其他什么是附属于土地的权利?③ 如此,优士丁尼的《法学阶梯》提及了建筑物固有的地役权。④ 如此,保罗认为这样的权利附属于建筑物主体。"因而",戈德弗罗伊补充说,"权利或许属于无生命之物"。⑤ 从这一切很容易看出,需役地的出售附带着既有的地役权,不是因为买方继承了卖方的地位,而是因为土地受到土地的约束。⑥

11-23. 正如奥斯丁所意识到的,所有这些人物都认为土地能够拥有权利。事实上,他甚至还说,土地"被创设成一个法律上的或者拟制的人,并且被称为'需役地'"。⑦ 但是,如果这不仅仅是为了解释罗马人隐喻的意义,那就走得太远了。无论是根据有意的拟制,还是经由原始的信仰,需役地从未"被创设成一个法律上的人"。⑧ 它不能起诉或者被起诉,就像一艘海军部的船舶一样。根据推测,需役地的占有者不可能像继承人对待损害待继承遗产的行为那样,在其占有时限之前对地役权的妨碍提起诉讼。如果甚至可以系统化地认定土地能够获得权利,那么,可能就会将土地被强占者的占有时限添加到不当占

---

① "Qui fundum alienum bona fide emit, itinere quod ei fundo debetur usus est: retinetur id ius itineris: atque etiam, si precario aut vi deiecto domino possidet: fundus enim qualiter se habens ita, cum in suo habitu possessus est, ius non deperit, neque refert, iuste nec ne possideat qui talem eum possidet. D. 8. 6. 12.
② Elzevir ed., n. 51, *ad loc. cit*.; Cicero de L. Agr. 3. 2. 9.
③ D. 50. 16, 86. Cf. Ulpian, D. 41. 1. 20, § 1;D. 8. 3. 23, § 2.
④ Inst. 2. 3, § 1.
⑤ D. 8. 1. 14, pr. Cf. Elzevir ed., n. 58,"Et sic jura …… accessiones esse possunt corporum."
⑥ "Cum fundus fundo servit."D. 8. 4. 12. Cf. D. 8. 5. 20, § 1;D. 41. 1. 20, § 1.
⑦ Jurisprudence, II. p. 847(3d ed.).
⑧ Cf. Windscheid, Pand., § 57, n. 10(4th ed.), p. 150.

有者的时限上,依据的理由是,获得地役权的是该块土地,而不是这个人或者那个人,并且享受特殊待遇与土地之间的长期关联已经足够充分,尽管这从来都不是法律。

11-24. 可以说,这里所使用的隐喻与明喻自然而然地塑造了此一盛行的规则,并且,由于此一规则恰好与任何其他规则一样有说服力,或者至少是无庸置疑的,故而,在有人发现他们是著名人物之前,从他们的言论中推导出此一规则,并不引人关注,而实际上他们既没有证明任何观点,也没有证实任何推论。

11-25. 由于地役权被认为属于需役地,故而,无论是谁占有土地,都会对该块土地之附属物拥有同等程度的权利。如果真实的意思是,通行权或者其他地役权允许被占有,且与其所经由的土地一起被占有,同时据以保护享受占有的理由与其他情况下的占有一样,那么,这样的想法就是可以理解的。然而,这不是罗马法的真实意思,就像已经表明的那样,这也不是普通法的学说。我们必须认为,地役权已经成为土地的一个附属物,因为人们无意识且不合理地假设一块土地可以拥有权利。不必说这是荒谬的,尽管以这样的假设为基础的法律规则并非如此。

11-26. 这些明喻以及罗马法原则,无论是否荒谬,再一次出现在布雷克顿的论述中。他说,"据以创设土地因而受制于[其他]土地之地役的理由与将人设定为人之奴隶的理由非常类似"。① "因为权利既属于自由保有物,也属于有形物……就其所欠负的保有物而言,它们可以被称为权利或者自由,但就欠负它们的保有物而言,可称为地役……一份地产是自由的,而另一份则是受奴役的。"② "或许,可以将[地役]当成一种安排,依据这样的安排,房宅之间、农场之间、租地之

---

① Fol. 10 *b*, §3.
② Fol. 220 b, §1.

间都要受到约束。"①在布雷克顿的著述中,我并没有看到他明确断定地役权与基于强占的需役地一并转移,但其所谈论的内容无疑表明,他在此一问题上与对待其他问题一样,都遵循着罗马法。

11-27. 针对强占土地者之令状所诉求的是"如此众多的土地及其附属物"②,这必定意味着占有土地之人更加不当地占有了土地的附属物。因此,布雷克顿认为,诉讼是对物的,"无论是针对主物,还是针对附于该物之上的权利,……因为当一个人诉求一项通行权时,……由于此类权利均属于无形物,是准占有的且依附于主物,并且在它们所依附之主物不存在的情况下无法获得或者维系,或者,在它们所归属之主物不存在的情况下,无论以任何方式也无法占"。③ 再如,"由于权利不允许交付,而是与其所附之上的物——也就是,主物——一并转让,因而,受让权利之人,一旦占有了其所附之上的主物,就即刻形成了对那些权利的准占有"。④

11-28. 诚如开篇所言,对后世法律无庸置疑。

11-29. 因此,我们从普通法中追溯了两项彼此竞争且相互矛盾的原则。一方面,是关于继承或者利害关系的概念;另一方面,是关于物之固有权利的概念。布雷克顿似乎有些犹豫不决,因为他觉察到两者之间可能会发生冲突。担保收益仅限于那些依据受让人的行为与准许而承袭其地位的人。只有[明确]提及,担保收益才会转交给受让人。布雷克顿设想了在提及或者没有提及受让人的情况下地役权的授予问题,看起来,他似乎认为涉及地役权的差异或许是至关重要的。他进而指出,如果将地役权授予 A、他的继承人及受让人,那么,依据

---

① Fol. 221.
② Fol. 219 a, b.
③ Fol. 102 a, b.
④ Fol. 226 b, §13. 所有前述段落均假定,[当事人]已经获得一项权利,并且是土地所固有之权利。

授予形式,允许这些人都可以连续运用[地役权],并且其他人一概排除在外。① 然而,他所说的并不是强占土地者对抗不具有更优所有权的人的权利,并且他还立刻补充说,那些都是对属于一个有形物的有形物的权利。

11-30. 尽管可能会怀疑,对于将地役权附加于土地上来说,受让人的提及究竟是否不可或缺,并且,可以非常确定受让人的提及并没有保留很久,但是,随着时间的流逝,涉及的困难也越来越大。如果可以附着于土地上的唯一权利是地役权,如通行权,那么,就很容易处理。故而,可以说,这些是附属于土地的特定的有限利益,在适用范围上比所有权狭窄,但在种类上与所有权类似,因而可以通过与所有权相同的方式适当转让。或许,有人会认为,不应该从合同的视角来审视通行权。此一视角并不从供役地所有者的立场预设任何承诺。供役地所有者的责任,虽然就其而言比其他人更麻烦,但与其他人的责任是一样的。不妨碍或者不干涉财产权,是一种纯粹的消极义务。②

11-31. 但是,尽管据以检验附着于土地上的权利的标准可能是涉及性质之类的因素,但如果不进行大量解释的话,这对我们理解那些案例就不会有什么帮助。因为可以凭借此类权利享有积极役务,而且必须要由供役地的拥有者履行这些役务。当听说将享受个人提供役务的权利称为区别于合同的财产权时,这让我们觉得很奇怪。人们还是会认为,这也正是看待此类权利的方式。布雷克顿认为,封臣转让因免费且完全的赠与而占有的土地,对领主来说没有什么不妥,理由是无论土地可能会落入何人手中,都会受到约束并且承担相应的役务。据称,领主拥有一块据以享受效忠与役务的领地;因此,任何进入

---

① Fol. 53 *a* ; cf. 59 *b*, *ad fin.*, 242 *b*.
② "Nihil præscribitur nisi quod possidetur." 引自 Hale de Jur. Maris, p. 32, in *Blundell v. Catterall*, 5 B. & Ald. 268, 277。

该土地的行为,只要不妨碍效忠与役务,就不会对领主造成伤害。① 正是该保有物强制设定了效忠义务②,同样的情况也适用于卑微役务及其他封建役务。③

11-32. 当封建役务采取地租形式时,法律依然没有变化。④ 即便多年以来在我们的现代术语中,租金依然被视为从租赁房宅中所生成的收益,以至于时至今日,如果你承租了一整座房宅,且该房宅被烧毁,那么,你也不得不按原价地偿付租金,因为你占有据以产生租金的土地;然而,如果你仅仅承租了一套房间,且该套房被烧毁,那么,你不用再支付租金,因为你不再占有据以产生租金的房屋。⑤

11-33. 显而易见,根据上述推理而得出的结论是,强占承租人土地的人将受到与承租人本人一样的约束,此一结论已经被早期法律所采纳。领主可以向任何占有土地的人要求提供役务⑥或者征收地租⑦,因为,就像非常类似布雷克顿的说法一样,"地租的征收与土地一并转移"。⑧

11-34. 接下来,就是征收地租的权利。在早期法律中,地租被视为一种不动产权利,因而,强占地租是可能的,并且可以对其提起回得占有之诉。就像经常出现的情况一样,如果租赁的土地位于一块领地的范围内,那么,地租就是该领地的组成部分⑨,因而就有理由说,强占该领地的人,也就是,占有原本由该领地之领主占有的土地、并且被承租人视为领主的人,拥有附随的相应地租。因此,亨利七世时期的英

---

① Bract., fol. 46 *b* ; cf. 17 *b*, 18, 47 *b*, 48.
② Fol. 81, 81 *b*, 79 *b*, 80 *b*.
③ Fol. 24 *b*, 26, 35 *b*, 36, 208 *b*, & c. Cf. F. N. B. 123, E; Laveleye, Propriété, 67, 68, 116.
④ Abbr. Plac. 110, rot. 22, Devon.(Hen. III.).
⑤ *Stockwell v. Hunter*, 11 Met.(Mass.) 448.
⑥ Keilway, 130 *b*, pl. 104.
⑦ Keilway, 113 *a*, pl. 45; Dyer, 2 *b*.
⑧ Keilway, 113 *a*, pl. 45. Cf. Y. B. 33-35 Ed. I. 70; 45 Ed. III. 11, 12.
⑨ Litt. § 589.

格兰首席大法官布莱恩(Brian)说,"如果有人强占了我的一块领地,那些承租人将他们的地租付给了那个强占者,然后当我再次进入领地时,将收不回我的承租人的地租,因为他们已经将地租付给了强占我的土地的人,但是,该强占者应该在强占土地之诉或者侵占土地之诉偿付一切费用"。① 此一司法意见显然是建立在地租像地役权一样附属于主物土地的观念之上。故而,结论就是,他们因一物而欠负一物。②

11-35. 当地租不属于领地的组成部分,而只是土地复归的组成部分;也就是说,因租约是从领主的封地或者地产中分割而来的,而地租正是该封地或者地产的组成部分时,或许应该适用不同的原则。如果租约与地租仅仅是该地产的内部分割,那么,除非是与该地产具有利害关系之人,否则无法对地租提出诉求。强占土地者只会得到一块新的、不同的领地,而不会拥有包含地租在内的地产。因此,从表面看来,在此一情况下,承租人可以拒绝向强占者交付地租,并且向强占者交付[地租]也不会构成对抗真正所有者的事由。③ 然而,如果承租人让该强占者具结确认的话,那么,后者就会得到保护,以对抗那些无法出示更优所有权的人。④ 此外,地租在很大程度上附属于土地,以至于无论是何人,包括取得复归土地的上级领主,只要是合法收回土地,即可收取地租。⑤ 然而,土地复归意味着含括租约和地租的领地的消灭,尽管布雷克顿认为领主可以根据承租人的继承权以利害关系人的身份介入,但问题很快得以恰当解决,领主不必以那样的方式,而是以至高无上的身份介入。因而,此一例证非常接近涉及强占土地者的

---

① Keilway, 2 a, pl. 2 *ad fin* .(12 Hen. VII.). But cf. Y. B. 6 Hen. VII. 14, pl. 2 *ad fin* .
② 4 Laferrière, Hist. Du Droit. Franc. 442;Bracton, fol. 53 a.
③ Cf. Co. Lit. 322 b, *et seq* .;Y. B. 6 Hen. VII. 14, pl. 2 *ad fin* .
④ *Daintry v. Brocklehurst*, 3 Exch. 207.
⑤ Y. B. 5 Hen. VII. 18, pl. 12.

案件。

11-36. 接下来,役务与地租曾经是,且在一定程度上至今依然是,从财产(权)的视角依据法律来处置的。役务与地租是像其他财产一样可以被拥有和转让之物。人们甚至可以不当地占有它们,还可以向它们提供确认占有式的救济。

11-37. 这样的观念不适用于担保,或者也不适用于任何完全从合同视角看待的权利。当我们诉诸那些合同规定的地租救济措施的历史时,我们发现它们正是被如此看待的。如果根本不存在利害关系,就无法提起因债之诉和违约之诉。在亨利六世在位的第九年①,有人怀疑,因血统关系而获得复归地产的继承人是否可以拥有债务,而法院认为,虽然复归土地的受让人拥有地租,但也不能为之提供这样的救济。几年后,法院判定,继承人可以维系债务②,并且在亨利七世统治时期,将该救济扩展适用于受遗赠人③,如上所述,受遗赠人似乎比受让人更像继承人,也更容易被比作继承人。故而,从逻辑上讲,有必要向受让人提供同样的救济,并且这也是随之而来的。④ 合同当事人的相互关系依地产而定,因此,复归土地的受让人可以起诉彼时持有限期租用地产的人。⑤ 基于类似理由,后来允许他继续持有契约。⑥ 但是,这些诉讼从来都不是针对在地产上分别与出租人和租赁人不存在利害关系的人,因为只要没有对所有权的继承,就绝不可能解决合同当事人的相互关系。⑦

11-38. 然而,所有这些细枝末节都不适用于封建时期旧式的自由

---

① Y. B. 9 Hen. VI. 16, pl. 7.
② Y. B. 14 Hen. VI. 26, pl. 77.
③ Y. B. 5 Hen. VII. 18, pl. 12.
④ Cf. Theloall, Dig. I. c. 21, pl. 9.
⑤ Buskin v. Edmunds, Cro. Eliz. 636.
⑥ Harper v. Bird, T. Jones, 102 (30 Car. II.).
⑦ Bolles v. Nyseham, Dyer, 254 b; Porter v. Swetnam, Style, 406; S. C., ib. 431.

保有地产租金,因为直到安妮女王时代,合同救济才适用于自由保有地产租金。① 与一块土地一样,自由保有地产租金也是不动产,可以通过与侵占土地之诉类似的救济措施来起诉,要求复归占有。

11-39. 允许合同救济表明,具有该种性质的地租与封建役务,虽然被当成能够占有之物来处理,并且通常是从财产的、而非合同的视角来看待,但却比纯粹的不妨碍通行的义务更接近于后者的性质。其他案例也更近于此。在早期的法律中,时效与习俗在强制施行积极义务方面的适用范围比较宽泛。有时,义务是某块特定土地所有权的附属物;有时,权利是附属物,并且有时两者都是,就像涉及地役权的案件。如果[完成]役务是为了其他土地的收益,那么,用流行的话语来说,负担落在一块土地上,此一事实本身就是支持附属于另一块土地的收益的理由。

11-40. 这些都是不同类型的事例。一个牧师可能会因受习俗之约束,而饲养一头公牛和一头公猪,以供自己所在的教区使用。② 在领地的礼拜堂颂唱圣歌,可能是因时效而附属于领地的一项权利。③ 或许,也可以通过类似方式获得一项权利,要求毗邻地块的所有者将特定土地圈起来。④ 现在,可以很容易地承认,即便是类似于后两者的权利,当附属于土地时,也会被视为财产,并且被说成是授予的对象。⑤ 或许,可以承认,许多案件中都有在现代人听来感觉很奇怪的陈述,在那些案件中,责任仅仅落在土地上,而不是落在承租人身上。或许,可以推测,此一观点的产生是自然而合理的,因为除开扣押供役

---

① 3 Bl. Comm. 231, 232.
② *Yielding v. Fay*, Cro. Eliz. 569.
③ *Pakenham's Case*, Y. B. 42 Ed. III. 3, pl. 14; *Prior of Woburn's Case*, 22 Hen. VI. 46, pl. 36; *Williams's Case*, 5 Co. Rep. 72 *b*, 73 *a*; *Slipper v. Mason*, Nelson's Lutwyche, 43, 45(top).
④ F. N. B. 127; *Nowel v. Smith*, Cro. Eliz. 709; *Star v. Rookesby*, 1 Salk. 335, 336; *Lawrence v. Jenkins*, L. R. 8 Q. B. 274.
⑤ Dyer, 24 *a*, pl. 149; F. N. B. 180 N.

地,原先没有其他任何救济措施来强制履行此类役务。① 但是,任何猜想中的在原始救济仅仅是扣押的责任与其他责任(如果有的话)之间的区别,肯定很快就会从人们的视线中消失;在最近的几个事例之后,几乎就再也看不清在那些可被视为财产权的权利与那些仅仅属于合同的权利之间的界线了。通常认为修缮契约是纯粹的合同问题。在修缮义务与围隔义务之间有什么区别? 就当前而言,要在两个彼此竞争的转让原则——一方是继承,另一方是需役地的占有——之间找到分界线,难度几乎与以往一样大。如果一项地役权的性质为依据的权利,可以因时效而附加于土地上,那么,同样也可以依授予而附加于土地上。如果该权利在一起案件中随土地而转移,甚至落入强占者手中,那么,它在另一起案件中也必定会随土地而转移。没有任何一种令人满意的区分可以建立在土地获得方式的基础上②,也没有任何这样的尝试。由于该权利不限于受让人,故而没有必要提及受让人。③ 至少在现代,如果不是在早期法律中,可以根据契约和授予来创设此类权利。④ 另一方面,古代法律规定,可以依据授予文据提起违约之诉。⑤ 这一切的结果是,在此类案件中,虽然没有提及受让人,但是当这样的提及对受让人获取担保收益至关重要时,每一次都会导致将由契约创设的权利以及违约之诉授予受让人。从逻辑上讲,这些前提将推论更推进了一步,不但是未指定的受让人,而且还包括强占土地者,应该获准根据合同提起诉讼,因为他们都享有由合同而产生的权

---

① F. N. B. 128 D, E;Co. Lit. 96 b。可以假定,当有人说责任落在土地上时,就会理解为这仅仅是一个形象化的说法。当然,权利与责任都仅限于人类。

② Keilway, 145 b, 146, pl. 15; *Sir Henry Nevil's Case,* Plowd. 377, 381; *Chundleigh's Case,* 1 Co. Rep. 119 b, 122 b.

③ F. N. B. 180 N;Co. Lit. 385 a; *Spencer's Case,* 5 Co. Rep. 16 a, 17 b; *Pakenham's Case,* Y. B. 42 Ed. III. 3, pl. 14;Keilway, 145 b, 146, pl. 15;Comyns's Digest, *Covenant* (B, 3).

④ *Holmes v. Seller,* 3 Lev. 305; *Rowbotham v. Wilson,* 8 H. L. C. 348; *Bronson v. Coffin*, 108 Mass. 175, 180. Cf. Bro. *Covenant*, p. 2.

⑤ Y. B. 21 Ed. III. 2, pl. 5;F. N. B. 180 N.

利。事实上，如果原告拥有一项权利，在经授予而获得时，会让他有资格提起违约之诉，那么，值得争辩的是，当原告拥有因时效而获得的权利时，也应该获准提起同样的诉讼，尽管就像在地租案件中所看到的，在实践中，一个人拥有一项权利并不意味着他就可以获得对该权利的合同救济。① 契约需要的是一种封印契约，而据说时效是一种完全符合条件的封印契约。② 那么，在只得交给继承人的契约与随土地而转移的契约之间，应该如何划定界线？

11-41. 在进一步检视早期法律后，此一难题变得更加引人注目。因为与迄今为止已经讨论过的个人担保相并列，还有另外一种尚未提及的担保，仅有特定土地受之约束。③ 个人担保只能约束担保人及其继承人。正如在爱德华一世时期的一个案例中所言，"没有人能要求受让人提供担保，因为担保总是延伸适用于依据继承而不是转让来提出诉求的继承人"。④ 但是，一旦特定土地受到约束，担保也随之而去，甚至落入国王手中，因为恰如布雷克顿所言，负担随物一并来到每一个人手中。⑤ 弗莱塔写道，每一个占有者都要承受负担。⑥ 毋庸置疑，强占土地者也会受到与合法占有人一样的约束。

11-42. 我们接下来准备讨论一个爱德华三世时期判决的案件⑦，该判例经过菲茨赫伯特(Fitzherbert)和柯克时代一直讨论至圣莱昂纳兹(St. Leonards)勋爵和罗尔(Rawle)先生的时代，依然是法律，并

---

① 该诉讼涉及"沃本修道院院长案"(*Prior of Woburn's Case*, Y. B. 22 Hen. VI. 46, pl. 36)。据称，强制修建围栏令仅仅适用于时效权利，并且，如果围隔义务所依据的是契约，那么，原告就可以获得违约赔偿令状(F. N. B. 128 E, n.(a))。然而，亦可参见下文，第396页及第400页。
② Y. B. 32 & 33 Ed. I. 430.
③ Y. B. 20 Ed. I. 360.
④ Y. B. 32 & 33 Ed. I. 516.
⑤ "Quia res cum homine [obviously a misprint for onere] transit ad quemcunque." Fol. 382, 382 *b*.
⑥ Lib. VI. c. 23, § 17.
⑦ *Pakenham's Case*, Y. B. 42 Ed. III. 3, pl. 14.

且据说始终未能解释清楚。① 这表明法官们在本次演讲所探究的两个概念之间犹豫不决。如果这两个概念是可以理解的,那么,我认为接下来的解释就会很清晰。

11-43. 帕克南(Pakenham)作为受约人的继承人向一位修道院院长提起了违约之诉,理由是[被告]违反了被告的已故被继承人与原告的曾祖父签订的契约,即该修道院的院长与修士(女)应该每个星期在原告的领地教堂为原告及其仆人们颂唱圣歌。被告首次辩称,原告及其仆人没有一直在该领地居住;但是,由于不敢以此作为答辩事由,被告再次辩称,原告不是继承人,而他的哥哥才是。原告答辩声称,自己是该领地的土地保有人,并且他的曾祖父将该领地授予给一个陌生人,后者又将该领地授予给原告及其妻子;因而,原告经由购买而成为该领地的土地保有人,并且与被继承人具有利害关系;此外,在一段记不太清的时间里,已经提供了役务。

11-44. 从这些诉状中可以看出,契约中没有提及受让人,故而始终如此。② 此外,还可以看到,原告试图依据两个理由:第一,受约人的晚辈亲属与受让人之间存在利害关系;第二,役务依契约或者依时效而附加于领地之上,并且,无论该义务源于何处,原告都可以作为该领地的土地保有人提起违约之诉。

11-45. 芬奇登(Finchden)大法官提出了一个涉及共同继承人分割土地的案例,其中,一个继承人与另一个继承人约定免于起诉。有一个购买者获取了该契约的优势。贝尔纳普(Belknap)同意有利于被告的判决,但提出不同意见。在该案中,免于起诉落在土地上,而不是

---

① Sugd. V. & P.(14th ed.), 587; Rawle, Covenants for Title(4th ed.), p.314. Cf. *Vyvyan v. Arthur*, 1 B. & C. 410; *Sharp v. Waterhouse*, 7 El. & Bl. 816, 823.

② Co. Lit. 385 *a* .

当事人身上。① (也就是说,此类责任依循与地役权的类比,无论[契约中]是否提及受让人,收益都随作为主物的土地一并转让给受上人,因而根本不是从合同的视角来考虑责任问题的。另一方面,由于担保是一种纯粹而简单的合同,且基于血统关系,因而承担责任的是人,而不是土地。②)

397

11-46. 芬奇登:在本案中,理由更充分;在例举案件中,诉讼之所以被提起,是因为原告是应诉土地的保有人,而在本案中,原告则是教堂所在领地的土地保有人。

11-47. 威钦汉姆(Wichingham)大法官:如果国王将牧场授予另外一个领地保有人,那么,他将拥有该牧场,等等;但是,牧场不会因[领地的]授予而转移,因为牧场不是领地的附属物。看起来,在本案中,役务同样也不是领地的附属物。

11-48. 首席大法官索普,回应贝尔纳普:

> 有一些契约,除契约当事人或者其继承人之外,任何人都不得提起诉讼;有一些契约,拥有土地上的继承权,因而,凡是经由转让或者其他方式拥有土地的人,都可以提起违约之诉;[或者,正如菲茨赫伯特的《年鉴简编》(Fitzherbert's Abridgment)中所言③,土地上的居民,与每一个拥有土地的人一样,都可以提起违约之诉;]当你说他不是继承人时,他实际上是有血统关系的人,也有可能是继承人④;同样,他是土地保有人,由于教堂在领地内,是附属于教堂的,因而也附属于领地,并且他说记得一直都在提供役务,所以,该讼案得以维持,是恰当的。

---

① Cf. Finchden as to rent in Y. B. 45 Ed. III. 11, 12.
② Cf. Y. B. 50 Ed. III. 12, 13, pl. 2.
③ Covenant, pl. 17.
④ 在《年鉴》的两个版本中,此处都有一个分号,意味着重新开始一个新的论证。

第 11 讲 继承——生前 349

贝尔纳普否认原告依据的是此类时效;但是,索普认为原告依据的是此类时效,并且我们将此一情况记录下来,该案延期审理。①

11-49. 可以看到,前述讨论是沿着诉状标明的路线进行的。有一位法官认为,原告有资格作为领地的保有人收回地产。另一个法官表示怀疑,但同意必须根据与地役权的类比来讨论本案。首席大法官,以原告具有血统关系且可能是继承人为由,主张存在充分利害关系的可能性,随后又诉诸另一个更有希望的论证,并且显然将自己的司法意见建立在该论证之上。② 几乎可以看出,他认为时效权利足以支持该诉讼,而且很明显,他认为强占土地者应该拥有与原告相同的权利。

11-50. 在亨利四世统治时期,另外一起因契约而起诉的案件③与上一个案件非常类似。但是,这一次案件事实相反。原告认为自己是继承人,但并没有声称是领地的保有人。被告没有否认原告的血统关系,却从实质上辩称原告不是自己的领地的保有人。因而,这些诉状引出的问题是,如果受约人的继承人不是领地保有人,能否提起诉讼。如果从合同的视角来看的话,继承人所代表的是受约人一方。另一方面,如果将契约视同授予一项类似于地役的役务,那么,如果是与该领地的领主订立的,契约自然会随领地一并转移。看起来人们会认为,此类契约可能会有两选一的路径,因而与领主订立契约的,要么是领地的保有人,要么是陌生人。其中一名法官,马卡姆(Markham)说:"就违约令状而言,如果一个人想要获得一份违约令状或者得到契约的支持,他就必须是该契约的利害关系人。然而,也有可能是,如果契约是与对该领地享有继承权或者可以作出决断的领主订立的,那将会

---

① *Pakenham's Case*, Y. B. 42 Ed. III. 3, pl. 14.
② Bro. *Covenant*, pl. 5. Cf. *Spencer's Case*, 5 Co. Rep. 16 *a*, 17 *b*, 18 *a*.
③ *Horne's Case*, Y. B. 2 Hen. IV. 6, pl. 25.

是另外一种情况",这是确认无疑的。① 可以假定,该契约并不是为了附属于领地而签订的,并且,法院因为信奉该那是宗教的而非世俗的役务,所以倾向于认为继承人可以起诉。② 于是,被告作出申辩,并且提出解除契约。我们会看到本案与上一个案件在多大程度上是一致的。

11-51. 马卡姆所做的区分在柯克勋爵报告的案例中得到了非常清晰的陈述。在"查德利案"(*Chudleigh's Case*)的论证中,界线是这样划分的:"毫无例外,涉及传唤地产担保人出庭的担保需要与其所附属的地产具有利害关系"(如对初始受约人的继承),"以及同样的用益法……但是,对于土地上的附属物,则不然,诸如公地、受俸牧师推荐权以及类似的附属物或者附属权利……因此,强占土地者、非法占有人、非法侵入者或者获得复归土地的领主等,应该因其附属于土地而占有该物。因此,请注意用益或担保、附属于利害关系地产的类似物、公地、受俸牧师推荐权以及其他附属于土地占有的可继承财产之间的差异。"③在我看来,这是一条在既有方法中最接近真理的路径。

11-52. 柯克在《利特尔顿评述》(*Commentary on Littleton, 385 a*)④中对担保与附属于土地的契约进行了区分,依据担保当事人要交出土地作为赔偿,而依据契约当事人只得提供赔偿。如果柯克勋爵是要区分担保和据称在宽泛的现代意义上与土地一并转移的所有契约,那么,此一说法就不如前述说法更令人满意。

11-53. 担保是一种封印契约,有时只得提供赔偿,而在旧法中有时只得交付土地。在审视早期的案例时,使我们想起了更早的日耳曼

---

① "Quod conceditur." Cf. *Spencer's Case*, 5 Co. Rep. 16 a, 18 a.
② 两种责任极有可能是并存的。Bro. *Covenant*, pl. 32; *Brett v. Cumberland*, Cro. Jac. 521, 523。
③ 1 Co. Rep. 122 b; s. c., *sub nom. Dillon v. Fraine*, Popham, 70, 71.
④ 该文意指 Edward Coke, *The First Part of the Institutes of the Laws of England, or a Commentary upon Littleton*, London, 1628。——译者注

诉讼程序，在该程序中，原告的诉求究竟是建立在对某物的财产权利上，还是仅仅建立在对该物的合同上，无关紧要。① 在爱德华一世时期，封印契约是为自由保有地产（权）而提出的②，而在爱德华三世时期，当磨坊的维持与契约创设的地役权相悖时，似乎可以依据同一诉讼予以废止。③ 但是，柯克勋爵并不打算创设任何一种涵括一切的学说，因为他的结论是"在许多案件中，封印契约的适用范围超过了担保"。此外，就像柯克勋爵所意指的，此一说法完全符合在担保和（与地役权或者创设此类权利的封印契约类似的）权利之间的另外一种更重要的区分。因为柯克勋爵所举的诸多例证仅限于后一种封印契约，实际上仅仅是《年鉴》中恰好公布的案例。

11-54. 然而，后来的作者完全遗忘了此一正在讨论的区分，因而未能在相互冲突的原则之间厘清有争议的界线。源于类比担保的封印契约与适用于地役权的语词及推理的其他契约，已经在与土地一并转移的封印契约的标题之下混为一谈。"与土地一并转移"此一术语仅仅适合于像地役权一样的封印契约。但是，我们可以很容易地看到如何更宽泛地使用该术语。

11-55. 我们已经证明，涉及所有权的封印契约，像担保一样，仅适用于初始受约人的继承人。此项规则在严格意义上的表达是，封印契约附属于具有利害关系的地产。人们很容易忽视"地产"一词在严格法律意义上的运用，并且也很容易认为此类封印契约会与土地一并转移。这样一来，所有的区分都变得令人怀疑了。或许，应该有必要提及涉及所有权的封印契约的受让人，因为这肯定会给他们带来古代担

---

① Essays in Ang. Sax. Law, 248.
② Y. B. 22 Ed. I. 494, 496.
③ Y. B. 4 Ed. III. 57, pl. 71; s. c., 7 Ed. III. 65, pl. 67.

保的收益①;因为这看起来像是那些只能转让给利害关系人的封印契约的正式标志。但是,没有必要为了将地役权及类似物附加于土地之上而提及受让人。为什么提及受让人对一份与土地一并转移的封印契约是必要的,而对另一份封印契约却是不必要的呢？如果对一个契约是必要的,为什么不是对所有的契约都是必要的呢？② 在现代,我们设想此类[对受让人的]提及的必要性是受到了柯克勋爵的一项奇特规则的影响。③ 另一方面,提出的问题是,无论利害关系如何,应该转让的封印契约是否不受统辖担保的同一规则的约束。

11-56. 这些问题并没有失去自身的重要意义。每一份契据中都包含有涉及所有权的封印契约,而其他的封印契约却不太常见,需要说明的是,那些契约属于不同的类别。

11-57. 在这些契约中,首要的是修缮契约。人们已经注意到,围隔的地役(权)可以附加在土地上,然后又追问,允许他人建造此类建筑物的权利与允许他人修缮已经建成的建筑物的权利在种类上有什么区别。并不缺乏足以证明可以察觉此一相似性的证据。不过,除开在租赁关系中,很少(如果有的话)签订这样的封印契约,对初始当事人始终具有利害关系。因为租约不能——并且土地回复也不可能——因强占而转移。

11-58. "温莎教长案"(*Dean of Windsor's Case*)判定,虽然没有指定受让人,但此类封印契约对期限内的受让人仍然具有约束力。有两部具有最高权威的书籍报告了该案,其中一位报告人是柯克勋爵,另外一位是克罗克,也是一位法官。克罗克提出了如下理由:"因

---

① Bract. fol. 17 *b*, 37 *b* ;Fleta, III. c. 14, § 6;1 Britton(Nich.), 223, 233, 244, 255, 312; Abbrev. Plac. p.308, col. 2, Dunelm, rot. 43(33 Ed. I.) ;Y. B. 20 Ed. I. 232;Co. Lit. 384 *b*.

② *Hyde v. Dean of Windsor*, Cro. Eliz. 552.

③ *Spencer's Case*, 5 Co. Rep. 16 a. Cf. *Minshill v. Oakes*, 2 H. & N. 793, 807.

为根据普通法,与土地一并转移终止的封印契约,因负担随土地一并转移,而对受让人有利或不利,尽管在该契约中并没有指定受让人。"① 这既是支配地役权的理由,也是用以说明一份担保土地的封印契约足以约束所有占有者的术语。柯克认为,"因为此类延伸到支持转让物的封印契约在一定程度上附属于该物,并且与之一并转移"。再次谈及关于地役权的语词。为了进一步澄清这一问题,如果需要的话,还可以补充说,"如果一个人授予他人采木权来修缮自己的房屋,那么,该采木权就附属于他的房屋"。② 为修缮房屋而授予的采木权与土地一并转移,就像其他公共权利一样③,正如柯克勋爵告诉我们的一样,那些权利甚至可以转让给强占土地者。

11-59. 在接下来的一个国王统治时期④,法院便做出了相反主张的判决,即获得复归土地的受让人有资格以类似方式取得封印契约的收益,因为"这是一份与土地一并转移的封印契约"。⑤ 同样的法律依据更为清晰的理由,适用于一份将15英亩未经开垦土地留作牧场的封印契约,法院判定该契约对未指定的受让人具有约束力⑥,而且,看起来,似乎也适用于一份保持土地适当施肥的封印契约。⑦

11-60. 如果导致此类判决的类比得以遵循,那么,在其他这样的事实引起这一问题时,强占土地者就可能依据此类封印契约起诉或者被诉。除开该主张的新奇,没有什么可以阻止人们接受它。前文已经

---

① *Hyde v. Dean of Windsor*, Cro. Eliz. 552, 553; s. c., ib. 457. Cf. *Bally v. Wells*, 3 Wilson, 25, 29.
② *Dean of Windsor' Case*, 5 Co. Rep. 24 a; s. c., Moore, 399. Cf. Bro. *Covenant*, pl. 32. Cf. further, *Conan v. Kemise*, W. Jones, 245(7 Car. I.).
③ F. N. B. 181 N; *Sir Henry Nevil's Case*, Plowden, 377, 381.
④ 从前文语境来看,"温萨教长案"发生在伊丽莎白一世统治时期(1558—1603)。1603年3月24日,伊丽莎白女王去世,由詹姆斯·斯图亚特(James Stuart)继承王位,标志着都铎王朝的结束与斯图亚特王朝的开始。故而,这里应该是指詹姆斯一世统治时期(1603—1625)。——译者注
⑤ *Ewre v. Strickland*, Cro. Jac. 240. Cf. *Brett v. Cumberland*, 1 Roll. R. 359, 360 "al comen ley"; s. c., Cro. Jac. 399, 521.
⑥ *Cockson v. Cock*, Cro. Jac. 125.
⑦ *Sale v. Kitchingham*, 10 Mod. 158(E. 12 Anne).

提及,封印契约的语词可以将地役权附加于土地之上,而授予的语词则可以转移一份封印契约。在该权利是一个整体的情况下,授予强占土地者一种救济,而拒绝给予其另外一种救济,这种做法是非常狭隘的,并且同样的说法也适合于授予和封印契约。①

11-61. 然而,通常使用的语言却使此一问题及每一个与该主题相关的其他问题陷入怀疑与黑暗之中。这是一个已经提到过的后果,它将关涉所有权的封印契约与最近讨论过的那类契约在与土地一并转移封印契约的标题之下混为一谈。就一般意见而言,在后一种类的案件中,订约人与受约人必须存在地产的利害关系,才能对订约人的受让人产生约束力。有人认为该种利害关系是保有;有人认为是受约人在订约人的土地上享有的利益,等等。② 第一种观念是错误的,第二种观念则会令人产生误解,而运用这两种观念的主张是没有事实根据的。在普通法中,关涉封印契约时使用的地产利害关系,并不意指土地保有或者地役权;它所意指的是对一项所有权的继承。③ 除非是在地产的当前所有人与初始受约人之间,否则,在订约人与受约人,或者任何其他人之间,利害关系都是无关紧要的。有一些案件——诸如担保以及可能是关涉所有权的封印契约等——完全是从合同的视角来看待封印契约,并且收益的取得是通过继承方式,而不是与土地一并转移,原则上,只有在这样的案件中,地产的当前所有人与初始受约人之间的利害关系才是必不可少的。

11-62. 在此次冗长讨论结束之时,如果现在有人再次追问,这两类封印契约之间的界线应该划在哪里,那么,从那些权威的视角来

---

① *Supra*, pp. 396, 398, 400. Cf., however, Lord Wensleydale, in *Rowbotham v. Wilson*, 8 H. L. C. 348, 362, and see above, p. 391, as to rents.
② 4 Kent(12th ed.), 480, n. 1.
③ 在描述地产的终身保有人或者定期保有人与归复地产权人之间的关系时,是在一个稍微不同的意义上使用"地产利害关系"的。地产保有人与归复地产权人之间的利害关系,是他们成为一个整体的土地保有人并且维系他们之间单一人格的意外结果。

看,答案必然是含混不清的。下面的观点或许会提供一些帮助。

11-63. A. 关于与土地一并转移的封印契约:

(1)如果根据传统或者常识,简略地说责任负担应该落在订约人的土地上,那么,此一负担的创设在理论上就是要将土地的部分利益授予或者转让给受约人。由于可以对每一个土地占有者主张如此创设的财产权利,故而,允许通过违约之诉主张财产权利,就不会显得不切实际或者荒诞不经了。

(2)如果为了获得土地收益而将此类权利授予毗邻土地的所有者,那么,该权利就会附属于土地,并且与土地一并转移至任何人手中。允许对未指定的受让人提起违约之诉,并且对强占者提起违约之诉也并非荒唐之举。

(3)有一种涉及役务的案件,即使该役务的负担在理论上没有落在土地上,但该役务的收益在普通法上也可能与从中受益的土地一并转移。这是涉及颂唱圣歌及类似情况的案件。人们会注意到,该役务尽管没有落在土地上,但也要由一个永久居住在该社区内的社团来履行该役务。现在不可能出现类似案件。

64. B. 关于仅仅与地产一并转移的封印契约:

通常而言,封印契约不能与授予相提并论,并且契约的负担也没有落在土地上,因而契约的收益仅限于受约人以及那些维系受约人之人格的人,也就是,受约人的遗嘱执行人或者继承人。就某些特定案件而言,初始且典型的封印契约是古代的担保,而当前正在讨论的例证是关涉所有权的现代封印契约,其中,继承的范围因提及受让人而有所扩大,并且仍然允许受让人为该合同之目的而代表初始受约人。但是,只有通过继承的方式,合同当事人之外的任何其他人才能根据合同提起诉讼。因此,原告必须始终与受约人保持在地产上的利害关系。

65. C. 然而,不可能经由一般推理而知晓,在英格兰法中,法院会判定哪些权利属于前一种类型的契约,或者将两种类型契约之间的界线划在何处。必须咨询权威人士,这是一个具有随意性的事实。虽然有时看起来,第一类契约的标准是,该役务是否具有能够授予的属性,因此,如果该役务[不能授予]纯粹依赖于契约,就不附属于土地①;然而,如果采纳此一标准,那就已经表明,除传统之外,有一些附属于土地的役务只能属于契约事项。光照和空气的授予,是一项众所周知的地役权,帕克男爵称之为一种不得因在供役地上建造房屋而损害光照的封印契约。② 虽然这一点可能值得怀疑③,但人们已经看到,如果法律允许其他役务以类似方式附属于土地,那么,这些役务就只能属于契约事项;与一百种这样的役务一样,至少有一种众所周知的地役权——围栏阻隔——不能被恰当地视为源于供役地的授予权利。只有经由封印契约,才能有修缮义务,然而,首要判例的推理来自于地役权法。另一方面,在"斯宾塞案"(*Spencer's Case*)中,判定承租人签订的一份旨在出租的宅基地上建造围墙的封印契约,对受让人不具有约束力,除非在契约中提及受让人④;但是,柯克勋爵认为,如果契约意在约束受让人,那么,它就对受让人具有约束力。这时,出现了关涉担保的类比,让人们对案件的基本原则产生了怀疑。我们只能说,法律的适用受到习惯的限制,并且也受到将新的特别负担强加于土地之上的规则的影响。

11-66. 此次讲座的总体目标旨在发现一种理论,即当权利从中产生的诸般事实并不适合于一个人时,允许他享有一种特殊权利。地役权的转让本身是一个有待解释的案例,现在已经进行了分析,并且也

---

① *Rowbotham v. Wilson*, 8 H. L. C. 348, 362(Lord Wensleydale).
② *Harbidge v. Warwick*, 3 Exch. 552, 556.
③ *Rowbotham v. Wilson*, 8 El. & Bl. 123, 143, 144.
④ 5 Co. Rep. 16, *a*.

已经对地役权转让之于法律的影响进行了追溯。但是，此类转让的原则显然是异常的，并没有影响法律的一般理论。法律的一般学说是可以从时效、担保以及那些可以与担保进行类比的封印契约中举例证明的学说。另外一个尚未提及的例证可以从用益权法中找到。

11-67. 在古代，用益权是一种权利动产——也就是，几乎完全是从合同的视角来加以考量的，而且用益权也有一个可以从其他案例中追溯的类似的历史。起初，人们怀疑是否应该接受证明此类秘密信托①的证据，即便不利于继承人。② 然而，最终还是接受了③，并且随后继承原则也延伸至受让人。只有那些与用益权的初始受让人具有利害关系的人，才受到用益权的约束。强占土地者既不受被强占者的信赖的约束，也没有资格申请传唤被强占者的担保人出庭作证。在亨利八世统治时期，据称，"在应该出现用益权的地方，有两点是不可或缺的，就是信赖与利害关系……就像我所言，如果没有利害关系或者依赖，就不可能有用益权；因此，如果受让人将地产授予一个注意到用益权的人，由于在第一受让人与他自己之间具有充分的利害关系，现在法律判决他占有了第一用益权，因为如果他[也就是，第一受让人]持有担保，那么，他[最近的一位受让人]就应该作为受让人，出庭证明存在利害关系；他先前是受让人；但是，如果有一个人（诸如得到复归土地的领主或者强占土地者）后来进入该土地，那么，用益权就会因利害关系缺失而发生变更"。④

---

① 秘密信托(secret trust)，作为一种遗嘱信托，是指立遗嘱人基于受遗赠人如下明示或者默示的允诺，而将财产遗赠给受遗赠人：受遗赠人将为某个第三人的利益而保管财产或者将财产全部或一部分用于某项慈善事业。参见薛波主编：《元照英美法词典》，北京大学出版社2013年版，第1234页。——译者注

② Y. B. 8 Ed. IV. 5, 6, pl. 1；22 Ed. IV. 6, pl. 18. Cf. 5 Ed. IV. 7, pl. 16.

③ Cf. Keilway, 42 *b*, 46 *b* ；2 Bl. Comm. 329.

④ Y. B. 14 Hen. VIII. 6, pl. 5. Cf. *Chudleigh's Case*, 1 Co. Rep. 120 a, 122 b；s. c., *nom. Dillon v. Fraine*, Popham, 70-72.

11-68. 时至今日,据称,信托因存在利害关系而附属于人与财产①(这意味着人格)。我们并不认为信托像地租一样是因土地而生的,故而,虽然地租对每一个持有土地的人都具有约束力,但无论怎样,强占土地者都不受信托的约束。② 领主取得复归土地的案例已经受到了质疑③,并且,人们会记得,关于领主进入土地时的身份是准继承人还是陌生人的问题,在布雷克顿与后来的作者之间存在着分歧。

11-69. 接下来,是关于用益权的收益。我们得知,请求传唤证人出庭作证的权利确实可以由继承人继承,依据的理由是继承人可以继承被继承人的人格,并且该权利不是财产。④ 有一部早期的制定法赋予用益权人出售的权力。⑤ 然而,就信托而言,柯克勋爵告诉我们,在伊丽莎白女王统治时期,英格兰所有的法官都认为,信托不可以转让,"因为信托是当事人之间具有利害关系的事项,并且在性质上属于一种权利动产"。⑥ 然而,从很早以来,用益权与信托都是可以遗赠的⑦,并且现在信托与任何形式的财产一样可以转让。

11-70. 任何地方的早期法律的历史都表明,当权利从中产生的事实状况无法转移时,就能感受到纯粹权利转让是非常困难的。分析表明,这样的困难是真实的。使此种转让成为可能的拟制,现在已经得到了解释,并且也已经从该拟制的历史一直追溯到成为一种普遍的思维模式。买方取得卖方的地位,现在已是理所当然的,或者,用一本古

---

① Lewin, Trusts, Ch. I.(7th ed.), pp. 16, 15.
② 4 Inst. 85; Gilb. Uses(Sugd.), 429, n.(6); Lewin, Trusts(7th ed.), pp. 15, 228.
③ *Burgess v. Wheate*, 1 Eden, 177, 203, 246.
④ Lewin, Trusts, Introd.(7th ed.), p. 3.
⑤ 1 Rich. III. c. 1. Cf. *Rex v. Holland*, Aleyn, 14, Maynard's arg.; Bro. *Feoffements al Uses*, pl. 44; Gilb. Uses, 26* (Sugd ed., 50).
⑥ 4th Inst. 85; s. c., Dyer, 369, pl. 50; Jenk. Cent 6, c. 30. Cf. Gilb. Uses, 198* (Sugd. ed. 399).
⑦ Gilb. Uses, 35* (Sugd. ed. 70).

老的法律书①中的语言来说,"受让人在某种意义上是转让人的准继承人"。现在,无论普通法在此一假设上有怎样的独特之处,现在都是可以理解的。

---

① Theloall's Dig., I. 16, pl. 1.

译后记

  初夏午后,终于完成了最后一次校对,默默掇齐译稿,端起早已清凉如许的茶,看着窗外浓郁的梧桐叶后清澈的云天,心情渐次平静下来,任回忆轻缓铺展,流向那段一样平静而清澈的旧时光……那是2002年我来到未名湖畔的第二个秋天,在那个湖光塔影随风荡漾的时节,我幸运地"遇见"了一位"来自奥林帕斯山的美国佬"——霍姆斯大法官。自此,我便开始执著地悠游于这位大法官奇谲而深邃的法律世界之中了。在导师徐爱国教授的指引教诲之下,我开始广泛搜集、深入阅读霍姆斯大法官的著述、演讲、书信、司法意见等一切可能觅得的文献资料,探寻其中蕴涵的法律思想与人生智慧;同时,开始尝试翻译一些经典的法学论文、演讲和司法意见,并在此基础上撰写完成了硕士学位论文——《霍姆斯法律思想初探》。回想起来,也可算作走上彼时尚不笃定的学术道路的一个起点。

  奥利弗·温德尔·霍姆斯是美国著名的法学家和大法官。诚如与之同时或者后世的诸多学者所言,霍姆斯是"一位历史学家,一位学者,一位精通法律及其传统技艺的大师"[1];美国人在二十世纪上半期"获得的有关这个国家法律现实的全部清晰图景,在很大程度上归功于他。没有哪一位美国思想家能够在法律的道路上前进,一面对抗着

---

[1] Benjamin N. Cardozo, Mr. Justice Holmes, 64 *Harvard Law Review* 682(1931).

本人与他人的偏见,一面理智而诚实地承认法律如何运作以及法律的运作如何得以改善,而惟有霍姆斯的那些成人般绝无幻觉的审视才是不可或缺的指引与启迪"[1];他所阐明的原则,终有一天"会被普遍接受",那时他的"精神会让我们想到生命仍在继续,依然是一场实验"[2];因而,"霍姆斯是美国历史上最伟大的法律思想家和最伟大的法官"。[3] 如果说实用主义是体现美国精神的哲学思想,那么,法律实用主义无疑是真正的美国法律思想之滥觞。霍姆斯通过对流行于十九世纪的分析法学、古典自然法学的批判以及对历史法学的扬弃,"几乎是独自一人",彻底摧毁了彼时人们对于西方法律传统的想象和信仰。与此同时,霍姆斯法律思想的形成,标志着美国本土法律思想的诞生,为随后的现实主义法学、社会学法学的形成与发展奠定了思想基础,甚至对后来的批判法学运动、种族批判法学、女性主义法学以及法律的经济分析等均产生了深远的影响。[4] 从此一意义上讲,霍姆斯不仅预言了二十世纪美国法律思想的发展趋势,甚至还为新千年法律思想的延续注入了勃勃生机。

就《普通法》而言,无疑,这是一部法律史和法理学"经典中的经典",被波斯纳法官誉为"美国法律学术史上最为重要的著作"。[5] 在卡多佐大法官眼中,霍姆斯"在年轻时撰写的《普通法》开篇"便迸发出"振聋发聩的文字",然后智慧地"将一套完整的关于法律方法的哲学注入零散的历史碎片之中";那些正在学习法律方法的学生,"总是

---

[1] Jerome Frank, *Law and the Modern Mind*, New York: Coward-McCann, Inc., 1949, p.253.

[2] John Dewey, Justice Holmes and the Liberal Mind, in Felix Frankfurter ed., *Mr. Justice Holmes*, New York: Coward-McCann, Inc., 1931, p.45.

[3] Richard A. Posner, Foreword: Holmes, 63 *Brooklyn Law Review* 7, 17(1997).

[4] 参见[美]理查德·波斯纳:《超越法律》,苏力译,中国政法大学出版社2001年版,第2—3页;以及明辉、李霞:《霍姆斯法哲学思想的历史地位及影响》,载《国外社会科学》2007年第1期,第54—59页。

[5] Richard A. Posner, Foreword: Holmes, 63 *Brooklyn Law Review* 7, 8(1997).

迷失于先例的迷宫之中",然而一旦读到《普通法》,即刻"可以感受到一种全新启迪的震撼。在那里,画卷即将展开。随之呈现的全景就是塑造与解释"。① 在阅读这本书的过程中,"你们会发现一种摆脱了盲目尊崇历史的渊博的法律史知识,一种对绝不带有对以往概念的非理性反叛的当今需求的强烈敏感,以及一种在坚持主张于耐心研究全新事实与欲求的基础上反复修订前提的同时,对演绎推理功用的深度尊敬"。② 关于为何要撰写这样一部法学著作,霍姆斯本人曾经在私人交往中对他的朋友解释过。在致一位友人的信中,霍姆斯谈起那一系列最初发表在《美国法律评论》上、后来构成了《普通法》主体内容的学术文章:

> 在撰写这些文章时,我是打算间或地归纳普通法的基本原则与概念,并且对之进行一种全新且更具根本性的分析——也是为了构建一种全新的法理学或者撰写关于普通法的第一部全新著作。③

不难看出,霍姆斯在撰写那些学术文章之前便已经形成了一种学术自觉,即围绕普通法的基本原则与概念,构建一种完全不同于盎格鲁—美利坚法律传统,特别是不同于自然法学与分析法学传统的普通法法理学,当然,事实上,构建一种全新法理学的英美法学者的初步尝试也充分体现在这部书中。因而,《普通法》也可以被视为霍姆斯在此前大约十年之间普通法研究的理论总结。④

---

① Benjamin N. Cardozo, Mr. Justice Holmes, 64 *Harvard Law Review* 682, 683(1931).
② Jerome Frank, *Law and the Modern Mind*, New York: Coward-McCann, Inc., 1949, p.253.
③ 霍姆斯致西季威克(A. G. Sedgwick)的信(1879年7月12日),转引自 Robert W. Gordon, Holmes' Common Law as Legal and Social Science, 10 *Hofstra Law Review* 719(1981)。
④ 关于《普通法》的写作缘由及其内容结构的简要介绍,可以参见明辉:《霍姆斯法律思想的生成与渐变(1844—1902)》,载苏基朗、於兴中、苏寿富美编:《霍姆斯与百年中西法学》,香港中文大学出版社2022年版,第7—25页。

对于《普通法》中文译稿的出版，需要感谢太多的人。首先是我的研究生导师徐爱国教授，正是徐老师建议我在硕士研究生期间从事霍姆斯法律思想研究，也正是徐老师引领我叩响法律学术殿堂之门；如果没有徐老师持续至今的指导、鼓励与支持，我根本不可能萌生翻译霍姆斯的《普通法》及其他作品的念头，更不可能将之付诸实践并最终完成。其次要感谢的是清华大学法学院的高鸿钧教授，正在当年困惑于学术路口之时，高老师给予了慷慨的帮助和坚定的鼓励，以至于这样的鼓励甚至延续到十余年后的某一次学术会议上。我还要特别感谢原法律出版社资深编辑朱宁女士和北京大学出版社副总编辑蒋浩先生，如果没有他们热情的鼓励、专业的敦促和辛苦的工作，这部译稿或许还只能静静地安放在电脑和不再年轻的梦想之中。此外，还有许多曾经帮助过、关心过、始终默默地支持着我的师友，还有课堂上清澈眼神中充溢着求知渴望的同学们，谢谢你们，你们永远都是我坚守讲台的础石。最后，我要感谢我的父母、妻子李霞和两个儿子——明朗、明皓；他们给予我的支持和关爱，带给我的愉悦与温暖，是来自生命本源的力量。

译事惟艰，惟恒持之。

突然，很怀念曾经那个将满溢的热情和无涯的悲凉凝视于冰上明月的少年。廿二年，仿佛一刹那，从相遇到陪伴，就像清晨沏好的一杯茶，轻烟散去，沉落一片碧绿的化石。

明　辉

2023 年 5 月 8 日

于如心楼 309 室

图书在版编目(CIP)数据

普通法／(美)奥利弗·温德尔·霍姆斯著；明辉译. —北京：北京大学出版社，2023.4
ISBN 978-7-301-33815-5

Ⅰ.①普… Ⅱ.①奥… ②明… Ⅲ.①法律—研究—美国 Ⅳ.①D971.2

中国国家版本馆 CIP 数据核字(2023)第 069762 号

书　　　名	普通法 PUTONGFA
著作责任者	〔美〕奥利弗·温德尔·霍姆斯　著　明　辉　译
责 任 编 辑	柯　恒
标 准 书 号	ISBN 978-7-301-33815-5
出 版 发 行	北京大学出版社
地　　　址	北京市海淀区成府路 205 号　100871
网　　　址	http://www.pup.cn　http://www.yandayuanzhao.com
电 子 信 箱	yandayuanzhao@163.com
新 浪 微 博	@北京大学出版社　@北大出版社燕大元照法律图书
电　　　话	邮购部 010-62752015　发行部 010-62750672 编辑部 010-62117788
印　刷　者	涿州市星河印刷有限公司
经　销　者	新华书店
	880 毫米×1230 毫米　A5　11.75 印张　275 千字 2023 年 4 月第 1 版　2023 年 4 月第 1 次印刷
定　　　价	79.00 元

未经许可，不得以任何方式复制或抄袭本书之部分或全部内容。
版权所有，侵权必究
举报电话：010-62752024　电子信箱：fd@pup.pku.edu.cn
图书如有印装质量问题，请与出版部联系，电话：010-62756370